全新升级版

演讲与口才
知识全书

白虹 达夫◎编著

中国华侨出版社

图书在版编目(CIP)数据

演讲与口才知识全书/白虹,达夫编著.—北京:中国华侨出版社,2015.10
ISBN 978-7-5113-5686-4

Ⅰ.①演… Ⅱ.①白…②达… Ⅲ.①演讲②口才学 Ⅳ.①H019

中国版本图书馆 CIP 数据核字(2015)第 232654 号

演讲与口才知识全书

编　　著:	白　虹　达　夫
出 版 人:	方　鸣
责任编辑:	子　墨
封面设计:	吕秉夏
文字编辑:	李华凯　徐胜华
美术编辑:	北京东方视点数据技术有限公司
经　　销:	新华书店
开　　本:	720mm×1020mm　1/16　印张:24　字数:559 千字
印　　刷:	北京鑫海达印刷有限公司
版　　次:	2016 年 1 月第 1 版　　2017 年 7 月第 2 次印刷
书　　号:	ISBN 978-7-5113-5686-4
定　　价:	58.00 元

中国华侨出版社　北京市朝阳区静安里 26 号通成达大厦三层　邮编:100028
法律顾问:陈鹰律师事务所
发 行 部:(010)65772781　　　　传　真:(010)65756570
网　　址:www.oveaschin.com
E-mail: oveaschin@sina.com

如果发现印装质量问题,影响阅读,请与印刷厂联系调换。

前言

18世纪美国最伟大的科学家、发明家，著名的政治家和文学家富兰克林曾经说过："说话和事业的进展有很大关系，是一个人力量的主要体现。你如出言不逊，跟别人争辩，那么，你将不可能获得别人的同情、别人的合作、别人的助力。"说话是一门学问，同生活中其他学问一样，学得好的人能够轻松自如地面对生活；唯一与其他学问不同的是，学不好，不能放弃，转道其他，因为人不可能不说话，说话是人生存的根本。对于说话，古今中外的远见卓识者历来都给予了高度的重视。"一言可以兴邦，一言可以丧邦""一言之辩，重于九鼎之宝；三寸之舌，强于百万之师"等古语，把国之兴亡与舌辩的力量紧密联系起来，充分揭示了说话的巨大的社会作用。

随着人们越来越热衷于说话的修炼和培养，口才学一跃成为当今世界十分走俏的一门学问，而它的前身，或者另外一种形式或分支——演讲学，则是一门更古老的学问。在中世纪前的中国、古埃及、古希腊、古罗马、古巴比伦、古印度等具有悠久历史文明的古国，演讲已成为普遍的社会现象。人类自有演讲以来，演讲活动一直绵延不绝，方兴未艾。究其重要原因，就是演讲有着强烈而广泛的社会作用，有着不可估量的社会价值和极其深远的历史意义。通过演讲，可以祛邪扶正，形成正确的舆论，促进社会文明发展。通过演讲，能培养民众高尚美好的情感，促进人类文明建设。通过演讲，能唤起民众的行动和实践。同时，演讲对个人的作用同样是巨大的，它能促进个人综合能力的发展。演讲者必须促使自己不断提高和完善，只有具备精深的思想，渊博的知识，丰富的经验，敏锐的观察力，敏捷的思维力，准确的判断力，迅速的应变力和较强的记忆力，才有可能在台上口若悬河，仪态优雅，扣人心弦，处变不惊，赢得鲜花、掌声和荣誉。

美国著名教育专家卡耐基非常强调口才的重要性，他说："假如你的口才好……可以使人家喜欢你，可以结交好的朋友，可以开辟前程，使你获得满意的结果……有许多人，因为他们善于辞令，因此而擢升了职位……有许多人因此而获得荣誉，获得了厚利。你不要以为这是小节，你的一生，有一大半的影响，是由于说话艺术。"进入21世纪，人们对口才的重视达到了前所未有的高度。有没有良好的口才和演讲能力，已作为衡量一个人素质的基本标准之一，这些几乎在每一个人的命运里都扮演着十分重要的角色。就拿面试来说，现在国内外大小公司，已把面试作为人才招聘的必要途径，其中有大多行业尤其看重口试。在这种情况下，"口才"这门课程在许多高校已经属于必修课。总之，演讲与口才无疑是一个人追求成功、提高生活品味的一种不可替代的武器，演讲与口才已经成为放之四海、随处可用的特别通行证。

鉴此，我们组织编写了这部《演讲与口才知识全书》。本书共分为演讲和口才两部分，从技术角度和实践应用两方面切入，教会大家如何演讲、如何说话。在充分展示口才巨大威力的基础上，将理论与实践相结合，以通俗易懂的语言深入浅出地论述了演讲与口才的艺术，是迄今为止内容最全面、技巧最丰富、方法最实用、应用最广泛的演讲与口才知识读物。

本书的最大特点是有实例有论述，不因有论无证而无操作性，也不因有证无论而没有内涵。从理论上，讲述了演讲与口才的重要性、提高技巧的途径和方法；在实践上，指导读者如何进行各种类型演讲前的准备工作，如何掌控听众的情绪，如何处理现场的突发状况，如何在日常、职场、情场、商场中游刃有余，说好难说的话等。同时还以生动具体的事例向读者展示了同陌生人、上司、客户、朋友和爱人的沟通艺术，以及在求职面试、求人办事、谈判调解、宴会应酬、主持会议、探病聚会等场合的说话艺术。本书融知识性、趣味性、理论性和实用性于一体，是一本不可多得的演讲与口才方面的专业书籍，既可以给这方面的爱好者提供借鉴，也可以给专业人员提供参考，尤其是开设语言课程的大中院校的学生，更值得一读。

阅读本书，让你轻松面对尴尬、获取提升机会、扩大交际范围，在不同的场合、面对不同的人群，说好想说的话，说好难说的话，提高说话技巧，改变一生命运。

目录

·上部 演讲·

理论篇

第一章 什么是演讲 3
  第一节 演讲的概述 3
    一、演讲的概念 3
    二、演讲的条件 4
    三、演讲的主要表达手段 6
  第二节 演讲的特点和功能 7
    一、演讲的特点 7
    二、演讲的功能 8
  第三节 演讲的目的 11

第二章 演讲的类型 13
  第一节 演讲的分类 13
    一、从演讲内容上分类 13
    二、从演讲的表达形式上分类 14
  第二节 政治演讲 15
    范文：奥巴马竞选演讲 15
  第三节 经济演讲 16
    范文：在全乡经济工作会议上的讲话 16

  第四节　军事演讲···19
    范文：一旦出击，必歼顽敌···20
  第五节　学术演讲···20
    范文：发生认识论（节选）···21
  第六节　法律演讲···30
    范文：支持"物种起源"的学说···30
  第七节　道德演讲···31
    范文：种族隔离制度绝无前途···32
  第八节　礼仪演讲···34
    范文：主持词···34

技巧篇

第一章　演讲前的语音训练··35
第一节　发声能力训练··35
  一、不同的语调带有不同的意义···36
  二、如何在演讲中运用突兀语言···36
  三、怎样用顿歇技法推进情感··37
  四、演讲有声表达如何科学运气···38
  五、学会使用语气来表达不同的意义···39
  六、有活力的声音才能吸引听众··40
  七、发音是建立良好沟通的第一步···41
  八、不要让声音尖锐刺耳···42
  九、节奏适中有助于听众理解···43
  十、准确地把感情色彩表现出来··43
  十一、不要用鼻音说话··44
第二节　普通话能力训练··45
  一、吐字要清晰准确···45
  二、语调要准确··46
  三、语言能力的练习···47

目 录

  四、有声语言怎样正确练声......48
  五、有声语言怎样清晰咬字......49
 第三节 朗读能力训练......50
  一、朗读的作用......50
  二、朗读训练法......51
  三、朗读中常见的问题......52
 第四节 朗诵技巧训练......55
  一、朗读的基本技巧......55
  二、常用的朗读节奏......60

第二章 掌控听众的情绪......62
 第一节 使演讲深入人心......62
  一、研究听众的需求......62
  二、分析听众的心理......63
  三、和听众套近乎......65
  四、征服听众的方法......66
 第二节 使听众关注演讲......66
  一、声东击西......67
  二、投石问路......68
  三、欲正故谬......69
  四、欲实先虚......69
 第三节 使演讲具有兴奋点......70
  一、满足求知欲的话题......70
  二、刺激好奇心的话题......70
  三、与听众利益密切相关的话题......70
  四、有关信仰和理想的话题......71
  五、娱乐性话题......71

第三章 设计演讲的内容......72
 第一节 搜集资料......72
  一、收集材料的原则......72

二、有计划查阅、研究相关资料及找他人求教 75
三、采访的技巧 77
四、演讲材料的收集范围和具体方法 78

第二节　整理资料 81
一、整理资料的原则 81
二、正确安排要点的方法 83

第三节　演讲写作 86
一、为什么说演讲词要亲自写 86
二、演讲稿应如何选题 87
三、演讲稿应如何选材 88
四、演讲题目应怎样确定 88
五、演讲稿的选词原则有哪些 89
六、演讲稿的炼句技巧有哪些 90
七、演讲稿中的修辞 91
八、演讲稿如何引用史料 93
九、演讲稿中怎样巧用俗语 94
十、演讲稿如何巧用幽默 95
十一、演讲中如何巧用数据 96

第四节　演讲语言运用的分寸 97
一、开玩笑的分寸 97
二、批评的分寸 99
三、说服与劝阻的分寸 102
四、拒绝过分提问的分寸 105
五、化解矛盾冲突的分寸 106
六、摆脱窘境讲尺度 108
七、打破僵局有分寸 109

第五节　叙事型演讲 111
一、叙事型演讲的基本要求 113
二、叙事型演讲的声腔处理 114

第六节　抒情型演讲 115

第七节　议论型演讲 ... 117
一、议论型演讲的"三要" ... 119
二、议论型演讲的基本要求 ... 120

第八节　说服性演讲 ... 121
一、临场机会的把握及技巧 ... 121
二、日常演说中应注意的两个问题 ... 122

第四章　演讲的开头和结束 ... 124

第一节　演讲的酝酿 ... 124

第二节　演讲的开场 ... 125
一、以故事开头 ... 126
二、幽默的开场白 ... 127
三、引用的开场白 ... 127
四、抒情的开场白 ... 127
五、演讲注意承上启下 ... 128

第三节　演讲的悬念设置 ... 128

第四节　演讲的自我介绍 ... 129

第五节　演讲的风格 ... 130
一、男性演讲者应追求什么样的演讲风格 ... 130
二、女性演讲者应追求什么样的演讲风格 ... 131

第六节　演讲的结束 ... 132
一、常用方法 ... 133
二、绝妙诱人的结尾 ... 134
三、高潮式、总结式和余韵式的结尾 ... 135
四、格言式、号召式和呼吁式的结尾 ... 136
五、引述式、幽默式和赞颂式的结尾 ... 137
六、运用祝福语 ... 138

应用篇

第一章　竞选、竞聘演讲 …………………………………139
第一节　竞选演讲的适用范围…………………………139
第二节　竞选演讲稿的写作要求………………………140
一、竞选演讲的结构……………………………………140
二、竞选演讲稿的特点…………………………………140
第三节　竞聘演讲的适用范围…………………………141
第四节　竞聘演讲稿的写作方法………………………142
一、竞聘演讲稿的开头方法……………………………142
二、竞聘演讲稿的结尾方法……………………………143
第五节　竞选、竞聘演讲的注意事项…………………144
一、目标的明确性………………………………………144
二、内容的竞争性………………………………………144
三、演讲的技巧性………………………………………144
四、实事求是，言行一致………………………………144
五、调查研究，有的放矢………………………………145
六、谦虚诚恳，平和礼貌………………………………145
第六节　竞选、竞聘演讲如何吸引听众………………145
一、从听众的兴趣入手…………………………………145
二、先达共识，再提请求………………………………145
三、争取获得听众的理解………………………………145
第七节　竞选演讲的实际应用…………………………146
范文：里根竞选演讲……………………………………146
第八节　竞聘演讲的实际应用…………………………150
范文：办公室主任竞聘演讲……………………………150

第二章　开幕、闭幕演讲词 ·· 153
第一节　开幕词的适用范围 ·· 153
一、开幕词的特点 ·· 153
二、开幕词的种类 ·· 153
第二节　开幕词的写作要求 ·· 154
一、标题 ·· 154
二、称谓 ·· 154
三、正文 ·· 154
四、结尾 ·· 154
第三节　闭幕词的适用范围 ·· 155
一、总结性 ·· 155
二、概括性 ·· 155
三、号召性 ·· 155
四、口语化 ·· 155
第四节　闭幕词的写作要求 ·· 156
一、闭幕词的组成 ·· 156
二、正文 ·· 156
第五节　开幕词的实际应用 ·· 156
范文：晚会开幕词 ·· 156
第六节　闭幕词的实际应用 ·· 158
范文：运动会闭幕词 ·· 158

第三章　欢迎、答谢演讲词 ·· 160
第一节　欢迎词的适用范围 ·· 160
第二节　欢迎词的写作要求 ·· 161
第三节　欢迎词的注意事项 ·· 161
第四节　欢迎词的详细分类 ·· 162
第五节　欢迎词的特点 ·· 163
第六节　答谢词的适用范围 ·· 163
第七节　答谢词的写作要求 ·· 164
第八节　答谢词的注意事项 ·· 165

- 第九节 欢迎词的实际应用 166
  - 范文：新生入校欢迎词 166
  - 第十节 答谢词的实际应用 167
  - 范文：升学答谢宴家长答谢词 167

第四章 节日演讲词 168
- 第一节 节日演讲的适用范围 168
- 第二节 节日演讲词的写作要求 168
- 第三节 节日演讲的实际应用 169
  - 范文：元旦演讲 169

·下部　口才·

理论篇

第一章 好口才的基本原则 173
- 实现有效交谈很重要 173
- 根据对方决定说话策略 174
- 什么场合说什么话 177
- 说话要注意方法 179
- 话要说到点子上 181
- 关键时刻停三秒 183
- 别光顾自己说 185
- 说的话要引人入胜 187
- 说话应遵循礼仪 189

第二章 打造说话风格的基础训练 192
- 声音：一开口就与众不同 192
- 节奏：说话不能拖泥带水 195
- 语调：化乏味枯燥为生动有趣 196
- 体态：无声语言是有声语言的辅助 198

形象：让别人更容易接受...201
修辞：让话语更有分量...203
通俗：说话的最高境界...206
尊重：也是一种征服...209
真诚：言之有理，言之有物.......................................211
素材：能让表达变得更容易.......................................213
心理：相信自己一定能说好.......................................215
思维：由内而外的转化过程.......................................217
反馈：洞察对方心理的能力.......................................219
准备：尽量熟悉要说的内容.......................................222
记忆：它是口才好的前提...224

第三章　日常说话的八个误区..229
沉默不见得永远是金...229
随声附和最没特点...231
别板着面孔说话...233
说话不能太直接...235
不懂装懂只能显得更无知...237
喋喋不休不等于口才好...239
无谓的争论只会大伤和气...241
短话长说就是太啰唆...243

技巧篇

第一章　高效沟通的策略和技巧..246
从双方投机的话题谈起...246
善于倾听别人说话...248
按六个步骤表达意思...251
恰当地提问...253
避免沟通中可能犯的十种过失.....................................256
用请求不用命令...259

十种方法说"不" ……………………………………………… 261
　　批评也要讲艺术 ……………………………………………… 266
　　恰到好处地作出回答 ………………………………………… 269
　　冷静地处理冲突 ……………………………………………… 272

第二章　谈判的艺术 …………………………………………… 276
　　谈判要讲究策略 ……………………………………………… 276
　　谈判前要做好细节准备 ……………………………………… 278
　　必要的时候可以妥协退让 …………………………………… 281
　　在谈判中应该适当地提问 …………………………………… 284
　　掌握谈判中的应答技巧 ……………………………………… 286
　　谈判中如何拒绝 ……………………………………………… 288
　　如何打破谈判的僵局 ………………………………………… 291

第三章　幽默的艺术 …………………………………………… 294
　　拿自己开开玩笑 ……………………………………………… 294
　　声东击西的幽默法 …………………………………………… 296
　　反常规的类比幽默 …………………………………………… 298
　　反向求因 ……………………………………………………… 300
　　比他更荒谬 …………………………………………………… 303
　　随心所欲地歪解 ……………………………………………… 306
　　婉言曲说成幽默 ……………………………………………… 310

应用篇

第一章　日常交际说话艺术 …………………………………… 313
　　真诚换真心 …………………………………………………… 313
　　闲谈是深交的前奏曲 ………………………………………… 316
　　当不幸者需要安慰时 ………………………………………… 318
　　关心是相互的 ………………………………………………… 321
　　微笑交流 ……………………………………………………… 323

第二章　职场中的交谈艺术 …… 326
对领导说话不卑不亢 …… 326
对领导有意见婉转说 …… 327
和上司有分寸地开玩笑 …… 328
嘴上要突显上司身份 …… 329
怎样成功说服老板为自己加薪 …… 332
遭遇批评后如何巧妙辩驳 …… 334
保持谦虚低调的说话风格 …… 336
汇报工作要有章法 …… 337
提出多项建议，让上司自己作出决定 …… 339
无事也要多请教 …… 341

第三章　商战推销艺术 …… 343
推销时的说话艺术 …… 343
推销中的应变技巧 …… 347
用提问引起客户的兴趣 …… 349
推销员的说服技巧 …… 350
如何进行电话推销 …… 353
如何获得顾客的信任 …… 355
不同年龄的顾客的应对方法 …… 357
不同性格的顾客的应对方法 …… 359
妥善处理顾客提出的异议 …… 362

上部

演 讲

理论篇

·第一章·
什么是演讲

第一节　演讲的概述

一、演讲的概念

什么是演讲？也许大家的第一反应就是——用嘴说话。但是只要仔细想想，就会发现演讲和讲话有很大的区别。抗日战争时期，经常有些爱国人士、学生会在人潮汹涌的地方，面向听众，凭借自己的口才，运用有声语言和态势语言的艺术手段阐明道理、抒发感情、发表个人见解，感召听众，这是我们所熟悉的演讲。其实早在古希腊时期游吟诗人荷马，游走于希腊各地传唱特洛伊战争中英雄们的事迹；我国的大思想家孔子也是周游列国，推广他的学说，劝告各国诸侯……它们在形式上都是所谓的演讲。

所以演讲和说话的区别应该在于，演讲一般是因疑作答、寻根问底、明辨是非、释疑解惑、阐明观点。而说话，是人们的自言自语，日常的寒暄聊天，或者一般性的个别交谈。

首先，演讲是一种语言，这种语言不单纯地等同于书面用语也不单纯等同于口语，它既兼有书面用语的正式，又具有口语的特点和感染力。

其次，演讲的目的往往是发表见解、阐明道理。

再次，演讲是一个互动的过程，演讲是面对听众的讲话，在演讲现场演讲者与听众进行着信息交流和感情互动，这样就形成了一个特定的时空情境。

最后，为了打动人心，演讲具有一定的表演成分，演讲者在演讲过程中，要借助相应的艺术手段增强演讲感染力。

但要注意的是，演讲不能单纯地表演，在传递信息的时候，要用表演来演绎和阐释演讲的目的。不能单纯朗读，"演"与"讲"在演讲实践活动中，是以"讲"为主，以"演"为辅，互相交织、互相渗透、互相促进的统一。在这里"讲"是起主导作用，起决定因素的，而"演"则必须建立在"讲"的基础上，否则它就失去了存在的意义。

所以我们可以给演讲下这样一个定义：演讲是一种对众人有计划、有目的、有主题，系统的、直接的、带有艺术性的社会实践活动。亦可被视为"扩大的"沟通。

二、演讲的条件

演讲是在社会实践的直接需求下产生的一种活动，它是一种人与人之间的公共交往，在这样的交往中，人们在展开的各种活动如政治活动、经济活动、科学文化活动以及其他种种社会交往活动中，必然要发表见解，提出主张，释疑解惑，抒发感情，以达到说服人、感染人、教育人、激励人的目的。

（一）演讲作为一种社会实践活动，具有现实性和艺术性

人们在开展这种活动时，无论是演讲者、主持者抑或是听众，都有自己的目标指向和心理定势，都十分重视演讲的实际效果。就演讲者来说，当然力求当场感召听众，说服听众，达到其预定的目的和任务。就听众而言，从社会价值观念出发，同样也希望从演讲中获得知识和启示。至于演讲主持者，本来就承担有根据特定的目的对演讲活动进行组织和安排的任务，更希望演讲活动各方面协调，圆满成功，达到最佳的实际效果。

一场富有吸引力的好的演讲，不仅可以生动地反映生活，揭示真理，帮助人们正确认识客观规律，同时也可以培养人们美好的道德情操，促进人们奋发向上，给人以强烈的美的享受。演讲活动所发挥的认识作用、教育作用、美感作用，正是社会实践的直接需求，同时，这本身也正是实实在在的社会现实生活，具有直接的现实指导意义。

演讲，不仅是一种现实性的社会实践活动，而且是一种带有艺术性的社会实践活动。科学通过生动的逻辑思维使人认识抽象的真理，艺术往往通过形象使人认识真理。在演讲活动中，演讲者为了最大限度地达到自己的目的，使听众心悦诚服，精神振奋，必须做到"晓之以理，动之以情，喻之以利，导之以行"。为

此，常常要借助于戏剧、音乐、绘画、相声、小说、诗歌等多种文学艺术手段为其服务。当然，它虽然具有多种文学艺术形式的一些特点和因素，但它毕竟不同于小说、诗歌、戏剧、音乐、绘画、雕塑等文学艺术现象。文学艺术作品常常运用典型化手法，形象地间接地反映社会生活，其本身并不等于现实生活；而演讲则是直接地表现生活，其本身直接体现着现实生活内容。

（二）演讲必须在特定的时空环境中进行

所谓"特定时空环境"，一般指的是演讲者和听众处在一定的时间和空间环境中，如"街头演讲"，演讲者与听众同时处在街头；"法庭论辩演讲"，演讲者与听众同时处在法庭的氛围之中。

一般说，演讲活动都要有相应的场合、相应的听众、适当的布置、合适的讲台、良好的音响效果和一定的时限。一定的时空环境反作用于演讲，制约着演讲的内容、语言和表情动作等等。一旦时空环境发生转移和变化，演讲的内容、语言和表情动作等也必须随之转移和变化，以适应新的时空环境。在科学飞跃发展的今天，时空观念发生了离异性变化，时间在超强度地缩短，空间在奇迹般地扩大。

广播、电视拓宽了人们的空间范围，同时也缩短了人们的时间差距。运用广播、电视可以把不同时间、不同地点的演讲者和听众组合起来，使传统的演讲出现了新的发展和突破。如广播电视演讲，从表面上看，听众、观众并未直接与演讲者处在同一时间和同一环境中，但从根本上仍是处在特定的时空环境中，演讲者仍然必须有强烈的现场感，宛若置身于听众之中，也要考虑听众对演讲的情绪反映和态度评价，尽管各种反映和评价不一定立即在现场流露出来。

因为在设置着麦克风和摄像机的演播室内演讲，本身也就是处于特定的时空环境中，从客观的角度来讲，任何一个演讲者都无法逃脱他所处的时代环境对他的制约，离开了这些，演讲也就失去了它的存在价值。

（三）演讲必须依托语言来展开

语言是人们彼此交流思想以达到互相了解的一种极其重要的交际工具，人类社会生产的任何方面，都直接或间接以语言为工具。有声语言就是演讲活动中传递信息、表达思想最主要的媒介和物质表达手段，它是演讲者思想感情的载体，以流动的方式，运载着演讲者的主张、见解、态度和感情，将其传达给听众，从而产生说服力、感召力，使听众受到教育和鼓舞。离开了口语表达，就无所谓演讲。要达到以理服人、以情感人、以智育人、使听众心领神会的效果，演讲者的语言必须流畅易懂，富有魅力。

好的有声语言不仅准确清晰、圆润和谐，而且绚丽多彩、生动有趣，以其跌宕起伏、音义兼美的艺术魅力，形成一种境界，使言辞的表现力和声音的感染力均达到最佳的状态。

三、演讲的主要表达手段

演讲顾名思义，就是有演还要有讲。"讲"是讲明道理，诉说对某一问题的看法。"演"是借助声音、表情、动作来加强演讲的生动性。演讲以讲为主，以演为辅，运用有声语言，加上动作、体态和表情，巧妙结合，通过这样的方式来强调自己的观点看法，加强演讲的力度和感染力，是每个演讲者都会做的事情，所以，演讲的主要表达手段，我们可以概括为：声音表达、态势表达和形象表达。

1. 声音

一般来说，声音是构成演讲的基本条件。声音是演讲活动最主要的表达手段。声音承载演讲者的思想和情感，直接传达到听众的耳朵，因为听众是直接听到演讲者的声音，所以要求演讲者吐字准确清晰、声音圆润清亮、语音语调具有节奏性、语气富有感情色彩。

2. 态势

态势是指演讲者的姿态动作、手势眼神以及表情等表演活动。

演讲者通过形体动作辅助声音的工具，来传达演讲者的思想和感情，直接传达给听众的视觉器官。它可以加强声音感染力和表现力，弥补声音的不足。它要求演讲者动作准确到位、自然协调、个性鲜明。

3. 形象

形象是指演讲者的容貌体型、衣冠服饰以及举止神态等方面。

主体形象的好坏、美丑，直接影响听众在视觉方面的欣赏感受和演讲者思想感情的表达。它要求演讲者在符合演讲思想感情的前提下，注意装饰朴素得体，举止神态优雅，风度翩翩，仪态大方，给听众一个视觉美的外部形象，使听众产生倾听的欲望。

第二节　演讲的特点和功能

一、演讲的特点

作为一个演讲者，一定要对整个演讲活动负起责任，因为，演讲者是演讲活动的主体部分，在整个演讲过程中，处于主导地位，而听众始终处于接受地位。因此真正意义上的演讲是一个个性化的活动，它体现了一个人的个人魅力，是一个人的性格、气质、形态、口才的综合反映。

（一）演讲是真实的活动

一些演讲者站在讲台上时，虽然侃侃而谈，旁征博引，有时还能插入一些令人捧腹的俏皮话，说理透彻明白，但是如果没有体现出个人的特点，一样无法激起听众热烈的反响。反之，如果一个演讲者讲的虽然都是具有乡土气息的朴实的语言，但是这些语言中，包含了真情实感，这也会成为一个感人的演讲。

正是因为这样，演讲的一个首要特性就是真实性。

演讲是一种现实活动，它是面向公众、面向社会的，虽然演讲中可以有一些表演的成分，但究其根本，都是为了达成演讲者通过对社会现实的判断和评价，直接向广大听众公开陈述自己的主张和看法的一种手段。

（二）演讲中可适当地加入一些艺术效果

虽然演讲是事实的产物，但是演讲的目的简单来说就是使人认同自己的观点，所以，在演讲的过程中可以加入一些现实活动的艺术。

演讲为了达到启迪心智、感人肺腑的目的，需要借助一些艺术的表现手段创造艺术感染力。演讲的艺术性在于它使得演讲具有了文学特征、朗诵艺术色彩和富有感召力的体态语言，这样就形成了统一的整体感和协调感。也就是说，演讲中的各种因素，例如语言、声音、表演、形象、时间、环境等，形成一种相互依存、相互协调的美感。同时，演讲还具备着戏剧、曲艺、舞蹈、雕塑等艺术门类的某些特点，演讲与这些因素融为一体，就形成了具有艺术感的演讲活动。

（三）演讲具有鼓动人心的力量

我们知道，人们通过演讲活动来宣传真理，统一思想，赢得支持，从而引导他人。尤其在战争年代和政治斗争中，演讲活动一向被喻为是进行宣传教育、政治斗争的有力武器。

所以演讲需要使得听众产生感情上的共鸣，没有鼓动性，就不成为演讲。在演讲中，演讲者需要用自己的形象、语言、情感、体态以及演讲词的结构、节奏、情节等去引发听众的共鸣，以此来抓住听众的心。可以说，鼓动性是演讲是否成功的一个重要标志。

（四）演讲是人们日常生活中的一种工具

演讲从最初的面对公众讲话，演变到今天已经成为了一门单独的学科，它是人们交流思想的工具。

现今社会中人们的任何思想、任何学识、任何发明和创造，都可以借助演讲这个工具来传播。可以说，演讲是最经济、最实用、最方便的传播工具。

（五）演讲可以针对明确的目标

演讲是一种社会活动，它所面对的听众也是社会的成员。因此，演讲应具有社会现实的针对性，能够针对特定的人群、问题展开，取得公众的认同。

演讲者的观点来源于对现实社会生活的归纳和提炼，只有这样，演讲才有说服力、感召力，才能引人深思，发人深省。

演讲的观点明确，泾渭分明，容不得一点沙子。演讲，要求旗帜鲜明，主题显露；赞成什么，提倡什么，反对什么，泾渭分明，毫不含糊。

（六）演讲能够适应任何环境

演讲是人们为了表达自己观点的一种活动，所以它能包括的内容也是包罗万象，社会生活事无巨细，古今中外纵横千里，它适合于男女老幼，不同背景、文化层次、职业、身份、种族、阅历的所有人；同时，它不受时空、设备等限制，可以随时随地进行。因此，演讲是具有很强适应性的宣传教育形式之一。

二、演讲的功能

演讲虽然也是讲话的一种，但是和我们日常的讲话是完全不同的。我们日常的讲话，是人们为了交流思想、联络感情、协调行动而说的。这样的讲话，都是人们你一言我一语地讨论。并且日常的讲话，对于逻辑性的要求并不高，人们的交谈是相互地交织进行，所以是散漫的、随意的。

但是演讲就不同，它具有明确的逻辑性和目的性。需要演讲者的精心准备，它是由演讲者、听众两部分组成的。

（一）演讲在演讲者和听众之间建起联系

正如我们之前说到的一样，演讲时演讲者把自己的观点和看法系统地统合到一起，有计划、有组织地传达给听众，在演讲的过程中除了设计好的互动之外，基本上是不需要听众插话的。即使是我们熟悉的辩论赛，也是一个人一个人地阐述，中途一般是不能被打断的。

在这样特殊的模式中，演讲者和听众、听众和听众、听众和演讲者之间就形成了多种多样的联系，这是传播的必然发展。

这些多种多样的联系，也以各种不同的形式展现在了听众和演讲者的面前。听众可以在这些表现之中找到感情的共鸣，同时便于听众理解和记忆演讲的内容。演讲者在台上滔滔不绝地发表演讲时，他的思想感情、举止神态都直接作用于听众，听众接收到这些信息，或欣然赞许，开怀大笑；或心存疑义，无动于衷；或惊或喜，或悲或叹，都会在现场流露出来。

而对于演讲者，这样的联系，可以使他随时确认演讲的进度和效果；对于听众，对演讲的情绪反映和态度评价，会自然地反馈给演讲者，为其所察觉。所以一个成功的演讲者能够协调与听众的关系，使他的演讲具有吸引力，演讲就可望成功。

（二）演讲是一种典型的传播活动

我们知道一个传播活动必须是这样：

$$\text{传播者} \underset{\text{介质}}{\overset{\text{介质}}{\rightleftarrows}} \text{受众}$$

传播源通过一定的介质将所要传递的消息传递给他的目标受众，而受众在得到消息后再将他的想法、感情通过一定的渠道反馈给传播者，这样传播者就知道了他是否得到了他的预期效果。

所以说演讲是一个典型的传播过程，是演讲信息循环流通的过程。

在这个过程中，演讲者通过声音、体态、形象的特殊的媒介，将演讲信息传达给听众，听众在得到这些信息之后，必然会出现一定的反应，高兴、悲伤或者漠不关心等等。

显然，要使演讲顺利进行，必须使各方面联系和各个环节有效地连接，密切配合。尊重演讲的传播性，尊重听众才能更好地完成演讲。

（三）演讲者独白的语言要具有准确性和生动性

我们在上面说过，演讲是一种靠演讲者独白来打动听众、感染听众的传播方式，没有了互动、交谈，就避免了内容的杂乱不统一，可以使得演讲者能够明确地阐述自己的观点，但是同样是因为这样，在演讲中要注意语言的准确、清晰和生动。

就像教师讲课一样，是要将全新的内容使得学生了解、掌握。这就要求演讲者必须通过自身的有声语言材料和相应的体态语言来逐条逐款层层展开。要讲清思想观点的来龙去脉，就不是三言两语可以奏效的。

因此，演讲者的语言必须经过认真组织、仔细斟酌、要有着很强的内在逻辑。开头要精彩，引人入胜，结尾要恰到好处，耐人寻味。而中间部分要求层次清楚，论点明确，完美地将自己和听众的情绪推向高潮；同时运用叙事、抒情、说理等多种方式将自己的论证做到天衣无缝。如何以其深刻的思想性和精巧的文采美来吸引听众、感染听众，拨动听众的心弦，弹奏出最动听的乐曲，这一切都要求演讲者苦心构思，巧妙结合。

演讲者这种独白式的言态表达方式，又是有声语言和体态语言的结合体，它要求语言、声音、眼光、动作、姿态有机地结合，浑然一体，做到吐词准确、语调动听、表情丰富、动作适度、仪态大方、感情充沛，使人产生一种"思风发于胸臆，言泉流于唇齿"的美感。因此，它必须遵循一定的美学原则，讲究音韵、修辞、气度等等，具有一定的艺术色彩。总之，一次成功的演讲，其语言必须具备以下要素：措辞准确，声调清晰，体态得当，感情真挚，结构完美。

值得说明的是：演讲虽然是艺术化的独白式的言态表达，但这种"艺术化"有一定的"度"，它是受现实活动的目的和效果制约的有限的艺术，实际上只是一种手段性的艺术，如同技能技巧一般。如果超越了这个"度"，就把演讲搞成评书、单口相声或诗朗诵一般，那就不伦不类，失去了演讲的真实性。评书、单口相声、诗朗诵虽然也是"一人讲，众人听"，但是它们属于艺术范畴，是艺术活动，是艺术活动中的言态表达形式；而演讲是现实活动，"它是现实活动的言态表达艺术，而不是艺术活动的言态表达。"

（四）演讲是一种常用工具

在我们的生活中，演讲是无处不在的，政治、经济、军事、外交、法律，也无论是学术、理论、宗教、道德或其他社会问题，都可以成为演讲的题材，帮助演讲者发表自身的意见和看法。

同时，演讲不像文字和书籍，要求受众具有一定文字和文学功底，不论是老、中、青、少，还是工、农、兵、学、商，只要具有听讲能力，都能成为演讲听众。

演讲对于场地的要求也不高，电台、电视台、礼堂、课堂、广场，甚至街头巷尾，只要是有人流的处所都能成为演讲的场地。

因而，它能紧密地配合形势，适应现实任务的多种需要，及时地开展宣传鼓动、就职施政、争取民众、发号施令、激励斗志、传道授业、答疑解惑、布置任务、安排生产等等活动。事实上，演讲是最经济、最灵便、最直接、最有效、最实用的宣传教育形式之一。

第三节　演讲的目的

第一次世界大战之后，帝国主义操纵巴黎和会逼迫中国签署不平等条约，这样的行为使得北京大学等众多高校的学生愤慨，他们游行、示威、公开演讲。

这时期的演讲的目的非常明确，要求取消"二十一条"、拒绝签字，"外争国权，内惩国贼"。通常演讲都具有以下几种目的：

（一）使更多人了解演讲的信息

演讲是一种传播活动，它的主旨就是：演讲者说明、解释或阐明有关人或事或物的某些状况或特征等，使听者理解、明白演讲者传递的信息。

在这样的传播活动中，演讲者不能支配听众的想法和感情，只能传达自己的目的和感情。

（二）使更多人信服接受演讲的信息

这是演讲目的的进一步发展，在演讲者将信息传达出去后，他的工作并没有完成，他要确保他的目的和希望能够被听众接受和理解。这要靠演讲者观察听众的神态、表情等信息来判断。

（三）使人们按照演讲的要求行动起来

这是在前两种基础上产生的一种更高阶段的演讲，这个阶段听众们已经完全接受了演讲的内容，并把演讲者的要求贯彻到了行动当中去。演讲的目的是影响听者的举止，影响其去做某件事或停止做某件事。在这类演讲中，演讲者首先要使听者明白和接受自己的思想、观点、建议，然后，必须以某种激情呼吁的方式，支配或驱策听者的行为，使其按照演讲者提出或传达的要求去行动。

（四）使人们从演讲中得到激励和鼓励

在这类演讲中，演讲者的目的一般不是要影响听者的思想、信念，而主要是企图更强烈、更深刻、更动人地再现听者已经具有的思想、观点、感情、愿望、信念等，使听者的思想感情得到进一步升华和强化，从而受到鼓舞和激励。

在"使人激"演讲中，演讲者必须使自己成为听者的代言人，全面通晓、真挚地表达出听者的思想感情。此外演讲者还应当要求自己成为能对听者进行引导的长者。可以说，"使人激"演讲是演讲技艺的顶峰，一些彪炳史册的著名演说，如林肯的葛底斯堡演说、恩格斯在马克思墓前的讲话、丘吉尔首相的就职演说等，都是"使人激"演讲的成功范例。"使人激"演讲与"使人动"演讲有着极其密切的联系，真正能"使人激"的演讲必先能"使人动"。

（五）使人们从演讲中感到快乐

在"使人知"、"使人信"、"使人动"的演讲里，都可能穿插一些幽默而富有趣味的内容，以活跃气氛、增强听者的兴趣，使其更乐于理解，接受某些观点或按某种观点去行动。"使人乐"演讲能够寓思想教育于娱乐之中，使听者摆脱紧张和疲劳，达到一种轻松的心境。

· 第二章 ·

演讲的类型

第一节　演讲的分类

每次演讲的主题、形式、内容、观众都不尽相同，所以每次演讲前，演讲者都要煞费苦心地根据这次演讲的实际情况来制定相应的对策，而对演讲的分类能够帮助演讲者更加了解自己要做的演讲是什么。

对于演讲的分类，我们可以从内容和表达形式两个方面来讨论。

一、从演讲内容上分类

1. 政治演讲

政治演讲就是指具有鲜明思想、逻辑清楚的一种演讲，它具有强烈的感染力以及鼓动性，其目的就是尽可能多地吸引人们的兴趣，拉拢更多的人站在自己的阵营。

2. 经济演讲

所谓经济演讲就是在经济的环境中，对于如何发展自己、推销自己，或者是对于整体经济环境进行研究和探讨。

3. 学术演讲

学术演讲一般是学者或者研究人员对于自己的研究成果进行讲解，其目的是为了加强公众对于一些专业性比较强的内容的理解和认识。

4. 法律演讲

法律是国家或地区用来规定人们行为的一种规范，而法律演讲则是从事与法律相关的行业的专业人士对于各种事件的辩论、研究的演讲。

5. 宗教演讲

在宗教国家中，宗教演讲是生活中非常重要的一个组成部分，它的目的是规范人们的行为。

二、从演讲的表达形式上分类

主要有命题演讲、即兴演讲和论辩演讲等。

1. 命题演讲

所谓命题演讲，就像学生们的命题作文。演讲者所要演讲的内容不能随心所欲、按照自己的意愿来选择题目，命题演讲由别人拟定题目或演讲范围。

对于这样给定的演讲题目，有些正好是演讲者熟悉的，这样演讲者往往得心应手，但是对于一些演讲者不熟悉或者不太涉及的题目，演讲者就要经过一定时间的准备后再作演讲。

命题演讲包含两种形式：全命题演讲和半命题演讲。

全命题的演讲题目，大多是由组织演讲的单位指定的，这样的命题，通常多是为某些活动而准备的，所以它主题鲜明、针对性强、内容稳定、结构完整。

半命题演讲题目，给予演讲者的自由要大得多，这种演讲只是划定了一个大概的范围，在这个范围内，演讲者可以根据自己的喜好再细致划分。

2. 即兴演讲

即兴演讲指演讲者在毫无准备的情况下，因为一些临时突发的情况，主动或者被动发表的演讲。这是因为当我们面对一些场面、情境、事物、人物等情况时，经常会临时起兴发表的演讲冲动，例如婚礼祝辞、欢迎致辞、丧事悼念、聚会演讲等。

这样的演讲因为没有详细的准备，所以在逻辑上难免会有所缺失。所以它要求演讲者要紧扣主题，抓住由头，迅速组合，言简意赅。

3. 论辩演讲

最常见的论辩演讲就是我们最常见的辩论赛，因为有人与人的互动性，所以要求演讲者具有非常强的应变能力和逻辑性。两方或两方以上的人们因对某个问题产生不同意见而展开面对面的语言交锋都是论辩演讲的代表。在某些方面它和即兴演讲有些相似。但是它比即兴演讲更难些，因为它不但要有即兴演讲的能力，还要同时应对各种提问和质疑。

第二节　政治演讲

政治演讲顾名思义，凡是为了一定的政治目的，出于某种政治动机，就某个政治问题以及与政治有关的问题而发表的演讲。它包括外交演讲、军事演讲、政府工作报告、各种会议上的总结报告、政治评论、就职演说、集会演讲、宣传演讲等。

范文：奥巴马竞选演讲

你好，芝加哥！

美国是一个一切皆有可能的地方，如果还有人对这一点心存怀疑，如果还有人怀疑美国奠基者的梦想在我们时代是否还有活力，还有人怀疑我们民主制度的力量，那么，你们今晚正是对那些疑问作出了回答。

在学校和教堂周围所出现的前所未有的长队是答案，这个国家从未见过这么多的人前来投票，人们排三四个小时的队来进行有生以来的第一次投票，因为他们相信这一次将会不同，他们发出的声音可能就是那个差别。

这是一个年轻人和年老人、富人和穷人、民主党人和共和党人、黑人、白人、西班牙裔人、亚裔、印第安人、同性恋和异性恋、残障人士和健全人士所作出的回答。美国人向世界发出一个信息：我们从不只是一些个人的累加或者"红色州"和"蓝色州"的累加。

我们是，我们永远是美利坚合众国。

这是一个引导人们的答案，太多的人在很长的时间内给他们说这个答案，以至于他们对此持愤世嫉俗的态度，对我们是否可以再一次把握历史的希望感到担心和怀疑。已经过去了很长时间，但是今晚，由于我们今天在这场选举中所采取的行动，在这个决定性的时候，变革来到了美国。

今晚早些时候，我接到来自参议员麦凯恩的一个特别有风度的电话。麦凯恩在这场选战中进行了长期和艰苦的努力，他为这个他所爱的国家战斗了更长的时间，作出了更艰苦的努力。他为美国作出了我们中的大多数人无法想象的牺牲。由于这位勇敢和无私的领导人的服务，我们的生活变得更好。

我向他表示祝贺，我向佩林州长表示祝贺，向他们所取得的成果表示祝贺，我盼望与他们共事以继续这个国家在未来岁月的承诺。

我想感谢我在竞选旅程中的伙伴，一位用心竞选的男士，一位为和他一起在斯克兰顿街头一同长大的男人和女子代言、经常坐火车回特拉华州的男士，美国当选副总统拜登。

如果没有我过去16年最好的朋友、我们家庭的中坚、我生命中的挚爱，我今天晚上不可能站在这里，美国下一位第一夫人米歇尔·奥巴马。

萨沙和马莉娅，我爱你们，我对你们的爱超出了你们的想象。你们已赢得了新的宠物狗，它将和我们一起前往新的白宫。

尽管她没能和我们在一起，但我知道，我的祖母和养大我的家人在看着我，我今晚很想念他们，我知道我欠他们的东西是无法计量的。我的妹妹马娅、我的姐姐奥玛，我其他的兄弟和姐妹，非常感谢你们对我的支持，我感谢你们。

我的竞选经理大卫·普劳夫，这位竞选活动的无名英雄，他进行了最好的政治竞选活动，我认为这是美国历史上最棒的。我的首席策略师大卫·艾克斯罗德，他一直是追随我的伙伴。你们组建了政治史上最好的竞选团队，是你们成就了今天，我永远感谢你们为此所作出的牺牲。

但最重要的是，我永远不会忘记这场胜利真正属于谁，它属于你们，它属于你们。

第三节　经济演讲

经济演讲服务于经济，其所传递的经济理念和信息在经济领域起着越来越重要的作用。一般来讲，经济演讲就是指具有经贸内容性质的演讲。这类演讲大致可分为公关型、总结型、动员型、经验介绍型几种。公关型是指企业家洽谈贸易，阐述本企业的对外政策，宣传本企业的发展形势和产品特色等；总结型就是指企业领导向被授权的大会汇报工作并分析评价工作成绩等；动员型就是指企业领导向职工解释生产计划以及计划实施的意义和效益以便最大限度地调动职工的积极性；经验介绍型就是指围绕产品质量、销售、管理等经济活动所进行的科研探讨等。

范文：在全乡经济工作会议上的讲话

同志们：

新年伊始，万象更新，今天，我们在这里召开全乡经济工作会议，目的是贯彻全县经济工作会议精神，动员全乡广大干部群众，以良好的精神状态、昂扬的斗志，迅速投入到工作中去，全面加快我乡经济社会发展步伐。刚才对全乡2009年经济工作进行了实事求是的总结，对2010年经济工作进行了周密细致的部署，希望大家认真贯彻落实。下面，我再讲三个方面的意见。

一、认清形势，增强维护稳定和加快发展的使命感和责任感

2009年是我乡发展极不寻常的一年，特别是8月份以来，新一届党委政府带领全乡广大党员干部，不畏艰难，开拓进取，努力工作，开创了我乡社会大局稳定，经济较快增长，人民群众安居乐业的新局面。总体来看，有以下几个特点：

一是经济社会发展十分迅速。2009年，全乡生产总值达7.6亿元，增长14.1%；财政收入完成282万元，增长8%；非农户50万元以上固定资产投资2.12亿元，增长63%；农民人均纯收入达4560元，增长10.5%。

二是工业、农业发展步伐加快。工业方面：2009年，全乡工业经济发展态势良好，新上投资百万元以上的工业项目7家，其中投资千万元以上项目2家。这些项目的相继投产，增强了经济发展后劲。农业方面：养殖专业户、专业村和养殖小区规模不断扩大；速生丰产林基地建设步伐加快，建成6个生态园林村；蔬菜种植进一步扩大，建成9个蔬菜生产专业村，蔬菜种植成为我乡经济发展的新亮点。目前，肉鸡、肉牛养殖和蔬菜生产已成为群众致富的主导产业。基础设施方面：投资700万元的××变电站、投资680万元的土地整理项目、投资260万元的引黄入福工程和投资75万元的××至××、××村至××2条公路等项目相继完工，极大改善农民生产生活条件。

三是各项惠农政策全面落实。种粮直补、良种补贴、"村村通"工程、沼气池建设、卫生改厕、农村合作医疗、白内障复明工程、"两免一补"、农村低保、五保户供养、大型农机具补贴等各项支农惠农政策均得到全面落实，广大群众得到很大实惠。

四是社会稳定局面明显好转。因稳定问题，乡里近几年吃了大亏，很多优惠政策、项目资金争取不到，严重制约了乡里的经济发展，严重影响形象。致使多项工作在全县甚至全市排名落后。8月份以来，新一届党委政府狠抓信访稳定工作。开展"下访"活动，入村到户，排查矛盾纠纷，掌握信访动向，及时化解矛盾；实行信访责任追究制，按照"谁包的区谁负责，谁包的村谁负责"的原则，自己的村自己管，自己的事自己干，做到问题出现不上交，矛盾来了有人解，及

时将信访问题处理在萌芽状态，有效化解了上访隐患；规范信访程序，对信访群众反映问题确实属实的，我们千方百计予以帮助和解决，对缠访、闹访、非法上访、无理上访的，依照有关法律法规坚决严厉打击。通过近半年的工作，我们乡信访量明显下降，11月份实现零上访，深受县领导的好评。

五是乡村干部作风较大转变。聘请市、县党校教师，召开科学发展观领导辅导报告会，组织乡村干部到各县各庄实地参观考察。建立健全学习、值班、考勤、财务管理等各项工作制度，严肃会议纪律，严格遵守县委县政府五项规定，用制度约束干部行为，用理念转变干部作风。切实解决了在思想、作风、纪律等方面存在的突出问题，实现了干部作风和精神面貌的大转变。树立了乡村干部良好形象，深受群众的支持和领导的肯定。

这些成绩的取得，这一良好局面的形成，是乡党委、政府团结一心，狠抓落实的结果，是全乡广大干部群众团结一致，拼搏实干的结果，尤其是在座的诸位共同努力，扎实工作的结果。在此，我代表乡党委、政府向大家表示衷心的感谢，对获得表彰的单位和个人表示热烈的祝贺！

在总结成绩同时，我们还必须清醒地看到，目前全乡还存在很多问题和不足，一是稳定形势还不容乐观，一些信访问题还没有得到彻底解决，各种利益诉求引发的信访问题时有发生，维护稳定的压力很大。二是基层组织建设有待进一步加强，部分乡村干部工作作风需要进一步转变。三是工业项目规模小、档次低、不规范，存在脏、乱、差现象，形不成聚集优势。四是农业标准化水平低，农业结构有待优化，农民增收的有效途径有待拓宽，等等。对这些问题，我们必须高度重视，采取切实有力措施，认真加以解决。

二、明确目标，努力加快经济社会发展

今年全乡经济社会发展的总体要求是：全面贯彻党的十七大和十七届三中、四中全会精神，深入落实科学发展观，坚持"围绕农业抓工业，抓好工业促农业"的整体思路，大力实施"工业兴乡，畜牧强乡，蔬菜富民"战略，不断开创××经济社会发展新局面。

按照总体要求，落实目标任务，办好大事实事，我们必须突出两个重点，全力做好今年的工作。

（一）加快推进"工业兴乡"步伐

按照"围绕农业办工业，办好工业促农业"的发展思路，发挥优势，加压驱动，全面加快"以工兴乡"步伐。

一要抓项目建设。一是积极引导企业向县产业集聚区发展，2010年在县产业集聚区新上一家投资千万元的饲料加工项目。二是力争盘活××肉业。采取灵活多样的方式，想尽一切办法，尽快使××公司早日恢复生产，产生效益。三是全力整合资源，实施大企业大集团战略，重点扶持食品加工企业，引导其横向联合，共同发展。

二要抓招商引资。一是引进来。全面推行全员招商，全民创业机制。想尽一切办法吸引外资，充分挖掘外出务工人员的潜力，充分利用党政干部、企业老板、知识分子等知名人士的关系，想尽办法引进项目、引进资金。二是服务好。对引进的资金和项目，我们要服务到位。政府给企业制定的优惠政策执行到位，不能打折扣；政府给企业制定的保护措施要落实到位，不能搞变通；政府为新来企业办理手续要及时，不能拖延。切实做到以诚招商、以情感商。真正使引来的资金项目立身、扎根、开花、结果。三是重奖励。乡党委政府制定奖励制度，对招商引资工作突出的单位和个人不仅经济上要重奖，并且在政治上予以倾斜，激发全体干部招商引资的积极性。

（二）加快实施"畜牧强乡，蔬菜富民"战略

积极推广良种种植，大力发展优质、高产、高效农业，确保粮食增产增收。制定扶持措施，争取上级项目和资金，用足用活上级优惠政策，大力发展蔬菜产业，高标准规划以××村为中心的蔬菜生产示范园区，完善示范园区水、电、路等配套设施建设。积极争取资金，力争筹建蔬菜批发市场，解决群众卖菜难问题。今年，乡党委、政府将在蔬菜专业村承包扶持一个蔬菜大棚，抽调精兵强将全程进行无公害技术管理和指导，以起到示范带动作用。出台优惠政策，加大扶持力度，重点扶持养殖小区、养殖专业村和规模养殖户，提高规模化饲养水平，继续走"公司＋基地＋农户"的道路，积极推进畜牧产业化经营。

……

第四节　军事演讲

军事演讲是每个国家都必不可少的一部分，它是告诉公众军事方面的一些信息和现状，这正是对于平时不能接触国防军事的一般大众了解各地军事情况的一种演讲。

范文：一旦出击，必歼顽敌

华盛顿，美利坚合众国的创建者之一，美国的第一任总统。他的卓越才能不仅仅表现在他的组织能力上，还体现在他的良好的口才上。

美国人能成为自由人，还是沦为奴隶；能否享有可以称之为自己所有的财产；能否使自己的住宅和农庄免遭洗劫和毁坏；能否使自己免于陷入非人力所能拯救的悲惨境地——决定这一切的时刻已迫在眉睫。敌人残酷无情，我们别无他路，要么奋起反击，要么屈膝投降。因此，我们必须下定决心，若不克敌制胜，就是捐躯疆场。

祖国的尊严，我们的尊严，都要求我们进行英勇顽强的奋斗，如果我们做不到这一点，我们将感到羞愧，并将为全世界所不齿。所以，让我们凭借我们事业的正义性和上帝的恩助，鼓励我们去创造伟大的业绩。全国同胞都注视着我们，如果我们有幸为他们效劳，将他们从企图强加于他们的暴政中解救出来，我们将受到他们的祝福和赞颂。让我们相互激励、互相鞭策，并向全世界昭示：在自己国土上为自由而斗争的自由民胜过世上任何受人驱使的雇佣兵。

自由、财产、生命和荣誉都在危急存亡之中，我们正在流血受辱的祖国寄希望于我们的勇敢和战斗，我们的妻儿父老指望我们去保护。他们有充分理由相信，上苍一定会保佑如此正义的事业获得胜利。

敌人将炫耀武力，竭力恫吓，但是，别忘了，在许多场合，他们已被为数不多的勇敢的美国人所击败。他们发起的战争是邪恶的，如果我们在他们开始进攻时，就沉着坚定地予以反击，凭着我们有利的工事和熟悉的地形，胜利必将属于我们。我们要枕戈待旦，整装待命，一旦出击，必歼顽敌。

第五节　学术演讲

学术演讲指演讲者针对某些专业性比较强的内容进行演讲。大部分是学校和其他场合的专题讲座、学术报告、学术发言、学术评论、科学讨论、科学报告或信息报告、学位论文的答辩等。

学术演讲具有很强的专业性，它有深刻的论证、很强的逻辑性、严谨的语言风格。

范文：发生认识论（节选）

　　皮亚杰，瑞士心理学家、哲学家，发生认识论创始人。主要著作有《儿童的语言与思维》、《发生认识论原理》、《心理学与认识论》等。本文是1968年作者在美国哥伦比亚大学一系列讲演的第一讲。

　　发生认识论试图根据认识的历史、它的社会根源和它所依据的概念和运算的心理来源来解释认识，特别是解释科学知识。这些概念和运算大部分是从常识中抽出来的，因此，这些概念和运算的来源能够阐明它们对于较高阶段的知识的重要意义。但是发生认识论，只要有可能，也要考虑形式化的问题，特别是要考虑应用于平衡的思想结构和在某些情况下应用于思维发展中从一个阶段到另一阶段的转变的逻辑形式化的问题。

　　关于认识论的性质，我们所作的这种描述碰到了一个主要的问题，即如何对待认识论的传统哲学观点。在许多哲学家和认识论者看来，认识论是对当前此刻存在的知识的研究；它是为知识而分析知识，是在本身范围内，不管它的发展而分析知识。在这些人看来，追索观念的发展或运算的发展，也许历史学家或心理学家对这有兴趣，而不是认识论者所直接关心的。这是对我在此地所概述的发生认识论这门学科的主要反对意见。

　　但是在我看来，对于这种反对意见，我们能提出以下的答案：科学知识处在持续的进展之中，它每天都在变化。结果，我们不能说：一方面有认识的历史，另一方面它又有今天当前的状态，似乎它的当前状态是确定的，乃至是稳定不变的。知识的当前状态乃是历史中的一瞬间，好像过去的知识状态那样迅速地变化着，而且在许多情况下甚至变化得更快些。于是科学思想就不是某一顷刻的事情，它不是一种静止的情况，它是一个过程。确切一点讲，它是一个继续不断构造和重新组织的过程。这一点几乎在所有科学研究的支流中都是真实的。我们愿意引述一两个例子。

　　第一个几乎可被公认的例子是关于当代物理学领域的，或者，确切地讲，是有关微观物理学的。在这门科学方面，知识状态逐月发生变化，而且肯定在一年的历程中就有重要改变。这些变化在某一个作者的著作中也时常发生，他在他一生的事业中对他的题材改变了看法，我们不妨以巴黎的德·布罗格里作为一个特殊的例子。几年前，德·布罗格里尚坚持尼尔·玻尔的非决定论的观点。他随着哥本哈根学派相信：在微观物理事件的非决定状态背后，人们就不能发现决定的状态；非决定的状态乃是很深刻的实在，而且人们甚至能够提出理由来证实这种非决定状态的必然性。嗯，后来发生了这样的情况，新的事实使德·布罗格里改变了他的想法，以致现在他采取了一种十分相反的观点。因此，这是科学思想转变的一个例子，这种转变不是经过了连续几代人发生的，而是发生于一个有创造性的科学家的一生之中。

让我们从数学领域中举出另一个例子。几年以前，布尔巴基数学家小组试图把所有数学的基本结构分隔开来。他们确立了三个母结构、代数结构、有序结构和拓扑结构，而这三个母结构就是数学的结构学派所根据的基础，而且被视为一切其他数学结构所由派生的基础。他们的这些有效的努力现在已经在一定程度下遭到了破坏或者说至少是受到修改了，因为麦克兰和爱伦伯发展了范畴的概念，即许多元素聚合起来的集合以及根据这些集合所定义的一切函数的集。结果，今天布尔巴基小组的一部分成员已经不再是正统的了，而不得不考虑更新范畴概念。因此，这里又在科学思想的另一个更基本的领域内，有了非常迅速的变化。

让我们再重复一遍，我们不能说，一方面有科学思想的历史而另一方面又有今天的科学思想体系；只有一个连续不断的转变，继续重新组织的过程。在我看来，这个事实意味着：在这些变化中历史的和心理的因素对于我们试图理解科学思想的性质是有用的。

还有一些领域中根据心理学和社会学的因素我们能更好地理解当代科学观念的起源，在这方面，我们愿意举一两个例子。第一个例子是康托尔的集合论的发展。康托尔是根据一对一的对应这样一个基本运算来发展他的理论的。确切点讲，通过在整数系列和偶数系列之间建立一对一的对应关系，我们所得到的数目既不是整数，也不是偶数，而是第一个超穷的基数，即 aleph 零。就是一对一的对应关系的基本运算使康托尔能够超过有穷数的系统，而这个有穷数系列是到那时为止唯一的运用中的系列。现在，追问一下这种一对一的对应关系的运算是从哪里来的，是有意义的。康托尔并未发明这一对应关系的运算，这是就一个人发明一个完全崭新的构造这一意义而言的。他是在他自己的思维中发现了它；甚至在他转向数学很久以前，这种一对一的对应运算早就是他的心理装备的一部分，因为极初步的社会学或心理学观察就揭示出来了一对一的对应是一个原始的运算。在所有一切早期社会中，它是经济交易的基础。而在年幼的儿童中，甚至在具体运算阶段之前，我们就发现它的根基了。第二个问题是：这种一对一的对应基本运算的性质是什么？

这立即导致另一有关问题：在一对一的对应和自然数这个概念的发展之间有什么关系呢？一对一的对应的运算流传很广，这是否有助于证明罗素和怀特海的主题，即数是诸等值类的类（所谓等值即指诸类里面的各个单元是一对一的对应）呢？或者说，实际的数，除了一对一的对应以外，还根据某些别的运算吗？这个问题我们将在以后作比较详细的研究。现在根据这一鲜明事例来说，如果认识了一个概念的心理学基础，也就蕴涵着对这个概念在认识论上的理解。在我们研究儿童中数的概念的发展时，我们就能看出：这个概念只是以等值类的类为根据，还是包含有其他的运算？

现在我愿意继续讲第二个例子，而且提出这样一个问题：爱因斯坦怎样能够对于远距离的同时性给予一个新的运算定义？他怎样能够批评牛顿关于普遍时间的概念而不至于在物理学中产生深刻的危机？当然，毫无疑问，他的批评是根据实验发现的，如迈克逊—莫雷实验。虽然如此，如果对彼此远离的事件有同时发生的可能性所重新下的定义和我们的逻辑根本是冲突的，那么在物理学中就会出现很大的危机。我们势必在两种可能性中接受其一：要么是物理世界是不合乎理性的，要么是人的理性是软弱无能的——不能掌握外界的实在。但是事实上并没有发生过这种事情，并没有这种混乱的情况。有少数玄学家（我对在场的哲学家们表示歉意），如柏格森或马利坦等人，曾为物理学中的这种进展所吓倒，但就大多数玄学家而论，以及在科学家们中间，这并不是什么巨大的危机。为什么事实上它不是一种危机呢？

因为同时性并不是一个原始的概念，甚至不是一个原始的知觉。以后我将进一步讨论这个题目，但是眼前我只想申述一下，我们的实验发现已经显示出来，人类并不是明确地感知到同时性，如果我们看到两个以不同速度移动着的对象，而它们同时停止下来了，这时，我们并没有确切地感知到它们是同时停止的。同样，当儿童对于同时性没有确切观念的时候，他们并不脱离对象移动的速度去理解同时性。那么，同时性就不是一个原始的直觉，它是一种智慧的构造。

远在爱因斯坦以前，彭加勒在分析同时性这个概念以及揭示其复杂性时，已经做了大量的工作。他的研究事实上使他几乎已经到达了发明相对论的边缘。现在如果我们阅读他关于这个题目的一些论文（顺便讲一句，从爱因斯坦后来著作的角度来看，这些论文就更加有趣了），我们便知道，他的思想几乎完全是以心理学的论点为基础的。以后我将表明，时间的概念和同时性的概念都是以速度的概念为基础，而速度的概念乃是一种更为原始的直觉。因此，有各种各样的理由，心理学上的理由，能够解释为什么相对论所带来的危机对物理学来讲并不是致命的，毋宁说，它是一种再适应，而且我们既可以在实验的和逻辑的基础上达到这种再适应，也可以找出心理学的途径去达到这种再适应。实际上，爱因斯坦本人也承认同心理学因素的关联，而且当我在1928年第一次有机会遇见他时，他曾向我建议，如果我能研究时间的概念，特别是同时性的概念在儿童中的来源，那将会是有益的。

以上所述可以暗示出，当我考虑知识的性质时，利用心理学上的数据可能是有所助益的。现在我想说，它不只是有所助益，而且是必不可少的。事实上，所有认识论者在他们的分析中都参照过心理学的因素。不过他们对心理学因素的参照大多数是思辨性质的，而不是以心理学的科学研究为根据的。我深信，所有的认识论提出了事实的问题，也提出了形式的问题，而且一旦遇到事实问题时，心理学的发现便是有用场的了，必须加以考虑。对于心理学，极不幸的事情就是，每一个人都以为他自己是一个心理学家。在物理学或哲学领域内并没有这种情况。结果，当认识论者需要考虑某些心理学方面时，他并不参考心理学的科学研究，也不去请教心理学家，而只凭自己的思考。他把一些观念和关系收集到自己的思想内，试图由自己去解决所产生的心理学问题。我愿意引述几个认识论上的例子，说明即使一些心理学发现初视之下似乎与讨论的问题无关，但这些心理学上的发现是能够和有关问题关联起来的。

我的第一个例子是关于逻辑实证主义学派的。逻辑实证主义者在他们的认识论中从来不参考心理学，他们认为，逻辑实体和数学实体只是一些语言结构。这就是说，当我们进行逻辑或数理运算时，我们只是利用一般的句法、一般的语义学或莫利斯所谓的一般性语用学，即一般性语言用法的规则。一般讲来，他们的主张是：逻辑的与数理的实体是从语言派生出来的。逻辑和数学只是一些特殊化了的语言结构。现在，在这里，这就与考查事实密切关联起来了。我们能够考查，在语言发展以前，儿童是否就有了逻辑的行为。

我们能够发现，儿童动作的协调是否揭示出一种类的逻辑；是否揭示出一个序列系统；是否揭示出种种一对一的对应结构。如果在语言发展之前，我们在幼儿的动作协调中的确发现有逻辑结构，那么我们就不能说，这些逻辑结构是从语言中派生出来的。这是一个事实问题，不能用思辨，而只能用实验的方法及其客观发现去探索。

于是发生认识论的第一个原理就是严肃地对待心理学。严肃对待心理学的意思就是说，当发生一个有关心理事实的问题时，我们应该向心理学的科学研究请教，而不应试图通过自己的思辨去发明一个答案。

附带说一句。值得指出的是，在语言学本身的领域内，自从逻辑实证主义进入黄金时代以来，理论的地位已经颠倒过来了。布卢姆费尔德在他的时代完全坚持逻辑实证主义者的观点，逻辑的语言学观点。但是目前，如你们所知道的，乔姆斯基已经站在相反的立场了。乔姆斯基肯定，逻辑不是根据于和派生于语言，相反，语言是以逻辑为基础，以推理为基础的，而且他甚至于认为这种推理是先天的。他主张推理是先天的，这也许走得太过了，这个问题又是需要参照事实，参照科学研究加以解决的。这是心理学领域内另一个需要决定的问题。在乔姆斯基今天所辩护的理性主义（根据这个理论，语言是根据于理性而理性又被认为是人类天生的）和实证主义的语言学观点（根据这种观点，逻辑只是语言学里面约定俗成的结果）之间还有一整套可能的答案以供选择，而要在这些答案中作出选择，就必须以事实为基础，即以心理学的科学研究为基础。这些问题是不能用思辨去解决的。

我不想给人们这样的印象，觉得发生认识论只是以心理学为基础的。反之，每当我们能够从事某种形式化的工作时，每当我们在思想发展过程中碰到某些业已完成的结构时，逻辑的形式化是绝对必要的；我们总是在逻辑学家和我们正在探讨的领域内的专家们的协助之下，努力使这种结构形式化。我们的假设是说，以心理学的形成为一方面和以形式化为另一方面，而在这两者之间存在着一种对应关系。但是即使我们承认形式化在认识论中的重要性，我们也明白，光有形式化本身也是不够的。我们正在指出，在一种领域内，要阐明某些认识论的问题，心理学的实验工作是必不可少的，但是甚至就形式化本身而论，仍然还有一些理由证明为什么形式化本身永远是不够的。我愿意来讨论三个理由。

第一个理由，不仅有一种逻辑，是有许多不同的逻辑。这就是说，没有任何单一的逻辑有足够的力量支持人们知识的整个构造。但是它也意味着，当所有不同的逻辑结合在一起，它们彼此间又不够充分地连贯一致，以致不能用来作为人们知识的基础，于是任何一个单一的逻辑力量太薄弱，而把所有的逻辑结合在一起又太复杂了，以致不能使逻辑为知识奠定一个单一的价值基础。这是第一个理由，证明为什么单有形式化是不够的。

第二个理由是在哥德尔定理中发现的。形式化是有限度的。这是事实。

任何连贯一致的系统即使丰富得足够包含初等算术，也不能证明它自己内部是连贯一致的。因此，便发生了下列的一些问题：逻辑是某些事物的一种形式化，一种公理化，但到底是哪些事物的形式化、公理化呢？逻辑的形式化是什么呢？这是一个重大的问题。这里甚至还有两个问题。任何公理系统一开始就包含着一些不可演证的命题或公理，而其他的命题则能从这些公理演证明白；这种公理系统也包含有不可定义的、根本的概念，而其他的概念则是根据这些根本概念来定义的。那么，就逻辑而言，在这些不可证明的公理和不可定义的概念下面的又是什么呢？这是逻辑中的结构论的问题，而且这个问题表明以形式化作为根本的基础是不恰当的。它表明既要考虑公理化的逻辑系统，又得考虑思想本身的必要性，因为逻辑系统尚在发展而且仍然常有直觉性质的这一事实，正是来源于人类的思想。

形式化不够的第三个理由是，认识论开始解释知识时是按照它在科学领域内的实际情况解释的，而这类知识事实上并不只有形式的方面，还有其他的方面。与此有联系的，我愿意引用我的一位逻辑朋友，已故贝思的事例。他强烈地讨厌一般的心理学并且反对把心理学的观察引入认识论的领域，因此，他也讨厌我的著作，因为我的著作是以心理学为基础的。虽然如此，由于学术对照的关系，贝思参加了一次我们的关于发生认识论的座谈会，并且仔细地考查了我们所关心的这些问题。在这次座谈会后，尽管他害怕心理学家们，但他同意和我合写一本我们称为《数学认识论和心理学》的著作。这本书是用法文出版的，后来翻译成英文。他在对这一卷书的结论中，写了下面的几句话："认识论的问题是要解释真正的人类思想是怎样能够产生科学知识的。为了做到这一点，我们就必须在逻辑和心理学之间建立一种协调关系。"这个宣告并不暗示心理学应该直接干预逻辑——这当然是不真实的——但是它却主张，在认识论中对逻辑和心理学两者都应加以考虑，因而讨论人类知识的形式的和经验的这两方面都是重要的。

总之，发生认识论既研究知识的意义，也研究它的形成，我们可以用下列的语词来陈述我们的问题：人类心理是用什么手段从一个比较不足的知识状态转向一个较高的知识状态的呢？决定什么是较低的或不很恰当的知识和什么是较高的知识，当然有其形式的和规范的方面。决定一定的知识状态是否高于另一知识状态，并不是心理学家的事情。这是由逻辑学家或某一科学领域内的专家们所决定的事。例如，在物理学的领域内，要由物理学家去决定某一理论是否比另一理论有些进步。从心理科学的观点来看，从发生认识论者的观点看来，我们的问题是解释一个较低的知识阶段是怎样过渡到被判断为较高的阶段的。这种过渡的性质是一个事实问题。这种过渡是历史性的或心理学性质的或者有时甚至是生物学性质的，这一点我将试图在以后加以说明。

发生认识论的根本假设是：在知识的逻辑的、理性的组织和相应的心理形成过程之间有一种平行状态。好，现在，如果这就是我们的假设，那么我们的研究领域是什么呢？当然，最有成果、最显明的研究领域乃是史前人类的人类思想史。不幸，我们对于尼安德特人的心理或泰拉尔·德·夏尔丹的"北京人"的心理，还没有很好的知识。既然我们还没有研究生源说这个领域，我们就将像生物学家一样行事，转向个体发生学。概念在个体中的发生是我们最容易研究的。我们所有的人周围都有儿童。在儿童们身上，我们有最好的机会去研究逻辑知识、数理知识、物理知识等方面的发展。这些东西，我们将在后面研讨。

关于这个研究领域的导言，就讲这些。现在我愿意转向某些专题并从研究儿童逻辑结构的发展开始。开始时我将在思想的两个不同而又互相补充的方面加以区别。一个是形象的方面，而另一个我称为运转（算）方面。形象方面被认为是模仿瞬间的和静止的状态。在认识领域内，形象的机能首先是知觉、模仿和心理影象，事实上即内化的模仿。思想的运算方面并不研究状态，而是研究从一种状态向另一状态的转化。例如，它包括转化对象或状态的动作本身；它也包括智慧的运算，这种智慧运算实质上就是转化的体系。

它们是动作，而这些动作是可以和其他动作互相比较的，可以逆转的，即它们能够向着两个方向进行〔这就是说，动作A的结果能够被另一动作B（A的反演）所排除：A同B的结局将导致同一性的运算，而未改变其状态〕，而且是能够内化的；这些动作能够通过表象而不通过实际动作进行。形象的方面总是从属于运算方面的。任何一种状态只能理解为某一转化的结果或另一转化的出发点。换言之，按照我的思维方式，思想的根本方面是它的运算方面而不是它的形象方面。

用另一种方式来表达同一观念，我认为：人的知识本质上是能动的，认识就是把现实同化于一些转化系统。认识就是转化现实，从而理解某一状态是如何产生的。由于这个观点，我发现自己是对立于把知识当作实体的摹本，一个被动摹本的观点的。实际上，这种把知识当作实体的摹本的观念是以一种恶性循环为根据的：为了制造一个摹本，我们就得去认识我们所描摹的模型，但是按照这种认识论的看法，我们认识模型的唯一方法就是去描摹它，于是我们便陷于循环之中了，而不能知道我们描出的摹本是否像那个模型。

按照我的思想方法，认识一个客体并不意味着去描摹它——而意味着作用于它，这意味着构造转化系统，而这些转化系统只能在施作用于这个客体之上或同这个客体一道才实现的。认识现实意即构造着转化系统，而这些转化系统多多少少恰当地符合于现实。这些转化系统在一定程度上和现实的转化是同构的。构成知识的转化结构并不是现实中的一些转化的摹本，它们仅只是一些可能的同构的模型，而经验使我们能够从中作选择。于是，知识就是一种转化系统，它继续前进地变得更加恰当一些。

大家都同意，逻辑数理的结构是抽象的，而物理的知识——根据一般经验的知识——是具体的。但是让我们请问逻辑数理的知识是从什么东西抽象出来的。有两种可能性。第一种可能性是：当我们对于客体施加作用时，我们的知识就从客体本身派生出来了。这是一般经验论的观点，而且在实验的或经验的知识方面，这个观点大部分是有效的。但是还有第二种可能性：当我们对于客体正在施加作用时，我们也会考虑到这种动作本身，也可以说，会考虑到运算，因为转化工作能够在心里进行。根据这个假设，抽象不是从受到作用的客体中抽绎出来，而是从这种动作本身抽绎出来的。在我看来，这就是逻辑的和数理的抽象的基础。在包括物理知识的情况中，抽象是从客体本身抽绎出来的。例如，儿童能够在他手里举起物件并且知道它们有不同的重量——大的东西通常比小的东西重些，但有时小的东西比大的东西重些。所有这一切他是从经验中发现的，而他的知识是从物体本身抽绎出来的。

但是我也愿意提出一个例子说明有一种情况和上面的情况是同样原始的，在这种情况下，知识是从动作的协调，而不是从物件抽绎出来的。这个例子，即我们曾对许多儿童进行过相当彻底研究的一个例子，它原是一位数学家朋友提示给我的，他曾引用这个例子作为他对数学发生兴趣的出发点。当他是一个儿童时，有一天他在数鹅卵石，他把它们排成一行，从左边数到右边，他得到十。然后，他为了好玩，又从右边数到左边，看他将得到什么数目，他很奇怪他又得到了十。他又把这些鹅卵石排列成一个圆圈，结果又是十。他从另一方向，围着这个圆圈数，他又得到十。而且不管他把这些鹅卵石排成什么形状，当他数它们时，数目总是十。在这里他发现了数学中的所谓可换性，即总数与秩序无关。但是他是怎样发现这一点的呢？这种可换性是这些鹅卵石的本性吗？不错，似乎鹅卵石让他可以按照各种不同的方式排列它们；而对于水滴，他就不能这样做。因此，从这个意义讲来，他的知识有其物理的方面。但是秩序并不在鹅卵石之中，而是他，这个主体，把鹅卵石排列成行，然后又排成圆圈的。此外，总数也不在这些鹅卵石本身之中，而是主体把它们联结起来的。这位未来的数学家那一无所发现的知识便不是从鹅卵石的物理性质中抽绎出来的，而是从主体作用于鹅卵石的动作中抽绎出来的。这种知识，我们称为逻辑数理的知识，而不是物理的知识。

从客体中抽绎出来的这种类型的抽象，我们将称为简单的抽象，而第二种类型我们将称为反省的抽象，我们是从双重意义去使用这个名词。在这里，"反省的"一词除它在物理学中所具有的意义外，在心理学领域内至少还有两个意义。在物理学中，"反射"是指一条光线从一个表面反射到另一表面的这种现象。按照心理学里面的第一个意义，（反省的）抽象是从一个等级转移于另一个等级（如，从动作阶段转移于运算阶段）。按照心理学里面的第二个意义，反省（的抽象）是指反复思考的心理过程，即在思维运算阶段发生了重新组织的活动。

现在我愿意在两种类型的动作之间加以区别。一方面有个别的动作如掷、推、触、搓。这些个别动作产生于从对象中作出抽象的大部分时间。这是我在上面所说的那种抽象的简单类型。然而，反省抽象却不是根据个别的动作，而是根据许多协调的动作。动作能够在各种不同的方式中加以协调。

例如，能够把它们联合在一起，我们称之为相加性协调。或者把它们按照时间顺序先后排列起来，我们称之为有序的或序列的协调。例如，当某些动作是达到一个目标的必要手段时，在我们把动作组织起来去达到这个目标的过程中，便有一个先，一个后。另种类型的动作协调是在两个行动之间建立对应的关系。第四种形式是在许多动作中建立的交点。所有这些协调形式在逻辑结构中都有其对应的平行物，而且照我看来，当这些形式以后在思维活动中发展时，在动作阶段的这种协调便是逻辑结构的基础。事实上，我们的假设是这样的：逻辑思维的根源不单是在语言中发现的，即使语言的协调是重要的，而更一般地是在作为反省抽象基础的动作协调中发现的。说得完备些，我们可以补充说，在单个的动作和协调的动作之间的区别自然是一种逐渐发生的区别，而不是一种突然中断的区别。甚至推、触、搓也是由一些较小的细致动作所组成的一种简单类型的组织。

这只是回溯分析的开始，这种分析还能进一步做下去。像在发展心理学中一样，在发生认识论中永远没有一个绝对的开端。我们永远不能回溯到这样一点上，在这里我们能说："这里就是逻辑结构的开端。"一旦当我们开始讲到一般的行动协调时，我们就会觉察到。当然，还可以更进一步追溯到生物学领域里面去。我们可立即进入神经系统和神经原网络内部协调的领域（如麦卡洛克和皮茨所讨论的内容)。然后如果我们再寻找这些科学家们所讨论的神经系统的逻辑根源,我们就要作进一步的追溯。我们会发现更基本的有机协调。当我们再进一步进入比较生物学领域时,我们就到处发现具有依次包含的对应关系的结构。我不想进入生物学,我只想把这种回溯分析追踪到它在心理学领域内的开端,而且再一次强调人类逻辑的和数理的结构的形成并不能单用语言去解释,而是在一般的动作协调中有其根源的。

第六节　法律演讲

法律演讲包括了和法律相关的一些内容,像是公诉人、辩护代理人在法庭上所作的演讲、律师的辩护演讲。它主要包括检察官的演讲(起诉词)、律师的演讲(辩护词)、社会起诉词、社会辩护词、被告的自我辩护等。这样的演讲针对性强,具有明确的目的性。

范文:支持"物种起源"的学说

赫胥黎,英国生物学家、教育家。其名著有《进化论与伦理学》(旧译《天演论》)。本文是他在许多权威学者的一片反对声中为达尔文的进化论辩护的辩护词。

我曾经说过,科学家是在理性的最高法庭上对自然界最忠实的诠释者。

但是,假如无知是法官的顾问,偏见是陪审团的审判长时,科学家诚实的发言又有什么用处呢?就我所知,几乎所有伟大的科学真理,在得到普遍接受以前,那些最有地位的大人物总坚持认为被研究的现象是直接以神意为依据的。谁要是企图去研究这些现象,不但枉费心机,而且简直是对神的亵渎。

这种反对自然科学的态度,具有异常顽固的生命力。在每次战役中,上述的反对态度都被击溃、受到重创,但却似乎永远不会被消灭。今天,这种反对态度已经遭到上百次的挫败,但是仍然像在伽利略时代那样猖獗横行,幸而危害性已经不那么大了。

请让我借用牛顿的一句名言:有些人一生都在伟大的真理海洋的沙滩上拾集晶莹的卵石。他们日复一日地注视着那股胸怀包藏着无数能把人类生活装点得更高尚美好的珍宝的海潮。这股气势磅礴的海潮的行进虽然缓慢,但却确定无疑地会上涨。要是这些注视着海潮上涨的人们看到那些现代的克纽斯式小人物俨然坐在宝座上，命令这股巨大的海潮停止前进，并扬言要阻止那造福人类的进程时，他们会觉得这种做法即使不那么可悲，也是可笑的。

海潮涨上来了，现代的克纽斯们只好逃跑。但是，他们不像古时那位勇敢的丹麦人，他们学不会谦虚。他们只是把宝座挪到似乎是安全的远处，便又重复地干着同样的蠢事。

大众当然有责任阻止这类事情发生，使这些多管闲事的蠢人声誉扫地。

这些蠢人以为不许人彻底研究全能上帝所创造的世界，就是帮了上帝的忙。

物种起源的问题并不是在科学方面要求我们这一代人解决的第一个大问题，也不会是最后一个。当前人类的思潮异常活跃，注视着时代各种迹象的人看得很清楚，19世纪必将如16世纪一般发生伟大的思想革命与实践革命。但是，又有谁能知道，在这新的改革过程中，文明世界要经受什么样的考验与痛苦的斗争呢？

然而，我真诚地相信，无论发生什么情况，在这场斗争中，英国会起到伟大而崇高的作用。她将向全世界证明，至少在一个民族中，专制政治和煽动宣传并不是治国的必要选择，自由与秩序并非必然互相排斥，知识高于威严，自由讨论是真理的生命，也是国家真正统一的生命。

英国是否会起这样的作用呢？这就取决于你们大众对科学的态度了。珍惜科学、尊重科学吧，忠实地、准确地遵循科学的方法，将其运用到一切人类思想领域中去，那么，我们这个民族的未来就必定比过去更加伟大。

假如听从那些窒息科学、扼杀科学的人的意见，我恐怕我们的子孙将要看到英国的光辉像亚瑟王在雾中消失那样黯淡下来，等到他们发出像圭尼维尔那样的哀哭时，反悔已经来不及了。

第七节　道德演讲

道德演讲是人们日常生活中必不可少的一种。道德是规束人们行为准则的一种约定俗成的规约，它没有强制性，靠的是人们的自觉，在生活节奏越来越快的今天，道德演讲可以起到提醒人们自觉遵守社会道德的作用。

一般的道德演讲，大都是一些德高望重、受人尊敬的人来进行，这是因为这样的人大多本身就是一个道德的楷模，具有说服力。

道德演讲的内容一般都是运用一些真实的事例来达到感动人心的目的。

范文：种族隔离制度绝无前途

曼德拉，南非总统。1962年8月，他因领导罢工运动和抵制白人种族主义者成立"南非共和国"，被南非当局逮捕，在狱中度过27年之久，于1990年2月获释。这是同年2月11日他出狱后发表的首次演讲。

朋友们，同志们，南非同胞们：

我以和平、民主和全人类自由的名义，向你们大家致敬。我不是作为一名预言家，而是作为你们的谦卑的公仆，作为人民的公仆，站在这里和你们面前。

你们经过不懈的奋斗和英勇牺牲，使我有可能在今天站在这里，因此，我要把余生献给你们。

在我获得释放的今天，我要向千百万同胞，向全球各地为我的获释而作出过不懈斗争的同胞，致以亲切的和最热烈的感谢。

今天，大多数南非人，无论黑人还是白人，都已认识到种族隔离制度绝无前途。为了确保和平与安全，我们必须依靠自己的声势浩大的决定性行动，来结束这种制度。我国各个团体和我国人民的大规模反抗运动和其他行动，终将导致、也只能导致民主制度的确立。

种族隔离制度给我们这片大陆造成了难以估量的破坏。成千上万个家庭的生活基础遭到了摧毁。成千上万人流离失所，无法就业。

我们的经济濒临崩溃，我们的人民卷入了政治冲突。我们在1960年采取了武装斗争方式，建立了非洲人国民大会的战斗组织——"民族之矛"，这纯属为反抗种族隔离制度和暴力而采取的自卫行动。

今天，必须进行武装斗争的种种原因依然存在。我们别无选择，只有继续进行武装斗争。我们希望，不久将能创造出一种有利于通过谈判解决问题的气氛，以便不再有必要开展武装斗争。

我是非洲人国民大会的忠诚的遵守纪律的一员。因此，完全赞同它所提出的目标、战略和策略。

现在需要把我国人民团结起来，这是一项一如既往的重要任务。任何领导人，都无法独自承担起所有这些重任。作为领袖，我们的任务是向我们的组织阐明观点，并允许民主机制来决定前方的道路。

上部 演讲

关于实行民主问题，我感到有责任强调一点：运动的领导人要由全国性会议通过民主选举而产生。这是一条必须坚持，毫无例外的原则。

今天，我希望能向大家通报：我同政府进行的一系列会谈，其目的一直是使我国的政治局势正常化。我们还没有开始讨论斗争的基本要求。

我希望强调一下，除了坚持要求在非洲人国民大会和政府之间进行会晤以外，我本人从未就我国的未来问题同政府进行过谈判。

谈判还不能开始——谈判不能凌驾于我国人民之上，不能背着人民进行。我们的信念是，我国的未来只能由一个在不分肤色的基础上通过民主选举而产生的机构来决定。

要谈判消灭种族隔离制度问题，就必须正视我国人民的压倒一切的要求，即建立一个民主的、不分肤色的和统一的南非。白人垄断政权的状况必须结束。

还必须从根本上改造我国的政治制度和经济制度，以便使种族隔离制度造成的不平等问题得到解决，并保证我们的社会彻底实现民主化。

我们的斗争已经到了决定性时刻。我们呼吁人民要抓住这个时机，以便使民主进程迅速地、不间断地得到发展。我们等待自由等得太久了。我们不能再等了。现在是在各条战线上加强斗争的时候了。

现在放松努力将铸成大错，我们的子孙后代将不会原谅这个错误。地平线上萌现的自由奇观，应该能激励我们付出加倍的努力。只有通过有纪律的群众运动，胜利才有保障。

我们呼吁白人同胞加入我们的行列，来共同创造一个新南非。自由运动也是你们的政治归宿。我们呼吁国际社会继续采取行动，来孤立这个实行种族隔离制度的政府。

如果在目前取消对这个政府的制裁，彻底消灭种族隔离制度的进程就会有夭折的危险。我们向自由的迈进不可逆转。我们不应让畏惧挡住我们的道路。

由统一的、民主的和不分肤色的南非实行普选，是通向和平与种族和谐的唯一大道。

最后，我想回顾一下我在1964年受审时说过的话。这些话在当时和现在都一样千真万确。我说过：我为反对白人统治而斗争，也为反对黑人统治而斗争，我珍视民主和自由社会的理想，在这个社会中，人人和睦相处，机会均等。我希望为这个理想而生，并希望实现这个理想。但是如果需要，我也准备为这个理想而死。

第八节 礼仪演讲

礼仪演讲是在一些公众场合发表的一些用来调节人际关系的演讲,像我们常见的凭吊、庆贺、婚礼、生日等活动的演讲,都可算为礼仪演讲。礼仪演讲最重要的是要注意各种不同场合的利益要求,说话要得体,要符合身份,符合场合。

范文：主持词

男：各位领导、各位来宾：

女：女士们、先生们：

合：大家好！

男：2009年的春天,是一片花的海洋,焕发出勃勃生机。

女：美丽的××,披上节日的盛装,更加多姿多彩,楚楚动人,展现出山、水、洲、城的迷人画卷。

男：在这春暖花开的季节,我们即将迎来一年一度的新春佳节。

女：在这百舸争流的盛世,"和谐××"2009新春团拜会文艺演出在这里举行。

男：首先,请让我们荣幸地为大家介绍出席本次演出的各位领导和评委。

他们是：×××,×××,……

女：出席本次演出的领导还有：区委书记×××,区委副书记、区长××以及全体区级领导。请大家以热烈的掌声欢迎各位领导的到来。

男：为了这台演出,全区各级各部门都进行了精心的准备,选送了一大批优秀的节目,在这里,对他们的辛勤付出表示感谢,大家掌声鼓励。"和谐××"2009新春团拜会文艺演出正式开始。

技巧篇

·第一章·
演讲前的语音训练

第一节　发声能力训练

著名的寓言大师伊索年轻时曾经给一个贵族当奴仆。有一天，这位贵族想设宴，宴请城中的达官贵人。于是传下话去，让伊索准备最好的酒席，伊索听后就四处收集各种动物的舌头，办了一个舌头宴。用餐时，贵族大吃一惊，忙问伊索是怎么一回事，伊索笑着说："我尊敬的主人，你吩咐我为这些高贵的客人办最好的菜，而舌头是引导各种学问的关键，对于这些名士、贵族们来说，舌头宴不是最好的菜吗？"客人们听后，一个个都发出由衷的赞叹和笑声。贵族也为伊索的机智表示赞许，又吩咐他次日准备一次最差的酒宴。伊索应声赶紧下去准备，谁知次日开席上菜时仍是舌头。这次贵族勃然大怒，伊索却不慌不忙地说："难道一切坏事不是从人口中出来的吗？舌头既是最好的，也是最坏的东西啊！"贵族听后无话可说。

虽然这只是个古希腊流传下来的故事，却说明了一个很重要的道理：说话之于人们有着无可估量的作用。

有一位非常成功的女性，她的声音清脆圆润，不管她到任何地方，只要她一开口说话，所有的人都洗耳恭听，因为他们无法抗拒这如此富于魅力的声音。那种真诚、爽朗、充满生命活力的声音就像从干裂的地面喷出的一股清泉，就像从静寂的山谷涌出的一道急流，在每个人的心头涓涓而流，恰似生命中最美的音乐。事实上，这位女士的相貌相当普通，甚至可以说是有些丑陋，然而她的声音却是那样的圣洁甜美；它所带来的魅力是不可阻挡的，并且也从某个层面象征着她高雅的素养和迷人的个性。

一、不同的语调带有不同的意义

作为一个人，我们说出的每一句话都是带有一定的语气的，或是高兴的、或是伤心的、或是忧郁的、或是兴奋的，语调反映一个人说话时的内心世界，它能够表露出人的情感和态度。

中国的语言博大精深，同样的一个字、一句话，因为说话的语调不同，就具有了不同意义，这也是中国语言的魅力。一个演讲中，听众可以从演讲者的语调中，感受到演讲者的内心状况和他的感情。

同样，听众会从演讲者的语气中来评价演讲者的性格，他们会下意识地对演讲者作评判，判断他是一个令人信服的人、幽默的人、可亲可近的人，还是一个呆板保守、具有挑衅性、好阿谀奉承或阴险狡猾的人。

所以，当演讲者向听众阐述一个问题时，应保持说话的语调并与讨论的话题相适应，并能恰当地表明你对这一话题的态度。严肃的问题要用正式的语气，幽默的问题要用玩笑的语气，切不能用错，一旦用错，就会导致观众对于演讲者提供的信息不信任。

二、如何在演讲中运用突兀语言

有些演讲者善于在演讲开头时出语惊人，突兀而起，配以起伏变化的语调使演讲体现出一种神秘的色彩，一下子就能把听众震住。这样既能吸引听众的注意力，又能确定演讲的情感基调。有位演讲者在介绍刘玲英为了保卫国家金库而与行凶抢劫者奋力拼搏的事迹时，是这样开始演讲的：

刀，一把明晃晃的三角刮刀已经逼近了刘玲英的眼睛，穷凶极恶的歹徒丧心病狂地嚎叫："你交不交钥匙？不交就要你变成瞎子！"面对威吓，刘玲英毫不畏惧，回答的是三个字："不知道！"凶手手中的刮刀刮进了刘玲英的眼睛，可刘玲英回答的仍然是三个字："不知道！"歹徒用三角刮刀在刘玲英身上、脸上捅了二十多刀，鲜血染红了地面，刘玲英还是那三个字"不——知——道！"朋友们，这就是我们的英雄，面对猖狂，面对凶暴脸不改色心不跳，用生命和鲜血捍卫着人民的财产。在这里我要用我全部的热情来赞一赞这位女豪杰，女英雄！

这里，摆在听众面前的是一幅凶残血腥的画面，令听众为之惊心，为之动魄。加之演讲者夸张地运用轻重、快慢、升降、停顿等语调技巧，强烈地感染着听众。

我们再看看 1941 年 7 月 3 日斯大林《广播演讲》的开头：

希特勒德国从 6 月 22 日向我们祖国发动的背信弃义的军事进攻，正在继续着。虽然红军进行了英勇的抵抗，虽然敌人的精锐师团和他们的精锐空军部队已被击溃，被埋葬在战场上，但是敌人又往前线调来了主力军，继续向前闯进……

这样的开头，由惊人的事情说起，听众为之惊叹。

运用突兀而起的方法要注意与后面的内容配合得当，否则给人一种头重脚轻、"吊胃口"的感觉。前后越不协调，听众反感越大。过渡要自然，联系要完整，表达不要过分神秘。

三、怎样用顿歇技法推进情感

顿歇，绝不是思想表达的终止，而是力量的积蓄。停顿是为了更好地连接和贯通。

为了突出某一事物，强调特殊含义，可以运用语法停顿、逻辑停顿、感情停顿等方法变化停顿时间。一般在被突出的事物、感情前后进行。我们看看富兰克林的演讲《制造国旗的人们》的最后两句："她振奋明亮、果敢光辉、信仰坚定，因为那是你们用心做成的。你们是国旗的制造者，所以你们应当为制造国旗而感到无上光荣。"

这里在"因为"和"所以"后作较长的停顿，然后把声音明亮畅快地送出去。

运用停顿可以产生一种骤然紧张的气氛，停顿以后，听众绷紧的心弦也会突然放开，能让听众得到一种快感，并彻悟到演讲的内容和感情。这里的"顿"是短暂的歇息，是整体之中的一个过程。这个过程是对听众的引领，是使听众进入演讲情绪场的诱导，听众会拿上你交给他们的这把钥匙去开启演讲情感的大门从而去领略演讲的风采。

俄国政治家、社会活动家普列汉诺夫在日内瓦作《无产阶级与农民》的演讲时，台下一些无政府主义者企图破坏，不时吹出口哨声，其他听众也受到影响，面对这些破坏者，普列汉诺夫运用顿歇技巧："如果我们也想用这种武器，同你们斗争的话，我们来时就会……我们来时就会带着冷若冰霜的美女。"

把强烈愤怒的感情蓄积在停顿处，然后再爆发出来，怒指那一小撮人，收到了奇妙的控场效果。

强调的是，停顿的时间要适可而止。如果太短，紧张的气氛难以形成，高潮难以产生；如果太长听众会琢磨到你顿歇的原因，从而能理解到你停顿后高潮的意义，削弱顿歇的效果。

下列一些场合可运用顿歇手法：

1. 上台站定演讲之前与演讲完了下台之前。此时可做较长时间的停顿，且停顿时要配合态势进行。

2. 赞叹、悲伤、惊讶、愤怒之时，如"你太不像话了"之前停顿。

3. 反问、设问之后。

4. 举例、述说另一整体内容之前。

5. 段落之间。

6. 当你的演讲受到干扰或得到赞美时。尤其是由于你精彩的演讲，听众对你报以热烈的掌声，你一定要停下来，微笑着面向听众。如果听众的掌声是建立在你严肃的幽默之上，你也可以"严肃"地看着听众。

四、演讲有声表达如何科学运气

科学的发音取决于科学地运气，有些演讲者时间稍长点就底气不足，出现口干舌燥、声音嘶哑的现象，此时，只得把力量集中到喉头，使声带受压，变成喉音。

"气乃音之师。"气息是声音的原动力，科学地运用运气发音方法可使声音更加甜美、清亮、持久、有力。要达到这个地步，平时要加强训练，掌握腹胸联合呼吸法。其要领是：双目平视，全身放松，喉松鼻通，无论是站姿还是坐式，胸部稍向前倾，小腹自然内收。

吸气方法是：扩展两肋，向上向外提起，感到腰带渐紧，后腰有撑开感。横膈膜下压腹部扩大胸腔体积，小腹内收，气贯丹田。用鼻吸气，做到快、静、深。

呼气方法是：控制两肋，使腹部有一种压力，将气均匀地往外吐，呼气时用嘴，做到匀、缓、稳。

这样的呼吸方法可以进气快，到位深，运气长，好控制。可用下列方法练习：

1. 闻花香。好像眼前有一朵花，深深吸进香味，两肋张开，控制一会儿，缓缓送出。

2. 模拟吹掉桌面上的灰尘。

3. 咬紧牙关，从牙缝中发出"咝"声，平稳均匀。

4. 数数："1，2，3，4，5，6，7，8，9，10"，循环往复，一口气能数多少就数多少，吐字要清。

5. 数"一个葫芦，两个葫芦"或"一张球拍，两张球拍"，看一口气能坚持多久。

6. 喊人，如"王刚"、"小胡"。

7. 一口气反复念："吃葡萄不吐葡萄皮儿，不吃葡萄倒吐葡萄皮儿。"

8. 一口气诵读一首五言绝句或七言绝句，力求清晰、响亮、有感情。

五、学会使用语气来表达不同的意义

语气是声和气的结合，不同的语意是某一种声和气在人们长期的使用过程中逐步形成的。它是具有社会性的，是约定俗成的，具有稳定性，包括思想感情、声音形式两个方面。它不会以个人的意志为转移，我们只能遵循这一特点，而不能根据个人的好恶去随意地违背它或改变它。

人们对于不同的语气的反应在长期的生活中，是本能的认知：恶声恶气不会是抒发柔情蜜意、大声吼叫不会是称赞别人；粗声粗气不会是向别人道歉，更不能用来表现我们激动的心情。所有使用有声语言的场合，都离不开语气。若想成为一个说话富有感染力的人，就一定要熟练掌握驾驭语气的能力，要善于运用合适的语气来表达复杂的内容和不同的思想感情。

只有用正确的语气才能表示正确的意义，否则我们将不能正确地表达我们的本意，甚至还会招致麻烦和痛苦。但是当一个团体的成员固定使用一种新的语气，那么也会给既定的语气赋予新的含义。

相同的词语因为不同的语气而产生不同的意义的例子在我们身边有很多。

语气能够影响人们的情绪，这是在我们的实际生活中经常会遇到的现象。意大利一位演员曾经用悲怆的语气来朗读阿拉伯数字，虽然朗读阿拉伯数字本身并没有任何意义，但是因为语气的悲哀，使得听众产生了共鸣，不少听众潸然泪下。所以，有时，在表情达意方面，甚至超过语言本身。

就像我们很熟悉的一个词"讨厌"，来举个例子。

当我们用粗声粗气来说，就表示出一种指责、反感；用恶声恶气来说，就表现出一种愤怒、斥责；用柔声细气来说，则有一种害羞的感觉；用嗲声嗲气说，则有一种打情骂俏、撒娇的感觉。使用好声和气的一条重要原则就是要尽力避免可能会出现的歧义现象。

那么作为一个演讲者，在演讲中可以常用哪些语气呢？

首先，当演讲者需要激励听众的士气时，可以使用慷慨激昂的语气。慷慨激昂的语气有一种气势磅礴的感觉，可以给予人们激励的感觉，具有强烈的鼓动性和感染力。

其次，当演讲者需要引起听众的兴趣时，可以使用抑扬顿挫的语气。所谓抑扬顿挫，就是指句子里的语气有高低升降、轻重缓急的变化。抑扬顿挫，使得一句话说出的时间和强度有了变化，这样它所表达的意思就有可能不同，甚至会截然相反。所以，抑扬顿挫的语气可以加强句子的语气，有助于演讲者抓住听众的情绪，吸引听众的注意力。

第三，当演讲者需要平复听众的情绪时，可以使用平和舒缓的语气。有时，一味的慷慨激昂，高声演讲，并不能够吸引听众，当演讲者置身于某些特定的场合中，例如分别的时候，吊唁的时候，演讲者说话时的声音不能高声喧哗、慷慨激昂，这时就需要演讲者用平和缓慢的语气，这样的语气不但能符合听众的心理，还能够安抚、治愈听众的心灵。

最后，当演讲者需要说服听众时，可以使用气势沉稳的语气。这样的语气是在演讲者想要将一种观念或理念传达给听众时常用的，教师就常用这种语气来给学生们讲解新的内容。这样的语气最大的特点就是自信，因为，一个人想要别人相信自己，首先要相信自己，要想说服别人，就先要说服自己，然后再以自己的沉稳自信去征服别人。

总之，用语气表达不同的感情时要注意语言、语意、演讲的场景和主题，注意语气与措辞的一致以及语气之间的协调，这样，我们的演讲才能取得比较好的效果。

六、有活力的声音才能吸引听众

演讲者在演讲中想要得到听众的认同，自己的声音就不能有气无力的，有生命力的声音能给听众认同和活力。响亮的声音，就有一种生机勃勃而富有朝气的感觉。当一个演讲者，希望向听众传递信息、劝说他们赞同时，有活力的充满朝气的语言可以加强给予他们的暗示，得到他们的认同。同样的话用充满活力的语气来表现，还可以带动听众的情绪。

一个再好的演讲稿，如果演讲者用呆板、平淡无奇的语气将演讲稿读出来，一样无法吸引听众的注意力。有活力的声音，甚至可以蛊惑听众，赵本山和宋丹丹的小品中，赵本山就说过："听这小声，至少有五个加号。"这就是说明有活力的声音，可以使人产生极美好的幻觉，它能够使一个年过七十的老人给人一种年轻、有活力的感觉。同样地，如果一个年轻人说话有气无力的，则会给人一种苍老的感觉。

而要使自己的声音充满活力，其重点就是要注意重音。即根据演讲内容的需要，把重要的音、句或语意用强调的方式说出。这样演讲者的思想感情就能清楚明晰地传达给听众，并加深他们的印象。

声音不可千篇一律，这就是我们前面说的抑扬顿挫的语气的重要性。

那么具体来说，哪些内容需要演讲者重音强调呢？

首先，感情上的重音，在演讲中，它的作用在于帮助演讲者突出某种情绪，增强说话的感染力。

其次，声音的轻重要考虑到全篇的内容，通篇高亢的声音也会使人感到厌烦，所以重音的运用要考虑整个演讲的内容和主题。所以轻重得当，才能使整个演讲充满活力与激情。

七、发音是建立良好沟通的第一步

我们所说的话都是由每一个字组成的，然后我们给每一个字加上适当的重音和语调，再将所有内容正确而恰当地发音，就形成了我们的演讲。这能够帮助我们准确地表达自己的思想，使听众明白演讲者的意思和所强调的重点。

练习发音的第一步是，练气。

咽喉炎似乎是所有教师的通病，这种现象一方面是因为教师每天的说话量过大，另一方面是因为没有掌握正确的发声方法。我们都知道播音员和歌唱家每天的一个必备功课就是练习发声，练习用气来发声，也就是人们常说的练声先练气。

气息是人体发声的动力，是发声的基础。演讲的效果与发声有着直接的关系，我们之前说了，有活力的声音可以使听众兴奋，反之就会给人一种说话绵软无力的感觉。而影响发声的最直接原因就是气息，气息充足，声音就会响亮而有朝气；气息不足，声音就会恹恹无力；用力过猛就是我们常说的大嗓门，给人一种不礼貌的感觉。

我们在练声时，最重要的就是吸气与呼气训练。我们可以参考瑜伽当中腹式呼吸法来练习吸气和呼气。

所谓腹式呼吸法就是，吸气时让腹部凸起，吐气时压缩腹部使之凹入的呼吸法。正确的腹式呼吸法为：开始吸气时全身用力，此时肺部及腹部会充满空气而鼓起，但还不能停止，仍然要使尽力气来持续吸气，不管有没有吸进空气，只管吸气再吸气。然后屏住气息4秒，此时身体会感到紧张，接着利用8秒的时间缓缓地将气吐出。吐气时宜慢且长，不要中断。做完几次前述方式后，不但不会觉得难受，反而会有一种舒畅的快感。

它不但能练气，同时还能锻炼腹部肌肉，有助于减肥。

练习发音的第二步，练声。

第一，练习音高和音低。可以通过朗读古代诗词、散文等来练习。先从低音说起，再一句句地升高，说到最后再一句句地降下来。然后再一句高，一句低，高低交替地朗读，也可以每个字的音调由低向高，再由高向低。

第二，练习音强与音弱。可以采用和之前同样的材料，按音量从小到大来练习，从小音量练习开始，要注意的是音量虽小，但吐字一定要清晰。之后把音量加大到正常来练习，同样要求吐字清晰，抑扬顿挫。之后再加大音量，用大音量练习，这时要求气息强大，音色高亢洪亮。当我们能熟练清晰地用三种音量发音时，就可以进行三种音量的混合练习，这样的练习还可以加强我们的语感和语气。

第三，练习实音与虚音。所谓的实音，就是音色响亮、扎实、清晰度高的声音，这就要求我们在发音时，要清晰明白，咬字要准确。所谓虚音多用于表达感叹、回味、夸张等情感的语句中，说话的气息强而逸出较多，音量则有所控制，但是同样注意字音的清晰。

最后要注意的是，早晨刚睡醒时不要直接就到室外去练习，特别是室外与室内温差较大时，冷空气会刺激声带，那样会损害我们的声带。

八、不要让声音尖锐刺耳

每个人的声音和音域有所不同，有的人声音天生甜美，也有的人声音天生沙哑，有的人声音高亢，有的人声音低沉，有的人声音浑厚，这是每个人的先天条件，是不能改变的，但是我们可以控制自己的音高。偶尔的高声尖叫意味着紧张惊恐或者兴奋激动；在演讲中，偶尔来一次，可以起到加强气氛的作用，可以吸引听众的注意力。但是如果整篇演讲都用一种尖锐的歇斯底里的声音来说，那么会使得听众神经紧张，使他们感到厌烦和痛苦，破坏了会场的氛围。

九、节奏适中有助于听众理解

听语言出色的人演讲是一种艺术的享受。这是因为他们在演讲时，抑扬顿挫，就像一个优秀的指挥家，将语言的节奏当作一首优美的交响乐随意指挥，随心所欲地演奏出扣人心弦的乐曲。

如果想要成为优秀的演讲者，就要了解语言的节奏有哪几种，同时按照这些节奏来不断地进行练习的话，每个人都能成为优秀的演讲家。

第一，高亢的节奏能营造出威武雄壮的效果，这种节奏的演讲者发出偏高的声音，同时语气的起伏较大，高亢的节奏能产生强烈的感染力和鼓动性使听众热血沸腾，这样的节奏适合于叙述一件重大的事件，宣传重要决定及使人激动的事。

第二，低沉的节奏和高亢的节奏正好相反，它是为了营造一种低沉、庄严的气氛，通常使用较低的声音，低缓、沉闷，语流偏慢，语气压抑。大都在一些郑重的环境中应用，如悲剧色彩的事件叙述，或慰问、怀念、吊唁等。

第三，凝重的节奏介于高亢和低沉之间，声音适中，语速适当，重点词语清晰沉稳，比较中庸。这种节奏每个字都要重音来读，为了体现出一种一字千钧的感觉，在对于一些问题发表议论，或者在做一些大的演讲时比较常用。

第四，轻快的节奏，这种节奏是大部分演讲常用的，这样的演讲节奏比较适合大众，容易使人们产生融入感，日常性的对话、一般性的辩论，都可以使用这类型的节奏。

第五，紧张的节奏，通常运用比较快的语速来表达，往往带有一种迫切、紧急的情绪。每句话之间没有长时间的停顿。其目的是为了引起听众的紧张感和注意力，用于重要情况的汇报，或者是必须立即加以澄清的事实申辩等。

第六，舒缓的节奏和紧张的节奏正好相反，这是一种稳重、缓慢、舒展的表达方式。声音不高也不低，语流从容，给人一种安心悠闲的感觉。一般的说明性、解释性的叙述，学术探讨等类型的演讲都可以运用这种节奏。

最后值得我们注意的是，不同的节奏有时可以改变一个演讲的性质，作为一名演讲者，根据自身演讲的内容和性质选择合适的节奏，才能达到演讲的效果和目的。

十、准确地把感情色彩表现出来

人的声音不像机器一成不变，而是有不同的语气的，同时，人的感情在声音中都能够表达出来，声音是感情色彩的外部体现。演讲者正是通过演讲的语言将自己的感情传达给听众。

当人们心情愉快时，人的声音充满了活力，声音是明朗的。而当人们忧伤时，声音就比较低沉，声音是黯淡的。演讲者在演讲中根据不同的演讲性质和演讲内容把自身的感情融入其中，才能够真正地感动听众，但值得我们注意的是，在我们将声音注入感情时，不能单纯地见喜用喜声，见怒用怒声，只是单纯地运用一种感情会使得听众感觉虚假，同时在喜庆的场合有时也需要用庄重、悲伤的感情。举例来说，在婚礼上，大部分的语言所带有的感情都是喜悦、幸福的，但是在提到父母对新郎新娘的养育之恩时，可以用庄重的语气，而再提起去世的老人时则会用一种哀伤的感情。

十一、不要用鼻音说话

在日常生活中，我们经常听到有些人在说话时，经常会发出"哼"、"嗯"这样的发音，这就是鼻音。

有些人认为，"哼"、"嗯"这样的发音是一种时髦的说话方式，或者把这当成一种追星的表现。但是我们要知道，用鼻音来说话，不但会使得对方听不清你说的话，同时会使语言的影响力大打折扣。

当我们用手指捏住鼻子，我们说话时就使用鼻腔来发音，这就是一种鼻音。鼻音是一种影响极坏的缺点。

我们在看电影时，经常会看到那种喜欢抱怨、脾气不好的反面角色，他们往往说话尖锐，怪声怪气，使人觉得不舒服，他们使用的就是鼻音。所以一旦演讲者用鼻音来说话不但不会达到演讲效果，反而会使得听众产生反感、排斥的心理，所以作为一名演讲者要练习运用胸腔发音，这也是我们之前练声的目的之一。

如果你没有用鼻音说话的坏习惯那么就要保持现状，并避免在将来说话时出现这种情况。如果你现在有用鼻音说话的坏习惯也不用着急，要保持心态的平稳，减低心理紧张，在说话时放松下腭、舌头，张开喉咙，打开声音，使声音是从喉咙而不从鼻孔中发出。

同时，我们可以用录音机、MP3等录音设备将自己的声音录下来，反复地听，从中寻找自己声音的缺点，发现有鼻音的地方，仔细想想是为什么，想想当时的语境并从中找到发音缺陷的原因。也可以通过和别人交谈来纠正自己语言的缺点。

第二节　普通话能力训练

普通话的定义是"以北京语音为标准音，以北方话为基础方言，以典范的现代白话文著作为语法规范的现代汉民族共同语"，这是在 1955 年的全国文字改革会议和现代汉语规范问题学术会议上确定的。这个定义实质上从语音、词汇、语法三个方面提出了普通话的标准，运用普通话来进行演讲既符合社会的需求又能够使演讲的内容被尽可能多的人理解。

一、吐字要清晰准确

准确的发音，是演讲者传达自己意图的最基本的要素，只有清晰准确的发音才能使听者明确地领会演讲者所要表达的思想，加深听众的印象。

不准确的发音不但会损坏演讲者的形象，还会影响演讲者的思路和才能的发挥，影响听众的理解效果。

有这样一则笑话：

有一户潘姓人家长辈过世，家祭时请一位乡音很重的老先生来当司仪。

讣闻的落款是这样写的："孝男：潘根科；孝媳：池氏；孝孙女：潘良慈；孝孙：潘道时"。这位老先生老眼昏花并且发音不标准。当他照着讣闻唱名时，凡是字面上有三点水的或左边部首都漏掉没看到。于是他就给念成："孝男，翻——跟——斗——"

孝男一听，直觉得很奇怪，但又不敢问，于是就翻了一个跟斗。

老先生接着又说："孝媳，也——是——"

孝媳一听："我也要翻啊？"于是孝媳也翻了一个跟斗。

老先生继续说："孝孙女，翻两次。"

孝孙女一听，想想爸妈都翻了，我也翻吧！于是就翻了两个跟斗。

此时孝孙心想："老爸、老妈都各翻一次，姐姐也翻两次，那么我要翻几次？"心里想着想着就开始紧张了："怎么办？"只见老先生扯开喉咙，大声念出："孝孙——翻——到——死！"

这仅仅是一个为博人一笑的笑话，但是仔细想想，要是这样的事情发生在我们的实际生活中，那么我们是怎么也笑不出来了。

那么怎么样才能准确地发音呢？应该做到以下几点。

（一）要念准字音

念准字音是有效交流的第一要素，要念准字音就要尽可能使用普通话，避免方言发音带来的误读误听。

（二）一定要避免读音错误

很多人都知道一个笑话：我骑着自行［háng］车到银行［xíng］去问行［xíng］长行［háng］不行［háng］。

汉语是世界上最复杂的语言之一，尤其是多音字，声调的不同以及字形相近且平时不常用的字，如果不细心的话，经常会出现口误闹出笑话。

1. 口部训练

口部的开合练习。张嘴像打哈欠（打牙槽），闭嘴如啃苹果（松下巴）。开口的动作要柔和，两嘴角向斜上方抬起，上下唇稍放松，舌自然平放。经常做这个练习，可以克服口腔开度小的问题。

咀嚼练习。张口咀嚼与闭口咀嚼结合进行，舌自然平放，反复练习即可。

双唇练习。一个方法是双唇闭拢向前、向后、向左、向右、向上、向下及左右转圈。另一个方法是双唇打响。

舌部练习。舌部练习方法较多，分列如下：舌尖顶下齿，舌面逐渐上翘；舌尖在口内左右顶口腔壁，在门牙上下转圈；舌尖伸出口外向前伸、向左右伸、向上下伸；舌尖弹硬腭，弹上唇，练习其弹性；舌尖与下齿龈接触打响。

2. 呼吸发声练习

慢吸慢呼。立定站稳或一只脚稍向前，双目平视前方，头正，双肩放松，用鼻子吸上一口新鲜空气。保持几秒钟，然后再轻缓地呼出。

快吸慢呼。想象当你看到一封意想不到的来信时，你会迅速而短促地吸一口气，并保持气息，喊一声"啊"，然后保持着吸气状态。你可以经常假想这种状态，反复练习，可以延长呼气时间，对吐字清晰、掌握运气有帮助。

上述方法，只要坚持练习，就可以使你的发音准确，使你的音色圆润。

二、语调要准确

语调是语言表达中的第二大要素，同样的拼音因为平仄不同可以生出不同的语义，例如"tang"因为语调不同可以有"汤"、"糖"、"躺"、"烫"这四种不同的意思。

语调能够润色语言，促进思想沟通，使语言表达更加清晰明确，从而增强语言的表现力。

四声是中古汉语声调的四种分类，以表示音节的高低变化，包括平声、上声、去声和入声。平声、上声、去声又称舒声，入声则为促声。舒声韵尾以元音或者鼻音结尾，促声韵尾以塞音结尾。入声除了是一个声调，还是一系列以塞音收尾的韵母的统称。现代普通话已经失去了入声。唐宋以来，汉语在四声的基础上区分声母清浊对应的阴调和阳调形成八声，也就是四声八调。

三、语言能力的练习

中国语言博大精深，口语是人们日常生活中的必需品，我们要别人理解我们的思想一般是依靠前后连贯、相对完整的语言来实现的。常见的表达能力不强而又缺乏训练的人，经常会出现的问题是语言吞吞吐吐、辞不达意、前后脱节等问题。所以，对于这些问题，语言的训练就是能够培养他们完整、准确的口语表达能力。

首先，增大词汇量的储存。

词汇是语言的基础，一个人不能说出他不知道的事情，同样地，也不能说出自己不知道的词汇。所以语汇贫乏就会造成语流阻断、语言无味、语无伦次。

为了解决这种现象增加词汇量的储存量，你需要储备各方面富有表现力的词汇、短语，使语流更准确、更顺畅。

增加词汇量的方法有很多，可以通过和其他人的交流从别人身上学习自己没有掌握的词汇，也可以通过阅读字典、词典来增加自身的词汇储备，或者也可以通过专门的普通话训练，一方面增加词汇量另一方面也能够纠正读音。

其次，炼句的训练。

在生活中，人们都讨厌说话啰唆重复的演讲者，就像一些单位，人们一听到领导讲话就头大，这主要是大多数领导讲话给人一种冗长但没有多大意义的感觉，这是因为，在每句话中的信息量过少，但每句话又都很长。

一个人在说话前如果没有想好要说些什么、怎么说，就会无可避免地产生无法凝聚思维语言的现象，这就导致了词不达意。

炼句的训练就是为了避免这种现象，使演讲者的语言简洁利索。

在炼句的训练中，我们可以倾听别人的演讲，寻找其中的语言缺陷和用句的精妙之处。也可以和朋友互相练习，让对方故意讲一句或一段不精练的话，然后对这个句子进行改写。也可以给将原本没有问题的句子进行缩写，例如，一句话新闻。

最后，练习使用各种句式。

不同的句式能够表达不同的感情，在演讲中，避免通篇运用陈述句，使得听众觉得无聊。

句式训练的目的是培养运用多种句式推动语流畅通，增强表达效果的能力。重点训练长短句的交错和多重复句、插入、倒装等句式的运用以及陈述、疑问、祈使、感叹句式的组合使用。

四、有声语言怎样正确练声

声带发出来的音是单调乏力的，只有经过头腔、口腔、喉腔、胸腔等共鸣腔的控制才能产生洪亮悦耳的声音。要么激昂高亢一泻千里，要么清澈流转娓娓道来，要么平缓深沉宽厚低吟。

人的共鸣腔以咽腔为主分为中、低、高三区。低音共鸣区是指胸腔共鸣区。中音共鸣区就是咽腔共鸣，指硬、软腭以下，胸腔以上的各共鸣腔。高音共鸣区指鼻腔共鸣腔、头腔共鸣腔。应用、控制各个共鸣腔并求得整体配合可美化音色，加大音量，使声音变化无穷。

下面介绍几种练习方法：

1. "哼鸣"练习：放松喉头，把"哼"的感觉置于叹气的呼吸状态上。练时不能太紧。检验方法：哼唱时看嘴巴能否灵活动作，可以则为正确。

2. 半打哈欠：即闭口打一个哈欠，喉咙呈打开状，软腭提。

3. 气泡音练习：嘴闭，用轻匀的气流冲击声带，使之发出细小的抖动声。

4. 模拟汽笛长鸣（di——），可平行发音，也可由小到大或由大到小变化进行。

5. 模拟声乐节奏发音。

6. 呼唤练习：假设一个对象分别处在50米、100米或更远点，大声拖喊："小程——等——等！"

7. 音阶层递练习：由低到高，由高到低或高低变化层递训练。

天啦！走开！

天啦！！走开！天啦！

走开！请安静！

我们开始上课啦！

8. 夸张四声练习：

山——明——水——秀；

风——调——雨——顺；

阴——阳——上——去；

逆——水——行——舟；

刻——骨——铭——心；

胸——怀——广——阔；

鲲——鹏——展——翅。

五、有声语言怎样清晰咬字

有些演讲者演讲时听众听不清，听不明，听不准。主要原因是吐字不清，归音不到位。吐字归音是说唱艺术中传统的咬字方法，即把音节的发音过程分为出字、立字、归音三个阶段，出字要准确，有叨住弹出感；立字要圆满，充实；归音要鲜明，干净。整个过程类似枣核形。可以用下列方法进行训练：

（一）弹唇：双唇紧闭阻住气流，然后突然打开，爆发 b 或 p 音。

（二）转唇：双唇紧闭，用力嘬起，顺时转 360 度再逆时钟转 360 度。

（三）弹舌：舌轻触上齿背，用气冲击使舌跳动。

（四）卷舌：用"er"练习。

（五）练习下列绕口令：

1. 荞麦摘巴包谷摘巴。

2. 妈妈骑马，马慢妈妈骂马。妞妞轰牛，牛拗妞妞拧牛。

3. 打南边来了个喇嘛，手里提着五斤鳎目，打北边来了个哑巴，腰里别着个喇叭，南边提拉着鳎目的喇嘛，要拿鳎目换北边别着喇叭的哑巴的喇叭，哑巴不乐意拿喇叭换喇嘛的鳎目，喇嘛非要换别着喇叭的哑巴的喇叭，喇嘛抢起了鳎目抽了别着喇叭的哑巴一鳎目，哑巴摘下喇叭打了提着鳎目的喇嘛一喇叭，不知是提着鳎目的喇嘛抽了别着喇叭的哑巴一鳎目，还是别着喇叭的哑巴打了提着鳎目的喇嘛一喇叭。喇嘛拿眼瞪鳎目，哑巴滴滴哒哒吹喇叭。

第三节　朗读能力训练

所谓朗读就是朗声读书，在朗读中要求朗读者语言清晰、洪亮、富有感情色彩。作为一项口头语言的艺术，朗读需要创造性地还原语气，朗读的目的就是将平板的书面的文字烘托出视觉效果。

一、朗读的作用

朗读可以培养人们的情趣，可以给人们一种将人带入身临其境的感觉，富有韵律的朗读可以深切地撞击人的心灵。同时朗读可以培养人们的审美情趣，一篇文章，在人们声情并茂的朗读中，就可以为人们描绘出文章中的场景。

有一句话是这样说的：一千个人眼中有一千个"哈姆莱特"，这是因为不同的人有不同的思想和观点，所以在朗读时，根据不同的理解，区分语气的轻重，语调的高低，语速的快慢，加上情感的起伏迂回，就形成了或是铿锵有力，或是婉转缠绵，或是辗转回环，或一泻千里的语言风格。这样，朗读就最大限度地调动了听众的听觉，叩击他们的灵魂，拨动他们的心弦。朗读还可以激发人的感情，使听众产生强烈的共鸣。我们可以通过朗读来抒发与宣泄自己的感情，将静态的无声的文字转换成动态的有声的各种情景，从而激发读者的感情，将听众和演讲者的情感交融在了一起。

朗读是作用于人们听觉的一种形式，它虽然不像影视作品一样能够直接作用于人们的视觉，但正是因为这样，才给予了听众丰富的想象空间。

朗读的基本要求有以下几点：

（一）深入地理解作品

1. 理解作品的内容。

2. 把握作品的结构。

（二）字音正确

1. 认读生字。

2. 纠正方音。

3. 按字定音。

4. 读出音变。

（三）把握作者在作品中所要表达的情绪

1. 关切：天冷了，多穿点衣服，别感冒了。
2. 烦躁：讨厌，离我远点。
3. 热情：老王，干吗去了，中午一块儿吃饭吧。

（四）设身处地将作品中所要表达的感情利用语言表达出来

（五）准确使用内在语

1. 和文字描写一致的内在语

"在古老的神州大地上，有一座现代化的汽车城、科技城、纺织城——湖北省襄樊市。她有着古老而优秀的传统文化，古隆中、鹿门寺、米公祠，无不展示着襄阳古代文化的灿烂与辉煌。"

2. 和文字描写不一致的内在语

"奶奶把小女孩抱起来，搂在怀里。她们俩在光明和快乐中飞走了，越飞越高，飞到那没有寒冷、没有饥饿、也没有痛苦的地方去了。"

（六）把握感情基调

感情基调一般包括以下几种：昂扬有力、坚定深沉、喜悦明快、悲愤凝重、愁思满怀、豪放舒展、清新细腻。

二、朗读训练法

（一）选择朗诵材料

朗诵是一种传情的艺术。朗诵者要很好地传情，首先要注意选择那些语言具有形象性的而且适于上口的文章。

（二）把握作品的内容

准确地把握作品的内容，透彻地理解作品中所要表达的内在含义，是作品朗读重要的前提和基础。应注意以下几方面的内容。

1. 正确、深入地理解。朗读者要把作品的思想感情准确地表达出来，需要理解作品的内在含义，清除障碍，把握作品的创作背景、作品的主题和情感的基调，这样才会准确地理解作品。

2. 深刻、细致地感受。有的朗读，听起来也有抑扬顿挫的语调，可就是打动不了听众。主要是因为朗读者没有进入作品的深层，在那里"挤"情、"造"性。

3. 用普通话语音朗读。要使自己的朗读优美动听，必须使用标准的普通话进行朗读。只有普通话才能更好地、更准确地表达作品的思想内容。

三、朗读中常见的问题

每个人都渴望行云流水般的语言，可怎样才能做到呢？这个问题不是简单的三言两语就能说完的。因为造成语言不流畅的原因很多，比如口讷、口吃、思维逻辑混乱，等等，但是这些障碍都是可以解决的，只要我们了解清楚其现况以及根本原因，就可以消除语言流畅的阻力。

（一）口讷

人人都希望自己语言流畅，出口成章。但不少人在人前讲话却十分费力，说出话来结结巴巴，意思支离破碎。正如俗话所说："茶壶煮饺子，肚里有货，嘴里倒不出来。"这种现象叫作"口讷"。

从心理学角度看，口讷的原因主要有二，一是口语的自动化程度较差；二是意识对语言活动的监控失当。言语包含着无意动作，也叫自动动作。平常说话并不需要去思考口唇、舌头、喉部如何活动，呼吸怎样调节，口腔怎样共鸣，只要想好了要说的内容，发音器官就会自动发出适宜而连贯的有声语言来。人的很多行为都是这样，琴师只看乐谱，手下便飞出悠扬婉转的曲调；打字员眼看文稿，手指自能按到正确的字键。习惯成自然，动作经多次重复达到熟练之后，不需要进行过多的思考，便能自发地进行，这就是高度的自动化。

如果缺少正确而充分的训练，没有养成言语自动化的技能，口语表达就难以流畅顺妥。言语活动又是一种高度自主性的思想和情感活动，选择哪些词语和句式来表达，声音高低和语速快慢的调节等，都需要高度灵活的自觉意识和监控。高度的自动化和高度灵活的意识监控是相辅相成的，是言语活动顺利进行的两个必要条件。高度的自动化使意识得到解放。

口讷的人多属于羞怯型。他们过分注意别人的评价，过分注意自己言语活动的细节，对自己说话过程中的失误尤其敏感。这种太强的患失意识，往往干扰语言自动化的实行，造成表达的困难。你越是集中精力注意自己说话的动作，嘴就越发紧张得不听使唤。

口讷的毛病是能够矫正的。矫正的途径是进行科学的训练，提高口语的自动化程度和意识监控的灵活性。按下述几点建议做，会对你语言流畅有帮助，使你消除说话紧张、语无伦次的习惯。平日说话时尽量保持冷静，放慢速度，等一句完整的话想妥了再张口；坚持练习朗诵，最好找一些上口、易记、接近日常用语的优秀散文作品，经仔细玩味后反复朗读，直到背诵如流为止。长期坚持下去，不仅可以丰富口语词汇和表现力，而且能养成言语流畅、出口成章的习惯；多参加歌唱、演讲等活动，多抛头露面，以克服羞怯心理，增强自我意识的耐受性。这里有两种循环过程：失误—自卑，成功—自信，你愿意选择哪一种呢？

（二）思维逻辑混乱

现实生活中常常有人由于缺乏必要的语法修辞知识，又不注意逻辑思维的训练，导致说话时前言不搭后语，条理不清，逻辑混乱，因此逻辑思维不强也是语言不流畅的一大原因。这种词不达意的言语，不但使对方听着吃力，而且会阻碍交往的进程和深度，影响良好人际关系的建立，本人也会因此感到烦恼。要纠正这个毛病，应努力做到：

1. 多学习，勤实践，讲实效。

除了看一些必要的语法、修辞和逻辑方面的书籍外，报纸杂志上的好文章也在学习之列。多看多读能培养语感，加强对语言的自发控制力；另外，平时应注意语言实践，多听、多说、多练，这样能够提高语言的敏感度、清晰度，增强语言材料的丰富性、逻辑性。

2. 有准备地发表自己的看法。

说话前，特别是在叙述一件复杂的事情或者阐述某个观点，或者驳斥某种论调前，最好先在脑子里打一遍"草稿"，先思考，后表达，分层次，讲条理，就会使言语的逻辑性大大提高。而对那些可长可短的话题，要力求短，对可有可无的铺垫话语，则尽量不说。言简意赅，反而能发人深省。

语言的逻辑性，来自于缜密的思考。这就需要把握问题的前因后果，对问题有独到的见解，观点鲜明，中心突出，层次清楚，摆事实，讲道理，来论证自己的意见，使人心悦诚服。

3. 克服紧张、焦虑、恐惧情绪，保持一个良好的心境。

谈话时态度沉着、仪表从容、不慌不忙、镇定自若地阐述自己的看法，就会使语言自然亲切、流利透彻，使人在不知不觉中接受你的观点。

总之，要增强自己口头表达的逻辑力量，应注重在实践中不断锻炼，在谈话过程中发现漏洞，可及时采取措施加以补救。

另外，要做到语言流畅，是不允许语病现象出现的。语病现象常见的有几种：

1. 表述简略

表现在其本人自认为表述完毕，而听者却还不知所云。即使是在叙事、状物、抒情时，虽然对于话题的认识有一定深度，也同样找不到话说，不得不三言两语结束。

2. 口齿不清

这里指功能正常而"口齿不清"者,这种现象是与过去缺乏训练有关。在口语表述时心里一紧张,加之原本不习惯朗声说话,结果难免使人感到口齿不清了。这种情况要纠正不太困难,只要有意识地加强朗声阅读和当众表述的训练即可。

3. 表述散漫

其特点是表述时把握不住中心,东拉西扯,而且越说越远,甚至到后来连自己都不知道最初的话题是什么了。这种现象产生的根源在于思维机制的主控功能不强,表述中思维运动的主方向不能紧扣话题向前延伸,在交际中很容易被非主题因素所左右和干扰。如不注意改正,就很难成为口语交际的高手。

4. 语不连贯

即同一话题有时可看作几个子话题和分话题,话题的完整表述应该由各个分话题的完整表述综合而成。而"不连贯"性则表现为多个分话题表述得不完整。

5. 赘语过多

由于赘语词占据了表述时间,结果干扰了信息交流。语言交际主要依靠表述内容,赘语与表述内容之间没有必然的联系,是交际时从语言表述的"外部"强加上去的。它对于信息交流反而具有某种阻隔作用,直接影响交际效果。

6. 节奏过慢

即通常所谓的"拉长腔"。还有则是语句之间停顿时间过长,即所谓"半天说一句"的情况。有人觉得语言表述时间长、速度慢,显得庄重稳健,能增加语言分量。其实,这也是一种误区。

综上所述,语言交际中的种种语病主要由于:表述时思维机制的主控功能不强,思维运动与发声运动表现为一种不同步性;表述时发声器官运动乏力,且思维速度偏慢;表述中因紧张而导致的心理障碍,等等。

纠正语病的办法主要是接受系统的口语交际训练,多做朗声表述训练。在训练初期,则可多作有文字底稿依托的朗声表述,这样有助于养成"先想好了再说"的习惯,有助于强化表述时思维机制的主控功能,有助于实现思维运动与发声运动的同步性。

第四节 朗诵技巧训练

朗读技巧包括停连、重音、语气、节奏四个方面，它们各有侧重，互相区别，又具有共性，互相沟通。

一、朗读的基本技巧

（一）停连

为表情达意所需要的声音的中断或休止叫停连。"当断不断，反受其乱；该连不连，语意难全；有断有连，方能扣人心弦。"

停连的一般规律：

1. 必须根据作品内容和具体语句安排停连，并以思想感情的运动状态为前提，不能乱停乱连。

2. 必须从读和听双方面的需要考虑停连，读是主导方面，但不能随心所欲。

3. 标点符号是重要参考，但无需因此而束手束脚。标点是为看而设的，停顿和连接才是为了听的，要敢于大胆突破。如："它的果实埋在地里，不像桃子、石榴、苹果那样，把鲜红嫩绿的果实高高地挂在枝头上，使人一见就生爱慕之心。"

4. 一般来说，句子越长，内容越丰富，停顿就越多；句子越短，内容越浅显，停顿就越少。感情凝重深沉时，停顿较多；感情欢快急切时，连接较紧。

5. 只要有两个词相组合，就有停连问题。停顿时间长，表示组合关系松动，或统领其后，余味较长；停顿时间短，表示前后关系较紧密，或受制于前，或要求速进。如"著名教育家班杰明曾经接到一个年轻人的求救电话，并与那个向往成功、渴望指点的青年人约好了见面的时间和地点。"

6. 停顿必须同重音、语气、节奏一起共同完成朗读的声音化再创作，永远不是单独起作用的。

停顿位置和时间的确定，主要考虑区分语意、表达感情、表示强调。如"石拱桥在世界桥梁史上出现得比较早，这种桥不但形式优美，而且结构坚固，能几十年几百年甚至上千年雄跨在江河之上，在交通方面发挥作用"。

根据停连的位置和时间，停连被划分为10类：

1. 区分性停连。如："最贵的一张值八百美元"；"她看到儿子有些奇怪，就对他说:'这是粮店的刘同志。'""我和哥哥拿着叔叔帮我们做的风筝,高高兴兴地来到体育场。"要善于区分运用停连技巧,词语关系是趋于明确、正确,还是变得模糊、错误,这是运用区分性停连的关键。

2. 呼应性停连。如:"我们必须强调学习马克思主义理论的重要性。""他当过演员,在大学里教过书,还干了几天电工。""总之,我们要拿来。我们要或使用,或存放,或毁灭。"

3. 并列性停连。如:"在我国发现的中国猿人、马坝人及山顶洞人,分别属于猿人、古人和新人阶段。""一个夏天,太阳暖暖地照着,海在很远的地方奔腾怒吼,绿叶在树枝上飒飒地响。"

4. 分合性停连。如:"这些石狮子,有的母子相抱,有的交头接耳,有的像倾听水声,千态万状,惟妙惟肖。""可别恼。看,像牛毛,像花针,像细丝,密密地斜织着,人家屋顶上全笼着一层薄烟。"

5. 强调性停连。如:"森林爷爷的脚伸在很深很深的泥土里,任凭风魔王怎么摇,他还是稳稳地站着。""要知道,给永远比拿愉快。""自古称作天堑的长江,被我们征服了。"

6. 判断性停连。如:"世间一切事务中,人是第一个可宝贵的。""大家就随着女教师的手指,齐声轻轻地念起来:'我们——是——中国人;我们——爱——自己的——祖国。'"

7. 转换性停连。如:"清早出发的时候,天气晴朗暖和,没想到中午突然刮起了暴风,下起了大雪,气温急剧下降。"

8. 生理性停连。如:特定的语噎、哽咽、生命垂危时的叮咛、气喘吁吁的报告、个别人物的口吃等,运用时只能给以象征性的表现,点到为止。"这时候,他用力把我往上一顶,一下子把我甩在一边,大声说:'快离开我,咱们两个不能都牺牲!……要……要记住革命!'"

9. 回味性停连。如:"只见灵车去,不见总理归。""然后他待在那儿,头靠着墙壁,话也不说,只是向我们做了一个手势:'散学了,——你们走吧。'"

10. 灵活性停连。如:在语意清晰、语言链条完整、思想感情运动状态活跃的基础上,常常运用灵活性停连,或移动停顿位置,或延长、缩短停顿时间,或增多、减少连接。属于不违原作的技巧性处理,给人以新鲜活泼的感觉。"我已经说过:我向来是不惮以最坏的恶意来推测中国人的。但这回却很有几点出乎我的意料。一是当局者竟会这样凶残,一是流言家竟至如此之下劣,一是中国的女性临难竟能如此之从容。"

（二）重音

在朗读中需要强调或突出的词或词组，甚至某个音节，叫重音。即一句话中听起来格外清晰、醒目之处，是诗眼、句子精华所在，也就是语句目的所在。

停顿和连接，解决了作品内容构成的分合。重音，要解决作品内容中词语关系的主次。

并列性重音：古时候，有个人，一手拿着矛，一手拿着盾。

对比性重音：骆驼很高，羊很矮。

递进性重音：竹叶烧了，还有竹枝；竹枝断了，还有竹鞭；竹鞭砍了，还有埋在地下的竹根。

比喻性重音：月光如流水一般，静静地泻在这一片叶子和花上。

转折性重音：其实地上本没有路，走的人多了，也便成了路。

强调性重音：乌鸦听了狐狸的话，得意极了，就唱起了歌来。

拟声性重音：雨哗哗地下着。会场上响起雷鸣般的掌声。

肯定性重音：这样气魄宏大的工程，在世界历史上是一个伟大的奇迹。

反义性重音：他们说中国是一个贫油国家。

重音的表达方法：单纯地加重声音。强中加强法；低中见高法；快中显慢法；实中转虚法；连中有停法。

（三）语气

语气是指朗读时所包含的思想感情和具体的声音形式。朗读学实际上是语气学，语气占有极重要的位置。

语气有具体的思想感情的色彩，喜、怒、哀、乐、爱、恶、惧等等。如：

爱——柔和缓慢——"亲爱的，我想你了。"

憎——气势强硬——"你欠我的钱什么时候能还。"

悲——缓慢低沉——"我亲爱的奶奶，在那年的冬天去世了。"

喜——高亢响亮——"今天是我儿子的状元宴，大家一定要尽兴啊。"

惧——急促尖锐——"把那条蛇拿开，快一点。"

急——气短声促——"快跑，火车要发了。"

冷——气少声平——"我对你已经是绝望了，我不想再见到你了。"

怒——气粗声重——"你怎么能做出这么丧尽天良的事情？"

语气的丰富多彩决定了其声音形式的千变万化，具体的色彩，要通过具体的声音形式表现出来，总体要求是：从内容出发，以准确、具体的思想感情作为依据，通过声音的高低、轻重、快慢、虚实、明暗、刚柔等的对比，达到朗读目的。如：

那是力争上游的一种树，笔直的干，笔直的枝。它的干呢，通常是丈把高，像是加以人工似的，一丈以内，绝无旁枝；它所有的丫枝呢，一律向上，而且紧紧靠拢，也像是加以人工似的，成为一束，绝无横斜逸出；它的宽大的叶子也是片片向上，几乎没有斜生的，更不用说倒垂了；它的皮，光滑而有银色的晕圈，微微泛出淡青色。这是虽在北方的风雪的压迫下却保持着倔强挺立的一种树！哪怕只有碗来粗细罢，它却努力向上发展，高到丈许，二丈，参天耸立，不折不挠，对抗着西北风。

这就是白杨树，西北极普通的一种树，然而绝不是平凡的树！

它没有婆娑的姿态，没有屈曲盘旋的虬枝，也许你要说它不美丽，——如果美是专指"婆娑"或"横斜逸出"之类而言，那么白杨树算不得树中的好女子；但是它却是伟岸，正直，朴质，严肃，也不缺乏温和，更不用提它的坚强不屈与挺拔，它是树中的伟丈夫！当你在积雪初融的高原上走过，看见平坦的大地上傲然挺立这么一株或一排白杨树，难道你觉得树只是树，难道你就不想到它的朴质，严肃，坚强不屈，至少也象征了北方的农民；难道你竟一点也不联想到，在敌后的广大土地上，到处有坚强不屈，就像这白杨树一样傲然挺立的守卫他们家乡的哨兵！难道你又不更远一点想到这样枝枝叶叶靠紧团结，力求上进的白杨树，宛然象征了今天在华北平原纵横决荡用血写出新中国历史的那种精神和意志。

——节选自茅盾《白杨礼赞》

我常常遗憾我家门前的那块丑石。它黑黝黝地卧在那里，牛似的模样；谁也不知道是什么时候留在这里的，谁也不去理会它。只是麦收时节，门前摊了麦子，奶奶总是要说：这块丑石，多碍地面哟，抽空把它搬走吧。

它不像汉白玉那样的细腻，可以凿下刻字雕花，也不像大青石那样的光滑，可以供来浣纱捶布；它静静地卧在那里，院边的槐荫没有庇覆它，花儿也不再在它身边生长。荒草便繁衍出来，枝蔓上下，慢慢地，竟锈上了绿苔、黑斑。我们这些做孩子的，也讨厌起它来，曾合伙要搬走它，但力气又不足；虽时时咒骂它，嫌弃它，也无可奈何，只好任它留在那里去了。

终有一日，村子里来了一个天文学家。他在我家门前路过，突然发现了这块石头，眼光立即就拉直了。他再没有走去，就住了下来；以后又来了好些人，说这是一块陨石，从天上落下来已经有二三百年了，是一件了不起的东西。不久便来了车，小心翼翼地将它运走了。

这使我们都很惊奇！这又怪又丑的石头，原来是天上的呀！它补过天，在天上发过热，闪过光，我们的先祖或许仰望过它，它给了他们光明，向往，憧憬；而它落下来了，在污土里，荒草里，一躺就是几百年了！

我感到自己的可耻，也感到了丑石的伟大；我甚至怨恨它这么多年竟会默默地忍受着这一切？而我又立即深深地感到它那种不屈于误解、寂寞的生存的伟大。

——节选自贾平凹《丑石》

我爱月夜，但我也爱星天。从前在家乡七八月的夜晚在庭院里纳凉的时候，我最爱看天上密密麻麻的繁星。望着星天，我就会忘记一切，仿佛回到了母亲的怀里似的。

三年前在南京我住的地方有一首后门，我打开后门，便看见一个静寂的夜。下面是一片菜园，上面是星群密布的蓝天。星光在我们的肉眼里虽然微小，然而它使我们光明无处不在。那时候我正在读一些天文学的书，也认得一些星星，好像它们就是我的朋友，它们常常在和我谈话一样。

如今在海上，和繁星相对，我把它们认得很熟了。我躺在舱面上，仰望天空。深蓝色的天空里悬着无数半明半昧的星。船在动，星也在动，它们是这样低，真是摇摇欲坠呢！渐渐地我的眼睛模糊了，我好像看见无数萤火虫在我的周围飞舞。海上的夜是柔和的，是静寂的，是梦幻的。我肩头许多认识的星，我仿佛看见它们在对我眨眼，我仿佛听见它们在小声说话。这时我忘记了一切。在星的怀抱中我微笑着，我沉睡着。我觉得自己是一个小孩子，现在睡在母亲的怀里了。

有一夜，那个在哥伦波上船的英国人指给我看天上的巨人。他用手指着：那四颗明亮的星是头，下面的几颗是身子，这几颗是手，那几颗是腿和脚，还有三颗星算是腰带。经他这一番指点。我果然看清楚了那个天上的巨人。看，那个巨人还在跑呢！

——节选自巴金《繁星》

这些都是我们耳熟能详的文章的片段，同时也是普通话测试时必考的短文阅读，经常练习朗读这样的文章，不但能够帮助我们提高普通话水平，同时是练习语气的好方法。

（四）节奏

是指朗读时由思想感情的波澜起伏所造成的声音上的抑扬顿挫、轻重缓急、回环往复的形式。有高亢型、紧张型、轻快型、低缓型、舒展型、凝重型等。

这四种技巧的关系如下：

停连，解决词、词组、句子、段落、层次之间的疏密关系，使语意完整清晰，感情隐现得体。

重音，解决句子、段落中的主次问题，使语言目的明确，重点突出。

语气，把握每一个语句的走向、态势、色彩、分量，是朗读技巧的核心。

节奏，控制全篇语流的快慢疾徐，在回环往复中奠定全篇的基调。

它们不是孤立地各行其职，而是作为一个整体，是有声语言流动中的和声，不能割裂开来，而是要出神入化，变为朗读者熟练的习惯，甚至进入"下意识"。

总之，朗读应线索清晰、立意具体，表达细腻，点染得体。要做到有目的、有对象、有内容、有感情。

二、常用的朗读节奏

朗读要快慢合理，节奏得当。

节奏不是外加的东西，它取决于说话的内容和交谈双方的语境，靠起伏的思绪遣词造句，靠波动的情感多层衍进。

人们在说话、朗读和演讲中，速度的快与慢、情绪的张与弛、语调的起与伏、音量的轻与重等，通过变化对比，就形成了节奏。节奏在口语中起着重要作用。

节奏主要表现人的心理的运动变化，不同的口语节奏具有不同的形象内涵和不同的感情色彩。适当的节奏，有助于表情达意，使口语富于韵律的美感，加强刺激的强度。

口才出色的人，与他谈话简直是一种艺术的享受。他们说话时就像一个出色的钢琴家，将语言的节奏当作钢琴的琴键随意指挥，弹奏出一曲动人心弦的"高山流水"。他们对语言节奏的掌握可谓随心所欲。

1. 高亢型

高亢的节奏能产生威武雄壮的效果，声音偏高，起伏较大，语气昂扬，语势多上行。用于鼓动性强的演说，叙述一件重大的事件。

2. 低沉型

这种节奏具有低缓、沉闷、声音偏暗的效果。语气压抑，语势多下行。用于慰问、怀念等。

3. 凝重型

这种节奏听来一字千钧，句句着力。语流适当，既不高亢，也不显低沉，次要词语不滑不促。用于发表议论和某些语重心长的劝说、抒发感情等。

4. 轻快型

轻快型节奏是最常见的，多扬少抑，听来不着力。日常对话、一般辩论，都可以使用。

5. 紧张型

紧张型节奏，往往显示迫切、紧急的心情。声音不一定很高，但语流较快，句中不延长停顿。用于重要情况汇报，必须立即加以澄清的事实申辩等。

6. 舒缓型

舒缓型节奏，是一种稳重、舒展的表达方式。声音不高不低，语流从容，既不急促，也不大起大伏。说明性、解释性的叙述，学术探讨等宜用这种节奏。

以上 6 种节奏分别用于不同的场合、不同的环境，但又互相渗透，有主有辅，只有适当把握，才能显示出技巧的内在力量。

·第二章·
掌控听众的情绪

第一节　使演讲深入人心

我们常见的听众一般分为四种：
1. 对演讲内容完全不了解的。
2. 观点与演讲者相同的。
3. 观点与演讲者相反的。
4. 对于演讲漠不关心的。

对于这四种类型听众，想要使他们接受演讲者的观点其方法也是不尽相同的。

第一种听众，是演讲者比较喜欢的听众，这样的听众是一张白纸，因为对于演讲者的观点，他是茫然不知的，所以可以很容易地接受演讲者的观点。

第二种听众，是演讲者最喜欢的听众，因为观点相同，非常容易产生共鸣。听众也不会产生排斥情绪。对于这样的听众需要注意的就是即使是细小的观点、看法也不能出现错误，因为会被听众发现，同时演讲的内容还要有所新意。

第三种听众，是比较棘手的听众，因为他们在听演讲者的演讲之前就已经否认演讲者的观点，在这样的演讲中演讲者就是试图影响听者的观点和信念，或者使听者建立起新的观念和信念，对于这样的听众，论点一定要明确，事实依据一定要真实有说服性，同时演讲者要有真情实感。

第四种听众，其实是最难以打动的听众，因为他们对于演讲者的内容，既不像赞同者一样喜欢，也不像否定者一样讨厌，而是没有添加任何的感情。

一、研究听众的需求

演讲是讲给听众们听的，是反映人们的心声、愿望的一种推动时代发展的活动，所以作为一名演讲者应该懂得人们想了解什么，想知道什么，不能闭门造车，不问世事，不了解群众。演讲的内容只有贴近生活，贴近人们的需要、需求，才能打动听众的心。

有一个著名的例子，曹操一次在行军时，走到了一个荒芜缺水的地方，将士们因为干渴而士气低落，这时曹操就说前面有一片杨梅林子，里面的杨梅有酸有甜，水分丰富。兵士们因为想到了杨梅的酸甜而大量地分泌了唾液，这样就不觉得干渴了，这样这支部队才成功地走出了这片地区。

这就是望梅止渴这个成语的来历，这就是因为曹操了解人们的需求是什么而作出的决定。

爱国主义教育是时代的主题，是一个古老而永恒的主题。不管是工厂、企业、学校、政府机关都要定期进行爱国主义教育。

在进行有关爱国主义的演讲时，如果我们只是单纯地喊口号，就显得不务实际，变成了唱高调、不求实效的空洞的说教。这样的演讲容易使人们产生厌烦情绪，这样就很难起到教育的目的。但是如果我们邀请一些参与过某些战役或者有一定影响的人来进行演讲，由他们来以自己的亲身经历道出一个人是如何爱国的生动事迹，紧紧围绕爱国这个主题，阐明了祖国、事业、人生的关系，这样就能够深深地感染听众，由这些德高望重的人们来传达爱国主义思想，就能够达到宣传爱国主义的目的。

作为一名演讲者，怎么样才能了解听众的需求呢？这首先要求演讲者了解我们当今社会的特点和需求，同时不要把自己当成高高在上的发话者，而是要把自己当成一个听众，设身处地地想想，听众有什么需求，演讲者应该以朋友和对话者的身份，提出听众想要提出的问题，然后给出自己对这个问题的看法与解决它们的办法。只有这样才能使听众觉得演讲者是在和他们讨论一个问题，而不是在发号施令。

二、分析听众的心理

所谓的分析听众的心理，是一个演讲者的最基本的工作。我们分析听众的心理，并不是为了迎合观众，而是为了了解听众，贴近听众，是为了保持演讲的真实性、独立性，以及演讲的公正性。

之所以这么说，是因为观众来听演讲者演讲首要的目的是为了从演讲中得到心灵的安慰。这也就是我们说的"好的演讲能给予人们心灵的共鸣"。

演讲者通过语言来安抚听众的情绪。所以，作为一个演讲者，通过分析演讲者的心理之后，在准备材料时多寻找些符合听众的感情、能够安抚心情的材料。

分析听众的心理的另一个重要的作用，在于诱导听众听演讲的时候，可以通过选择听众喜欢的材料来引起他们的兴趣。

想要诱导人们听取演讲，先得给对方一点小胜利；引导对方做一件很重大的事情时，就得给对方一个强烈的刺激，使之对此事有着一份企求成功的希望。因为当他被一种成功的意识刺激着，他就会为接受更严峻的挑战而去再次尝试一下。

人们在这个世界上，大部分时间都是在思考自己，我们会思考我们的生活、工作、学习、家庭。同时我们还会幻想，幻想我们的未来，或者产生一些奇异的梦。

对于一个男士，有时和他讨论经济危机不如和他讨论怎样用刀片刮胡子不会刮伤皮肤；对于一名女士，和她讨论世界杯比赛，不如和她讨论什么化妆品更适合她。

那么对于这样的人，我们在进行演讲时只要选择和自身发展等相关的方向，就能够引起他心灵的共鸣。所以，想要得到听众的赞同与支持，演讲者应该谈论的话题就是听众最关心的话题。一旦听众产生了与演讲者感同身受的感受，可以说演讲已经有了一个成功的开篇。

曾经有一个青年，向一个大文学家说："我需要活着。"但是这位文学家却回答他："我看不出你有活着的必要。"

这位文学家说这样的话，并不是希望这位青年人去死，只是青年人的话无法感动文学家的心灵，是文学家感觉不到青年话中的活力。

这个实例说明，一个演讲者，或许他脑子里有许多精妙的题材，有优秀的演讲稿，他设计了生动形象的现场表现方案，然而他每次讲起话来却是死板而缺乏生气，就像是背稿一样，这样的演讲稿首先不能感动演讲者自己，又怎么能感染听众呢。

这种现象出现的原因就在于演讲者不够了解听众的喜好，不能用脑中的材料，结合听众的需求表达出来。他缺乏一种精神活力，他对于自己所要讲的话，总觉得好像没有一说的必要。这样他的演讲无法感动自己，更无法感动听众。

所以，华丽的辞藻仅能耀人眼目，对于演讲者而言，却不能感动人心，需要把自己的活力爆发出来，将自己的情感投入到演讲当中去。演说必须伴以热忱和真诚。

当一个演讲者发现听取他演讲的听众们总是昏昏欲睡时，首先他要检讨一下自己的演讲是不是没有打动人心的力量，这时就要学习像许多著名的演说家那样，学会在台上刺激一下听众。

这种刺激可以通过语言、动作、神态等多种手段来实现。

三、和听众套近乎

所谓的套近乎，并不是要求演讲者放弃自尊一味地讨好听众，而是帮助演讲者拉近和听众的关系。听众的心理是变化多端、复杂多样的，通过和听众套近乎，可以放松听众在遇到陌生人时本能的防备心理，使得听众能够在心情放松的情况下听取演讲者的演讲。同时，在演讲者和听众在某个问题上存在分歧时，套近乎可以帮助演讲者安抚听众的情绪，使得听众能够平心静气地听取演讲者的讲解。

最常见的套近乎方式一般在演讲开始时就可以进行，例如：

各位朋友：我是翻山越岭，历经千难万险才来到这里为大家来进行演讲的，虽然辛苦，但是我一点都不后悔，因为到这里我就发现，这里是山美，水美，人更美，在座的每一个人都非常热情，你们都是我的亲人啊。

短短几句话，一下子牢牢地吸引了听众的注意力，使听众的心里暖和和的，赢得了全场热烈掌声。当然，套近乎并不是一味讲赞美的活，光说好听的。否则，会给人哗众取宠、油嘴滑舌之嫌。套近乎应该有感而发，有感而"套"，做到以情托声，声中有情。

运用心理控制调动听众情绪。前面讲到演讲首先必须了解听众的心理需求，但当进入演讲过程中，就更应该注意心理控制及听众情绪的调动。只有当演讲者做好了心理控制和听众情绪的调动工作，才能使演讲者与听众心心相通，达到演讲的最佳效果。套近乎的方法，是一种非常好用的拉近和听众距离的方式，但是这样的方式并不能每次都用一套方案，要根据不同听众的社会阅历、兴趣爱好、思想感情等方面的特点，结合自己的实际，给观众描述一段与听众相似的生活经历或在学习工作上相同或相似的事例，有时也可以将自己的内心烦恼、趣事展现给听众。

四、征服听众的方法

有时候演讲有其非常明确的功利目的：演讲需要征服听众，让他们的心随着演讲者的思考而思考，让他们的行动跟随演讲者的脚步。

这种征服的效果，不能通过混淆视听、欺骗蒙蔽的手段来达到目的，而要靠真情实感来感染听众。

古往今来，尊重都是能够征服公众的一个重要条件。自尊心与安全感是人的共性。要征服一个人首先要尊重这个人，这是征服听众的必要条件。演讲者登上演讲台之后，他的一举一动都一览无余地展现在了别人面前，每一个下意识的动作都会影响到听众的感受和对演讲者的评价。所以只要演讲者怀有一丝一毫的骄傲，就会在演讲台上被无限放大。因此应谦虚谨慎地向听众表示你的诚意。这样，听众才不会小看你，相反还会认为你是一位诚实坦白、值得信赖之人，你的演讲即能在一种融洽的氛围中进行并取得成功。

孔子是中国著名的思想家、文学家，是儒家的代表，但他从未以他渊博的知识向别人炫耀，他总是以包容一切的博爱精神来感化别人、教化世人。作为演讲者，必须懂得这个简单的道理，并采取相应的措施。

其次，要征服听众，就应有卓越的演讲才能。所谓演讲才能就是一个演讲者的口才和语言能力。这是通过长期的锻炼和学习来实现的。作为一名演讲者，可以从这几个方面来加强自己的语言魅力：有新颖奇特的观点；所有论述都是真情实感；有的放矢，尊重事实；思维清楚，加强语言的逻辑性；合理地安排演讲的布局；运用多种修辞来加强影响力；保持语言生动形象，有活力；语言简洁有力；声情并茂，感人至深。

如果你能较好地掌握这些要求，那么就有了征服听众的较大把握。同时还要注意环境、音响、时间等因素的作用。

第二节 使听众关注演讲

听众的注意力是有限的，无论演讲者怎样努力，总会遇到听众注意力不集中的情况，在这种情况下，演讲者就需要想一些办法把听众的注意力吸引回来，否则就会导致演讲的失败，会场秩序的混乱。

一、声东击西

所谓声东击西，兵法原文是这样写的："凡战，所谓声者，张虚声也。声东击西，声彼而击此，使敌人不知其所备。则我所攻者，乃敌人所不守也。"它的意思是：凡是作战，所谓声，就是虚张声势。在东边造声势而袭击的目标是西面，声在彼处而袭击此处，让敌人不知道如何来防备。这样我所攻击的地方，正是敌人没有防备的地方。

我没有踌躇过一刹那，去放弃那遵循格律的戏剧。地点的一致对我犹同牢狱般的可怕，情节的统一和时间的一致是我们想象力的沉重桎梏。我跳进了自由的空气里，这才感到自己（生长了）手和脚。现在，当我认识到那些讲究规格的先生们从他们的巢穴里给我硬加上了多少障碍时，以及看到有多少自由的心灵还被围困在里面时，如果我再不向他们宣战，再不每天寻找机会以击碎他们的堡垒的话，那么我的心就会愤怒得碎裂。

法国人用作典范的希腊戏剧，按其内在的性质和外表的状况来说，就是这样的：让一个法国侯爵效仿那位亚尔西巴德却比高乃依追随索福克勒斯要容易得多。

开始是一段敬神的插曲，然后悲剧庄严隆重地以完美的单纯朴素（风格），向人民大众展示出先辈们的各个惊魂动魄的故事情节，在各个心灵里激动起完整的、伟大的情操；因为悲剧本身就是完整的，伟大的。

在什么样的心灵里啊！

希腊的！我不能说明这意味着什么；但我感觉出这点，为简明起见，我在这里根据的是荷马，索福克勒斯及忒俄克里托斯；他们教会我去感觉。

同时，我还要连忙接着说：小小的法国人，你要拿希腊的盔甲来做什么？

它对你来说是太大了，而且太重了。

因此所有的法国悲剧本身就变成了一些模仿的滑稽诗篇。不过那些先生们已从经验里知道，这些悲剧如同鞋子一样，只是大同小异，它们中间也有一些乏味的东西，特别是经常都在第四幕里，同时他们也知道这些又是如何按照格律来进行的。这方面我就无需多花笔墨了。

我不知道是谁首先想出把这类政治历史大事题材搬上舞台的。对这方面有兴趣的人，可以借此机会写一篇论文，加以评论。这发明权的荣誉是否属于莎士比亚，我表示怀疑；总而言之，他把这类题材提高到至今似乎还是最高的程度，眼睛向上看（的人）是很少的，因此也很难设想，会有一个人能比他看得更远，或者甚至能比他攀登得更高。

莎士比亚，我的朋友啊！如果你还活在我们当中的话，那我只会和你生活在一起；我是多么想扮演配角匹拉德斯，假如你是俄来斯特的话！而不愿在德尔福斯庙宇里做一个受人尊敬的司祭长。

这是歌德为了纪念莎士比亚所作的一篇演讲，但是他并没有直接说明莎士比亚的作品有多么的优秀，而是在说明另一些作品的特点，最后通过这样的比较来达到了赞美莎士比亚的目的。

声东击西，是忽东忽西，即打即离，这是一种演讲方式。如果我们发现听众对于演讲的内容出现了疲劳和厌倦，采用正攻的方法是无法取得预期效果的，而采取佯攻，突然说些表面上和演讲没有太大关系的内容，反而能够引起听众的好奇心。

因此，在同听众的接触中，不要太急于暴露自己的意图，尽量将对方的注意力转移到他所感兴趣的地方，使对方逐渐对你产生信任感，从而建立起良好的关系，此时演讲才能取得良好的效果。

二、投石问路

当演讲者不确定某个论点是否能吸引观众时就可采用这种方式。

有时，为了了解对方心中的秘密，又不便直问，可以用"投石问路"的曲问法进行试探。对于一些敏感的人来说，问者便显得谨慎。投石问路之法也被广泛运用于审讯之中。

尊敬的 Bok 校长、Rudenstine 前校长、即将上任的 Faust 校长、哈佛集团的各位成员、监管理事会的各位理事、各位老师、各位家长、各位同学：

有一句话我等了三十年，现在终于可以说了："老爸，我总是跟你说，我会回来拿到我的学位的！"

我要感谢哈佛大学在这个时候给我这个荣誉。明年，我就要换工作了……我终于可以在简历上写我有一个本科学位，这真是不错啊。

我为今天在座的各位同学感到高兴，你们拿到学位可比我简单多了。哈佛的校报称我是"哈佛大学历史上最成功的辍学生"，我想这大概使我有资格代表我这一类学生发言……在所有的失败者里，我做得最好。

但是，我还要提醒大家，我使得斯特夫·鲍尔莫（Steve Ballmer）也从哈佛商学院退学了。因此，我是个有着恶劣影响力的人，这就是为什么我被邀请来在你们的毕业典礼上演讲。如果我在你们入学欢迎仪式上演讲，那么能够坚持到今天在这里毕业的人也许会少得多吧。

这是比尔·盖茨在哈佛大学 2001 年毕业典礼上所作的演讲的开篇，我们都知道比尔·盖茨 1973 年进入哈佛大学，大三时辍学，与同窗保罗·艾伦一起创办了微软公司，成为世界巨富。但是这都不能改变他没有大学毕业的事实，他采取这种方式开始演讲，一方面可以缓解气氛，同时可以试探听众对他的态度，可谓一举两得。

三、欲正故谬

当演讲者发现听众走神时，可以故意将一些简单的问题说错，这样不但能吸引没有走神的听众们的互动，同时能将走神的听众的注意力吸引回来，还能够缓解演讲现场的气氛。

当我们要启发听众思考某一个问题时，与其告诉他们答案或者给予提示，不如我们故意说一个错误的答案来刺激他们思考问题，因为当演讲者说错时，就能够激发听众思考的欲望，这方面最显著的代表就是教师在教学时的提问方式，学生在上课时，注意力大约只能集中 20～30 分钟，但是通常教师都要讲上 45 分钟，这样就会导致学生在后半段的课程上经常会走神，作为教师，为了保证教学质量，就要想尽一切办法把学生的注意力吸引回来，这时欲正故谬就是一种非常有效的方法。

四、欲实先虚

所谓欲实先虚，是演讲者为了让对方顺着自己的意愿来展开话题而设下的一个圈套。这是因为平铺直叙地将道理讲述出来，有时无法打动听众的心，不能吸引听众的注意力。在这种时候，由演讲者先虚设一问，这一问乍一看与演讲内容毫无关系，或者让对方摸不清虚实，当对方出答案后，这种答案其实正是演讲者想要的，这时演讲者就可以抓住对方的话柄，以此为契机，得出想要的结论。这时，听众也就无法否认自己刚才说过的话了，这样也就无法否认演讲者的结论了。通过这样的小圈套来达到演讲的目的。

历史上墨子曾经给楚惠王讲过这样一个故事，他说："有这样一个人，他自己家有非常珍贵的宝物，但是他却觉得这些都没什么，反而特别喜欢邻居家的破烂的物品。"墨子问楚惠王："你觉得这是个怎么样的人啊。"楚惠王觉得好笑，他觉得这个人大概是有病，还是喜欢偷东西的病，这是一个不识货的笨蛋。楚惠王的答案正中了墨子的下怀，墨子接着问，楚国是不是一个物产丰富、土地肥沃的强大的国家，楚惠王当然回答是的，接着墨子又说到了宋国，他认为宋国是一个地域窄小，物产贫乏，弱小的国家，楚惠王当然不会夸奖其他国家，所以他又回答"是的"。

至此，墨子好像问了三个毫不相干的问题，这就使得楚惠王十分好奇，而他的这些答案和他好奇的心理，就是墨子问这些问题的目的。最后墨子问道，如果大王守着强大的楚国，而去攻击弱小的宋国，这样的行为是不是和之前的那个人一样呢。

这时楚惠王才知道自己中了墨子的圈套，但是此时也是无能为力了，只能回答他"是的"。这样，墨子就通过几个简短的故事，化解了宋国的危机。

第三节　使演讲具有兴奋点

所谓的兴奋点就是最能够吸引听众注意力的关键点，这是一个演讲的亮点所在，也是一个演讲者成功与否的重要因素。

最常见的话题有以下几个：

一、满足求知欲的话题

陌生的知识领域或神秘不可及的事物总是能引起人们的求知欲，使人们兴起探索的欲望，对于不知道的东西，想要弄清楚其工作原理，这是人们的本能，针对这种奇闻轶事展开话题可以大大地吸引听众的注意力。

二、刺激好奇心的话题

西方有句俗语：Curiosity killed the cat（好奇心害死猫）。西方传说猫有九条命，怎么都不会死去，而最后恰恰是死于自己的好奇心，可见好奇心有时是多么的可怕！

可见好奇心是每个活着的生物都具备的特征。演讲者可以利用每个人都有好奇心，通过各类趣闻、名人轶事、突发事件、科学幻想、传奇经历等等内容，来激发听众的好奇心。

三、与听众利益密切相关的话题

在很多单位都会有这样一种现象，公司的一些大的发展方向或者整体规划往往不能得到每个员工的重视。相反地，每个小的细节例如年终奖金的评定方法、午餐的标准等,这样的事情反而能赢得大部分人的关注,这是因为群众最关心的无非就是涉及自己切身利益的事情。所以,纵观各类演讲,一旦关系到吃、穿、住、行、生活琐事的都会非常受欢迎。所以高明的演讲者常常能将要演讲的问题和人们生活中的实际利益结合到一起,例如在讲解全球变暖,号召大家爱护环境时,可以不用空洞的说明,而是根据现实生活中的实际情况来说明:夏天气温越来越闷热等。

四、有关信仰和理想的话题

在物质生活越来越丰富的今天,人们对于理想和信仰的追求也越来越明确,没有探索、没有理想的人几乎是没有的。古今中外,人们都在为信仰和理想而不停地奋斗着。

因此,有关这方面的话题能够被大多数的群众所接受,尤其是青年听众,他们正是人生观、价值观形成的时期,关于信仰和理想的演讲对于他们具有良好的启迪。同时也要注意演讲的内容必须要有针对性、现实性,符合现实生活,符合时代的需求,只有这样才能达到励志的目的。

五、娱乐性话题

现代人的生活节奏越来越快,工作生活的压力也越来越大,这样的生活使得人们的生活也越来越苦闷。娱乐性的演讲正好可以缓解人们的压力。一般娱乐性的演讲大都是选择一些社会上热议的话题,通过演讲者在演讲中穿插些幽默、笑话或娱乐性故事以达到在短时间内提起听众兴趣的目的,礼仪场合或者社交场合人们大都喜欢用这种话题来缓解或者活跃气氛。

· 第三章 ·

设计演讲的内容

第一节 搜集资料

演讲是一种需要精心准备、梳理写作的一种表现形式,所以在演讲前精心地写作演讲稿能够帮助我们理清演讲的逻辑,明确地表达演讲的目的和主要问题。

我们在演讲的过程中,需要引用大量的实例来支撑我们的论点,使听众信服。我们还需要了解当今社会的最新的科学技术、信息知识,这也是保证演讲成功的必要条件。所以,收集材料是演讲非常重要的一个步骤,它是充实演讲主题,充分证明论点的有力条件。也是能够影响一个演讲是否成功的重要条件。

一、收集材料的原则

收集材料不是一个茫然混乱的过程,我们要知道自己的演讲需要什么样的资料,什么样的资料适合我们的演讲。如果我们不分青红皂白,只是广泛地将我们能看到的信息都收集起来,虽然这让我们得到大量的资料,但是这样繁重的资料会加重我们的负担,增加我们的劳动量,所以有逻辑、有计划地收集资料才能更好地完成演讲。

(一)为演讲选择充分的材料

所谓选择充分的材料就是尽可能多地把我们能够收集到的材料全部收集起来,只有这样,才能满足演讲要求大量地详尽地收集和占有材料。这样我们既能纵向了解事物发生、发展的经过,又能横向了解事物各方面的联系。

在收集材料时,演讲者不但要收集赞同的声音作为论据的材料,对于那些反对的声音,与论点相悖的材料,也要大量地收集,材料越充分,思路就越开阔,论据就越充分,也就越能正确有力地阐明论点,产生令人信服的雄辩力量。特别是学术演讲和法庭演讲，更要求论据充足，旁征博引。材料不足往往难以言之成理，很难达到预定的目标。

这就要求我们在更加了解所要演讲的内容的同时，能够更加丰富我们的知识。当演讲者在面对听众的反对意见或刻意刁难时，有充足的材料和准备，自己才不至于哑口无言，闹出笑话。

（二）材料信息要真实可靠

我们说的真实可靠，是指我们的材料是有据可依的，是真人真事，是客观世界确实存在的、符合历史实际的。真实是选择材料的出发点，因为只有真实存在、发生过的事情才有说服力，才能够感动人，才最有利于人们形成坚定的信念。选择材料时，要选出最可靠的第一手材料，不能用捕风捉影、道听途说的材料，更不能无中生有、胡编乱造。只有真实的材料，才能取信于人。

对于演讲而言也是一样，任意臆造的和虚构的材料，势必与事实发生矛盾，势必被揭穿，所以比起因为虚假材料导致失去信任，就不如多花费些时间寻找真实的材料，当然，这同样包括要学会鉴别材料的真伪。

（三）尽可能地选择具有代表性的材料

我们在收集材料时，有时能够收集到几十或者几百个材料，而通常演讲者的演讲时间只有几分钟，作为一名演讲者，从众多的材料中选择合适的材料是最为重要的一个准备工作。真实具有可信度，新鲜具有吸引力；而典型则由于其深刻揭示事物本质，具有代表性。演讲的目的在于说服人、鼓动人。

具有代表性的、典型的事例，在演讲中可以使演讲有较强的说服力、感染力和鼓动性，而平淡无奇和被多次引用的事例则会使听众产生厌倦的心理，使演讲失败。

典型材料与一般材料是相比较而言的。只有在充分掌握许多材料的基础上，有比较余地，才能分出高下。在与众多材料进行比较时，要发现典型材料，关键在于演讲者的观察分析能力和思想认识水平。

1. 选择具体的材料

具体，是相对抽象笼统而言的。有些材料虽然真实、新鲜、典型，但由于详略处理不当，尽管讲清楚了来龙去脉，也使人感到"不够味"、"不解渴"。这恐怕就在于叙述太简略所致。出现这种情况的原因对于事例性的感性材料来说，往往是因为忽视了对重点材料的必要渲染；从记叙的诸要素看，常常是对 Why（为什么）和 How（怎样）交代得不够。如果把 Why 和 How 的内容进行较为详细的阐述，做必要的渲染，就会显得具体，给人留下明晰的印象。比如"他带病坚持工作，最后累倒在车床旁"，给人的印象就较笼统。如果进一步把他为什么带病工作，如何做的，怎样累倒的，累倒后又怎样，当时的现场怎么样等做必要的交代和渲染，给人的印象就具体得多。

2. 定向收集材料

收集材料要把准方向，防止盲目性和随意性。生活千头万绪，书报浩如烟海，时间和精力不容我们有见必记、有闻必录，这不仅没有必要也没有可能。我们必须把准方向，有计划、有针对性地收集。所谓把准方向就是围绕论题进行，根据论题划定的区域范围，按计划、有重点地工作。选择的论题要大小适中，不宜太窄，也不宜过宽。太窄，往往会漏掉与之相关的材料，使用时没有回旋余地；太宽往往难抓住主线和重点，造成内容芜杂臃肿，削弱和冲淡主题。例如，作一次题为"岗位成才"的演讲，不妨把收集目标集中在下列方面：从名人先哲的著作中收集有关成才的论述及有关部分和整体关系的论述；从教育学和心理学的图书中收集有关成才理论和有关青年心理特点及其发展趋势的论述；从历史图书中收集有关青年在工作中立志成才的故事；从报刊和现实生活中收集，特别是收集本单位青年在本职岗位上所做贡献的先进事例，等等。确定了这样一个范围和方向，收集材料就会顺利得多。

3. 选择新鲜的材料

新颖别致，是就听众的感觉而言的。新奇感是促使人们注意的心理因素。演讲者立论高妙，演讲材料新鲜，就能较好地激起听众的新奇感，引起注意。这对深化主旨，充实内容都有着十分重要的意义。演讲者人云亦云，重复使用别人用滥了的材料，就会令人感到乏味甚至反感。因此要尽力防止和避免材料的雷同。要产生新鲜感，一方面要留心收集现实生活中新近发生的事情；另一方面也要善于收集那些过去早已发生但并不为人所知的事例。此外还要善于观察分析抓住现实中看似一般的材料，从中挖掘出新意来。这些当然不是信手可得的而必须有耐心有韧劲。鲁迅先生在这方面为我们树立了很好的榜样。他常借古讽今，十分生动，如《由中国女人的脚，推定中国人之非中庸，又由此推定孔夫子有胃病》的演讲，运用了大量历史材料和现实材料，古今结合，使人感到异常新鲜、有趣。

4. 选择感人的材料

在演讲活动中，要注意选取能提高听众兴趣和打动听众感情的材料。在现实生活中，许多感人的事情都是看似违背常理但又是在情理之中的。例如，有位演讲者在演讲时引用了一位老师上课老是请假跑厕所的事。这种事显然违背常理，令人好笑。可是，当你知道这位老师身患膀胱癌，长期尿血，直到他被抬上病床，大家才发现他揣了一大摞病假条却从不请假时，你会觉得看似违背常理的事情，其实却在情理之中。演讲者用这件事来表现这位老师的高风亮节，十分生动感人。在现实生活中有许多这样的事例，关键在于要善于发现这种有违常理事例的特殊性。此外，演讲要感人，讲人们的奋斗经历，讲与听众切身利益相关的事，容易达到目的。

二、有计划查阅、研究相关资料及找他人求教

只有收集到大量的资料，演讲者才真正具有站在公众面前的勇气。演讲是向听众传达信息，如果你不能满足听众的需要，不能提供足够多的信息，那么你的演讲一定不是好演讲。根据演讲查阅相关资料，找他人求教都是很好的办法。

（一）根据演讲题目查阅相关资料

好好规划一下资料的查找工作使你能够在指定的时间内达到最好的结果。这一点要求你在匆匆忙忙地开始查找之前必须认真考虑自己的演讲题目和场合。你有多少时间？就你演讲的性质而言必须查阅哪些事实？哪些题目要调查？你查阅资料的目的是什么？

1. 从演讲题目入手

先从了解总体情况入手。你不应该先入为主地在一个方面的资料上花费大量时间，这样做也许会遗漏与演讲题目相关的其他重要方面。随着研究的深入，你会得到更加具体、更加确凿的材料，你知道哪些内容可以置之不理，但是如果其他方面的有关内容突然冒出，根据已经掌握的知识你完全能够把握这些提示，并顺藤摸瓜进一步深入下去。

演讲者在查阅资料之前的准备或探索性研究是由一系列活动所构成的。面对一个知之甚少的题目，在分析题目之前你必须先查阅一些概括性的知识。即使你对演讲题目很熟悉，你也得在准备查找资料之前在脑海里先理清自己的思路。

2. 规定完成时间

根据你可以支配的准备时间和演讲题目的不同，你要进行的查阅工作也会有很大的差异。建议你为自己的准备工作制订一份可行的时间表。如果演讲前一天才接到通知，你不可能详尽地查阅所有相关文献，但是可以从百科全书之类的书中查找概括性的资料。如果时间较为充裕，你的准备活动就可以更加深入，先从

概括性的书籍当中收集线索，用它们作为指导再寻找其他更加细致、更加具体的资料。跳读是从头开始查找资料时最有用的技巧之一。在从图书馆查阅书籍或为此购买图书之前，先迅速浏览一遍书目。因为你没有时间把所有的书都看完，一定要掌握最重要的方法和理论。要首先查看书籍目录，跳过第一章和最后一章，或者阅读某一章或一篇文章的第一段和最后一段。记下书中频繁引用的重要学者和公众人物的姓名。留意反复出现的概念和研究项目。不要认为自己必须一字不落地把整个句子读完。

开始浏览时，翻找一些综述或有关该问题现状的文章和书籍。这些文章和书籍概括指出该问题目前的思潮，追溯该问题来龙去脉的文章段落也非常有用。这些文章和书籍往往很容易从题目中加以识别。

跳过一些资料，阅读一些概括性的书籍可以使你对自己的题目有大致的把握，你就可以进一步缩小范围，把查阅内容集中到某些问题上。

3. 带着分析性问题查阅资料

当你已经完成背景资料的查阅，还没有开始主要的研究活动之前，要回头分析自己的演讲题目。想一想你是否要把题目缩小为某个问题，调整自己的演讲目的，或者修改主题句的遣词造句使之适应演讲场合。

4. 熟悉相关的专业用语

为新题目查找资料就像学习一门新的语言一样。随着你逐步展开对题目的研究，你就能够列出这个过程中所出现的关键词。比如，在研究职业女性时，你会发现自己必须搞清楚"机会均等"、"果断行动"和"相对价值"等之间的区别。你会注意到如"玻璃天花板"、"女强人综合征"和"粉领工人"等都是关键性的名词，在谈论你所面对的问题时这些词已被广泛采用。熟悉与演讲题目有关的语言随着研究的展开而变得不可或缺，因为你在浏览文献时要查找这些关键词。

当然，如果你熟悉的人群中有人对你要演讲的项目非常了解，那么请教他们就再好不过了。

（二）直接向他人请教

直接向他人请教相关问题是非常便捷的一个方法。如果没有特别合适的人选，你也可以请教一下周围的人对你要演讲的题目的看法。你的朋友、家人、同事都可以成为信息渠道。

在你根据演讲题目组织整理自己的思路时，先和那些自己每天接触的人们谈一谈。你可能会喜出望外地发现有人对你要讲的题目非常在行。在大多数情况下，这些人告诉你的情况是他们自己的观察和体验，在书本中是无法找到的。随便和几位朋友交谈一番，你就会惊喜地发现懂了很多自己原来不知道的知识。在向他人请教的过程中，有几种人你要主要考虑。

1. 专家

如果你不知道应该向哪位专家咨询，可以打电话询问适当的院系或学校。他们会推荐你请教某位取得本领域研究成果的专家。

2. 政府相关部门

因为政府拥有的资源非常丰富，如果找到合适的部门询问，相信他们会认真地帮助你。

3. 独立机构和特殊利益集团

像一些专业性协会和团体也是最佳信息渠道。要注意这些团体看问题的角度往往是有局限性的。可以向一些独立性的机构、协会、特殊利益集团请教，但是要根据你所了解的客观标准权衡自己听到的答复。可能的话，采访与你立场不同的专家，尤其是当演讲题目有争议时，更应该这样做。

如果你不认识某个特定领域的任何人，看看是否可以通过同事或朋友介绍结识一位相关人士。如果无法建立这种联系，随时留意报纸上提到的人物。如果他们曾经接受过采访，那么可能也愿意再回答一些其他问题。

三、采访的技巧

采访是获得材料的重要手段。不要慌慌张张、毫无准备地采访别人。分析一下采访对象，想一想他或她该如何最大限度地为你的研究提供帮助。如果面谈的对象曾经就你所要谈论的问题写过文章或有专著出版，先把这些资料读一读。你应该事先设计一系列具体而明确的问题，这样就不会浪费宝贵的面谈时间，否则只能得到一些在百科全书中也可以查到的内容。你要准备一些没有确定答案的问题，而不是做肯定或否定的问题，或者只需简单地进行事实确认，但是不要含糊其辞让对方不知该从何说起。

采访时先用几分钟时间融洽气氛，建立进行采访的背景，介绍自己的身份，解释你为什么需要了解这些情况以及你已经得到哪些信息。同时，再次说明你预计采访将占用多长时间。这些内容也许是再次提起你打过的电话或写过的信。如果你希望把采访过程录下来，首先应该征求被采访者同意，但是要准备记录纸和笔，以防录音失败。不管怎么说，即使你确实把采访过程录了下来也应该记录采访内容。笔记可以帮助你让采访始终沿着所设计好的、有待澄清的问题前进，在重新听录音内容时，书面记录还可以帮助你把握重点。

开始提问时，一定要把大部分时间留给专家发言。不要打断、表示异议或鲁莽地说出自己的看法。用话语和身体语言鼓励专家继续说下去：点头、微笑、表示兴趣，留意自己的姿势和面部表情，用谦和的评价鼓励对方，比如"我明白了"、"非常有趣"、"那么后来怎么样"，为采访结束留出一定的空余时间。尊重接受采访者的时间，如果时间快到了，要主动停止发问，即使你只得到了一半问题的答复。总结自己的采访角度，通常请被采访者进行总结性发言会让人获益颇多。有些情况下你可以这样问："您希望我提出哪些问题而我没有提到？"当然最后要对他或她表示感谢。

四、演讲材料的收集范围和具体方法

占有丰富的材料是演讲成功的一个重要因素。熟悉演讲材料的收集整理范围非常重要。重要的是还要收集属于自己的材料，整理属于自己的素材，而且要保证材料的充足。

（一）演讲材料收集整理的范围

演讲材料的收集整理范围主要包括直接材料、间接材料和创建材料。

1. 直接材料

从现实生活中得到直接材料。这是演讲者在生活、工作、劳动、学习及其他社会活动中所见所闻、所思所感的材料，也就是演讲者自身通过对社会生活的观察、体验、感受和调查研究所得到的第一手材料，这是最重要的材料来源。社会实践是我们获取直接材料的源泉。《从外国人的名片谈起》这篇演讲，就是演讲者在生活中看到外国人的名片，看到了外国人的实际能力，也看到了我国一些人的实际能力等真实材料后产生的，讲出后自然生动感人。

2. 间接材料

从书本或各种媒体中获得间接材料。这是演讲者从报刊、书籍、文献、广播电视上得到的材料，可称为第二手材料。演讲者由于时间和空间的限制，不可能事事处处都亲自观察体验，不可能每种知识都从亲身体验中得来，书籍是前人的经验总结，而广播电视传播的也是他人的亲身经历所得。所以，必须拓宽材料来源，获取大量的间接材料。间接材料的收集也是占有材料的重要手段之一。鲁迅的演讲《魏晋风度及文章与药及酒之关系》，就是靠大量的古代历史、政治、军事理论、医学等多方面的间接材料表现主题的。

3. 创建材料

分析研究获取创建材料。这是演讲者在获得大量直接材料和间接材料的基础上，经过归纳、分析、研究所得出的新材料，是一个演讲者智慧的结晶。这常常和直接材料、间接材料一起综合运用于演讲之中。

（二）准备属于自己的素材

这里强调一个"自己的"，虽然念一本书也是一种准备，但并不是最好的方法。从书上找材料，是可以有帮助的，但假如一个人仅想从书本上得到一大堆现成的材料，立刻据为己有而讲给别人听，难以获得听众热烈的掌声。

今天能参加你们的毕业典礼，我感到很荣幸。你们要离开的是世界上最好的大学之一，而我从来没有大学毕业过。说老实话，这是我最亲密接触大学毕业的时刻了。今天我想告诉你们我生命中的三个故事。就这些，没啥壮举，不过是三个故事。

第一个故事是关于连起生命中的点滴。

我进里德大学读了半年之后就退学了，不过还是作为在校生在校园里晃荡了一年半才最终真正离开。我为什么要退出呢？

（退出）这事在我出生前就开始了。我的生母当时是年轻的未婚大学毕业生，她决定把我送给人收养。她态度很坚决，收养我的人必须是大学毕业生，这样，由一名律师及其妻子来收养我的事在我出生前就全都弄好了。可是当我呱呱坠地的时候，他们在最后关头确定他们真正想要的是女孩。这样，我现在的父母，当时他们也在备选名单上，在晚上接到一个电话，告诉说有一个意外出生的男婴，问他们是否想要，他们说当然想要。我的生母后来才发现，我的养母不是大学毕业生，我的养父连高中都没有读完。她拒绝在最后的收养文件上签名。几个月后当我养父母保证以后我会上大学之后，她才妥协。

十七年之后，我上大学了。不过当时不懂事，选择了一所花销昂贵的大学，几乎和斯坦福大学不相上下。我父母都是工薪阶层，他们的积蓄都用来支付我的学费了。过了半年，我看不到这么做有什么价值。我不知道以后如何生活，也不知道大学如何来帮我对生活作出规划。而我在这里花的是我父母一生所积攒的钱。于是，我决定退学，并且相信这个决定会被证明是成功的。在当时，这个决定还是很让人惊慌的，不过回头去看，这是我作出的最好的决定之一。我退学了，就不用再去上那些我不感兴趣的必修课了，我开始旁听那些看起来有意思的课程。

整个事情并非全都那么具有传奇色彩。我没有宿舍房间，只好睡朋友房间的地板，我把可乐瓶还回去，这样可以得到5分钱来买吃的东西；每周日的晚上我会步行7英里横穿城区，到黑尔克力斯纳教堂吃那每周一顿的美食。我喜欢这种状态。我凭着好奇和直觉，无意中涉足的很多事情后来证明都是非常有价值的。

这是史蒂夫·乔布斯在2005年斯坦福大学毕业典礼上作的演讲的开篇，在这篇演讲中，他大量地举了自身的例子，这些都是他亲身经历过的，所以就显得特别的真实可信。同时因为他所举的场景都是在场听众所熟悉的，就更增加了听众的好感和演讲的真实感。

这就是准备，只有自己真实的经验并加上深思的演讲才会成功。

（三）积累的材料一定要充足

别人的东西，只要消化了就能成为自己的东西。积累材料的过程就是收集属于别人的东西，纳为己有。然后在开始演讲前，就集中于某个题目，去注意和思想、去斟酌、回想并选择最能引起你兴趣的题材，加以润色，改造成另一种形式，成为你自己的作品。

某演说家关于怎样准备他的演说，他如此回答："我的准备是这样的，当我选择了一个题目时，就把题目写在一个大信封上，我备有许多这样的信封。假如我在读书时遇到一些好材料，认为将来用得上，就把它抄上，放入适合它题目的信封里。另外，我一直带着一本记事簿，当我在听别人演讲时，听到有切合我题目的话，便立即把它记下来，也放入信封内。当我要演讲时，就针对我要讲的题目取出我收集的所有材料，再加上我自己的研究，这样一篇文章就形成了。在我许多年演讲中，从这里取一些，从那里择一点，因而演讲永远有材料，也不会陈旧。"

材料需要积累而且需要积累充分。收集100个意见思想，选择10个非常契合题目的，而抛弃另外90个。收集丰富的资料和知识，可以增加自信，可以使你觉得有把握，讲话的态度自然大方。这是准备演说最重要的基本原则，演讲者不应该忽略此点。

第二节　整理资料

在收集资料阶段，我们收集了大量的资料，但是这些资料如果不整理妥当，那么不论我们收集了多少资料都是毫无用处的。怎么才能把大量的资料整理成自己需要的材料呢？材料的选择有哪些基本要求？这就是我们这一节要研究的问题。

一、整理资料的原则

（一）选出真实的材料、剔除虚假的材料

如果演讲者使用这种没有经过考证或找不到出处的材料，准备材料的工作就不能说是完善的。可以设想一下，如果演讲内容被听众怀疑其是否准确，演讲的效果就很难说好。要在平时多下功夫，经常查阅有关书籍、资料并将用得着的资料摘录下来，注明资料的出处，以便在演讲时引用，这能提高演讲的效果。材料准确性的另一个方面是用词准确性。任何一篇演讲的第一个要求是让人听懂，即演讲者的用词必须与听众使用的词汇一致。凡是演讲者使用的词汇、术语超出一定范围，就应该加以解释。特别是面对非专业性的听众发表有关专业方面的演讲时对专业词汇就应该进行解释。

为了保证材料的准确性和可靠性，我们可以对材料进行刨根问底，例如，在材料中有哪些人？他们在做什么？他们是什么时候做的这些事情？这件事情发生在什么地方？为什么要做这些事情？他们是怎样完成这件事情的？这些问题可以帮助我们了解材料的情况，帮助我们辨别材料的真假，可以帮助我们理清材料的脉络，完善我们的演讲，同时，可以帮助我们避免在演讲时闹出笑话。

（二）选出有新意的材料，舍弃平淡的材料

有新意的材料，指的就是能够成为演讲的依据，同时是大部分听众没有听过或者没有想到过的材料。

演讲时为什么要使用有新意的材料？一是为了信息有价值。二是为了表现魅力。世人常说，世界上没有两片完全相同的树叶，人不能进入同一条河。这是因为事物是不断变化的，而人更喜欢多变。相声、小品演员经常抱怨说他们要不停地变换段子，因为再好的段子，观众看过几次后也就失去兴致了。同样，一支非常好的流行歌曲也不能长期占据榜单的前几位，这都是因为人们喜欢多变的事物的原因。

一名女性如果在街上或者宴会上和其他人撞衫，那是非常尴尬的一件事。但是，许多人却不断地重复他人的思想、观点和见解，甚至乐此不疲。这样的信息没有价值更没有吸引力。信息没有吸引力，就不能打动人心，就是老调重弹，陈词滥调往往使人听不进去、不感兴趣。我们对人讲话、与人交际，不仅要利用新材料，而且要在思想内容上有新颖的东西。

内容新是指演讲要有新意，谈论问题要有超越一般、不同凡响的感受和见解。比如你谈论"怎样看待人体美""离婚率的上升说明了什么"这一类的题目，往往会引起别人的注意和兴趣。这就是选取新题目，有所新发现。可口可乐是目前世界上最畅销的饮料之一，可口可乐公司推销成功的秘诀是什么呢？就是广告有新创意，与众不同。

在某次会议上，主持人请企业领导讲话，他谢绝了。理由是：一时讲不出新的意见，与其重复别人的话不如少说最好是索性不说。这位领导的做法值得提倡。实际上那种一讲老话、套话就没个完的现象真是比比皆是。有些人讲起话来滔滔不绝，可往往是打着官腔，说套话，信息量很少，缺乏给人以启迪的东西，甚至只是起到了留声机、传声筒的作用。听这种没有新意的讲话，实在是味同嚼蜡，令人生厌。据说有个知名人士作报告，这里讲，那里讲，一年之内每次所讲的内容都如出一辙，丝毫没有变化。试想，社会在变，听众在变，可报告者如此一成不变、墨守成规，还有什么价值和吸引力呢？即使这个报告起初内容不错，可是日复一日地重复也早让人生厌了。

要做内容有新意的演讲当然有许多方法，但首先要有自己的个性和积极的自我意识，要敢于标新立异。一个人如果不能发现和发挥自己的与众不同之处，不敢表现真实的自我，那就不可能用自己的语言表达自己的思想感情，演讲就没有生命力。

（三）优先选择幽默风趣的材料，放弃枯燥呆板的材料

演讲要想引起听众的兴趣就要选用新颖的、生动有趣的、寓意深刻的材料。吸引听众的有趣材料是演讲的调味品。适当地使用诙谐幽默的材料将在吸引听众方面起重要的作用，它可以帮助你消除和听众之间的紧张感，委婉地表达自己的意见，巧妙地解除窘境，甚至可以出奇制胜。使用给听众设悬念的办法，也能增加演说的趣味性。演说者可根据听众的心理，在演说中提出问题，然后解答问题，使听众的思路和注意力自始至终跟着演说者的思路走。

除了对材料有以上的要求外，还需要树立吸引意识，讲求语言有魅力，内

容有新意，做到说话方式巧妙一些。如果你的某一次演讲语言上难以做到妙语如珠，内容上也不够新颖，那么只要在表达方式上比较巧妙，也会具有吸引力，就像"新瓶装旧酒"，使人精神一振，从而获得成功。

说话方式是指语言表达与交流的诸种因素如何组合搭配的关系。口语表达的角度、语句的顺序、悬念的设置、对比的效果和怎样利用仪表、体态、时间、空间、气氛、物体等非语言形式，都属于说话方式。处理好说话方式各要素之间的关系，需要在平时多加留意，积累经验。

所以，如果演讲者演讲的内容不够新颖，材料也不是幽默有趣，那他可以试试改换说话方式，也能收到良好的效果。

（四）选材要紧紧围绕主题

主题是选材的依据。选择材料必须紧紧围绕主题，选择材料时必须考虑它能否有力地支持主题或为主题服务，否则，再生动的材料也不能用。即坚持这样一条原则：凡是能突出、烘托主题的材料就选用，否则就舍弃。能够有力支持主题的材料一般包括：演讲者自己受感动的材料；演讲者亲身实践证明了的材料；听众感兴趣的材料等。

在公元前44年，古罗马的布鲁图斯等人说，恺撒大帝是暴君、有野心。恺撒的重臣安东尼为了驳斥他们的诡辩，在恺撒的葬礼上为恺撒做了辩护，在辩护词中，选择了这样三个材料："他从前曾获胜边疆，所得的财富都归入国库……"（这不是私心，而是公心。）"他听到穷人的呼唤，也曾经流下泪来。"（这不是暴君，应是富有同情心的好君主。）"那天过节时，你们眼睁睁地看着，我三次以皇冠劝他登基，他三次拒绝。"（这不是野心，而是虚心。）

这些材料都紧扣主题，直接支持和证明了自己的观点，从而产生了无可辩驳的说服力。

二、正确安排要点的方法

收集到足够的材料以后，把所有的想法根据演讲题目进行筛选，保留自己满意的部分，然后对它们进行综合，最后做到前后连贯，这个过程涉及很多步骤，主要包括：产生想法，把想法归类，把每类综合起来，然后重新过滤、调整并且理顺各种想法的关系，最终确定下各个要点。

（一）广泛收集想法

在准备演讲时，不要限制自己的思路。把你觉得演讲中可能提到的内容随手记下来，不管这些内容是在收集资料还是在整理准备放弃的资料时碰到的。不要对任何想法心存偏见或轻易抛弃，把它写下来，现在不必为你记录的内容排列顺序。加快工作速度，即使其中有些只是另一种想法的不同表达或者与另外一些想法截然对立也不要在意。除非已经积累了充足的原材料，否则无法着手进行整理。

（二）整理归类想法

可以采用许多不同的办法进行组织整理，选择适合自己的一种或几种方式，加以组合，起决定作用的可以是视觉效果或者演讲内容。

1. 基础的、可行的提纲

组织演讲内容最传统的办法是采用阶梯形的、缩格提纲的格式。但是在确定提纲的时候不要自我局限认为只能用正式的、完整的句子列出提纲。用完整的句子列出提纲对你清楚表达要点和分要点很关键，但是运用主题提纲这种比较灵活的形式也很有好处。

因为你可能会尝试采用不同的办法整理思路，因此不要把时间浪费在措辞或格式上，以不同的方式对各项内容加以整理，使得它们能够和谐地组织起来，直到发现一种紧凑而清晰明了的结构为止。

2. 概念图

概念图是一种理清思路的方式，通过它可以直观表示某些概念之间的相互关系，你可以按照其基本形式很快绘制简单的图表，用中间标有说明的圆圈或方框表示，再用线把它们连起来。

从你的核心想法、主题入手，在一张纸的中间画圆圈或方框。然后利用整理的想法，对其加以扩展，围绕主题写出几个要点，留出足够的空白以备将来补充分要点。围绕你最初的想法会出现若干新想法；把脑海中产生的新想法写下来，用线将相关的要点连起来。

3. 调整可移动的想法

把内容分布在纸上各个部分，它也可以类似于列提纲用线性方式连接内容。比如，你可以把自己的想法在记事贴上记下，把它们粘在墙上或桌上。你可以根据主题把它们集中起来把某一组的某些部分移到另外一组，直到你对整体结构感到满意为止。或者，如果你更喜欢以线性方式考虑问题，则可以根据记事贴上的内容制定原始提纲，提纲可以写在任何地方，包括缩格记录的分要点。

另一种可行的方式是从收集资料的笔记卡片入手，在卡片上添加你自己的想法。我们建议在查阅资料时使用笔记卡片在上面注明标题。你可以从这里着手写下自己的看法、过渡句，并再用一些卡片进行综合，把它们插在你认为适当的地方。像记事贴一样，你可以随意改变顺序和模式，变换尝试多种处理主题的方式。充分展示每种组合方式的优点，不要急于下判断做选择。让自己享有充分的自由，能够随意调换各个部分，直到你认为满意为止。

经过这个过程，你已为自己的演讲准备了好几个可能的要点。下一步是选择最能满足你的演讲目的、效果最佳的要点。

（三）要点应独立且符合主题

一看你的论点陈述句，就应该想到你的演讲中应该包括哪些要点。明确必须做出回答的核心问题。一旦明白主题涉及的内容，你就能用论点陈述句检验提纲中的要点了。除此之外，还要注意挑选彼此独立的要点。

要点之所以被称为要点不是偶然的，要点是扩展主题的有限几项核心的不可或缺的内容。

为了尽可能明确清晰地说明问题，要点应该彼此独立。每项都应该排除隶属于另一项的可能性。用简单的话来说，这条法则就是我们常说的一句格言："任何东西都有其所归和所属。"演讲者面临的挑战在于找出一种可以恰到好处地把所有内容加以安排的条理。

有时当你尝试把各项内容归为几个要点时，发现有些内容既可以属于这个要点，也可以属于另一个要点。出现这种重叠现象时，你就会明白自己还没有理清思路，还没有为所有内容找到一个有效的分类系统。如果你不知道某项内容应该放在什么地方，听众当然也不会明白。

给要点分类的时候要遵循单一的原则，使得所有内容可以归入某个要点，并且只能归入这个要点，这一点最重要。

往往会碰到这种情况，即某项内容在两个要点之间很难决定把它归入哪一类，对普通听众来说，最好的办法是把问题的范围缩小，排除某些模棱两可的要素，必要时把这些问题留到听众提问时解答。

如果一项内容可以放在两个地方，说明你的要点不能彼此独立。如果一项内容不能放在任何地方，这说明你离题了。

（四）确定要点的数量

虽然这条规则听起来过于武断，但是并不像你认为的那样束缚手脚。作为演讲者，你应该围绕几个要点整理自己的内容和思路。如果把每条思路都作为要点，结果弄得没有机会扩展其中任何一条。如果分要点过于庞杂，你就无法从中抽象出适合你演讲主题的东西。此外，如果你只有一个要点，那么你基本上只有主题，谈不上所谓的整理和组织演讲。

还有一点值得大家注意，就是要点如果超过五条，听众就记不住了。重要性相同或逻辑作用平行的要点称为并列要点，用于解释、支持或服务于其他要点展开的逻辑推理过程，重要性稍弱的要点称为分要点。你心中必须明白各种要点之间的关系只是相对的。演讲的每条内容都既是并列要点，又是分要点，这也是对其他内容的综括。

逻辑推理类似于说明内容之间从属和并列关系，例如，汽车是一种有效的货物运输方式，因为汽车运输的目的地覆盖范围相当广阔；因为汽车的设计形式多种多样，灵活多变；因为汽车相对易于操作。

显然，原因从属于它们所支持的要点。

安排演讲内容时用于证明要点的论据不能与要点具有同等的重要性，或与要点并列。

第三节　演讲写作

一、为什么说演讲词要亲自写

加里宁讲过："要演讲就要做准备，写演讲稿。这就逼你研究得更深刻。因为写演讲稿时，每一个字，每一个意思都得考虑周到。"英国演讲家丹尼尔·韦伯斯特则批评那些不准备演讲稿的人"就好比未穿衣裤出现在众人面前一样"。

遗憾的是，有些演讲者不重视自己写演讲稿，一收到别人的指令参加演讲时，便拜托别人代写演讲稿，以至于经常会在演讲现场闹出不会读或读错字的情况。

演讲是情感的言行外化，如果演讲者以另一种角色来体现别人为他准备的演讲稿，其间肯定存在一定的距离，不可能表达得那么亲切、那么自然。也许你不可能全面地理解演讲稿的思想内容，也许你不可能深层次地把握演讲稿的感情基调，也许你不可能完整地体现演讲稿的语言色彩，表达时只能照本宣科，言不由衷。平时要充分储存素材，"长期积累，偶尔得之"，有丰富的知识底蕴为基础创作就会文如泉涌。

如果素材"存款"不多，那就只能"临时抱佛脚"了。首先可请教有经验的演讲者如何整体地把握演讲稿，然后尽量搜集材料，占有材料，多多益善。只要与主题有关的，不论是现实的，历史的；理论的，事实的；正面的，反面的。都要把材料一个一个分类用卡片整理好，然后理出线索，定好提纲，写成初稿，进行修改，"文章不妨千次磨"。

选的材料要尽量是发生在身边的事，最近的事，不要太大、太远、太旧；不要抄袭，要有自己的议论、自己的抒情、自己的事例。"以我口传我心中之声，以我手写我心中之言。"演讲稿由自己写，至少有以下几点好处：

1. 增强信心。自己对自己的演讲稿有一种亲切感、满足感，相信"熟能生巧"。

2. 便于记忆。写演讲稿时已调动了各种感官，加深了对演讲稿的理解，记忆时当然就轻松多了。

3. 利于表达。演讲稿从内容到感情，从修辞到逻辑，从字词句到篇章结构都是按自己的需要设计的，有利于感情的抒发，口语的表达。

4. 便于发挥。演讲中如果有一条非常清晰的逻辑线索，备稿时就了然于心了。演讲中可以在此基础上灵活变动，临场发挥。

二、演讲稿应如何选题

大凡演讲总有一个特定的讲题范围，只是范围有大有小罢了。

一般说来，生活中常用的演讲如大会演讲、祝词、贺词、悼词等选题范围比较灵活，一些为听众所喜爱、所关心的话题均可选取；一些带有较浓厚专业色彩的演讲如军事演讲、外交演讲、法律演讲、学术演讲等讲题相对确定些，灵活变动的范围不是很大；赛事演讲的命题范围有两种：有些活动的余地很大，有些余地小些。无论是什么类型的演讲，无论是选题的范围宽或者范围窄，选题时都要做到几点：立足时事热点，抓住社会焦点，适合听众论点，寻求奇特的激发点，讲出新颖的观点。这样，你的选题才能别具一格，你的演讲才能脱颖而出。

在一次以"交通安全在我心中"的演讲比赛中，有位演讲者分析这个主题后，估计到很大一部分选手可能会立足于"人们交通意识淡薄而产生的危害"这方面，演讲中展示在听众面前的可能是一幅幅骇人听闻、惨不忍睹的血腥事件。这样，几十名选手讲下去，听众会听得喘不过气来。时间长了，就产生知觉的倦怠。思索之后，这位选手准备从新的角度去体现。于是选准现代生活中这样一种现象切入：很多人不懂交通安全，以致不理解交通警察，致使交警的工作举步维艰，如果全社会都理解交通警察，支持他们的工作，交通事故将会减少。斟酌再三，确定了以《奉献与理解》为题，通过赞颂交警默默耕耘为祖国，无私奉献为人民的精神呼唤人们理解他们。这位选手的演讲似乎为比赛吹来了一股清凉的风，赢得了听众热烈的掌声。

三、演讲稿应如何选材

演讲时选材如果能独具匠心，别具一格，本身就是很吸引人的。如果生搬硬套，拾人牙慧，步人后尘，无异于第二、第三个把姑娘比作鲜花的人——落入不是庸才，便是蠢才的可怜境地，给听众带来的是难以透气的沉闷。要选取一些典型、生动、鲜为人知的材料，让人觉得你的演讲有新东西、新信息、新见解。立意高，思维性才能强；角度新，吸引力才能大。

心理学研究表明，人的大脑对各种信息的接收是有选择的，往往选择那些新奇古怪的与自己有关的事。社会在进步，一日千里；时代在发展，突飞猛进。新的人物、新的问题、新的经验、新的成就以及新的教训俯拾即是。只要我们认真观察，处处留心，是不愁找不到新的演讲材料的。

四、演讲题目应怎样确定

演讲的题目是演讲开头的"开头"。演讲的题目要立意精当而深刻，文字新颖而优美。演讲前无论自己说出的题目还是主持人介绍的题目均要让听众"一听便知，过目不忘"。这就要求题目的确定做到简洁、新奇、意远。题目太长了，听了、记了后面忘了前面；太旧了给人一种似曾相识之感，提不起精神。还要注意的是除了一些政治性类型的演讲与一些篇幅太长的演讲外，最好不要在演讲中出现小标题。

可以从以下几个方面设计题目：

（一）题目要具体生动，不要太长。像"未来的思考"、"伟大的历史，光明的未来"、"缔造现实、开拓未来"、"奋起吧，人们！"显得太空洞，演讲时只能东拉西扯，随意漫游。

（二）充分运用修辞手法。运用修辞格选题能打破常规，体现新意。

比喻法：《祖国——母亲》

设问法：《良心何在》

反问法：《服务于民，你能做到吗》

呼告法：《救救地球》

引用法：《挥一挥衣袖，不带走一片云彩》

对比法：《生与死》《冰与火》

婉曲法：《进攻"3800"高地》

（三）着眼"只言片语"，要求题目简洁。从字面上来说当然是以最少的字数表达最深广的内容。只言片语的题目又简单，又醒目，又好记。如《路》、《选择》、《责任》。

（四）感情浓缩其中。在演讲开头报上一个感情浓烈的题目是能引起轰动效应的。如果在题目之前插上几句简短的引语，运用朗诵技巧处理，效果更好。如：

"'慈母手中线，游子身上衣。'每当读到这句诗，我这个远方的游子总会油然而生一种对母亲的牵挂之情。我不能回到母亲的身边，只能诉感情于言语，寄托对母亲的深深祝福。这里，我给大家演讲的题目是《妈妈，您听我说》。"

这种类型的题目还比如：《祖国，请相信您女儿吧》、《为了我们的父亲》。

五、演讲稿的选词原则有哪些

演讲最忌空泛。有些演讲者总想在演讲中多用点优美词语，于是堆砌辞藻，咬文嚼字，趋于雕琢。而这正是演讲所忌讳的，演讲的选词要做到：

1. 准确。演讲中词语要用对用准，否则"一字之失，一句为之蹉跎"。它要求演讲者在选词时掌握词语的含义，辨别词义之间的细微差别，把握好词的感情色彩和语体色彩。

2. 洁净。单个的词语无所谓洁净之言。这里所说的是指具体的演讲中要字不虚设，词不虚发。这要求演讲者在演讲时明确词的含义，不用重复词，不用无义词。

3. 规范。演讲中要尽量避免深奥冷僻的词语。力避佶屈聱牙，晦涩难懂。

4. 和谐。演讲语言要朗朗上口，生动悦耳。选用双声叠韵词、叠音词，注意押韵合辙，平仄相间，以增添演讲的音乐美、节奏感。

我们来仔细欣赏下面一段演讲词：

我梦想着，有那么一天，甚至现在仍为不平等的灼热和压迫的高温所炙烤着的密西西比，也能变为自由与平等的绿洲。

我梦想着，有那么一天，我的四个孩子，能够生活在一个不是以他们的肤色，而是以他们的品性来判断他们的价值的国度里。

我梦想着，有那么一天，就在邪恶的种族主义者仍然对黑人活动横加干涉的阿拉巴马州，就在其统治者拒不取消种族歧视政策的阿拉巴马州，黑人儿童将能够与白人儿童如兄弟姊妹一般携起手来。

我梦想着，有那么一天，沟壑填满，山岭削平，崎岖地带铲为平川，坎坷地段夷为平地，上帝的灵光大放光彩，芸芸众生共睹光华！

这就是我们的希望！这是我返回南方时所怀的信念！怀着这个信念，我们就能从绝望的群山中辟出一颗希望的宝石。怀着这个信念，我们就能变我们祖国的嘈杂喧嚣为一曲优美和谐的兄弟交响乐。怀着这个信念，我们就能共同工作，共同祈祷，共同斗争，甚至哪怕共同入狱。既然知道有朝一日我们终将获得自由，我们就能为争取自由共同坚持下去！

这是马丁·路德·金著名的《我有一个梦想》的最后一部分，演讲饱蘸激情，用词清新、具体、生动。读来流畅，听来悦耳。

六、演讲稿的炼句技巧有哪些

演讲是一个动态过程。演讲所形成的特殊情境给其中每一句话都赋予特定的意义。这要求演讲者在炼句时首先要从演讲整体出发，从演讲情境考虑，做到精短、严整、自然、亲切。先看下面一段演讲词：

十二年来，我饱尝了作为一个教师的酸甜苦辣，与喜怒哀乐；十二年来，我更深层次、更立体地把握了教师的整体型象。教师是辛苦的，为了学生，他们夜以继日，整日操劳；教师是清贫的，为了别人他们含辛茹苦，不计酬劳；教师是磊落的，为了事业他们两袖清风，虚心清高；但教师是伟大的，为了祖国他们孜孜以求，不屈不挠。

这段话句式完整，匀称贯通，自然优美。

一般说来，除学术演讲、政论演讲较多地运用长句、散句外，演讲的语句以短句、整句为美。短句和整句各有特色。

短句指字数少、形体短、结构简单的句式，演讲中运用短句可以明快、活泼、有力地表达感情，简洁、干净、利落地叙述事理。

整句是相对于散句而言的。它紧凑有力，严密集中，匀称流畅。演讲在适当运用散句的基础上要多运用整句。整句包括排比、对偶、对比、顶真、回环等。

七、演讲稿中的修辞

（一）设喻

在演讲中，比喻技巧的运用是很广泛的。这是因为比喻能准确地讲解知识，形象地表达感情。在演讲稿《争气篇》中有这么一段话：

……洗去靡靡之音，摔掉酒瓶子，让我们与书这个"哥们儿"交上朋友吧！它不需要拔刀相助的江湖义气，只需天长地久地交往。让我们与知识这位热情的姑娘"恋爱"吧！它不需大彩电和沙发床，只需孜孜不倦地热烈追求。

这里演讲者委婉妙喻，引人深思。

演讲语言与书面表达不同，它转瞬即逝，应通俗化、口语化。除了学术演讲外，那种从概念到概念，从理论到理论，弯来拐去，玄而又玄的表达是不受欢迎的。因此比喻在演讲中发挥的作用就大了。

下面是美国黑人领袖马丁·路德·金《在华盛顿示威游行集会上的演说》中的一段：

100年前，一位伟大的美国人在《解放宣言》上签了字，今天，我们站在这个伟大的阴影下，这条巨大的法令就如一座巨大的灯塔，给成千上万的在不公平的毁灭性的火焰中烧焦了的黑奴带来了希望；这条巨大的法令犹如欢乐的黎明将结束那被监禁的漫长黑夜。

为了使比喻发挥更大的作用，演讲者可以临场设喻：就演讲的地点、场景、事物设喻，这样更具说服力。

（二）排比

排比是由三个或三个以上的结构相同或相似的，语气一致的，成串地表达相关或相连的内容的一种句式。无论在叙事演讲、政论演讲，还是抒情演讲中都被广泛运用。运用排比能使言语规整，语气协调，感情贯通，表达流畅。演讲的开头有排比，演讲的中间、结尾也有排比。演讲中，真是无处不排比。表达排比时一般采取开头慢，后面快的方法进行，下面我们看一则演讲词：

沿途中，壮观的瀑布，会刷净你的头脑；平静的湖水，会使你冷静思考；雄伟的山峰，会唤起你的激情；名胜古迹的内容，会引发你无限的遐想。

四层排比，热情奔放，层层推进，立意高远，振奋人心。祖国的美好景致历历在目，对大好河山的赞美之情呼之欲出。

演讲中运用排比能深化主题，增强说服力。如佩特瑞克·亨利的演讲稿《诉诸武力》：

我们的申请却遭到轻蔑；我们的抗辩招来了更多的暴行和侮辱；我们的祈求根本没有得到大家的理睬；我们所遭到的是被人百般奚落后，一脚踢到阶下。

运用排比句可以全方位地表达各种感情，喜悦、痛苦、亲切、庄重都可产生在其中。如下面两段：

一杯茶，细细品尝；一支烟，神游古今；一张报，看它半天。

教师是蜡烛，燃烧自己，照亮别人；是绿叶，默默生存，点缀生活；是渡船，迎着风浪，接送人们！

最后我们看看道格拉斯在1854年7月4日美国国庆大会上《谴责奴隶制的演说》的精彩结尾：

7月4日，对美国的奴隶意味着什么，让我来回答吧。对于长期受压迫和受凌辱的奴隶，7月4日是一年中最屈辱和最残酷的一天。对于他们来说，你们今天的庆祝活动仅是一场骗局，你们吹嘘的自由只是一种亵渎的放肆，你们标志的民族伟大充满着一种骄傲的自负，你们的喧闹声空虚而没有心肝，你们对暴君专制的谴责无异于厚颜无耻的言辞，你们所唱的"自由平等"的高调更是虚伪至极，是对这些口号的本身的嘲弄。你们的祈祷与圣歌，你们的布道与感恩，连同一切宗教的游行与典礼，仅仅是对上帝的装腔作势的信奉，是欺骗，是诡计，是亵渎和伪善——是给罪恶的勾当蒙上一层薄薄的纱巾。

这里，犀利的言辞和愤怒的感情被如林的排比连成一片。排山倒海，轰轰烈烈，从而使谴责奴隶制的主题思想更加突出，论点更加鲜明，感情上对听众的震动也更巨大。

（三）设问

演讲中在适当的情境下进行提问可以缩短与听众的距离，满足听众的好奇心，创造宽松的气氛，使演讲者处于主导地位，请看下段演讲：

同胞们！敌人在践踏我们的领土，敌人在屠杀我们的乡亲，敌人在掠夺我们的财产，敌人在烧毁我们的房屋，敌人在踩躏我们的姐妹，难道我们能容忍他们如此兽性大发，胡作非为吗？难道我们能让他们生灵涂炭，为非作歹吗？不能，绝对不能！怎么办，大家说怎么办？

强烈的情感鼓动点燃了听众对敌斗争的熊熊火炬，他们义愤填膺，异口同声："与他们拼了！"这样，听众与演讲者心相连，语相通，一致说："我们听你的。"

提问要适时而发。要在气氛很融洽的时候进行，这样听众才能很好地同你配合。如当你讲到现实生活中机构臃肿，办事艰难，你的观点又引起了听众的共鸣时，你可以这样发问："朋友，我刚才说的这种'门难进，脸难看，事难办'的现象，你碰到过没有？"

提问要适时而发。在听众有一种强烈的探讨欲、表现欲时可进行提问。比如演讲中讲到金钱问题时，这个问题一般人对它很敏感。可以这样问："有人大声呼喊，'世上只有金钱好，没有金钱不得了'，在座的诸位，您说对吗？"

提问是最易使演讲掀起高潮与最易走向低谷的手段，一定要把握分寸。

要问得简洁。提问次数不能太多，每次提问要简短，问题的答案要让听众在很短的时间内能答出来，甚至在潜意识驱使下就能作答。切忌内容晦涩难懂，用词佶屈聱牙。如下面这个问题就提得不太好："朋友们，有人说生活是美，有人说观念是美，你说呢？"

要问得真诚。除了在不得已的情况下，比如想通过提问来平息喧闹时，一般不要问得离奇，问得庸俗，问得莫名其妙，要示之以诚，发自真心。

提问要能放能收。要放得开去，收得拢来，一发不可收拾只可使演讲走向失败。要始终围绕主旨发问，使听众的回答处在你的"圈套"里。适当的时候可运用"对啊"、"是啊"、"正像刚才那位朋友所说的一样"等词句。如果问题提出来后听众没有反应，自己要巧妙地引接下去。

八、演讲稿如何引用史料

美国宇航员埃德温·奥尔德林上校于1969年7月20日登上月球。返回地球时他在美国国会上发表了一次讲话：

科学考察意味着对未知世界的探索，人们根本无法预知全部结果。查尔斯·林白说过："科研成果不是最终目的，而是一条通向奥秘而又消失在奥秘中的道路。"

查尔斯·林白是美国宇航专家，此处埃德温引用他的话以证明自己的观点，加强了表达的力度。

　　演讲中，可以适当地引用名人的言论、公认的史料、数据以及广泛流行的成语、谚语等，可以更好地点明主题、佐证观点，使文义含蓄富有启发性。成功的演讲都能巧妙地或明引，或暗引，或仿引古今中外、东西南北，使听众会心言外，深思彻悟。

　　演讲家李燕杰演讲时善于旁征博引，说古道今。听他的演讲可以驰骋九万里，纵横五千年。他有一次以《心上绽开春花，芳草绿遍天涯》为题进行演讲，整个演讲只有十来分钟，可引用的哲言、警句、诗文达二十多处。

　　斯大林在一次选民大会上的演讲中，批评了候选人中一些不正派的人，巧妙借引文学中的语言、人物形象、典故和传说来增强演讲的幽默感和讽刺力，使演讲意新旨远。

　　同志们，你们自己知道，丑儿家家都有。……果戈理说：这种不正确的、不三不四的人，使你弄不清他们究竟是什么样的人，既不像人，又不像鬼。……

　　我不能确有把握地说，在代表候选人中间和我们的活动家中间，没有那种在性格和面貌上很像民间所说的"既不像供神的蜡烛，也不像喂鬼的馒头"的人。

　　要注意的是引文要与行文完整统一，切忌胡拼凑，乱标签，否则给人以生硬、做作之感，甚至叫人莫名其妙。

九、演讲稿中怎样巧用俗语

　　谚语、歇后语是经过人们长年传诵、千锤百炼丰富起来的。它们寓意深刻、韵味隽永、结构固定、朗朗上口，用它们来形容、描绘事物形象生动、诙谐幽默。听众听来如饮甘泉，如嗅芳香。请看下面二例：

　　……行得正，走得直，身正不怕影子斜，虽然他们受到了一些人的诬蔑，虽然有时不被理解，但我们相信，路遥知马力，日久见人心。他们的付出是会得到人们理解的。

　　这里两处用了谚语，顺理人情，很有说服力。

　　我虽然是一个普通的农民，有些人对我们农民有"包子"、"傻帽"之尊称，他们缝里瞧人——把我们看扁了。但在这里，我要大声疾呼：……

这里运用歇后语，生动形象。演讲中运用谚语、歇后语要注意以下几点：

第一，不能太多。谚语、歇后语有俏皮感，但用多了显得轻佻浮滑。尤其是凭吊演讲、政治演讲更要少用或不用，否则会冲淡主题。

第二，不能乱用。有些谚语、歇后语虽有一定的群众基础，但内容粗俗浅陋，不堪入耳。如，"龙生龙，凤生凤，老鼠生崽会打洞"，"茅厕里游泳——奋（粪）勇（涌）前进"，"穷人死在大路上——命该如此"等。

第三，要自然，完整，与正文融为一体。可以用一些提示语连接，如"有道是"、"俗话说"等。

第四，有些方言区的歇后语不能用。如："蜀嘴食胡椒——胡溜溜"（福州方言），"狗吠老虎——唔知死"（客家方言）。

下面罗列一些朗朗上口的民谚：

1. 百日连阴雨，总有一朝晴。
2. 帮人要帮到底，救人要救到头。
3. 补漏趁天晴，读书趁年轻。
4. 不会做小事的人，也做不出大事来。
5. 不怕家里穷，只怕出懒汉。
6. 不怕学不成，就怕心不诚。
7. 常在有时思无时，莫到无时想有时。
8. 迟干不如早干，蛮干不如巧干。
9. 尺有所短，寸有所长。
10. 宁可正而不足，不可邪而有余。

十、演讲稿如何巧用幽默

演讲中的幽默并不是去追求一种赢得听众一时哄笑的直观效果。那种哗众取宠，无聊打诨的低级取笑是演讲的大忌。演讲中的幽默应是演讲者或演讲中主人公高尚情操和完美人格的外化，是思想、学识、智慧和灵感在语言运用中的结晶，是一瞬间闪现的光彩夺目的火花。听众听来陶冶情操，健全人格。

演讲中运用幽默主要是批评丑恶，使人思索，令人回味，幽默体现含蓄委婉、生动形象、轻松活泼，给人一种温和、友善之感。正如哲学家莱卡尔说的："幽默不是轻蔑，而是爱。"

演讲中幽默产生于喜剧性的冲突，惬意性的误会，有趣性的错误。运用技法主要是讲笑话、讲故事；运用比喻、借代、双关、倒置、夸张、类比等；运用动作、表情、姿态配合。

马克·吐温的《无意剽窃》语言诙谐幽默，吸引听众。

当然啦，我给霍姆斯博士写了封信，告诉他我并非有意偷窃。他给我回了信，十分体谅地对我说，那没有关系，不碍事；他还相信我们所有的人都会不知不觉地运用读到的或听来的思想，还以为这些思想是自己的创见呢。他说出了一个真理，而且说得那么令人愉快，帮我顺顺当当地下了台阶，使我甚至庆幸自己亏得犯了这剽窃罪，因而得到了这封信。后来我拜访他，告诉他以后如果看到我有什么可供他作诗的思想原料，他尽管随意取用好了。（笑声）那样他可以看到我是一点也不小气的；于是我们从一开始就很合得来。

从那以后，我多次见过霍姆斯博士；最近，他说——噢，我离题太远了。

得体的幽默轻松活泼，快乐滑稽，诙谐优美，赢得了听众的赞同。

幽默在演讲中要适度、适事、适时，不能太滥，不能太乱，否则让人感到俗气、不庄严。尤其是一些政治性演讲、学术性演讲、凭吊性演讲更要小心。

十一、演讲中如何巧用数据

在古今中外的诸多演讲中，一个个，一串串，一组组的数字在其中发挥着奇妙的作用。这不仅因为数字清楚、明白，也因为数据说服力强，表达准确；还取决于数字运用于广泛的领域，很少受时空、形式、趋向等外界因素的限制，可以纵比也可以横比。数字宛如一颗颗晶莹透明的星座，散发着奇异的光彩，点缀着一篇篇演讲佳作。

当年美国政府决定修建尼亚加拉大瀑水利工程时，赞成者与反对者争论激烈。有位赞成者运用数字演讲：

我们听说在国内有几百万民众是胼手胝足地过着日子，而且憔悴、显得营养不良。他们缺乏面粉来充饥，可是尼亚加拉瀑布，每小时都要无形中消耗掉与25万块面包价值相等的瀑布能力。我们可以想象到：每小时有60万只鸡蛋，越过悬崖，变成一块巨大的鸡蛋饼，跌到湍急的瀑布中，如果从织布机上织下来的白布能够有400尺宽，它的价值也等于尼亚加拉瀑布所消耗的能量价值一样。……这是多么惊人的巨大消耗啊！对于这个无形的消耗，有人主张拿出一笔款子来利用这一个巨大的水能，想不到也有人来加以反对呢。

演讲者运用数字，浅显易懂，反驳有力。听者无不为之动容。

演讲中数字运用要准确、精当。不能含混、模糊，忌用"大致"、"大约"、"可能"、"好像是"等引导词。使用的数字宜用整数，不用过长的小数。并且尽量对数字进行形象性的解释。如下面演讲词：

在兽性狂发的一个多月中，日本侵略军在南京屠杀了30万中国人！30万个人排起来，可以从杭州连到南京！30万个人的肉体，能堆成两座37层的金陵饭店！30万人的血，有120吨！

有时重视数字的尾数可让听众增加信任感。"今年年度营运指数上升率为5.317%。"

演讲中数字的运用要简洁、精巧，不要太滥太泛。如果太多会流于枯燥，而太少则容易产生听觉错混。

第四节　演讲语言运用的分寸

我们在演讲及日常交往中，使用得体的语言，把握说话的分寸，尊重自己、尊重他人，这样才能使语言成为人与人之间情感沟通的桥梁，才能使得交往得以维持并向更为密切的方向发展。

一、开玩笑的分寸

不难发现，生活中那些会开玩笑的人特别受欢迎。他们凭借一个得体的玩笑，不仅给他人带来了欢乐，而且能迅速获得别人的好感。把握好开玩笑的分寸，才能成功地开玩笑。

（一）开玩笑有轻有重

开玩笑要做到有轻有重，而"重"的玩笑多半是开不得的，它只能在比较特殊的场合才能开。若在一般场合开比较"重"的玩笑，可能就不再可笑了，甚至会变质成悲剧。朋友聚会，为了活跃气氛，应该选择一些比较轻松的玩笑开，如果不是特殊需要，切不可开比较"重"的玩笑。

演讲者在演讲中可以适当地列举一些例子来增强演讲现场的气氛，但是要注意不要把快乐建立在别人的痛苦上。过多地以其他人的过错来开玩笑，会使听众产生排斥感。

（二）不拿别人的隐私开玩笑

玩笑是生活的调味品，适当地开个玩笑，不仅可以调节气氛，减轻疲劳，而且能缩短与朋友和同事之间的距离。一句玩笑话可以化干戈为玉帛，消除积怨，一句玩笑话也可以批评或拒绝某人的要求。

但是开玩笑时必须要注意尺度和分寸，尤其不要拿别人的隐私开玩笑。因为每个人都有隐私，而且也不允许别人触及自己的隐私。一旦有人喜欢拿别人的隐私开玩笑，那他必定是一个不受欢迎的人。

调侃时说出了他人的隐私，有时是言者无意，但听者却有心。他会认为你是有意跟他过不去，从此对你恨之入骨。

心理学家研究表明：谁都不愿把自己的错误和隐私在公众面前"曝光"，一旦被人曝光，就会感到难堪而愤怒。因此，在与人交往谈话中，如果不是为了某种特殊需要，一般应尽量避免接触这些敏感区，避免使对方当众出丑。必要时可采用委婉的话暗示你已知道他的错处或隐私，让他感到有压力而不得不改正。知趣的、会权衡的人须点到即止，一般是会顾全双方的脸面而悄悄收场的。当面揭短，让对方出了丑，说不定会使他人恼羞成怒，或者干脆耍赖，出现很难堪的局面。至于一些纯属隐私，非原则性的错处，还是那种方法：装聋作哑，千万别去追究。

（三）开玩笑要分清对象

开玩笑一定要注意区分对象，对于敏感的女性千万不能盲目开玩笑。一般来说女性是比较敏感的，不当的玩笑只会让她恼怒。

黑色玩笑对一个人的影响力很大，同时黑色玩笑背后隐藏了一个人性的弱点——任何人都不会笑着面对被揭开的疮疤。

（四）玩笑不要用语低俗

开玩笑是要运用幽默的语言，有技巧地进行思想和感情交流的艺术。这就要求在开玩笑时要注意语言必须纯洁、文雅。太庸俗、太低级下流的笑话不仅使语言环境充满丑恶的气味，也是对听者的一种侮辱，更是有损于你的形象。

所以在开玩笑时，要注意多说些健康的事、有哲理意义的言辞，摒弃那些庸俗、肉麻的话题。

一提到"肉麻"二字，人们往往联想到"性"。性是个敏感的话题，又是人们感兴趣的一个话题。革命导师恩格斯在19世纪80年代曾指出过这样一个事实："性爱特别是在近800年间获得了这样的意义和地位，竟成了这个时期中一切诗歌必须环绕着的轴心。"

近年来，我国的文学作品、影视艺术涉及性的，更是不胜枚举。退一步说，人们在日常生活交往中，性也是一个躲不开的话题。就连两千多年前的孔老夫子都感叹："吾未见好德如好色者也。"然而由于"性"的特殊敏感性，大多数人对此讳莫如深。谈性的时候，小心为好，慎重为佳，时机、对象、分寸都要掌握得恰到好处，不然就会产生较大的负面效应。

健康、风趣的幽默自然受大家欢迎，也易让人接受。正如英国著名戏剧家莎士比亚说过：幽默和风趣是智慧的闪现。同样，法国作家雷格威更断言，幽默是比握手更进步的大文明。但在幽默过程中我们应尽量避免不洁和不雅的内容和形式出现。

二、批评的分寸

俗话说"人要脸，树要皮"，被批评谁都不希望被别人知道。在工作中，上级经常会有给下级提意见或进行批评教育的情况，但一定要注意把握好分寸，不要让他们产生倦怠和逆反心理。

有些演讲中通常会涉及一些批评的内容，这时就要记得批评也要留几分面子给对方。不计后果的批评，经常会出现在离职演讲中，因为是离职所以觉得可以畅所欲言，很多人都会把原公司批得一无是处，这样做的后果是虽然一时心里舒畅，但是将来就再也不能和原公司合作了。

（一）批评留三分

人人都有自尊，都有保护自尊的心理倾向。任何一个谈话高手都知道，批评的话最好不超过三四句。优秀的演讲者，在对别人进行批评教育时，总是三言两语见好就收，不忘给对方留一定的余地，而有的人就不是这样了，他们总是不肯善罢甘休，非把对方批得体无完肤不可，结果是过犹不及，往往把事情推到了反面。

一般来说，批评应该适可而止，没有必要把对方置于死地，让对方无颜面示人，因为我们批评的目的是为了治病救人，是为了帮助别人。

从另一个角度来说，人与人之间的个人感情是不能回避的，随着社会的发展，人际的人情味也会越来越浓。社会越前进，社会分工越细，人际的感情依存性越强，人的情感就更加显得可贵。这个问题有利也有弊，作为领导者应该正视这个问题，尽力做好工作。比如一些影响不大，又不属于原则性的错误，进行了批评，达到了批评的目的，就可不再声张，甚至也不再言及领导班子中的其他人。有时也可直接告诉被批评者，说明到此为止，不再告之他人。这都可使对方得到尊严上的安全感，产生情感约束力。

大多数人的本质都应该是积极的，那种冥顽不灵、屡教不改的"老油条"还是少数，多数人都会有一份神圣不可亵渎的尊严，在批评教育时一定要本着这个前提来进行。

（二）批评要分清场合

聪明的批评者知道在什么场合下说什么话，从而创造出一个批评下级的良好时机。愚蠢的批评者则往往不分场合，不看火候，随便行使权力，大耍威风，结果，使问题反而变得更加复杂和严峻。通常批评宜在小范围里进行，这样会创造亲近融洽的语言环境。实在有必要在公众场合批评时，措辞也要审慎，不宜大兴问罪之师。

大量事实说明，恰当地选择批评的时机和场合，对于优化批评的效果是十分重要的。批评的目的和内容都正确，选择的场合和时机不当，也会导致批评的失败。毕竟批评的目的只在于纠正错误，期望改正，而不在于负面打击。

（三）不翻老账

许多人总是对以前曾犯过错误、受过处分甚至惩罚的人，抱有很深的成见。这样，在对他们进行批评教育时，就会自觉不自觉地把眼前的事和以前的事扯到一块儿，翻老账。而这往往就触动了别人最敏感的、最不愿意让他人触及的神经，从而使人产生极大的反感。

批评应针对当前发生的问题，翻老账会使下属产生逆反心理，直觉告诉他领导一直在做收集他全部缺点的工作，这一次是在和他算总账，因而会产生对立情绪，不会做出任何配合的。

驾驶员因违反交通规则而受罚时，有的会乖乖顺从，有的却想尽办法推脱。为什么会产生这种差别？这当然和警察对驾驶员的态度有密切关系。特别是当警察看到驾照违例记载栏时的反应，会直接影响警察的态度。

驾照中有违例记载的驾驶员，都不希望别人看到。而警察因为要执行勤务，有责任查看。但看过违例内容后，应避免再追问，只处理当天的案件即可，这样的话，驾驶员大都会听从处理。如果警察表现出不屑的样子，并盘问不休，驾驶员自然会很反感。

就心理学的观点来说，驾驶员这样的反应是人之常情。弗洛伊德曾说："人具有抹杀不愉快记忆的潜在欲求。"这意味着任何人都难以接受别人用过去来评价现在的自己。尤其是过去犯错已获得应有的惩罚，而现在再揭发，无疑是被强迫接受多余的惩罚，所以明显表示出抵制情绪也是不足为怪的。

批评人时必须认清这种心理，就算不得不提及以往的错误，也要有意避开，以便制造容易接受批评的心理状况。

（四）不要一棒把人"打死"

当有些错误必须要当面指出的时候，有一件事是你一定要做的，那就是批评之后给对方铺退路。

精明的人在说话时都懂得不撕破脸，在对方没有退路时给对方铺退路。这样对方也会自知理亏，而早早收场，不再纠缠。

1909年德皇威廉二世执政，他目空一切，发表了一篇荒诞绝伦的演说，他说德国是世界和平的主宰，只有使德国建立强大的陆海军才能稳定欧洲，并且维持英国的利益。他还声称自己是英国友人，他曾使英国不受俄法两国的压力在非洲获得胜利。

这篇演说在新闻上一刊登，举世震惊，并把整个局势搅得越发混乱。世人都对这篇骄横狂妄的演说加以攻击评论，尤其是在英国最为激烈，连德国的政客亦不胜惊惶，德皇至此也后悔不该说那么露骨的话。为了保持自己的尊严，德皇就把责任推到总理大臣布洛克亲王身上，叫他来声明那篇演说是出自亲王的建议。布洛克得知此事后就对德皇说："陛下，恐怕世人不会相信它是事实。"德皇闻之大怒，便说："你以为我是笨猪，能犯你永不犯的错误。"布洛克立即发现自己的错误，于是连忙改正说："陛下，我说的话绝无这个意思，实际上陛下各方面的学识都远胜过我，我所懂的只是军事和外交上的一些粗浅知识，而陛下在这方面懂得比我多得多，并且精通一切自然科学。陛下每次谈及各种科学原理时，我都深感佩服，因为我完全是个外行，一点儿都不懂。"

德皇经过他这样一补充，心中的不快顿时全消，因为他相信布洛克没有鄙视之意，并且敬佩自己的才能，于是很高兴地握着布洛克的手说："我们继续互相合作，团结一致，如果有人说布洛克不好，我将对他的鼻子猛击一拳！"

其实，事后德皇也心知肚明自己的不足，重新考虑了布洛克所说的话，只不过当时被人弄得下不了台，自然是非常恼火的。在这个时候，指责的人就要赶快给他铺条退路，好让他风风光光地退场。

三、说服与劝阻的分寸

每个人的见解、主张，都是经过长期的生活经验形成的，你不可能在短时间内通过一场争论改变它。因此，当你遇到与别人意见不同的情况时，一方面不要太过心急地要求别人立刻同意你的看法，应该学会理解、同情对方，容许别人做更多的考虑。另一方面也不要因别人的意见一时和自己不同，就说什么"话不投机半句多"，跟人断绝交往，闭口不说话。如果你能很礼貌又很谦虚地听取别人不同的见解、主张，必然会受到人们的欢迎和尊敬。

（一）动则争辩只会激化矛盾

留心我们的周围，争辩几乎无处不在。一场电影、一部小说能引起争辩，一个特殊事件、某个社会问题能引起争辩，甚至，某人的发式与装饰也能引起争辩。而且往往争辩留给我们的印象是不愉快的，因为它的目标指向很明白：每一方都以对方为"敌"，试图以一己的观念强加于彼。

你喜欢和人争辩，是否是以为你用争论压倒了对方，对方就会被你说服呢？你要明白，你必定压不倒对方。即使对方表面屈服了，心里也必悻悻然，你一点好处也得不到的，而害处却多了。好争辩，第一使你损害了别人的自尊心，令人对你心生反感；第二使你很容易犯专去挑剔别人缺点的恶习；第三使你变得骄傲；第四，你将因此失掉一切的朋友。

你可以阐述你的主张，但是不可在谈话中处处争辩。说服别人的才智是可敬佩的，但不是好胜。而且，你应该听过大智若愚的话吧，修养高的人，绝不肯与人计较的。

学习尊重别人的意见。好胜是大多数人的弱点，没有人肯自认失败，所以一切的争辩都是没有必要的。谈话的艺术就是提醒你怎样游出这愚蠢的旋涡，更清醒地去应付一切。如果能够常常尊重别人的意见，你的意见也必被人尊重，如此，你所主张的就很容易得人拥护，而不必把精神花在无益的争辩上。你可以实现你的主张，你可左右别人的计划，但不是用争辩的方法来获取。如果你想借某一问题增加你的学识，你应该虚心地请教，而不要企图借助争辩。请记得：争辩是一个无期的战争。

切记："常有理"不是金口才，说服别人时，有输才有赢。给对方留一点空间，也就给自己留下了回旋的余地，离你的目的也就更近了。

当你觉得某些情况下不得不争论一番时，最好先问自己几个问题：

1.这次争辩的意义何在？如果是一些根本就不相干的小事情，我们还是避免争论为妙。

2. 这次争辩的欲望是基于理智还是感情（虚荣心或表现欲等）？如果是后者，则不必争论下去了。

3. 对方对自己是否有深刻的成见？如果是，自己这样岂不是雪上加霜？

4. 自己在这次争论当中究竟可以得到什么？又可以证明什么？

心理学家高伯特普曾经说过："人们只在不关痛痒的旧事情上才'无伤大雅'地认错。"这句话虽然不胜幽默，但却是事实。

（二）劝阻听众的分寸

劝阻别人，本是一种与人为善的美好情操，也是社会成员应该履行的道德义务。然而有好多人虽是怀着一片诚意苦口婆心地对别人进行说服、劝阻，结果却是费力不讨好，不仅得不到对方的感激，反而会受到周围舆论的讥讽和指责。究其原因，就在于没有掌握好劝阻的分寸与技巧。

劝阻别人最忌讳的就是下面几点：

1. 激化矛盾

大量的说服事例表明，因说服而使矛盾更加激化了的情况，主要有两类：

第一类是强化了对方本来就不该有的消极情绪，从而火上浇油，扩大了事态。

第二类是"惹火烧身"。因说服方法不当，激怒了对方，使对方把全部的不满和怨恨情绪都转移到你身上，你成了他的对立面和出气筒。

所以要想做说服者，就要有涵养，有博大的胸怀和宽厚仁义的气质。遇到上述情况，绝不可为了顾全自己的面子而反唇相讥，以牙还牙，使玉帛变干戈。

2. 急于求成

说服别人时，如果条件不具备就急于求成，不前思后想，总想一劳永逸，其结果往往事倍功半，"成"效甚微，甚至把矛盾激化。

3. 官腔官调

官腔官调会给人一种高高在上、唯我独尊、主观武断的官僚作风和指手画脚、发号施令的印象，这对于说服是十分不利的。

所以在说服时还必须注意坚持实事求是的态度，慎用套话，加强语言表达能力的培养。

4. 不分场合

如果不分场合，信口开河，不管人前人后，指名道姓地施行对人说服，结果往往不佳，搞不好还会出现与说服动机相反的结果。

因此，在劝阻别人之前，要事先想好自己该说什么、该怎样说等问题。掌握好劝阻别人的分寸，以免吃力不讨好。

（三）给人台阶下

当说服别人的时候，对方可能会有下不来台的时候。这种时候如果能巧妙地给人台阶下，就可以缓和紧张难堪的气氛，使事情能顺利进行。同时因为我们给对方台阶下，就给对方挽回了面子。所以要达到这样的目的，就应该学会使用下列的技巧，给人台阶下。

如给对方寻找一个善意的动机，装作不理解对方尴尬举动的真实含义，故意给对方找一个善意的行为动机，给对方铺一个台阶下。

（四）将尴尬的事情严肃化

当演讲者在演讲中遭遇了尴尬的情况，可以用严肃的态度来化解事件。

演讲者为了帮助自己或者听众摆脱窘境，恢复会场的气氛，采用了将可笑事件严肃化的办法，这样不但尴尬一扫而尽，还能成为在场的焦点人物。

由此可见，在说服别人的时候，一定要给人台阶下，这样于己于人都是有利的。

（五）响鼓不用重锤敲

有的批评者明白这一道理，更是采取一种十分高明的暗示手段，效果不一般，这就是请教式批评。

1887年3月8日，美国最伟大的牧师及演说家亨利·华德·毕奇尔逝世。就在那个星期天，莱曼·阿伯特应邀向那些因毕奇尔的去世而哀伤不已的牧师们演说。他急于做最佳表现，因此把他的讲道词写了又改，改了又写，并像大作家福楼拜那样谨慎地加以润饰，然后读给他妻子听。

实际上，他写得很不好，就像大部分他以前写的演说一样。如果他的妻子不懂得批评的技巧，她也许就会说："莱曼，写得真是糟糕，念起来就像一部百科全书似的，你会使所有听众都睡着的。你已经传道这么多年了，应该有更好的认识才是，看在上帝的分上，你为什么不像普通人那般说话？你为什么不表现得自然一点？如果你念出这样的一篇东西，只会自取其辱。"她"也许"会这么说，而且如果她真的那么说了，其后果是可想而知的。

但是，她只是说，这篇讲稿若登在《北美评论》杂志上，将是一篇极佳的文章。换句话说，她称赞了这篇讲稿，但同时很巧妙地暗示，如果用这篇讲稿来演说，将不会有好效果。莱曼·阿伯特知道她的意思，于是把他细心准备的原稿撕碎，后来讲道时甚至不用笔记。

批评的话并不是随口说出来的，我们必须思考应该以什么样的方式把它说出来而不会让对方难堪。对于那些有自知之明的人，最好采用暗示的方式，因为这样做就可以达到劝说的目的了，无须再把话挑明，多加一层伤害。

四、拒绝过分提问的分寸

"不"字是很难说出口的，但很多时候我们不得不去拒绝别人。这种时候要注意分寸，不要伤害到别人的感情，使得关系僵化。

（一）通过暗示来说"不"

许多人都苦于找不到合适的办法，其实通过暗示来说"不"是一种不错的选择。当然这种暗示可以是语言的暗示，也可以是身体动作的暗示。

所以，一定要学会一套巧妙的暗示拒绝法，在短时间内表达出"不"的意思，把正事办妥，并且做到不伤和气地拒绝。

（二）要顾及对方尊严

拒绝别人时，要顾及对方的尊严。因为自尊之心，人皆有之。人们一旦进入社交场合，无论他的地位、职务多高，成就多大，他们无一例外地都关心外界对自己的评价。由于来自外界评价的性质、强度和方式不同，人们会相应地做出不同反应，并对交际过程及其结果产生积极或消极的影响。通常的规律是：尊之则悦，不尊则哀。也就是说，当得到肯定的评价时，人们的自尊心理得到满足，便会产生一种成功的情绪体验，表现出欢愉乐观和兴奋激动的心情，进而"投桃报李"，对满足自己自尊欲望的人产生好感和亲近力，采取积极的合作态度，交际随之向成功的方向发展。反之，当人们不受尊重，受到不公正的评价时，便会产生失落感、不满和愤怒情绪，进而出现对抗姿态，使交际陷入危机。

在社交场合上，无论是举止或是言语都应尊严他人，即使在拒绝别人的时候也要顾及对方的尊严。也只有这样，才能赢得别人的尊重。

（三）把握说"不"的分寸

对别人说不，如果表达得巧妙可以使得双方皆大欢喜；但如果说得不好就会得罪别人。所以在对别人说"不"的时候就要注意分寸，下面有几个小窍门不妨参考一下。

1. 用拖延表示"不"

当听众询问："你觉得你能否胜任这个工作？"

这时可以回答"这个问题我们后面会说到"或者"我现在不回答这个问题，但是路遥知马力，日久见人心"。

2. 用推脱表示"不"

当一个明星被询问是否有恋人时，这时可以回答："我其实很想回答你的问题，但是我现在还不知道答案。"

3. 用客气表示"不"

那听众询问了很隐私的问题时，这时可以回答："我很高兴你这么关心我，但是这个问题不适合在这里讨论。"

4. 用外交辞令说"不"

外交官们在遇到他们不想回答或不愿回答的问题时，总是用一句话来搪塞："无可奉告。"生活中，当我们暂时无法说"是与不是"时，也可用这句话。

还有一些话可以用作搪塞："天知道。""事实会告诉你的。""这个嘛……难说。"

当你拒绝别人而羞于说"不"的时候，不妨借鉴上述方法吧。但是，在处理重大事务时，来不得半点含糊，应当明确说"不"。

五、化解矛盾冲突的分寸

人际交往中，总是会有一些意见不合的情况发生，这种情况，我们不能意气用事，要找到合理的解决方法，心平气和地解决矛盾。

（一）避免语言冲突的分寸

语言上的冲突，这种冲突的表现形式是多种多样的，比如反问、责问、嘲骂、谩骂等，有时候还会表现在一些体态语中，比如皱眉头、不屑一顾等。

人际交往中的语言冲突是十分有害的，它很容易造成一些尴尬的局面，甚至产生不可预想的结果，这对交往是十分不利的。所以，在与人交谈的过程中，应极力避免冲突。要避免冲突首先就要提升自身的修养，避免与他人起冲突。再者，对于别人无意间的语言冲撞也要表现出应有的大度，让自己占据主动优势。即使是别人有意冲撞，你对之进行反驳时，也要严守一个"度"，把握住应有的分寸，否则就会造成不必要的损失。

如果双方冲突的局面已经形成，你不妨采用下列的办法一试。

1. 暂时回避

当你在演讲中，或与人接触时受了一些气时，最好是先让自己冷静，用一切方法来解除你的烦恼，直到恢复你的心情为止。

2. 一笑了之

对待那些无伤大雅、争论起来也无甚意义的冲撞，不妨像苏格拉底这样诙谐对待，一笑了之。

3. 先声夺人

在你洞明对方故意耍弄手腕，欲寻衅冲撞时，就可抓住要害，先发制人，开门见山，旗帜鲜明地亮出自己的观点。这不啻给对方以当头棒喝，给他一个下马威，制服对方，从而避免冲撞。

特别值得提醒的是，避免言语冲撞不能靠谩骂、翻白眼、斗殴等消极的方式，否则，不但不能避免冲撞，反而会使冲撞加剧，使势态更恶劣化。

谨慎用语，力避冲撞，这是人际交往及演讲中不能不加注意的重要之点，特别是那些涉世未深、年轻气盛的年轻人更要注意。

当然，如果你面前的是一位野蛮、粗俗、无理的人，你还可以采取据理力争的方法，坚持原则，绝不迁就软弱，争端自然会解决。

双方相争，必有一伤，也可能两败俱伤，所以在与别人交往及演讲的过程中，必须要注意避免语言冲突的分寸与艺术，以免让情形不可收拾。

（二）应对羞辱要有分寸

社会是纷繁复杂的，所以在人际交往中，不是所有的语言都如朋友欢聚时那样融洽和富有情调。所以在许多场合下，人与人之间不可避免会产生纷争与矛盾，比如有的人会被别人羞辱。

被别人羞辱着实是一件令人恼火的事情。它意味着尊严受到侵犯，感情受到损伤。虽然羞辱你的人来势汹汹，张牙舞爪，咄咄逼人，但在这场羞辱与反羞辱的争斗中，何方取胜却还是一个未知数。这关键要看被羞辱的一方如何把握应付的分寸，如何化被动为主动。

尽管羞辱人的言语是卑鄙的、恶毒的、残酷的、无聊的，但你不可以被他的一句羞辱而气愤得像他一样失去理智。应付他的基本对策是保持冷静镇定，这样你才能稳操胜券。

不理睬他人对自己的无礼攻击，便是给他的最严厉的迎头痛击。由此可见，保持冷静、保持沉默是应付羞辱的最好"盾牌"，即使"长矛"再锋利也无法刺穿。

如果有人故意出你的丑，让你难堪，你完全可以以牙还牙，采取更严厉的措施。有时你必须打破僵局，使这种窘迫场面马上结束，可以这样说："你显然是想存心让我下不了台，能告诉我你这样做的目的吗？"或者说："你似乎有些心烦意乱，我是否有什么地方惹你不高兴了？你能告诉我吗？"

比如当对方很生气地问：

"你以为你是什么人？"这种时候，你可以采取以下几种方式来回答。

1. 不要动怒，索性把他的话点明："依你看我要是某某人才够资格和你说话，是吗？"如果对方说"是"，这时，你可以反击一下问："那你自以为是什么人？"

2. 谦和一点，用开玩笑的方式："天气不好时，我自以为就是拿破仑。"或者说："现在吗？我自以为是一个受害者。"

3. 指指旁边的人："我自以为是他，你再问问他自以为是谁？"

人与人相处，可能产生的摩擦有好多种，更复杂琐碎的情况要在实践中认真地对待。

六、摆脱窘境讲尺度

在与人交往中，常常会遇到一些别有用心的人，他们的话语会使我们陷入窘迫的境地。这种时候，我们应该如何说话呢？

总的原则是首先要保持情绪上的冷静、镇定，明辨事理，说话得体；该直言不讳的，不能含糊其辞；该巧妙回答的，就要语出惊人，语意深长；该含糊的也不能直言不讳；该沉默的就沉默……总之，从实际出发，看情况而定，对症下药。

但有一点要特别注意：当有人存心刁难或羞辱你，并使你的感情受到伤害的时候，你千万不要只顾气愤、动怒发火，不要硬着头皮去硬顶。那样就会落入他的圈套，扩大事态，于己更为不利；你也不能张口结舌，或满脸羞红，那样会使对方觉得你软弱可欺，他很可能会变本加厉地嘲弄你。唯一的办法是：头脑冷静，控制情绪，迅速开动脑筋，调整思维，运用语言的艺术特别是以急中生智的幽默的方式去对付。

你可以运用下列方法帮助你摆脱窘境：

（一）巧妙避开话题

有些问题很难准确回答或做出结论，直言相告可能会令人难以接受。碰到这类问题时，不要拘泥于正面解答，而要说一些与此相关的事物来引导对方深思，或是借取比喻、假设、移花接木等方式，含蓄作答，略加暗示。这样，既不脱离所提出的问题，使对方满意；又可巧妙地避开疑难之处，超脱自如。

（二）含糊其辞

在某些场合，尤其是社交和外交场合，对于某些难以回答而又不好回避的问题，你可以含糊其辞，模棱两可，作隐晦笼统的回答，如，"可能是这样"，"我也不太了解"，等等。有时候也可用体态语言略有表示，以便有所回应而又避免明确表态，既摆脱了对方的纠缠，又给自己留下了回旋的余地。

（三）装聋作哑

在某种场合，如果处境不利而又无计可施，什么也不能表示，那就索性装聋作哑，避免落入对方设计的圈套，更加被动。

1945年7月，苏、美、英三大首脑在波茨坦会谈。一次休息时，美国总统杜鲁门有意对斯大林透露：美国已研制出一种威力极大的炸弹，即暗示美国已拥有原子弹。这时，丘吉尔也两眼死盯着斯大林的面孔，观察反应。而斯大林好像什么都没听见，未显露出丝毫异常的表情。其实，他听得很清楚，当然也听出了杜鲁门的弦外之音，内心焦灼。会后，他告诉莫洛托夫："加快我们的研制进度。"

一个人面临这种窘境，拿腔作调反而会暴露缺点，还不如装聋作哑，暗中使劲。

（四）直言不讳

假如朋友或同事在公开场合责备你，而情况又不属实，一定使人难堪。你可以心平气和地直言："我们是否私下谈谈这个问题？我要求你把情况搞清楚了再说话。如果你不注意尊重事实，那我以后很难再信赖你。"倘若是你的亲友无故责怪你，你就明确地说："你已经让我难堪了，但你总该告诉我这都是为了什么缘故吧！我什么地方把你得罪了？"当然，假若做错了什么事，哪怕不是有意的，也要诚恳道歉。

所以，每当你面临窘境时，一定要保持头脑冷静，控制好自己的情绪，运用恰当的语言艺术来迅速摆脱。

七、打破僵局有分寸

人际关系是复杂的，所以交往谈话时难免会出现不和。在事情发生以后，有的人试图通过交谈重归于好，但又往往因为话不投机，致使双方越谈越僵。因此，如何能打破谈话的僵局就成为许多人急于想解决的问题。

由于人们的年龄，及所受的教育或所处的环境不同，所以打破僵局的交谈就要善于抓住对方的特点，把握好说话的分寸。主要有以下几种情况：

（一）看清对方性格再说话

人的性格不同，在语言上会呈现出各自不同的特点。

一般说来，性格暴躁型的人喜欢直言快语，厌恶啰唆重复。但他们火气旺，脾气大，易与人顶嘴、吵架。当与他们谈话时，应该运用谦和的语气，从启发、自责的方面去说。

性格外向型的人比较能言善辩，说话也比较圆滑，当话不投机时，会运用语言工具与对方争论，但过后不久，不快的情绪就烟消云散。我们与这种性格类型的人谈话，宜单刀直入、开诚布公，以有力的事实和道理进行规劝和说服。

性格倔犟型的人，言辞稳重，语态镇静，不易动气，但比较固执，难以听进不同的意见，当对方话题中涉及自己的问题时，会反复解释。性格内向型人，言语比较温和，语调低沉轻细，但很计较对方说话的态度，重视对方话语中的用词和语气，我们如果稍有不慎，就容易使对方产生疑心和忧愁。与己不和者如属于这两种气质类型，我们与其谈话时，就要运用迂回战术，多用婉转、暗示、商讨性的语言。

（二）分清对方年龄再说话

心理学告诉我们，老年人最关心自己的身体状况，最希望得到晚辈的尊重。因此，当与己不和者是位年过半百的长辈时，见面后的第一句话应该带有深厚的关怀之情和强烈的道歉之意。如说："李爷爷，好久没有看望您老人家，近来身体可好？您老这么大年纪了，我还惹您生气，真是不应该，现在我给您老赔不是来了！"

而中年人最重视的是自己事业上的成就。与己不和者如果是属于中年人，见面后首先说的话应该带有对其事业的支持、肯定和赞许之意。如说："赵师傅，听说您的手艺越来越精了，今天我特意来登门求教。但能不能赐教，就看您能不能宽谅我上次对您的冒犯了。所以，求教之前，我必须向您老表示真诚的道歉！"

再者，与己不和者如果是位血气方刚的年轻人，见面后应该从适应其好学、敢想、爱玩、求信任等特点说起。

适应对方的心理特征，满足对方某一方面的需要，在一般情况下，与己不和者也会友好相待，从而消除了笼罩在双方之间的紧张空气，使谈话得以深入进行。

（三）把握住对方的兴趣再说话

当人们对某种事物感兴趣时，总感到称心如意，伴随着愉快情感。因此，从与己不和者感兴趣的事情说起，不仅能消除他们的敌意，而且能实现感情交流，甚至会出现"酒逢知己千杯少"的局面。对于这一点，有许多事例可以证明。

兴趣相投，爱好一致，能融化感情上的冰霜，打破双方谈话的僵局。当然，我们讲的兴趣爱好，是指积极良好的兴趣爱好，而对那些不良的兴趣爱好，我们决不能去迎合。

总之，要想打破僵局，必须要认清对方的不同特点去说。如此一来，僵局才能被打破，双方的关系才能重归于好。

第五节　叙事型演讲

叙事型演讲是通过通俗易懂和生动感人的经验、事例引发出深刻而令人深思的道理。它不能是生硬地机械地空谈道理，而是讲一些实实在在的实例，丝丝入扣地分析事理。一句话，善于这样做的人懂得：哪怕是最好的调料，也不能一勺一勺地填入听众口中，而只能把它撒在汤中，浇在菜中，恰到好处，适可而止。

1941年12月7日，日军偷袭珍珠港，罗斯福在24小时内驱车赴国会山，他向参、众两院发表演讲《一个遗臭万年的日子》，当天国会通过决议，美国正式对日宣战。

副总统先生、议长先生、参众两院各位议员：

昨天，1941年12月7日——一个遗臭万年的日子——美利坚合众国遭到了日本帝国海空军部队突然和蓄谋的进攻。

合众国当时同该国处于和平状态，而且，根据日本的请求，当时仍在同该国政府和该国天皇进行着对话，对于维持太平洋的和平有所期待。实际上，就在日本空军中队已经开始轰炸美国瓦胡岛之后一小时，日本驻合众国大使及其同事还向我们国务卿提交了对美国最近致日方的信函的正式答复。虽然复函声言继续现行外交谈判已无用，它并未包含有关战争或武力进攻的威胁或暗示。

应该记录在案的是：由于夏威夷同日本的距离，这次进攻显然是许多天乃至若干星期以前就已蓄谋进行了策划的。在策划的过程之中，日本政府通过虚伪的声明和表示希望维系和平而蓄意对合众国进行了欺骗。

昨天对夏威夷群岛的进攻，给美国海陆军部队造成了严重的损害。我遗憾地告诉各位，很多美国人丧失了生命。此外，据报，美国船只在旧金山和火奴鲁岛之间的公海上也遭到了鱼雷袭击。

昨天，日本政府已发动了对马来西亚的进攻。

昨夜，日本军队进攻了香港。

昨夜，日本军队进攻了关岛。

昨夜，日本军队进攻了菲律宾群岛。

昨夜，日本军队进攻了威克岛。

今晨，日本军队进攻了中途岛。

因此，日本在整个太平洋区域采取了突然的攻势。昨天和今天的事实不言自明。合众国的人民已经形成了自己的见解，并且十分清楚这关系到我们国家的安全和生存的本身。

作为陆海军总司令，我已指示，为了我们防务采取一切措施。

但是，我们整个国家都将永远记住这次对我们进攻的性质。

不论要用多长的时间才能战胜这次预谋的入侵，美国人民以自己的正义力量一定要赢得绝对的胜利。

我现在断言，我们不仅要作出最大的努力来保卫我们自己，我们还将确保这种形式的背信弃义永远不会再危及我们。我这样说，相信是表达了国会和人民的意志。

对敌行动已经存在。毋庸讳言，我国人民，我国领土和我国利益均处于严重危险之中。

信赖我们的武装部队——依靠我国人民的坚定决心——我们将取得必然的胜利——上帝助我！

我要求国会宣布：自1941年12月7日——星期日日本对我国进行无缘无故和卑鄙怯懦的进攻时起，合众国和日本帝国之间已处于战争状态。

这里，演讲者从刚刚发生在人们身边的，人们所见所闻的真实事例和真情实景开始，平稳自信地、令人信服地从这些事例情景中把阐释的道理讲出来，并不是把空洞的道理说教式地甩给听众。

演讲的目的是为了发表意见，提出主张，宣传真情，激发热情，鼓励公众。从这点来说，叙事型演讲之中的事例只不过是为议论提供可资证明的证据。因此，叙事型演讲不能只叙不议，而应夹叙夹议，把深邃的哲理融于饶有趣味的事实之中，事理交织，使议论成为叙事的点睛之笔，达到妙笔生花的妙用。这样才能使演讲主旨明了、理据统一，蕴积着一种充足的气势和无可辩驳的理性力量。

叙事型演讲的主要内容大多是演讲者或演讲者十分熟悉的人亲身经历的事。演讲者所说的，虽然只是个人经历，但其中蕴含的丰富的人生哲理都是大家能领会的，因而可与他人的心灵相通。演讲者或被叙述的人犹如被推举出的一名代表，表现着人类在人生舞台上的某些共同体验。

一、叙事型演讲的基本要求

（一）心灵火花，迸发主题

在作叙事型演讲时，演讲主题来自于演讲者从自身经历的事情中精心选取的一个思想焦点。不管演讲者经历的长短，所遇人和事的多寡，命运的好坏，事业的成功或失败，只要他是一个思维健全的人，他都会有若干感受、感想。有的感想可能是褊狭的、一时的，因而没有多少价值；有些则可能是典型的、经久难忘的、终身受益的，因而是有价值的。这种有价值的感受就可以成为演讲者演讲的主题。但要注意的是，在准备演讲时，一定要对感想进行归纳和提炼，以便找到一个既反映了自己的实际经历、又闪耀着人生哲理的光辉的思想凝聚点。这个凝聚点是演讲者心灵的依托、行动的指南、智慧的结晶、力量的源泉。演讲人只要把这一思想凝聚点提炼成富于哲理性和形象性的语言，就可以作为演讲的题目和主题。如著名企业家伊尔莎·斯奇培尔莉的那篇演讲的题目《通往广场的路不止一条》就是演讲者的思想凝聚点。这就是她事业成功的经验总结。演讲者以父亲的教导，对标题的含义进行解说，进而把这个思想凝聚点升华为全篇的主题。

（二）事因情起，理以事显

所谓"事因情起"，是指演讲者因情绪激荡，想起了他一生中对自己有深刻影响的某些事情。所谓"理以事显"，是指演讲者沿着人生的轨迹，讲述对自己有深刻影响的事情，层层递进，步步深入，使得演讲所要表达的道理在演讲者所述的事情中自然显现。演讲也就达到了目的。

（三）长藤结瓜，疏密有致

在演讲中，更应注意的是：演讲者要善于依据主题选择材料。通常应截取人生历程中一两件或两三件最典型、最有说服力、最生动的事例来演讲，切忌事无巨细。在对所选的两三件事的讲述中，也要详略得当。一般的过程，可以粗略地介绍，一笔带过；能说明人生哲理的细节，则应详细描绘，一定要写得具体生动。这种演讲过程很像一根长长的西瓜藤上结出两三个大西瓜。一般过程是藤，具体细节是瓜。人生经历自然是越丰富越好，越丰富越有选择余地。不过，丰富的经历并不一定能取得演讲的成功，常见有人唾沫飞溅，声嘶力竭，将自己从穿开裆裤一直讲到胡须白，而听众竟没有听明白他到底要谈什么。虽然，该演讲者有好的思想，也有丰富的经历，但他没有选择材料的本领。他将夺目的鲜花，统统掩盖在数不清的绿叶、枝蔓和杂草丛中了，这就做了一件出力不讨好的事。善演讲者，精力主要不在"讲故事"而在"说思想"上，他所讲的故事，处处都在为说思想考虑。若一两个或两三个故事，都能说明思想，他就会果断地将其余的故事忍痛割爱，只字不提。

（四）波澜起伏，引人入胜

"文似看山不喜平。"叙事型演讲也不能太平铺直叙。演讲过程中，也要有变化、有波澜、有转折。波澜亦即悬念，它能引人入胜。没有悬念，不仅听众会打瞌睡，演讲者自己也会因为叙事的平淡无奇而提不起精神。

（五）夹叙夹议，凸现主题

叙述型演讲只叙不议不行，以夹叙夹议为宜。"议"一般"夹"在叙述过程之间。它一般起两个作用：第一，能够突出强调主题，起到画龙点睛的作用；第二，便于承上启下，使叙述转折自然。夹在叙事中的"议"，可长可短，完全根据演讲内容而定。一句话在叙事过程中不断出现，很像一首乐曲的主旋律，给人带来一个鲜明生动的主题。这句话多次重复出现，形成一种类似音乐上的那种回环曲式的美，产生一吟三叹的艺术效果。"议"在叙事型演讲中运用得好，可以使演讲增色不少。

（六）高度投入，如临其境

在叙事型演讲中，演讲者叙事时一定要投入，要逼真，要给人身临其境的感觉，千万不可蓄意矫饰。一虚假，演讲就毫无效果可言。

二、叙事型演讲的声腔处理

（一）前奏：舒展明净，从容不迫

从容不迫、舒展明净的语调有先声夺人的效果，使整个演讲如行云流水般，同时应保持一定的神秘感，设置一点引人入胜的悬念，这样容易引发听众的好奇心，增加听众兴趣。

（二）主题：庄严凝重，铿锵有力

对主题段、主题句以及叙事中议论的演讲内容，语言要变得庄严、凝重而铿锵有力。这样讲诵，才能使整个演讲纲举目张，才能给听众留下难忘的印象。这类文字如果讲诵得随便、轻飘，甚至含糊不清，整篇演讲就垮了一半，无法收到预期的效果。

（三）尾声：精神百倍，气力十足

演讲结束段，要讲诵得格外精神。这时的三五句话，通常凝聚着全篇演讲的精华，内涵极其丰富，寓意特别深远。所以正式演讲前要反复尝试，用不同的情绪、语调、语气来试讲，直到找到一种能完全表达语句的丰富内涵和深长意味的读法为止。人们都说，演讲的出色结尾能绕梁三日，让人回味无穷。要达到这种效果，当然得认真思索。

第六节　抒情型演讲

抒情型演讲的主要特点是"以情动人"，即以浓烈的感情抒发透示出一个明确的观点感动人、鼓舞人。无论是以景抒情，以事抒情，或者以理寓情，均要感情至上。常用偶然与必然的辩证关系，或抒情、写景、状物于疑窦悬念之中；或比喻、夸张、拟人、拟物在事物形、理、意的别出心裁之上；或开篇突兀，以奇巧夺目；或结尾呼应印证，转出新意，产生意外奇趣和引人入胜的效果。诗词，这高雅的花朵，奇妙的精灵，堪称语言艺术中的奇葩。寥寥几言，款款数语，就能把人带到一个美的境界、善的空间。或者石破天惊，余音袅袅。

在演讲中，如能很巧妙地加进一些诗词，或者运用朗读技巧在表达时使语言诗韵化，将使演讲情趣盎然，高潮迭起。

下面我们看看斯坦居斯拉夫斯基《在艺术大众剧院开幕式上的讲话》的结尾处：

可要小心，不要揉弄这美丽的小花朵，否则它会枯萎，花瓣会从上面完全掉落。

婴儿的天性是纯洁的。周围环境使人间缺陷在他身上生根，保护他避免这些缺陷吧，那么你们将看到，这个我们更理想、会使我们自己纯洁的生命将在我们中间成长起来。

为了这样的目的，把我们微不足道的恩怨留在家里吧，让我们在这里聚在一起，为了共同的事业，而不是为了琐碎的争执和蝇头小利。一定要丢掉我们俄国人的缺点，向德国人借鉴他们在事业方面的正派作风，向法国人借鉴他们的毅力和对一切新奇事物的钻研探索精神。希望引导我们的是这句座右铭:"共同的步调一致的工作。"那么,请你相信我,对于我们大家……

……这天一定会降临眼前

那时从这由我们建筑的

光辉灿烂的大理石圣殿

高处传来神圣的钟声

悬在我们的心头上的乌云黑幕被撕成碎片

珍珠和钻石为我们

向大地撒遍。

这里,演讲者运用修辞手法使言语抒情化,其中渗透了对美的追求的强烈情感。

抒情型演讲可以运用比喻、排比、对偶、对比等修辞手法使语言生动活泼,在表达时运用朗诵等艺术技巧使激情蕴含其中,但绝对不能深奥难懂,晦涩不明。

抒情型演讲影响听众的手段则有所不同。如果说叙事型演讲主要通过讲故事的方法影响听众,议论型演讲主要通过说道理的方法影响听众,那么抒情型演讲则主要通过抒情怀的方法影响听众。

抒情型演讲的基本要求:

(一)有感而发

"有感而发",这也许是每个演讲者都明白的道理,然而不少人仍然在这个常识性的问题上出毛病。有的演讲者恰恰都是无感也在抒发感情,他对某一问题并没什么真切、深刻的感受,然而偏要就这一问题发表抒情演讲。他是为演讲而"抒情",而不是"思风发于胸臆",更不是"骨鲠在喉,不吐不快"。他引用书本上、报纸上的语言,摘引名言名录,使用了一个又一个感叹句,甚至可以在台上声泪俱下。奇怪的是,听众却无动于衷,并对他的这些抒情觉得好笑。这类演讲就好比"少年不识愁滋味,为赋新词强说愁"。如果无感而发,只为了演讲而强求抒情,那么必然会失败。

(二)不可为赋新词强抒情

你要进行抒情型演讲吗?如果想打动听众,那就请老老实实地抒发那些确实体验过、确实感动过你的真情实感吧,千万不要"本来不知情滋味,为了演讲强抒情"。

（三）切忌言过其实

有的演讲者，对所演讲的事并非没有一点真情实感，但是感受并不深，可演讲者为了使演讲更动人，于是拼命拔高夸大自己的感受，力图使芝麻变成西瓜。而其效果却会适得其反。

听到这样的抒情，人们除了产生言过其实的印象外，还能受到什么感动呢？拔高、夸大了的情感，与毫无真情实感虽然有区别，然而两者却有一个共同的毛病——假。演讲假不得，做假只能是自欺欺人，并不能影响他人。既要抛弃无病呻吟，也要抛弃言过其实。真实的情感是最有力量、最有信心的表现。而且要保持"有一说一，有二说二"的诚实态度，要凭着真感受使听众真正地感动。

（四）找到听众的共鸣点

"人类的心灵是相通的。"但这并不表示一个人的任何主观感受都会被其他人所接受。演讲应该区别地对待听众。演讲者为了让自己抒发的情怀能被人听懂、理解、接受，就要对别人心灵感受有个预测。如果煤炭大王对捡煤渣的老太婆谈陈旧设备给他带来的烦恼，那么，这便不叫演讲而是胡扯了。因此，作抒情型演讲时，要先问问自己，"我的心情与听众的心情有无共鸣点？他们心里所想与我心里所想有没有共同之处？"认真寻找那种大众普遍牵肠挂肚、时刻关心的问题，来抒发个人的情怀。只有这样做才能引起听众的共鸣，才能发挥演讲的作用。

（五）直抒胸臆，明快犀利

直抒胸臆是常用、且有效的一种抒情方法，这种抒情的特点是不假依托、直话直说、明快犀利。如"我太快乐了！""我快死了！"这些语言简洁明快，直抒胸臆，能够表达演讲者特定的无法抑制的激动心情。

第七节　议论型演讲

在使用议论这种表达方式的时候，最令你关注的莫过于最后的结局了，因为要从这儿看到它是否有力、清晰、精辟以及使任何人都愉悦无比。

——亚里士多德

许多初学演讲的人，一般来说都"长于说故事"，而"拙于发议论"。所谓

"长于说故事"，是指演讲者所讲的内容，主要是自己的经历、自己的亲身感受，因此，一般不会出现无话可说的情况。"拙于发议论"是指演讲者虽然也可以谈自己的经历，谈自己的感受，但经历与感受已不再作为演讲的主要支柱。议论型演讲的主要支柱是说理。而说清道理必须有相当强的理性思维、洞察功夫、提炼本领、分析能力、概括能力以及一定的理论修养。但这些对初学演讲的人来说，有一定的困难。

这种状况的存在，使演讲的效果达不到好的高度。不过，改变这种状况，却是可能的。只要能掌握议论型演讲的规律进行一定的训练，我们就能体会到，议论型演讲其实并不神秘。

议论型演讲最大的特色是以理服人，并以此去阐发真理，批判谬误，分清是非，昭示丑恶。议论型演讲理要清，意要明，材料要详细，逻辑性要强。要自始至终有一条线索穿透其中。因此，演讲者选材时一定要有"九九归一"的念头，心中有数，心中有线，用这根线"紧紧抓住听众，一步一步地说服听众，然后就把听众俘虏得一个不剩"。

当选定了演讲题目后，可以这样去展开：是何、为何、如何。"是何"就是针对演讲题目所表达出来的意思，你认为要怎样理解，是什么意思，也就是你的演讲所要表达出来的观点是什么。观点要交代清楚，旗帜鲜明，不能含混。

有一篇以教师为题材的演讲是这样表述"是何"的："一提起教师，大家一定会很自然地联想到赞美他的比喻：园丁、春蚕、蜡烛、绿叶、渡船、铺路石……是啊！古往今来，伟人、学者、战将、豪杰哪一个不是出自教师的熏陶；理论学说、发明、创造，哪一件不是包含教师的辛劳？教师是人类灵魂的工程师，他们所从事的是太阳底下最光辉的职业！"

我们再来看看下面这篇演讲：

今天，当我阅悉和平已经到来，就像我当初盼望和平、为和平祈祷之时一样，想到了遍布中欧各地几乎数不清的坟墓。我们许多儿女长眠在这些坟墓之中。我们所有人都会在自己的心头为这些再也不能含笑归来和我们重逢的人树立起一座纪念碑。难道不应该建立一座雄伟壮丽的纪念碑，使后世子孙即使忘记了他们的姓名，也能永远记住他们的牺牲吗？我认为应该这样做。我仿佛听到他们墓上的青草在簌簌生长，发出庄严而又使人慰藉的和声，这种简单而使人安慰的和平之音仿佛逐渐响亮起来，更加庄严肃穆，把一切纷乱的枪炮声淹没下去。在今天这个日子,我们难道心内没有这种感情吗?我们难道不能神游我们孩子们长眠之所,而且感到和平将植根于我们心中,也将主宰欧洲?通过这些哀痛与牺牲,我们不会变得聪明,得到启示,使欧洲永保和平吗?

接下来是引经据典,采撷精华。大到宏观世界的奥妙,小到微观世界的秘密。纵说古往今来,横述四面八方,说出你认为"是何"的根据,即"为何",这是演讲的根本,是核心部分。这里主要运用深刻的理论,浓烈的情感,配以引人入胜的事实进行分析、归纳、演绎。由表层进入里层,由感性升华为理性,让听众接受你的观点。

在演讲过程中,论据与论题之间存在必然的逻辑关系,从论据能推出论题。论证的方法不管是直接的、间接的,还是演绎的、归纳的,或是反证法、选言证法,它们都必须从论据合乎逻辑地推出论题,这是演讲中论证方法最起码的要求。

最后是"如何",即怎样对待这个问题。此处往往是演讲情感的最高潮,感情到此升华为最高点。此时鼓动性很强,希望听众能认认真真、扎扎实实地面对演讲观点,并为之付出,为之工作。

"是何",要清晰、鲜明、简洁;"为何",要具体、完满、生动;"如何",要明确、果断、有力。三者要始终联系在一根线上。

一、议论型演讲的"三要"

一要说清楚"是何",二要说清楚"为何",三要说清楚"如何"。你把这三个问题阐释清楚了,便完成了演讲中最关键的环节,演讲的成功也就初见端倪了。

所谓"是何",是指演讲者所持的观点。"为何",是指演讲者所持的依据。"如何",是指演讲者希望听众应当怎样行动。

(一)要说清楚"是何"

"是何"即演讲者的观点,它通常作为演讲的第一部分,演讲一开始就明确提出来。这种演讲方式可以称之为开门见山式。其优点是入题迅速,简洁明快,能让听众迅速抓住演讲的中心,所以大多数演讲者都采用这种方式。

(二)要说清楚"为何"

说清楚"是何"之后,演讲者要回答"为何"。那么怎样才能说清楚"为何"呢?也就是演讲者对"是何"部分提出的论点找出依据和原因,使听众深信不疑。这一部分,又叫作论证部分,是一篇演讲的主干,内容要充实,分析要具体，论证要有力。古人称文章的这一部分为"猪肚"，意思是说文章的主干部分也像猪肚一样，充实、丰富、饱满。

（三）要说清楚"如何"

说清楚"为何"之后，演讲者要回答的问题是"如何"。所谓"如何"，即演讲者希望他的听众怎么样去做。这是演讲的第三要点，出现在结尾部分。

二、议论型演讲的基本要求

（一）思维周密，逻辑性强

议论型演讲要求思维周密、逻辑严谨，表达也要准确。如果思维方法绝对化、逻辑性不强、表达不准确，就容易露出破绽；一露出破绽，听众就会生疑；一生疑，演讲者的观点就不会被听众接受，演讲也就没有了说服力。

（二）庄重真实，生动幽默

议论型演讲要做到庄重真实而又生动幽默。庄重不等于面无表情，机械的说教。许多议论型演讲达不到预期的效果，其毛病之一就是将面无表情当作了庄重，以说教当成了议论。要做到庄重真实而又生动幽默，演讲就不能缺少马克思所说的三种东西：第一，要有真实的情感；第二，要用生动的比喻；第三，要进行幽默的描写。优秀的议论型演讲，它的议论是充满真情实感的，而且经常出现生动的比喻，时时闪现幽默的描写。在庄严的议论中融进比喻，融进幽默，融进真情实感，所以生动、风趣、感人。

（三）深沉冷峻，谷底深潭

如果说叙事型演讲主要"以故事说话"，议论型演讲则主要"以哲理说话"。以故事说话讲求娓娓道来，婉转动听；以哲理说话，则崇尚严肃而庄重，即使是打比方、说话诙谐幽默，其骨子里仍然是严肃的。我们可以从这两种类型演讲方法的相异之处，体会到议论型演讲应有的演讲基调：

1. 叙事型演讲自然亲切，娓娓动听；议论型演讲的思辨论争强调精辟、谨严。

2. 叙事型演讲要注意所讲事件的意义，一般不强调咬文嚼字；而议论型演讲则必须注意每个词、每个字，以求微言大义，对每个字，每句话都仔细推敲。作叙事型演讲，对直观感受能力、形象思维能力以及叙事能力的要求更高；而作议论型演讲，则需要更多的理性分析能力、逻辑思维能力以及辩论能力。因而，叙事型演讲的基调一般是清爽的、柔和的，如山间清泉；议论型演讲的基调一般是凝练的、深邃的、严峻的，如谷底深潭。把握这种基调很重要，许多人把议论型演讲讲诵得或平淡或浮躁，当然是因为没掌握议论型演讲的基调而造成的。

第八节 说服性演讲

说服演讲的目的是让听众接受你的观点，归属你的主张，并且一起完成你的计划。因此空洞的理论说教是不能打动听众的，只有运用真情实感，选取一些与听众密切相连的切身事实才能达到目的。

演讲者点出要害，摆出现实，演讲说服性强，触到听众的切身利益，接下来情理兼至，融化人心，征服听众。

一、临场机会的把握及技巧

在日常生活中，你若能在工作中恰当地运用演讲技艺，就会使你的工作干得更加出色。比如，推销员能通过演讲技巧的提高来增加自己的销售额，而高层领导人则能通过绝妙的演讲技巧来提高自己的声望等等。由此可见，演讲技巧对于我们的生活有着很大的帮助。

下面就是如何把这些技巧和法则应用到日常生活中去的方法。

（一）在日常会话中使用细节描写

在演讲中穿插细节描写，会使你描述的事物生动形象地呈现出来。此方法在日常生活中可以充分使用。通过观察，你可以首先向那些很会说话、十分善于言谈的朋友学习精彩、生动的细节描写。

（二）在工作场合应用演讲技巧

敏捷的思考能力和富于技巧的表达能力，不一定是在正式的演说中培养出来的，而往往是在实际的工作中锻炼和培养出来的。随着职业对口语表达能力的要求不断提高，尤其是推销员、店员、教师、医生、律师、会计师、工程师以及主任、经理等领导干部。因此，人们应该把本书所介绍的各种演讲技巧运用到实际工作中去，以提高表达能力，促进工作效率。

（三）在听众面前创造说话的机会

我们介绍的各种演说技巧和法则，除了可以广泛地应用于日常生活之外，你还可适当地为自己制造一些在众人面前演讲的机会，让自己进行训练。你可以参加各级组织举办的各种活动，并在活动中找机会积极发表演讲。

如果有当会议主持人的机会，千万不要拒绝和逃避，这可是你进行锻炼、提高演讲技巧的宝贵机会。美国著名的电视演员萨姆·步卡森最初只不过是一所中学的普通教师，但是他经常利用闲暇时间，把自己熟悉、了解的亲戚、朋友、学生及家长或者自己职业中的一些有趣的事例写成演说词，并在他们面前进行演讲。这样，随着他创造的机会增多，他演讲的内容也更加丰富了，而且演讲的水平也在不断提高，渐渐地，一些社会团体或机关组织也来请他演说。最后，由于他演讲的技巧已经非常高妙，竟受到了电视台的重视，进而成为电视节目的特邀演员。于是，他放弃了原来的教师职业，成为了全国电视节目中一位著名的职业演员。

二、日常演说中应注意的两个问题

（一）注意回避别人的短处

没有人是十全十美的，几乎每个人都有着这样或那样的短处。在一个人的生活与处事中虽然有微小的毛病，但对他的整个对外交往是无足轻重的。

在如何对待他人的短处这个问题上，有的人尽量多谈及对方的长处，极力避免谈及对方的短处，但也有人总是有声有色地编撰别人的短处，逢人便夸大其词地谈论别人的短处。

避免谈及他人的短处，容易与他人建立起感情，形成融洽的交谈气氛。不小心谈到别人短处的人，虽无意刺伤他人，一般来说也易引起别人的误解和不满，而极力宣扬别人的短处，当然会使你人缘关系不好了！总之，我们在与他人的交谈中，应尽量避免谈论别人的短处。

细细想来，我们把别人的短处作为话题没有必要，因为我们所知道的关于别人的事情不一定就完全可靠。若我们贸然拿听到的片面之词宣扬出去，就会造成误会。我们若说出了什么错话，就很难收回来了。因此，若不是确切地知道某件事的真相，切忌胡说八道。

另外，如果别人向我们谈起某人的短处时，又该如何处理呢？最好的办法是听了便罢，不要深信这种传言，不必将此记在心中，更不可做传声筒，而且还要提醒谈论别人短处的人是否对所谈的事情有所调查、确有把握。

（二）胡乱恭维有害无益

待人和气，礼貌周全，不失时机地赞扬对方，这是人的一大美德。但若夸大其辞地恭维他人，对人过度地客气，那反而显得太过虚伪了。

客气话是表示对他人的真诚尊敬，不是用来敷衍朋友的，所以要适可而止。多用就显得浮华和虚伪了。有人替你做了一点小小的事，对他说声"谢谢"就够了。如果说"啊，谢谢你，真对不起，真使我觉得过意不去，实在太感激了"等一大串，实在没有必要，谁听了也会觉得不舒服的。朋友初次见面，可以略谈客套话，但第二次、第三次见面就应该尽量少用。

虚假的客套，不仅会使你难以与对方沟通，而且很难建立真挚的友谊。过分的客气话，恰似横亘在双方之间的一堵墙，如果不搬走这堵墙，人们只能隔着它作极简单的敷衍酬答而已。

说客气话的时候要真诚，要坦率一点，才能享受到真挚友谊之乐。同时要注意说客气话时，态度要尽量温文尔雅，不可急促紧张。另外，要保持身体的均衡，过度地打躬作揖，并不雅观。如果我们对别人的情况不甚了解，就不可盲目地恭维对方。只有发自内心敬佩的语言，才能打动别人，引起好感。比如，对一个名人，赞美他时，首先应该想到，他能够成为名人，自然有许多值得赞美的品质。他成名之后恭维他工作成绩的人一定很多，日久当然也就生厌了，若你仍然依葫芦画瓢地用别人所用过的话来恭维他，并不会使他高兴的，对他们，最好赞美其他的优点，尤其是别人很少发现的优点。总之，恭维他人的话，一要讲范围，二要分对象，三不能多说。

·第四章·

演讲的开头和结束

第一节　演讲的酝酿

"万事开头难",而"良好的开头是成功的一半"。

演讲正是如此。美国著名演说家洛克伍德·桑佩说:"在整个演讲过程中做到轻松地巧妙地和听众交流思想是困难的。然而,做到这一点的关键是讲话开头的用字和表达。"所以演讲者要殚精竭虑,全力以赴准备好开头。

设置悬念,讲究文采,引人入胜,力求一开口就能拨动听众兴奋的神经。如果能在开始就让听众产生一种肯定的心理,那么这种情绪将伴着他们听完你的整个演讲。

那么应该如何开始一个演讲呢?

演讲开头的方法很多,或单刀直入,或迂回进攻,或敞开发问,或试探而进。下面介绍几种:

1.开宗明义,一开始就亮出自己的观点,肯定什么,否定什么,批评什么,赞扬什么,和盘托出,清白明了。如公元前44年罗马的安东尼在《为恺撒辩护》演讲中的开场白:

我今天来,是来安葬恺撒,并不是赞扬他的功德。我看人生在世,"好事入泥沙,坏事传千古"这句话无疑是为恺撒说的。布鲁图斯是一个高尚的人,他告诉你们,说恺撒野心勃勃。若果真如此,自然是恺撒的大错。恺撒已死,也算是已偿了他的债了。今天承布鲁图斯的好意,准我演讲,所以我得在恺撒的灵前说几句话。

2.运用故事、笑话开头能吸引听众。

3. 展示物件式，运用此法可以给听众以形象、新颖感，一下子抓住听众注意力。

4. 引用名人警语式，运用此法能启人心扉，振奋精神。如《人贵有志》的开头：

一个人要有志气。法国生物学家巴斯德在18岁时写过一段名言。他说：工作随着志向走，成功随着工作来！这是一条规律。立志、工作、成功是人类活动的三大要素。……

5. 自我介绍式。介绍自己的一些个人情况，当然还可以插入些俏皮话来吸引听众。

6. 提问式，运用此法利于引起听众的注意，利于演讲者控制演讲气氛。麦克阿瑟在《责任·荣誉·国家》中是这样开篇的：

今天早晨，我走出旅馆的时候，看门人问道："将军，您上哪儿去？"

一听说我到西点时，他说："那是个好地方，您从前去过吗？"

7. 新闻式。新闻的特点是"新"，说一则新闻可以吸引听众的注意。如罗斯福的一次演讲是这样的：

昨天，1941年12月7日——一个遗臭万年的日子——美利坚合众国遭到了日本帝国海空军部队的突然和蓄谋的进攻。

8. 修辞格式＋猜谜语式＋悬念式。

纵观世界上那些著名的演说家，甚至包括林肯、丘吉尔那样的演说天才都非常重视撰写演讲稿，并且是认认真真地写演讲稿。写演讲稿并非表示他们的无能，反而显示他们的明智、精心的准备和严谨的科学态度。

古今中外，成功的政治家无不把绝妙的演讲作为实现政治目标的第一手段。他们机敏睿智、伶牙俐齿、巧发奇中、一言九鼎，为维护国家、民族的利益，或游说、或劝谏、或答辩、或谈判、或演讲、或辩论，均以说话水平导航政治风云，左右形势变幻。

第二节　演讲的开场

演讲者应殚精竭虑、全力以赴对付好开头，力求一开口就拨动听众的兴奋神经。

良好的开头应如瑞士作家温克勒说的有两项任务：一是建立听众对演讲者

的认同感；二是如字意所释，打开场面，引入正题。具体方法是语言新鲜，忌套话、空话；忌那些磨光了棱角的、听众不爱听的老话、旧话；语言准确，忌大话、假话；语言简练，忌空话、抽象话。

文章开头最难写，同样道理，作演讲开场白最不易把握，要想三言两语抓住听众的心，并非易事。如果在演讲的开始听众对你的话就不感兴趣，注意力一旦被分散了，那后面再精彩的言论也将黯然失色。

因此只有匠心独运的开场白，以其新颖、奇趣、敏慧之美，才能给听众留下深刻印象，才能立即控制场上气氛，在瞬间里集中听众注意力，从而为接下来的演讲内容顺利地搭梯架桥。

奇论妙语，石破天惊，听众对平庸普通的论调都不屑一顾，置若罔闻；倘若发人未见，用别人意想不到的见解引出话题，造成"此言一出，举座皆惊"的艺术效果，会立即震撼听众，使他们急不可耐地听下去，这样就能达到吸引听众的目的。

平常多用的形式主要有这样几种：

一、以故事开头

在开头讲一个与所讲内容有密切联系的故事从而引出演讲主题。1940 年 12 月 17 日，罗斯福总统终于在美国白宫记者招待会上露面了。

此时，正当美、英、苏等国家共同抗击纳粹德国的关键时刻。英国处在欧洲反法西斯侵略的最前线，由于黄金外汇已经枯竭，根本无力按照"现购自运"原则从美国手中获取军事装备。作为英国的重要盟友，罗斯福深知唇齿相依的道理。在反法西斯战争旷日持久的情况下，英国一旦被纳粹击溃，希特勒一朝得势，势必严重威胁到美国的全球利益。美国全力支持英国，是理所当然的事情。

但是，美国国会一些目光短浅的议员们只盯着眼前利益，丝毫不关心反法西斯盟友和欧洲糟糕的战局。而罗斯福却认为必须说服他们，要使《租借法》顺利通过，以全力支持英国，他特别举行了一个意义重大的招待会。

"尊敬的女士、先生们！"罗斯福在简要地介绍了《租借法》以后，紧接着就来说明他的设想了。"假如我的邻居失火，在数百英尺处，我拥有一条浇花的水管，要是赶紧借给邻居拿去接上水龙头，就可能帮他灭火，以免火势蔓延到我家。但是，在救火前要不要对他讨价还价？喂，朋友，十万火急，邻居到哪里去找钱。我想,还是不要他十五元为好,只要他灭火之后原物奉还。如果灭火后水管还好好的,他会连声道谢;如果他把东西弄坏了,他得照赔不误,我也不会吃亏。"

记者们紧追不舍,问罗斯福总统:"请问,总统阁下所说的水管一定是指武器了!"

"当然,"罗斯福毫不掩饰,"我只不过以此来阐述《租借法》原则而已。也就是说,如果你借出一批武器,在战后得到归还,而且没有损坏的话,你就不吃亏;即使军火损坏,或者陈旧了,干脆丢弃,只要别人愿意理赔,我想,你依然没吃亏,不是吗?"

这一番回答之后,再也没有人对此提出任何质疑与反驳了。

这种方式的开场白很能引起听众的兴趣,而且在语言操作上也比较容易,适合那些初学演讲的朋友使用。总之,你要注意的是故事型的开场白一定要摒弃复杂的情节和冗长的语言。

二、幽默的开场白

幽默型即是以幽默或诙谐的语言及事例作开场白。这样的开场可以使听众在演讲者的幽默启发下集中精力进入角色,接受演讲。

因为笑话中人物鲜明,情节离奇,意义深远,俏皮幽默,所以在演讲开始讲一个笑话会令听众开心解颐,得到启示,在轻松气氛中领悟演讲观点。

运用笑话开始演讲要轻松地去体现,要配合以微笑、点头等态势语,表现出真实情感;要用清楚而贴切的语言,不装腔作势;要正视听众,求得共鸣,讲之前不要急着做言过其实的应允或过分的谦卑,过高或过低的估计都会使听众反感。

三、引用的开场白

演讲的开场白也有直接引用他人话语的(大多是名人富有哲理的名言),它为演讲主旨作事前的铺垫和烘托,概括了演讲的主旨。

四、抒情的开场白

这种开场白主要借助诗歌、散文等抒情文学的形式,通过华丽的辞藻和汹涌澎湃的激情,感染听众,把听众带入诗一般的境界。多数参加演讲比赛的朋友都喜欢运用这种类型的开场白。

五、演讲注意承上启下

演讲，尤其是赛事演讲，一般来说，选手都需要对演讲的开头、中间、结尾进行全面完整的设计。不可能也不太好做过多的临场更改，这似乎没有什么不好的。但如果你能独辟蹊径，逆向求新，巧妙地承接上一位或前面几位选手的演讲话题，或是他们演讲中的观点、动作等进行引发，效果将非同凡响。这种临场性的引发会给听众留下良好的印象。

第三节　演讲的悬念设置

李燕杰曾强调演讲应有"戏剧般的冲突"。这就要求演讲要巧设悬念，变化有致，高潮迭出。恰当地使用悬念技法可以极大地调动听众的情绪，使演讲产生高潮。请看下例：

主持人宣布"下一位演讲者的题目《1大于2，1大于多》。古怪的题目有悖于常理，但悬念突出。只见演讲者镇定地走上讲台，拿出一张纸，上面写着：《1大于2，1大于多》。

演讲开始了："朋友们，我在这里要告诉大家的是1大于2，1大于3，1大于4，1大于多。"演讲者运用实物、言语对本显古怪的题目进行了更进一步的渲染，使观众产生一种强烈的好奇心，急迫地期待下文，以求得解释。接下来演讲者以计划生育为题旨，阐述道："'多生有害国家，多生有害人民，多生有害自己。''夫妻同育一枝花，利国利民又利家。'从这点上说，难道不是1大于2，1大于多吗？"释答了问题，解开了悬念，听众接受了观点。

设置悬念的方法很多：可以运用与演讲内容相联系的实物；可以运用突然发出、与内容反差较大的情感；可以运用听众一时难以回答上来的串问；可以运用带有夸张色彩的动作；可以运用录音、幻灯、录像等设备。

悬念的设置要注意的是：新奇，产生出人意料的结果；形象，处在听众情理之中；到位，表达圆满自然。

一般说来，悬念设置在演讲的开头，这利于它贯穿整个演讲。也可运用在中间和结尾处。

下面我们看看利用录像效果设置悬念,以《懒惰走向失败》为题进行一次演讲。整个演讲由固执保守走向封闭,忍耐走向衰竭,虚伪无情走向混乱,懒惰畏缩走向死亡几个板块组成,每个板块前由与板块内容相关联而又有一定刺激作用的录像开始。听众在奇巧的演讲中产生对演讲观点的认可。最后放了一段美国几位运动员团结协作取得一次高难度障碍赛冠军的录像,就录像进行了这样的结尾安排:"朋友们,记得所罗门有句名言,'懒惰者贫困,勤奋者富有。'面对懒惰,该说的我都说了,面对勤奋,尽在不言中。您看了刚才这段录像,想到了什么呢?谢谢!"

连锁悬念,环环紧扣。演讲结尾,再展高潮。当听众走出演讲大厅,仍是余音绕梁,深深思索。

第四节　演讲的自我介绍

演讲者走上讲台,听众一般有一种陌生感、朦胧感,渴望了解演讲者的愿望很强烈。如果这时你能及时、准确、得体地自我介绍,自我袒露,使听众得到满足,他们会很高兴的。自我介绍切忌背稿式的朗诵,不要让人感到你花费了很多时间在自我介绍的设计上。自我介绍能取得听众认同的最好方法是自嘲!

自嘲是运用嘲讽的语言,自己戏弄、贬低或嘲笑自己,以此外化出另一层意思,显得"表里相悖"。这就必须委婉达意,巧妙得体,格调轻松,俗而不陋,透露出豁达与聪明。

在演讲中,自我介绍要注意以下几点:

其一是:如果节目主持人已经介绍了,自己就没必要再介绍。如果觉得要补充的话,则要注意与主持人的介绍连成一体。有次一位演讲者参加《理想与未来》的演讲,主持人是这样开场的:"接下来是曾多次参加全国演讲比赛并获奖的国家级优秀演讲员、当代青年演讲家为大家演讲,大家欢迎!"显然,主持人忘了他的名字。只见这位演讲者立即上场接过话:"我姓谢,谢谢的谢,叫谢伦浩。在这里首先要谢谢主持人对我的赞美,更要谢谢大家来听我的演讲,不过这里要把主持人刚才讲的'当代青年演讲家'改成'未来著名演讲家'。未来是美好的,我相信未来。让我们大家携手并进,共创未来。我给大家演讲的题目是《理想与未来》。"

其二是：一些赛事演讲由于时间严格控制，主持人会为你介绍，这时就没有必要再进行自我介绍。

其三是：自我介绍尽量精巧点。

第五节　演讲的风格

不同的演讲风格能够达到不同的演讲效果，是影响演讲成功的重要因素。

一、男性演讲者应追求什么样的演讲风格

男子汉应有男子汉的风采和气质。男性演讲者在演讲中要求做到的是态度坚定沉着，言语掷地有声，表情容光焕发，精神气宇轩昂，风度潇洒大方。达到语言美与风度美的统一，内在美与外在美的交融。

要达到这一目的要注意以下一些技巧：

（一）声音洪亮

由于男性声带相对于女性来说偏宽、厚、长，所以他们的音色浑厚有力，发音准确平稳。初学演讲的男士要使声音优美洪亮首先要学会控制气息，加强气息力度，以保证发音明亮，爽朗。其次要运用好共鸣器官，即灵活控制好口腔、鼻腔、头腔和胸腔。尤其是胸腔。

共鸣会使声音很稳健、厚实、有力。另外发音要有特色，不要去学些什么流行语、现代语，把声音发得漂浮灰暗。应做到"高而不喊，低而不散"，"轻而不浮，沉而不浊"。同时要注意吐字清晰，喷弹有力，这样才能像炮弹一样打得出，送得远。

（二）内容理性

相对女性来说，男性的思维表现得重理性，体现在演讲中带有明显的理性色彩。开诚布公，见微知著，高瞻远瞩，一般说来，男性演讲者以取议论型演讲为佳，一些叙事演讲、抒情演讲尤其具有极度情感抒发的如悲痛、厌恶、惊喜等情感不宜演讲表达。因为男士表达这些感情难免粗犷而弄巧成拙。

（三）言语豁达

男性粗犷开朗，坦率自然。决定着其演讲语言干脆利落，豪迈奔放，信息频传，旁征博引，往往有一锤定音之势。绝不患得患失，结结巴巴，吞吞吐吐。男

性演讲的语言还有一个最大的特色——幽默技巧的运用，诙谐有趣，幽默的言词中露出讽刺的锋芒，富有战斗性。

美国莱特兄弟在成功地驾驶动力飞机飞上蓝天之后，在法国的一次欢迎酒会上哥哥威尔伯再三被邀请演讲，他即兴演讲说："据我所知，鸟类中会说话的只有鹦鹉，而鹦鹉是飞不高的。"这一句深含哲理而幽默的演讲词博得了与会者长时间的鼓掌。

（四）感情真挚

对于感情，女性的塑造性强，表演色彩浓。而男性则感情内储，外化不多，往往是英雄有泪不轻弹，演讲时，男士不宜表达极度的感情，但要投入，要自然地去体现，真诚地去体现。

（五）动作潇洒

演讲时，男士一举手，一投足，一顾一盼之间，都要不失稳重、洒脱。高雅的仪态，大方的举止，得体的打扮，亲切的神情是男士演讲风采体现的主要手段。要想达到灵活自如的境界，需要平时加强态势语的设计和训练。

二、女性演讲者应追求什么样的演讲风格

秋瑾是近代史上著名的演讲家。我们先看看她的一篇演讲《敬告中国二万万女同胞》的开头和结尾：

开头——

唉！世界上最不平等的事，就是我们二万万女同胞了。生下来，遇着好老子，还说得过；遇着脾气杂冒，不讲情理的，满嘴连说："晦气，又是一个没用的。"恨不得拿起来摔死。

结尾——

……有钱做官的呢，就是劝丈夫开学堂，兴工厂，做那些与百姓有益的事情。无钱的呢，就要帮助丈夫苦作，不要偷懒吃闲饭。这就是我的望头了。诸位晓得国是要亡的了，男人自己也不保。我们还想靠他们么？我们自己要不振作，到国亡的时候，那就迟了。诸位！诸位！须不可以打断我的念头才好呢？

这篇演讲采用深入浅出的方法，以形象生动，明白晓畅的话语说服听众，以事明理，感情充沛，代表了女性演讲的特点。女性的演讲总是以清脆悦耳的声

音，真实浓烈的感情，优美得体的打扮，温柔端庄的气质吸引听众。与男性演讲相比显得细腻、丰富、流畅。表现在：

其一，感情细腻。女士感情丰富、多变、热烈、细腻。她们对演讲内容的把握很精心，很投入。在演讲时能真实地体现各种感情。或致以亲切动人的问候，或诵以优美悦耳的诗章。其中不乏轻言细语，娓娓道来，像春风沁入听众心扉，时起时伏，峰回路转，余音袅袅，让人回味。她们演讲议论时犀利激烈，抒情时舒展优美，叙述平缓清晰。她们很注意与听众的交流，善于调节音节强弱，表达快慢，给人一种变化多姿之感。

其二，形象生动。女性演讲以形象生动见长，善于体现抒情型与叙述型演讲。如下面这段演讲词：

朋友，你是否留心过这样一组镜头：早晨上班，毫不费力挤上公共汽车的是身强力壮的男子汉，而雨里急哭了的是抱着孩子的女工；凶狠地谴责妻子没有及时把饭做好的是丈夫，委屈得哭了的是妻子；回到家里，轻闲、自在地看电视的是爸爸，困乏不堪地操持家务的是妈妈——

其三，打扮得体。女性很爱打扮，女性很会打扮。相对于男士来说，她们可以更准确地按演讲内容去"包装"自己，美化自己，以塑造一个完美的形象。

其四，态势精巧。男性在演讲中表情、动作、姿态可大起大落些，女性不行。她们态势语言的表达应显得含蓄、精巧，可以在台上始终如一地站着，也可以用双手下垂或一只手稍稍在胸前动一动。

女性演讲时要注意的是：一不能太露。言语高亢，音量过大，动作大放大收，表情大起大落均不行。二不能做作、言语男性化，奶声奶气，慢腾腾，软绵绵，大舌头，卷衣角，甩辫子，摇脑袋，动作左摇右晃都不雅观。

第六节　演讲的结束

结束演讲的方法是多种多样的，没有一种适合于任何特殊情况的通用方法。演讲者可根据自己演讲的具体时间、地点、主题、听者及自己个性等因素，选择适合于自己结束演讲的方法，使之有效地为自己演讲的思想和目的服务。

在演讲的结尾，也有些演讲者不考虑如何把演讲留到听众心中，让演讲走入听众记忆深处，也喜欢用一些没有信息含量、没有感情力度的陈词滥调，以致留下松散、疲沓无力的尾巴。有位演讲者这样结束他的演讲："我的演讲就要结束了，此时我向大家表示深深的歉意。耽误了每人五分钟，加起来就耽误了大家五百分钟，很对不起！"本来这位演讲者音色可以，感情贯通，可这样的结尾实在差劲，似乎让人想到鲁迅先生的一句话，耽误别人的时间等于谋财害命。前面精彩的部分被这苍白无力的话语冲淡了。

演讲的结尾应该感情充沛，语气铿锵，像美国作家约翰·沃尔夫说的"演讲最好在听众兴趣未尽时戛然而止"。给人以振奋，给人以鼓舞，给人以无穷的思考和无尽的遐思。

古希腊哲学家苏格拉底被指控由于不信仰人们共信的神而被处死刑时，临死前演讲的最后一段是："诀别的时刻到了——我将死去，而你们还将活下去，但只有上帝知道我们中谁会进入天堂。"这句话意味深远。

一、常用方法

1. 在演讲结束时简洁、扼要地对自己已阐述的思想进行总结，帮助听者加深印象。

2. 利用赞颂的话结束演讲。人一般都喜欢被赞颂。通过一些赞颂的话，会场的活跃气氛可达到一个新高潮，讲者和听者的关系就更融洽了，给听者留下一个满意的印象。但要注意，讲者在说赞颂的话时，不能有过分的夸张和庸俗的捧场，否则听者就会有溢美或哗众取宠的感觉。同时，讲者说话的表情要自然，态度要严肃，口气要诚恳。

3. 利用名人的话或轶事结束演讲。权威崇拜是一种普遍存在的社会心理，恰当地运用权威和名人的话或者轶事结束演讲，可以把演讲推向一个新高潮，给讲者的思想提供最有力的证明。讲者可借助这样的话来结束演讲："最后，我想引用×××的话（或者关于×××的一个轶事）来结束我的演讲……"但要注意，讲者引用名人的话或轶事要有针对性，要能丰富和深化自己演讲的主题。

4. 利用诗结束演讲。用诗结束演讲可使演讲显得典雅而富有魅力，听者听了也会产生清新和优美的感觉。引用诗句同用名人的话或轶事一样，要有目的，要为演讲的主题服务。同时，讲者引用的诗一定要短，最好四句，最多八句，而且讲者一定要谙熟地背诵所引用的诗句，否则弄巧成拙，反而影响演讲效果。

5. 利用幽默结束演讲。除了某些较为庄重的演讲场合外，利用幽默结束演讲可为演讲添加欢声笑语，使演讲更富有趣味，并给听者留下一个愉快的印象。讲者利用幽默结束演讲时，要做到自然、真实，使幽默的动作或语言符合演讲的内容和自己的个性，绝不要矫揉造作、装腔作势，否则只会引起听者反感。

6. 利用呼吁结束演讲。这方法对一些"使人信"（相信）和"使人动"（行动）的演讲来说，效果尤为显著。讲者通过对与听者有共同思想、共同愿望、共同利益和共同语言的某问题的阐述，使演讲达到一定高潮。然后，讲者利用一些感情激昂、动人心弦的讲演词对听者的理智和情感进行呼吁，并借助像"为实现我们预定的目的而奋斗"等语言，向听者指明行动的具体步骤，这样，讲者实现了激励和感召听者的目的，听者马上就会明了讲者的意图和自己行动的具体方案。

7. 利用动作结束演讲。在演讲中，讲者的动作（无声语言）是与听者交流思想的重要媒介，利用动作结束演讲，是一种具有独特风格的方法。例如，有位演讲者在结束自己的演讲时，他穿上外套，戴好帽子，拿起手套，而后诙谐地对听者说："我已结束了自己的演讲，你们呢？"他出人意料的绝技立刻博得了全场听者的掌声。

二、绝妙诱人的结尾

演讲要获得全面成功，一定要精心设计好结尾。也就是俗话所说的："编筐编篓，全在收口。"如果说好的演讲开头犹如"凤头"，那么好的演讲结尾就像"豹尾"。豹尾者，色彩斑斓而又强劲有力。结尾是对整个演讲的总结，它承担着收拢全篇的任务，因此，其意义非常重要。演讲的结尾既有文采又坚定有力，既概括全篇又耐人寻味，才能使全篇演讲得以升华，收到良好的效果。

对讲演结尾的要求大致可以归纳成以下三点：

（一）加深印象，结束全篇

当演讲基本完成，听众对你的观点、态度以及讲述的有关知识基本上已经掌握时，就必须考虑"收口"了。"收口"将从视觉上、听觉上给听众留下最后印象，将在听众的大脑屏幕上"定格"。"收口"的好坏直接决定了听众对整个演讲的印象。精彩的结尾往往能弥补一些不足，强化听众的总体印象。只要我们留意一下，便会发现古今中外的演讲家对结尾都是很重视的。

（二）言简意赅，耐人寻味

演讲结尾切忌重复、松散、拖沓、枯燥，尽量避免那种人云亦云的客套式的结束语。结尾言简意赅应该是演讲者追求的目标。

结尾应犹如撞钟，余音缭绕，耐人寻味，令人感奋向前。

（三）戛然而止，余音绕梁

结束语是演讲的重要组成部分，精妙的结束语能使演讲收到意想不到的效果。通常情况下，结尾不应冗长拖沓，更不能画蛇添足，而要在达到高潮时戛然而止，给听众以余音绕梁、回味无穷的感觉。结尾时要尽可能达到与听众感情上的交融，引起听众的共鸣。在把握好分寸的前提下，满腔热情地提出希望、要求和建议。

结尾要干净利索，凝练有力，极富人情味和鼓动性。

当演讲因种种原因需要中止时，如果演讲者仍然滔滔不绝讲个不停，必然引起听众的反感。因此，一定要学会适可而止。

三、高潮式、总结式和余韵式的结尾

与演讲的开场白一样，其结尾也有不同的形式。结尾结得好，能给人余音绕梁、回味无穷的感觉，也可令人深思。其形式一般有以下几种。

（一）高潮式

演讲如果在演讲主题思想的升华、情绪氛围的渲染都达到了最高点时结尾，我们把这种演讲结尾方式称之为高潮式。

"一二·一"是昆明的光荣，是云南人民的光荣。云南有光荣的历史，远的如护国，这不用说了。近的如"一二·一"，都是属于云南人民的，我们要发扬云南光荣的历史！

反动派挑拨离间，卑鄙无耻，你们看见联大走了，学生放暑假了，便以为我们没有力量了吗？特务们！你们错了！你们看见今天到会的一千多青年，又握起手来了，我们昆明的青年决不会让你们这样蛮横下去的！

反动派，你看一个倒下去，可也看得见千百个继起的！

正义是杀不完的，因为真理永远存在！

历史赋予昆明的任务是争取民主和平，我们昆明的青年必须完成这任务！

我们不怕死，我们有牺牲的精神，我们随时像李先生一样，前脚跨出大门，后脚就不准备再跨进大门！

这是李公朴被杀之后闻一多先生的演讲，他在结尾时把群众的愤怒情绪调动到了最高潮。而实际上，把高潮放在结尾是许多演讲人士自觉或不自觉地都在运用和遵循的一条重要法则。

（二）总结式

在演讲结尾时，对前面所讲的内容进行提纲挈领的归纳和总结，就叫作总结式。对于初学演讲的人来说这种结尾方式很容易被掌握，但要注意，总结时要避免对前面演讲内容和形式做简单的重复。

（三）余韵式

运用余韵式结尾，就是在演讲中以含蓄或者留有余地的语言来表达主题，让听众能在演讲结束后的思索中体会其言外之意，而受到启迪，或者总结演讲的精华主旨并深化主题。

四、格言式、号召式和呼吁式的结尾

（一）格言式

所谓格言就是指那些语言简洁、内涵丰富、富有劝诫与教育意义的话。运用格言结尾，可以把演讲的主题思想或最后结论浓缩在一两句话中，言简意赅，从而使听众受到深刻的教育和启迪。

亨利"不自由，毋宁死"的雄壮的战斗呐喊，由此成为美国独立战争时期最有力的战斗宣言。要知道，创造格言并不是文学家、思想家的专利，只要你能在演讲中深刻地把握住演讲主题，并能通过极为精练的句子传达内涵丰富的思想，就是完全属于你自己的格言。

（二）号召式

所谓号召式就是在演讲快结束时，运用极富鼓动性的言辞号召人们有所行动的演讲结尾形式。比如某些竞选性的演讲结尾以"请投我一票"来结尾便是最为典型的号召式。

号召听众采取的行动既可以是某种具体的动作，也可是抽象的、概括的行为，如闻一多先生在《最后一次讲演》中的结尾："我们要准备像李先生一样，前脚跨出大门，后脚就不准备再跨进大门！"（长时间的热烈鼓掌）在这里，闻一多先生以"后脚就不准备再跨进大门"的形象比喻来号召人们时刻做好为革命事业牺牲的准备。

（三）呼吁式

这里所说的呼吁，就是运用辞令号召、引导听众去采取行动。这是许多有经验的演讲者通过亲身实践总结出来的切实可行的结尾方式，它既可使人心悦诚服，同时又能催人奋进。

当然，你与听众之间必须有共同的思想、共同的愿望、共同的利益和共同的语言作为基础，在这个基础上，你可放开思想包袱，运用富有哲理的、感情激昂的、动人心弦的语言去打动听众、呼吁听众作出某种行动。只有胸襟开阔，目光远大，实事求是，毫无矫揉造作和浮夸虚饰的呼吁，才能够打动人心引起听众的共鸣。

五、引述式、幽默式和赞颂式的结尾

（一）引述式

所谓引述式，就是指在演讲中引用与演讲内容相关的权威性言论来结尾，从而点题或深化主题的结尾方式。

早在两千多年前，亚里士多德就把权威的言论看作使人信服的三大手段之一了。由于这种权威的言论是人们普遍相信的，因此，我们如果能把这种言论运用到演讲的结尾中去，就等于是再次有力地证明了演讲的主题思想的正确性。这种权威性言论包括名人名言，以及经过历史考验、被证明是可以确信不疑的格言、成语、谚语，或者是人们普遍喜欢的文学名著中的警句、诗句等。当然，所引权威言论必须与演讲内容相关或完全吻合，使之有针对性，并能点出演讲的主题。

（二）幽默和赞颂式

戴尔·卡耐基说："最好在听众的笑声中说再见。"他认为，达到了这一目的就表明一个人的演讲技巧已十分成熟了。取得这种效果的方法有两种：一是幽默的话语，二是幽默的动作。无论采取哪一种方式，都需要运用人的智慧。幽默之所以引人发笑与深思，主要是因为，面对同一个内容，不聪明的人按部就班，有智慧的人却能用别出心裁的方式将其表达出来。

幽默可使会场的气氛达到一个新的高潮，从而使你和听众的关系变得更为融洽、和谐，同时，演讲过程中的一些讲话欠妥的地方，也可在因赞颂而引起的友好气氛中烟消云散，从而形成良好的氛围，使演讲取得较好的效果。

不过，你要注意的是赞颂要恰如其分，不真诚或过分的赞颂，会有拍马之嫌令听众不自在。

六、运用祝福语

演讲，尤其是生活中的社交礼仪演讲主要目的是催人上进，使人愉悦，激人奋起。无论是欢迎会、告别会、追悼会、联欢会，还是茶话会、酒会等，演讲者表达的总是一种对生活的赞美，对人性的讴歌，对痛苦的反思，对未来的向往。这些演讲要感情真挚，如果能在后面用上几句祝福语就像是点燃一盆炭火，使听众温暖如春。

运用祝福语结尾要注意：

1. 发自内心，亲切动人；

2. 注重场合，适度适情；

3. 通俗易懂，简短明白。

各位老师、各位来宾：

今天我们济济一堂，隆重庆祝××先生百岁华诞。在此，我首先代表学校并以我个人的名义向××先生表示热烈的祝贺，衷心祝愿××先生身体健康！同时，也向今天到会的各位老师表示诚挚的谢意，感谢大家多年来为××系的发展、特别是××学科建设所作出的积极贡献！

××先生是××学科的开拓者和学术带头人之一，也是我国××研究领域的一位重要奠基人。××先生德高望重，学识渊博，在长达60年的教学和研究生涯中，他淡泊名利，不畏艰难，孜孜不倦，不仅为××系而且为当代中国的××学科建设以及人才培养作出了卓越的贡献。

……

××先生不仅著书立说，为学术界贡献了许多足以嘉惠后学的优秀学术论著，而且教书育人，言传身教，培养了许多优秀的人才。

……

几十年来，××先生以自己的学识和行动，深刻影响和感染了他周围的同事和学生，为后辈学人树立了道德文章的楷模。在××先生百岁寿辰之际举行这样一个庆祝会，重温他的道德文章，是非常有意义的，必将激励大家以××先生为榜样，进一步推进全校的师德建设和学科建设。

最后，再次衷心祝愿××先生身体健康！祝××系更加兴旺发达！请大家干杯！

谢谢大家！

应用篇

·第一章·
竞选、竞聘演讲

第一节 竞选演讲的适用范围

竞选演说是政治家登上历史舞台的第一步，如美国的总统在通往白宫的路上，时时伴随着演讲。美国总统除最初的几届外，其余的无一不是在竞选中产生，因此，若不具备高水平的口才，绝不可能在四年一度的竞选中战胜对手，也肯定当不了总统。

例如第 26 任总统罗斯福是一位健谈家。他 1945 年 4 月 12 日在工作中猝然而逝，他生命中最后的工作便是撰写一篇题为《在杰弗逊纪念日上的演说》的准备稿，此稿即是有名的"罗斯福未竟演说稿"，它将长留演说史册。

在竞选活动中，大至一国总统，小至一厂之主、一乡之长，或某个团体负责人，都是有抱负的人一展雄才，此时是表现才干和管理能力的好机会。

例如，一位考进某所经济管理学院的学生在学生会主席竞选大会上演讲。在他演讲之前，几位竞选的同学都谈到自己辉煌的过去。他一上台，向大家问好后，接着讲：

和刚才几位同学不同，我的往事"不堪回首"，也有曾经属于自己的辉煌，但都已经成为渐渐淡漠的记忆。××年夏踏进这方热土的时候，就相信："抛弃过去，才能够拥抱未来。"告诉自己要诚心待人，自强不息。

如今两年时间过去了，在走过的路上或多或少地留下了几许遗憾，但至今不悔的是：真诚待人的自己拥有了那么多真诚待己的朋友，让我常常为得到的支持和关心而感动更愿以自己的真诚与执著加倍地报答别人。

作为经院八百莘莘学子中的一员，我为自己是经院人自豪，也更愿为此负起属于自己的那份责任。这，就是今天我站到这里来的初衷。

记得上届学生会竞选的时候，有位候选人曾经响亮地问自己："我是该安静地走开，还是勇敢地留下来？"

结果，他勇敢地留了下来。今天站在这里，我想告诉大家的是：我真诚希望自己也能够留下来，即使面对失败的苦涩，也不会负气"安静地走开"，因为，我是经院人。谢谢大家！

第二节　竞选演讲稿的写作要求

竞选演讲是竞选者为了实现竞聘目的而发表的演说。竞选演讲的作用主要是制造舆论，推介自身，争取选民。随着我国民主政治进程的加快，这种演讲形式将会被广泛采用、更加显示出它的重要作用。

一、竞选演讲的结构

1. 标题。大体有三种形式，一是公文标题法，即由竞选人加文种组成，或由竞选职务加文种组成；二是文种标题法，很简单地标出"竞选演讲"；三是运用正副标题法。

2. 称谓。对竞选主管人员或主办单位的称呼。

3. 正文。首先写清竞选的原因和愿望；然后写明自己所具备的应聘条件，包括学历、资历、政治思想、业务水平等各方面的客观条件；最后表明自己竞选的决心和信心，请求主管单位考虑。

二、竞选演讲稿的特点

（一）气势要先声夺人

竞选演讲的一个重要特征就是具有竞争性，而竞争的实质，是争取听众的响应和支持。而做到这一点的有效方法之一，就是要有气势，"气盛宜言"。这气势不是霸气，不是骄气，不是傲气，而是浩然正气。有了渊博的才识、正大的精神，以及对事业和人民的深厚的感情，作者就不难找到恰当的语言表达形式。

（二）态度要真诚老实

竞选演讲其实就是"毛遂自荐"。自荐，当然应该将自己优良的方面展示出来，让他人了解自己。

但要注意的是，在展示时，态度要真诚老实，有一分能耐说一分能耐，不能为了自荐成功而说大话，说谎话。

（三）语言要简练有力

老舍先生说："简练就是话说得少，而意包含得多。"竞选演讲虽是宣传自己的好时机，但也决不可长篇累牍。应该用简练有力的语言把自己的思想表达出来。

（四）内心要充满自信

著名演说家戴尔·卡耐基曾说过："不要怕推销自己。只要你认为自己有才华，你就应该认为自己有资格担任这个或那个职务。"

当你充满自信时，你站在演讲台上，面对众人，就会从容不迫，就会以最好的心态来展示你自己。

当然，自信必须建筑在丰富的知识和经验的基础上。这样的自信，才会成为你竞聘的力量，变成你工作的动力。

第三节　竞聘演讲的适用范围

竞聘演讲的目的是演讲者为了能够竞争上岗，通过演讲的形式向听众表现自己的形象、阐述自己的理念以及表示自己的决心，从而让听众了解自己，选择自己，最终得以赢得竞聘的胜利。一般的企事业单位的领导或者职员大都是要竞聘上岗的。

竞聘演讲必须客观。竞聘演讲就是在向听众推销自己的活动，这种推销要建立在真诚的基础上，要实事求是，不能弄虚作假，不要做不能实现的承诺。同时竞聘演讲是和其他的竞争演讲者应当在真实客观的基础上进行，要扬长避短展现自己的独特魅力、不进行人身攻击。

第四节 竞聘演讲稿的写作方法

一、竞聘演讲稿的开头方法

竞聘演讲的时间是有限制的。因此，精彩而有力的开头便显得非常重要。有经验的竞聘者常用下面的方法来开头：

（一）用诚挚的心情表达自己的谢意

这种方法能使竞聘者和听众产生心理相融的效果。例如：我非常感谢各位领导、同志们给了我这次竞聘的机会。

（二）简要介绍自己的有关情况

介绍如姓名、学历、职务、经历等个人情况。例如：我叫××，××年毕业于××大学社会学系，××年加入中国共产党，现任社会学教研室副主任。

（三）概述竞聘演讲的主要内容

这种方法能使评选者一开始就能明了演讲者演讲的主旨。例如：我今天的演讲内容主要分两部分：一是我竞聘人事局副局长的优势；二是谈谈做好人事局副局长工作的思路。

（四）竞聘演讲稿的主体内容

竞聘演讲的目的，就是要把自己介绍给评选者，让评选者了解你的基本情况，了解你对竞聘岗位的认识和当选后的打算。所以，竞聘演讲的主体内容应该包括以下几方面：

1. 介绍自己应聘的基本条件

所谓基本条件就是政治素质、业务能力和工作态度等。这一部分实际上是要说明为什么要应聘，凭什么应聘的问题。

竞聘者在介绍自己的情况时，一定要有针对性，即针对竞聘的岗位来介绍自己的学历、经历、政治素质、业务能力、已有的政绩等等。并非要面面俱到，而应根据竞聘职务的职能情况有所取舍。

2. 简要介绍自身的不足之处

竞聘者在介绍自己应聘的基本条件时，要尽可能地展示自己的长处，但不是对自身的不足之处闭口不言。请看某竞聘者的表述：

我从没有担任过班干部，缺少经验。这是劣势，但正因为这样少的是畏首畏尾的私虑，多的是敢作敢为的闯劲。正因为我一向生活在最底层，从未有过高高在上的体验，就特别具有民主作风。因此，我的口号是"做一个彻底的平民班长"。

3. 表明自己任职后的打算

评选者更关心的还是竞聘者任职后的打算。因此，竞聘者在竞聘演讲时，一定要用简明扼要的语言亮明自己的观点，也就是说，要紧紧围绕着听众关心的热点、难点问题，提出明确的工作目标和切实可行的措施。请看某老干部处副处长职务竞聘人的演讲：

总结我自身的情况，我认为我有条件、有能力胜任副处长的工作。如果我能竞聘成功，我将做好以下几项工作：

首先，协助处长继续做好老干部工作。解决老干部急需解决的问题。如老干部的政治生活待遇问题，老干部的晚年教育问题。

其次，积极组织老干部开展积极健康的文化和健身活动，使他们老有所乐。

第三，积极开展家访工作，特别是要加强对孤寡老人的服务工作，安排工作人员与他们结成帮助对子，使他们感受到组织的温暖。

第四，设立一个处意见箱，了解老人的思想状况，了解他们的需求，并将了解到的情况，及时向局领导汇报，并及时解决问题。

二、竞聘演讲稿的结尾方法

好的结束语能加深评选者对竞聘者的良好印象，从而有利于竞聘成功。竞聘演讲常见的结尾方法有：

1. 表明对竞聘成败的态度。这种方法能使评选者感受到竞聘者的坦诚。例如：作为这次竞聘上岗的积极参与者，我希望在竞争中获得成功。但是，我绝不会回避失败。不管最后结果如何，我都将堂堂正正做人，兢兢业业做事。

2. 表达自己对竞聘上岗的信心。例如：我今天的演讲虽然是毛遂自荐，但却不是王婆卖瓜，自卖自夸。我只是想向各位领导展示一个真实的我。我相信，凭着我的政治素质，我的爱岗敬业、脚踏实地的精神，我的工作热情，我的管理经验，我一定能把副处长的工作做好。如果各位有疑虑，那就请给我一个机会，我决不会让大家失望。

3. 希望得到评选者的支持。例如：各位领导、各位评委，请相信我，投我一票！我将是一位合格的处长。

第五节　竞选、竞聘演讲的注意事项

一、目标的明确性

一般说来，在竞聘演讲时，竞聘者向评审人员及听众一要讲清自己的应聘条件，突出自己的优势，并且这种优势足以完成应承担的职务和工作；二要回答"若在其位，如何谋其政"。要在有限的答辩时间内完成上述工作，演讲的总体内容应始终围绕一个目标——岗位职务工作进行，做到目标明确，语不离宗，不可开口千言，离题万里。

二、内容的竞争性

竞聘演讲的全过程，其实是候选人之间就未来推行的施政目标、施政构想、施政方案进行比较与选择的过程。竞聘除了基本素质条件之外，实际上更重要的是施政目标与施政措施的竞争。写作时应在此处压倒对方，只有具备了明确、先进的施政目标，且有切实可行的施政措施来保证，才会取得竞争的成功。

三、演讲的技巧性

竞聘演讲是演讲的一种，也存在演讲技巧问题。它除了要求演讲者具备良好的心理素质和较强的语言表达能力外，还应当充分考虑竞争对手、听众的心态、临场状况等多种因素，用据理力争的方式，巧妙地说明"他不行，我行"，或"他行，我更行"。当然自我推销要有艺术性，切忌为了竞争而贬低对手，所遵循的原则是"唯真唯实，具体可信"。

四、实事求是，言行一致

每介绍一段经历、一项业绩都必须客观实在。给国家做出什么贡献，给单位创造什么效益，给职工提供什么福利等，一定要讲清楚，不能吞吞吐吐，模棱两可。要言而有信，不说过头话。能够办到的就说，办不到的就不要开"空头支票"。

五、调查研究，有的放矢

竞聘演讲是针对某岗位而展开的，因此，写作前必须到招聘单位了解情况，可以通过调查摸底、群众访谈等方式，切实弄清楚单位的历史、现状，尤其对于当前存在的焦点、难点问题及其存在的根本原因要问清查透，力争找到解决问题的最佳途径，以便在演讲时击中要害，战胜对手。

六、谦虚诚恳，平和礼貌

竞聘者是通过答辩实现被聘用目的的，只有给人以谦虚诚恳、平和礼貌的感觉，才能被认可和接受。评审人员及与会者是不会接受狂妄傲慢、目中无人的竞聘者并委以重任的。所以，竞聘演讲词十分讲究语言的分寸，表述既要生动，有风采，打动人心，同时又要谦诚可信，情感真挚。

第六节　竞选、竞聘演讲如何吸引听众

一、从听众的兴趣入手

以对方感兴趣或引以为自豪的话题展开交谈，在满足对方心理需要的基础上提出自己的请求。

二、先达共识，再提请求

强调某一问题的重要性和迫切性，与对方达成共识，然后顺势就解决此问题提出请求，使对方不好推却。

三、争取获得听众的理解

当我们向听众发表竞选演讲遭到拒绝时，往往会发现对方其实并没有经过深思熟虑，只是因为意气用事或其他一些细小的原因而作出了拒绝的决定，这时候，我们就应当站在第三者的观点上，帮助对方分析其决定，然后再促使其答应我方的请求。

不管你愿不愿意，求别人帮忙总是不可或缺的，所以一定要掌握好求别人帮助时的分寸，以求达到最好的求人效果。

演讲是否成功不仅仅取决于和对方的关系如何，还与我们的语言表达恰当与

否有很大的关系。要用商量恳求的语气。语气应柔和、诚恳。使对方感到你有求于他而且尊重他，他才肯帮你。说话要诚实守信。

有的人认为向别人提要求是比较困难的，提不好非但自己难以如愿，还有可能引起对方的不满与误会。其实，只要觉得是合理的要求，就应该大胆地提。当然，要把握住说话的分寸，灵活运用各种技巧。你不妨参照下面的方法：

（一）用幽默的话语暗示对方

动用夸张、比拟等多种手法，把请求用诙谐风趣的话语或动作表达出来，既不破坏对方的心情与兴致，又容易使对方愉快地予以接纳。

（二）以情来说服别人

每个人都是有感情的，向别人提出要求时，以情说服往往能取得好的结果。

（三）通过故事委婉要求

采用讲故事的方式，把自己的观点寓于故事之中，让对方自己去领会。

第七节 竞选演讲的实际应用

范文：里根竞选演讲

最近几个月来，美国经济已显著恶化。卡特政府在3年半时间里所奉行的各种经济政策，事实上比任何人所预见的都更严重地破坏了我国的经济。利率和通货膨胀已经高得使人受不了。仅今年一年就有将近200万美国人失业。税款负担继续加重。

实质上，卡特先生在经济方面的种种失误是对几千万美国家庭所怀有的希望和理想的打击。

从本质上说，这些失误打击了美国每一个家庭、每一个工厂、每一个农场和每一个社区，是前所未闻的总统失职行为。

我们正在对付的是一种不仅夺走了人们的工资和储蓄存款，而且夺走了他们的希望和理想的前所未闻的危机。

那么他对这个悲剧的反应是什么？

言词，更多的言词。

我今天要对你们谈论关于领导工作的一种新的概念，它不仅有言词，而且有悦耳动听的音乐。它的基础在于对美国人民的信任、对美国经济的信心和务必使联邦政府重新对人民负起责任来的坚决保证。

这种概念根植于一种增长策略,一种计划,它如何看待美国的经济制度——一种巨大、复杂、强有力的制度,这种制度要求的不是联邦军敲碎打的措施,不是以抚慰性言词包裹起来的虔诚希望,而是艰苦的工作,和实际增长所需要的协调计划。

我们必须首先认识到,美国经济的症结在于臃肿无能的政府、完全不必要的限制、过重的税款和由印刷机提供的货币。我们不再需要卡特"稳定"或调整经济的8点或10点计划。在两年半中间,这些考虑得很不周到的行动不断使世界上最富有成效的经济制度大伤元气。

我们必须大胆、坚定、迅速地行动起来,控制住那不断增大的联邦开支,取消税务制度中那些限制经济的因素,并改革那种扼杀经济的管制网络。

我们必须制定,而且我也正在提出一种用于80年代的新策略。只有一系列计划周到、互相补充和加强经济的行动,才能重新推动我们的经济向前发展。

我们必须使政府开支的增长率保持在合理的、节俭的水平上。

我们必须有条不紊地、系统地降低个人所得税率,加速和简化折旧工作计划,以便消除对工作、储蓄、投资和生产力的限制。

我们必须审查那些影响经济的规定,加以修改,以支持经济增长。

我们必须确立一种稳定的、正确的、可预计的货币政策。

我们必须通过实施一种保持连续性的、不是逐月变更的国家经济政策来恢复信心。

我们必须使预算达到平衡,降低税率,并且恢复我们的国防力量。

这些是我们所面对的挑战。让我们来看看怎样才能迎接这种挑战。

我的经济计划中最重要的内容之一是控制政府开支。联邦机构和联邦计划中的浪费、挥霍和舞弊现象必须制止。每年通过几百项联邦计划浪费掉的纳税人的金钱达到几百亿美元;必须采取重大的、持久的行动来有效地反对这种做法。

按目前情况来预计,至1985年财政年度,联邦开支将每年增加9000亿美元以上。但是,通过全面地制止浪费及工作效率低下的状况,我深信,我们能够在1981年财政年度将预算削减2%,并逐渐提高削减的百分比,在1985年财政年度削减目前这种预计所匡算的金额的7%。这是以政府中若干小组所预计的金额为基础而提出的。实际上我相信我们会做得更好。我的目标是在1984年财政年度使削减百分比达到10%。

对我的控制开支策略十分重要的一着是,任命一些经济观点与我相同的人担任政府高级职务。在我们即将拥有的政府里，高层领导说的话不会在官僚政治中消失或被隐匿。那声音将被人们听到，因为那是华盛顿长期以来没听到的声音——那是人民的声音。

我还将像我在加利福尼亚州做过的那样，建立公民专门调查委员会，严格检查所有的部门和机构。建立有效的政府的一个最好办法是，把政府的运作情况交给那些信守这种原则的公民进行认真审查。

我的经济计划的第二个重大内容是降低税率。它要求在3年内全面削减个人所得税——在1981年、1982年和1983年各减10％。我的目标是以系统的、有计划的方式实施3次减税。

高税率比任何东西都更严重地损害人们挣钱、储蓄和投资的动机，它破坏生产力，导致赤字财政和通货膨胀，并且造成失业。

建立公平合理的税收标准可以大大帮助恢复这个国家的经济繁荣。

但是，即使是实行了我所建议的广泛的减税措施，美国人民负担的税款仍然过重。在未来10年的后半部分，我们仍然需要、也必须采取其他的减税措施。

吉米·卡特说那是办不到的，其实他是说那是不应该做的。他主张保留目前这种令人难以承受的税款负担，因为那适合于他把政府视为美国经济生活中的决定力量的观点。

我们也需要对企业实行更快的、不那么复杂的折旧工作计划。过时的折旧工作计划阻碍着许多工业企业，尤其是钢铁工业和汽车工业，使它们不能实现工厂现代化。更快的折旧将允许这些企业从内部得到更多的资金，并在世界市场上变得更有竞争力。

这项策略的另一个重要部分涉及政府的管制。这个问题十分重要而复杂，需要另作讨论，我打算不久就此发表讲话。目前，让我只说下面这些：

政策管制，像火一样，可以是有用的仆人，但用之不当就会成灾。谁也不能怀疑这种管制的意图——改进卫生的安全状况，给予我们更洁净的空气，和水——但是过多的管制就会损害、而不是保障人民的利益。当一般美国工人的实得工资逐步下降，当800万美国人失业，我们就必须重新审查我们的管制结构，评价这些管制工作对造成这种局面所起的作用达到什么程度。我的政府对影响经济的近千条联邦管制条例应该而且必将进行彻底的、系统的检查。

与控制开支、改革税制和撤销管制一起，一种正确的、稳定的、可预计的货币政策对于恢复经济繁荣也是必不可少的。联邦储备委员会独立于政府行政部门之外，它也应该如此。但总统应该提名进入联邦储备委员会的人选。我任命的人将与我一起承担恢复美元的价值和稳定性的义务。

我的经济增长策略的一个根本部分是恢复信心。如果我们的企业想要投资并创造新的、报酬优厚的职位，它们就必须拥有一个不受政府专断行为干扰的未来。应该使它们相信，经济方面的各种法规不会突然地、变化无穷地更改。

我的政府将确立一种全国性的经济政策，并在最初90天内开始贯彻执行。

我心目中的经济策略包含许多内容——其中任何一项内容若是单独进行就会毫无结果，若是合在一起就一定能发挥作用。这个策略的成功最主要地取决于人民重新控制政府的意愿。

它取决于美国人民的工作能力。他们投身于这项活动的意志，他们的精力和想象力。

这个经济增长策略包括发展企业和工会之间的合作，而这种合作的基础又在于它们双方都认识到政府政策的目标是指向更多的职位，指向机会，指向发展的。这里我们所谈的不是静止的、了无生气的计量经济学模式——我们所谈的是人类历史上最富有效益的经济制度。目前，给这种经济制度历史性地注入新的活力的，不是政府，而是免除了政府干预、不必要的管制、极其有害的通货膨胀、高额税款和失业的人民。

卡特先生是否真正相信美国人民不能重建我们的经济？如果他相信，那么除了他的政绩，这是另一条理由说明他不应成为总统。

在我的经济策略具体实施之后，我们国防方面的各种需要就能得到满足，因为美国人民的生产能力将为种种应该进行的工作提供其所需的资金。

所有这一切要求我们按照现实状况来看待政府和经济，不是把它们看做纸面上的词语，而是视为在我们关于发展、限制和有效行动的愿望和知识的指导下的机构和制度。

卡特先生刚刚上任时，在预算方面，他有着实现各种目标的充分余地。但是他抛弃了取得新的经济增长和加强国家安全的机会。现在，由于他的错误政策对经济所造成的损害，使得实现这些重要目标的工作更加困难得多。

然而，在这些目标面前，若是从其中任何一项退缩，都是我们国家所经受不住的。我们不能听任税款负担无节制地加重，不能坐视通货膨胀趋向严重，也不能允许我们的国防力量进一步削弱——那样必定会产生严重的后果。

这项任务是艰巨的，但我们对实现这些目标是乐观的——应该对它们抱乐观态度。取得成功需要时间，也需要我们的努力。

过去的 3 年又 8 个月可以用一句话来描述：那是一场美国悲剧。

这不仅是说卡特先生在 4 年时间中使联邦开支增加了 58%，也不仅是说他的 1981 年预算中的税款比 1976 年增加了一位，以一般的四口之家来说，这相当于加重税款负担 5000 美元以上。

所以，这场悲剧在于卡特先生没能办到的事中，也同样存在于他已办到的事中。他没有进行领导。

卡特先生有过进行有效治理的机会。在他就职时有过一个坚实的经济基础，那时的通货膨胀率是 4.8%。

但是他失败了。他失败的根源在于他对政府的看法，在于他对美国人民的看法。

然而，他想把这种令人惊骇的看法再推行 4 年。

美国人民要求重新实现其理想的时机已经到来，形势不应该像现在这样。我们能够加以改变。我们必须加以改变。卡特先生造成的美国悲剧，必须也能够通过团结起来共同努力的美国人民的活力来加以克服、结束。

让我们使美国振作起来。

现在正是这样做的时候。

第八节　竞聘演讲的实际应用

范文：办公室主任竞聘演讲

我于 1988 年 ×× 司法学校毕业后，分配到 ×× 市司法局工作，1992 年到法院工作，1999 年 5 月到办公室任副主任，2001 年 8 月到 ×× 法庭代理庭长。期间参加了全国法院业余法律大学及中央党校法律本科班的学习，现均已毕业。中共党员。我竞聘的岗位是法院办公室主任。

一、竞选的优势

1999 年 5 月份通过竞争上岗，我担任了办公室副主任，在担任副主任两年时间内，我从中体会到法院的后勤管理工作在整个领导活动中，在整个审判活动中都起着举足轻重的作用。法院的后勤工作是一个复杂的工程，与其他行政部门的后勤管理工作相比较，有其独特的特性，除了核心是法院后勤工作为审判业务提供有利的物质保障，为法院创造一个良好的工作学习、生活环境之外，每一件事可能都涉及审判和法院工作人员的切身利益，既具体又实在。但最主要的是法院后勤工作的复杂性，既有人际关系，又有人与物的关系，比如审判业务所需的交通、通讯、器材等物资保障，以及法院工作人员的生活样样都要细心考虑，精心安排，稍有疏漏就会影响审判业务的展开和审判人员办案的情绪。既要处理好法院内部各庭室之间的关系，又要处理好法院与外部的诸多方面的关系，我在这方面的有些做法在前面的述职报告中也做了陈述，现不再一一赘述。

二、竞岗成功后的改革措施

如果我能竞聘成办公室主任，随着法院审判综合大楼和法官公寓的落成，我认为后勤管理应该以搞好服务保障为基础，以科学管理为手段，大胆引进外地经验，以提高效益为目的。

1. 后勤管理社会化、企业化。随着法院机构改革的不断深入，光靠行政手段来搞好后勤管理我觉得已经不行了，必须运用行政和经济相结合的手段，也就是将服务型逐步转化为服务经营型。现在法院这种"小而全"的后勤管理体制，不但不利于提高工作效率，而且造成人力、物力、财力的极大浪费，与法院审判工作的需要也不相适应。实行后勤管理社会化和企业化，将服务职能从现在的行政职能中剥离出来，成为经济实体的服务中心，为法院工作人员提供就餐服务、交通信息服务、住房维修服务、会议及环境绿化、美化服务等等。这样不但可以缩减行政编制，节约经费，而且还可以提高工作效率，加强竞争，创造经济效益。

2. 资源配置效益化。现在的法院后勤保障体制包括房产管理、车辆管理、财务管理、服务接待、饮食、医疗服务、通讯等等，包揽了许多管不了也管不好的事物，形成了"大而全"、"小而全"的封闭格局，造成了人才、资源的浪费。我觉得把后勤服务部门的改革同改组、改造和加强管理结合起来，在物业管理、汽车经营、接待、餐饮、住房维修、环境绿化、文印、通讯等服务性工作中，尽可能地发挥其职能，盘活现有存量，以产生其经济效益。

3. 服务商业化。法院的后勤服务部门要跳出无偿服务的怪圈，树立服务出效益的观念，把坚持服务的宗旨与服务商业化统一起来，使服务的投入、产出和收益进入一个良性循环的发展轨道。

4. 用工市场化。我觉得要仿效现代企业的用工办法，引入用人竞争机制，根据后勤服务工作的不同岗位，不同劳动强度，不同业务要求和现有职工结构状况，实行全员劳动合同制，按劳取酬，对某些岗位的缺额和新建单位所需人员，实行"公开招考，择优录用"的办法招用合同工。实行定岗定员，必要时实行后勤管理人员聘用制。

总而言之，法院后勤工作，要真正实现为审判工作提供全面高效的服务。

·第二章·
开幕、闭幕演讲词

第一节　开幕词的适用范围

　　开幕词是党政机关、社会团体、企事业单位的领导人，在会议开幕时所作的讲话，旨在阐明会议的指导思想、宗旨、重要意义，向与会者提出开好会议的中心任务和要求。

　　开幕词的主要特点是宣告性和引导性。不论召开什么重要会议，或开展什么重要活动，按照惯例，一般都要由主持人或主要领导人致开幕词，这是一个必不可少的程序，标志着会议或活动的正式开始。开幕词通常要阐明会议或活动的性质、宗旨、任务、要求和议程安排等，集中体现了大会或活动的指导思想，起着定调的作用，对引导会议或活动朝着既定的正确方向顺利进行，保证会议或活动的圆满成功，有着重要的意义。

　　篇幅要求简短，快速切入正题，内容切忌重复、啰唆的语言，要求口语化、富有感情色彩，又要求生动活泼；语气要热情、友好。

一、开幕词的特点

　　一是简明性，开幕词要简洁明了、短小精悍，最忌长篇累牍，言不及义，多使用祈使句，表示祝贺和希望；二是口语化。它的语言应该通俗、明快、上口。

二、开幕词的种类

　　按内容可以分为侧重性开幕词和一般性开幕词两种。侧重性开幕词往往对会议召开的历史背景、重大意义或会议的中心议题等，作重点阐述，其他问题一带而过。一般性开幕词则只对会议的目的、议程、基本精神、来宾等作简要概述。

第二节　开幕词的写作要求

通常由标题、称谓、正文及结尾四部分组成。

一、标题

通常有三种写法：一是用会议名称作标题；二是前边再加上领导人姓名；三是用提示内容中心或主旨的标题，在后面通常加上副标题。

一般由事由和文种构成，如《中国共产党第十二次全国人民代表大会会议开幕词》；有的标题由致词人、事由和文种构成，其形式是《×××同志在××××会上的会议开幕词》；有的采用复式标题，主标题揭示会议的宗旨、中心内容，副标题与前两种标题的构成形式相同，如《我们的文学应该站在世界的前列——中国作家协会第四次会员代表大会会议开幕词》。

二、称谓

一般写在标题下行顶格，称呼通常用"同志们"、"朋友们"、"各位代表"、"先生们，女士们"，如有特邀嘉宾，可写作"尊敬的××先生，各位代表，朋友们"等。

三、正文

一般包括开头、主体和结尾。开头写宣布开幕之类的话。主体部分一般包括以下内容：向大会介绍参加的领导同志和各方面的来宾，通报到会代表人数和团体名称；回顾过去的工作、成绩、经验及不足；提出本次会议的议题和议程；会议的筹备和出席会议人员情况；会议召开的背景和意义；会议的性质、目的及主要任务；会议的主要议程及要求；会议的奋斗目标及深远影响等等。但写作中一定要把握会议的性质，郑重阐述会议的特点、意义、要求和希望，对于会议本身的情况如议程等，要概括说明，点到为止；行文则要明快、流畅，评议要坚定有力，充满热情，富于鼓舞力量。

四、结尾

结语部分，一般以"祝愿大会获得圆满成功"做结尾，也可以做出带有鼓动性的口号。

第三节　闭幕词的适用范围

闭幕词是一些大型会议结束时由有关领导人或德高望重者向会议所作的讲话，具有总结性、评估性和号召性。

闭幕词与开幕词一样，具有简明性和口语化两个共同特点，其种类与开幕词相同。凡重要会议或重要活动，与开幕词相对应，一般都有闭幕词，这是一道必不可少的程序，标志着整个会议或活动的结束。闭幕词通常要对会议或活动作出正确的评估和总结，充分肯定会议或活动所取得的成果，强调会议或活动的主要精神和深远影响，激励有关人员宣传会议或活动的精神实质和贯彻落实有关的决议或倡议。

闭幕词具有以下特点：

一、总结性

闭幕词是在会议或活动的闭幕式上使用的文种，要对会议内容、会议精神和进程进行简要的总结并作出恰当评价，肯定会议的重要成果，强调会议的主要意义和深远影响。

二、概括性

闭幕词应对会议进展情况、完成的议题、取得的成果、提出的会议精神及会议意义等进行高度的语言概括。因此，闭幕词的篇幅一般都短小精悍，语言简洁明快。

三、号召性

为激励参加会议的全体成员实现会议提出的各项任务而奋斗，增强与会人员贯彻会议精神的决心和信心，闭幕词的行文充满热情，语言坚定有力，富有号召性和鼓动性。

四、口语化

闭幕词要适合口头表达，写作时语言要求通俗易懂、生动活泼。

第四节 闭幕词的写作要求

一、闭幕词的组成

由标题、称谓和正文三部分组成,标题与称谓的写法与开幕词基本相同。

闭幕词的标题,跟开幕词的写法类似,常见的写法是《××××大会闭幕词》或《×××在××大会上的闭幕词》。偶尔也有主副标题的写法,将主要内容或主要观点概括成一句话做标题,再用"××大会闭幕词"做副标题。

时间在标题之下正中,加括号注明会议闭幕的年月日。

称谓一般也跟开幕词相一致。

二、正文

（一）开头

闭幕词的开头,一般要用简洁的语言,说明大会经过全体代表的努力,已经胜利完成使命,今天就要闭幕了。

（二）主体

闭幕词的主体主要是对大会进行概括总结,并提出贯彻大会精神的要求和希望。其中概括总结的部分,要列举会议完成的任务和取得的成果,不能过于空泛笼统。提出要求和希望的部分,也要突出会议精神,体现会议宗旨。

（三）结尾

闭幕词的结尾通常比较简单,最常见的说法是:"现在,我宣布,××××大会闭幕。"

闭幕词出现在会议终了,因此,要写得与开幕词前后呼应、首尾衔接,显示大会开得很圆满、很成功。

第五节 开幕词的实际应用

范文:晚会开幕词

尊敬的各位领导、各位来宾、广大的市民朋友们:

下午好!

春回大地，生机勃勃，风光无限。××区××广场文化活动"春之韵"文艺晚会系列"××中学专场演出"即将开始。在这里，我谨代表××中学全体师生向前来观看演出的各位领导、各位来宾、广大市民朋友们表示热烈的欢迎！

××中学已有××年的历史，××年××月，在市委市政府的亲切关怀下，学校整体搬迁至××路××号，地处××××××。随着素质教育的实施和新课改的推行，学校站在21世纪对人才需求的高度，确立了"高起点、高标准、可持续发展、争创一流"的办学思路，面向全体学生，面向每一个学生，面向学生的每一个方面，力争使在××中学就读的每一个学生在德、智、体、美等方面得到全面发展。同时学校以信息技术、音乐教育和英语教育为三个切入点，对不同学生的教育做到特长加全面、全面加特长，努力构建具有××中学特色的校园文化。一流的教学设施、勤奋的师资队伍、严格的教学管理，以人为本、全面发展的教育理念，使得××中的办学水平和教学质量有了跨越式的发展，社会声誉显著提高。目前学校在职教师××人，在校班级××个，在校生××人。其中初中开设有音乐特长班、英语特色班；高中开设有……××年××中高中招生分数线超过市招生分数线××分、××年超过市招生分数线××分；××年高考上线率×%，升学率×%；考入国内重点大学人数有很大突破，理科最高分××分、文科最高分××分；中考最高分××分。

今天我们在这里演出，是贯彻落实《中共中央关于进一步加强未成年人思想道德建设的若干意见》精神，积极构建学校、社区、家庭"三位一体"的教育网络，推动××社区文化建设。此次活动不仅是为了丰富××市民的业余文化生活，促进××社区文化的建设，也是我校艺术教育成果对全市人民的一次展示，同时也是我校实施素质教育的一次社会实践。希望各位来宾、广大市民朋友们对我们的活动予以支持。我们坚信：态度决定成效、定位决定地位、细节决定成败、思路决定出路、理念决定道路。

同志们、朋友们，我们坚信，在市委市政府、市教育局的正确领导下，在广大市民的支持下，在全校师生自加压力、敢于争先的努力下，××中学将进一步抓建设、强队伍、扬特色、创品牌，以更新、更美、更优的风姿展现在××市人民面前。让我们以"三个代表"重要思想为指导，深入学习贯彻十六大精神，以办人民群众满意的教育为目标，为构建和谐的××社会而努力工作。

预祝"××中学专场演出"圆满成功！

谢谢大家！

第六节　闭幕词的实际应用

范文：运动会闭幕词

女士们、先生们、朋友们、同志们：

××单位第三届运动会马上就要落下帷幕了，在此，我谨代表县委、县人大、县政府、县政协，对本届运动会的圆满成功和运动员所取得的优异成绩表示热烈的祝贺！对为运动会付出辛勤劳动的裁判员、教练员、运动员以及全体工作人员表示崇高的敬意！对鼎力支持本次活动的县国税局、县人口与计划生育局、××实业有限责任公司等赞助单位以及所有关心、支持本次运动会的社会各界和人民群众表示衷心的感谢！

××单位第三届运动会从9月6日开始到今天历时14天，在这不平凡的14天里，来自全县各条战线的81支代表队、1698名运动员发扬"更高、更快、更强"的奥林匹克精神，表现出敢打、敢拼、敢闯的旺盛斗志，展现出积极进取、顽强拼搏、奋发向上、勇攀高峰的精神风貌，赛出了水平，赛出了风格，取得了运动成绩和精神文明的双丰收，用实际行动解读了"新世纪、新××、新跨越、新风采"的主题。

××单位第三届运动会的举行，不仅加强了单位之间的交流，联络了同志之间的感情，更重要的是凝聚了人心、振奋了精神、激发了斗志、增进了友谊，为进一步推动我县各项事业的蓬勃发展提供了强健的体质保障，奠定了坚实的思想基础。可以说，这次运动会既是县直单位体育技能和身体素质的展示会，又是干部职工思想修养和综合素质的检验会，更是各单位机关作风、效能建设和团队精神、集体形象的汇报会，全体运动员用实际行动展现了县直机关干部改革创新、团结向上、文明和谐的新的时代风采。

××单位第三届运动会坚持"勤俭、规范、严谨、高效"的原则，组织严密，运行规范，正如人民群众所说，县直机关运动会办成了本县的"奥运会"，××县的九月变成了运动的九月、竞争的九月、文化的九月、激情的九月、梦想的九月、收获的九月。此次运动会向社会公开征集了会徽和吉祥物。电视台、县政府门户网站运用了大量的图片、文字、声音，从多个角度展示了运动会，广大干部职工举起相机、手机留下了一个又一个精彩的瞬间，运动会的举行扩大了县直机关的社会影响，丰富了体育精神和体育文化，使本县体育事业的持续健康发展迈出了可喜的一步。县直机关运动会将长期举办下去，我们坚信，县直机关运动会会一届比一届更加精彩。

同志们，朋友们，让我们借这次运动会的东风，抓住县城东迁10周年这一新的契机，在工作中发扬团结协作、健康向上、顽强拼搏、争先创优的比赛精神，奋力实现"特色农业大县、新型工业强县、全国旅游名县"的战略目标，用我们的双手缔造××新的辉煌！

现在我宣布，××单位第三届运动会胜利闭幕！

· 第三章 ·

欢迎、答谢演讲词

第一节 欢迎词的适用范围

欢迎词，是指客人光临时，主人为表示热烈的欢迎，在座谈会、宴会、酒会等场合发表的热情友好的讲话。

在社会主义市场经济深入发展的大背景下，为了提升形象、扩大影响、招商引资、促进发展，近年来各地纷纷举办各种内容和形式、不同规格和规模的节庆活动。按照惯例和程序，在节庆活动开幕式上，常常要由一位东道主方面的要员向来宾敬致一篇热情洋溢的欢迎词。

那么，撰写一篇合乎规范的节庆活动欢迎词自然就是活动筹备过程中一项不可忽视的细节工作。

我们这里所说的欢迎词实际上包括两类：一类是欢迎客人，一类是欢迎单位或组织的新成员。种类不同，写法上自然存在差异，这在欢迎词的主体上表现得尤为明显。

欢迎客人的致词，讲什么，怎么讲，主要取决于主客双方以往的关系，取决于今后双方关系发展的趋向，取决于这次相会的缘由及意义。一般说来，如果是老朋友，就要首先回顾以往的友谊，接着表述时下的友好关系，最后表达友谊长存的愿望。如果是有分歧的客人，则应首先畅谈这次会见的意义，然后提及当前和今后双方共同关心的问题，最后表达希望双方关系正常友好发展的愿望。欢迎单位或组织新成员的致词，首先要标明他们的到来正适合需要，接着客观评价欢迎对象的特长，并表示赞赏；然后简单介绍本单位或组织的情况，最后希望新来的人在新环境里施展才干或发挥作用，作出成绩。

第二节　欢迎词的写作要求

（一）欢迎词的格式

欢迎词的结构由标题、称呼、开头、正文、结语、署名六部分构成。

1. 标题。标题有两种形式。一是由欢迎场合或对象加文种构成，如《在校庆75周年纪念会上的欢迎词》；二是用文种"欢迎词"作标题。

2. 称呼。提行顶格加称呼对象。面对宾客，宜用亲切的尊称，如"亲爱的朋友"、"尊敬的领导"等。

3. 开头。用一句话表示欢迎的意思。

4. 正文。说明欢迎的情由，可叙述彼此的交往、情谊，说明交往的意义。对初次来访者，可多介绍本组织的情况。

5. 结语。用敬语表示祝愿。

6. 署名。用于讲话的欢迎词无须署名。若需刊载，则应在题目下面或文末署名。

（二）欢迎词正文

首先，表示欢迎。这是节庆活动欢迎词正文的开头部分，一般要用简洁的文字交代致词的背景，即什么活动开幕了，然后用热情的话语对来宾表示欢迎，也可以向来宾或者有关方面（人士）兼表祝愿或者感谢。

其次，阐释意义。为什么要举办节庆活动，目的何为，意义何在，这是节庆活动欢迎词中一般应当予以交代的。

再次，展示优势，也可以说树立形象。这是节庆活动欢迎词正文的重心所在。当下利益重要，长远利益更重要。

最后，表达祝愿。这是节庆活动欢迎词正文的结尾部分，一般用简洁的句子祝愿活动圆满成功，或者祝愿来宾生活愉快，并另起段落以"谢谢大家！""谢谢各位！"这样的礼仪结语结束全文。

第三节　欢迎词的注意事项

欢迎词是由东道主出面对宾客的到来表示欢迎的讲话文稿。欢迎词指行政机关、企业事业单位、社会团体或个人在公共场合欢迎友好团体或个人来访时致辞的讲话稿。

（一）看对象说话

欢迎词多用于对外交往。在各社会组织的对外交往中，所迎接的宾客可能是多方面的，如上级领导、检查团、考察团等。来访目的不同，欢迎的情由也应不同。欢迎词要有针对性，看对象说话，表达不同的情谊。

（二）看场合说话

欢迎的场合也是多种多样的，有隆重的欢迎大会、酒会、宴会、记者招待会；有一般的座谈会、展销会、订货会等。欢迎词要看场合说话。该严肃则严肃，该轻松则轻松。

（三）热情而不失分寸

欢迎应出于真心实意，热情、谦逊、有礼。语言亲切，饱含真情。注意分寸，不卑不亢。

（四）关于称呼

由于是用于对外（本组织以外的宾客）交往，欢迎词的称呼比开幕词、闭幕词更具有感情色彩，更需热情有礼。为表示尊重，要称呼全名。在姓名前或后面加上职衔或"先生"、"女士"、"亲爱的"、"尊敬的"、"敬爱的"等敬语表示亲切。

第四节　欢迎词的详细分类

（一）欢迎词从表达方式上分

1. 现场讲演欢迎词。一般由欢迎人在被欢迎人到达时在欢迎现场口头发表的欢迎稿。

2. 报刊发表欢迎词。这是发表在报刊或公开发行刊物之上的欢迎稿。它一般在客人到达前后发表。

（二）欢迎词从社交的公关性质上分

1. 私人交往欢迎词。私人交往欢迎词一般是在个人举行较大型的宴会、聚会、茶会、舞会、讨论会等非官方的场合下使用的欢迎稿。通常要在正式活动开始前进行。私人交往欢迎词往往具有很大的即时性、现场性。

2. 公事往来欢迎词。这样的欢迎词一般在较庄重的公共事务中使用。要有事先准备好的得体的书面稿，文字措词上的要求较私人交往欢迎词要正式和严格。

第五节　欢迎词的特点

（一）欢愉性

中国有句古话是"有朋自远方来，不亦乐乎"，所以致欢迎词当有一种愉快的心情，言词用语务必富有激情和表现出致词人的真诚。只有这样才可给客人一种宾至如归的感觉，为下一步各种活动的完满举行打下好的基础。

（二）口语性

欢迎词本意是现场当面向宾客口头表达的，所以口语化是欢迎词文字上的必然要求，在遣词用语上要运用生活化的语言，既简洁又富有生活的情趣。口语化会拉近主人同来宾的亲切关系。

第六节　答谢词的适用范围

自古以来，人们就提倡礼尚往来、知恩报德、来而无往非礼也，于是在人际交往中便有了"谢"的言行：或揖拳，或鞠躬，或以言辞道谢，或以纸笔作书（写成谢函、谢帖、感谢信），倘若在庄重的礼仪场合，那便要温文尔雅地致答谢词了。可以说，答谢词是一种最高级的致谢形式，它有情有声，声情并茂，能够最充分、最有效地表达谢意，在外交、社交活动日趋频繁的当代社会，发挥着越来越重要的作用。

答谢词，是指特定的公共礼仪场合，主人致欢迎词或欢送词后，客人所发表的对主人的热情接待和多关照表示谢意的讲话；也指客人在举行必要的答谢活动中所发表的感谢主人的盛情款待的讲话。

依据不同的致谢缘由和致谢内容，答谢词可划分为两个基本类型：

1. "谢遇型"答谢词。"遇"，招待，款待。"谢遇型"答谢词，即用来答谢别人的招待的致词，它常用于宾主之间，既可用于欢迎仪式、会见仪式上与"欢迎词"相应，也可用于欢送仪式、告别仪式上与"欢送词"相应。

2. "谢恩型"答谢词。"恩"，受到的好处，即别人的帮助。"谢恩型"答谢词，即用来答谢别人的帮助的致词。它常用于捐赠仪式或某种送别仪式上。例如，1998年长江中下游地区的灾民在接受全国各地捐赠物品的仪式上，在洪水退后为抗洪抢险的解放军战士送行的仪式上，就使用了这种答谢词。

第七节　答谢词的写作要求

（一）格式内容

1. 标题。在第一行居中的位置上写上"答谢词"。

2. 称谓。另起一行顶格写致辞对方的姓名、头衔，既可以是广泛对象，也可以是具体对象。称呼后加"："以示引领全文。

3. 正文。首先，对主人的盛情表示感谢，并对对方的优越性予以肯定，表达出自己的荣幸与激动。这是答谢词的写作重点。

然后，要对对方的情况做较详细的介绍，以示尊重。接着，应提出希望与之进一步发展关系的强烈意欲。最后，再一次用简短的语言表示感谢。

（二）写作要求

1. 内容与结构要合乎规范。从前文的分析中可以看出，两类答谢词所涉及的写作内容以及所运用的结构形式，各有相对稳定的模式。在写作中，一不可混淆，二不可随心所欲地"独创"，要尽可能地符合写作规范，否则将会张冠李戴、非驴非马。

2. 感情要真挚、坦诚而热烈。既然要答谢，就应该动真情、吐真言，这就是所谓真挚、坦诚；虚情假意、言不由衷或矫揉造作，只能引来对方的反感。况且，答谢的本身，就是一种言情方式，既然要言情，就应热烈奔放、热情洋溢，给人以如沐春风的温煦感；否则，那种薄情寡义、冷冰冰、干巴巴、硬邦邦的致词是很难获得对方认可的。

3. 评价要适度，要恰如其分。一般说来，对于对方的行动，"谢遇型"致词不宜于妄加评论、说三道四。而"谢恩型"致词则可就其精神或风格作出评价，但要适度，要恰如其分，不可故意拔高、无限升华，以免造成虚情假意之嫌。

4. 篇幅要简短，语言要精练。礼仪仪式毕竟不是开大会，致词一般应尽量简短些，决不可像某些领导的会议报告那么冗长。作为答谢词，千字文即可。

要想篇幅简短，语言必须精练，应尽可能地将可有可无的字、句、段删掉，努力做到文约旨丰，言简意赅。

第八节　答谢词的注意事项

要想写出高质量、较完美的答谢词，除了把握以上几点要求之外，还须注意处理好以下几个方面的关系：

1. 客套与内容。客套是礼仪的表现，内容才是实际的东西。一方面，需要客套；但另一方面，客套要为内容服务，不宜过多，更不宜过分，以免造成对方的反感。

2. 友谊与原则。在谈论双边关系时，既要充分表达友好之情、友谊之愿，又不可丧失原则立场。对于敏感性问题应尽可能地回避（宜放到谈判桌前去解决），对于回避不掉的矛盾与分歧，也应以坦诚的态度、温和的口吻、委婉的言辞作出恰当得体的表达，要谨防出言不逊或不慎而伤害了对方的感情。

3. 过去与未来。对于昔日的矛盾与分歧，不宜耿耿于怀，应面向未来，化干戈为玉帛。故而，致词中应少讲昔日之辛酸，多谈未来之亮丽。

4. 现实与设想。也许，现实的双边关系不那么尽如人意，甚或存在着较大的矛盾与分歧。对于这种情况，致词中只需稍作提示，而应集中笔墨去做较完美的设想，因为设想的本身就是面向未来。但是，设想毕竟不是现实，不宜于说得那么实在，忌用"一定"、"必然"等副词修饰，宜用虚笔出之，比如可采用假设连词以及带有感觉、希望意义的意念性动词加以表达。

5. 表达己见。即自己的见解与意见，答谢词所表述的主要是己见；但是当自己的答谢处于对方的欢迎词或欢送词之后时，最好能将对方的意见引述过来，融入自己的意见之中。这样做，不仅可以丰富致词的内涵，而且也可巧妙地融洽双方关系，增强和悦气氛。

6. 言谢与行谢。言谢，即以言语致谢；行谢，指以实际行动致谢。孔夫子就主张要"听其言而观其行"，可见"行"是取信于人的一个最重要的方面。

7. "直"与"曲"。这是对章法以及表达形式的辩证要求。对于"谢恩型"答谢词来说，无论是章法结构还是表达形式，都应求"直"不求"曲"，也就是说，应依照其结构常式及逻辑层次平直地写来，无需章法上的起伏或者曲折，文字表达也应直来直去，排斥任何形式的婉言曲语。而"谢遇型"答谢词则不尽然，它要求"章法求直，表达求曲"。

8."雅"与"俗"。这是对致词语言的辩证要求。与其他的演讲文书一样，答谢词是诉诸听觉的，要想让人听得顺心悦耳，就应将优美雅洁的书面语与活泼生动的口语有机融合一体，以获得琴瑟和弦、雅俗共赏的美感。

第九节　欢迎词的实际应用

范文：新生入校欢迎词

亲爱的高一新同学：

当××市教育局招生办普通高中录取书发到你手中时，你就是××学校的一名正式高中生了。我们为你人生旅途中的这一重要转折，跨进以奔向大学为目标的高中阶段而庆幸和祝贺！

作为一个品牌学校的创办之初，校长从国外考察回来即以当今国际最先进的教育思想，在国内首先倡导了"情商智商双向开发，素质特长全面培养"的办学理念。多年的教育实践证明："以情促智，教学相长"让学生全面提升了情商和智商的成功素质，让家长普遍实现了子女成人成才的愿望。办学十几年来，为实施素质教育作出了重大突破，被××市教育局评为"教科研50强单位"，被市科技局评为"重大科技成果完成单位"，荣获了××市科技进步二等奖，并经过市督导评估达标，被市人民政府授牌为"市普通中小学办学水平先进学校"，还被评为"全国特色育人成功学校"、"全国心理辅导特色学校"、"全国民办百强学校"。我校历年的升学成绩，创造了"低进高出"、"高进优出"的奇迹；培养了三批高中生入党；走出校园的学子，进入大学后成了学习的佼佼者；进入社会的工作岗位上，成了受领导器重的人才。我们以特色教育和质量取胜，赢得了家长的普遍赞誉，形成了在全国有影响的教育品牌。从中央到地方的各权威媒体都曾多次来我校采访报道。

××学校的荣誉光环，全是依靠师生的共同打造。我们相信：当你走进××学校，你既是××学校的学生，也是××学校的主人。荣誉靠你我编织，荣誉为大家共享。你应该以高中生的姿态，去迎接高中阶段的挑战。你将一定会树立远大理想，实现宏伟抱负；为振兴中华而读书，为报效祖国而准备；你一定会确立大学目标，扎扎实实打下深造必备的知识基础。在高中三年中，希望你能自我认识，不断省悟；自我激励，坚定信心；自我控制，磨砺意志；感恩父母，化作动力；友善相处，合作互助。这些正是一个人成功因素占80%的情商。情商一旦成为你的基本素质，你的智慧潜能定能充分发挥。展开你的双翼，放飞大学梦想。当你拼搏三年后，接到烫金的大学录取通知书时，学校将再来为你喝彩！

第十节　答谢词的实际应用

范文：升学答谢宴家长答谢词

各位亲朋好友：

大家晚上好！

今天是我儿子金榜题名状元宴会的大好日子，此时我的心情也万分的紧张和激动，首先我想对爱子表示衷心的祝贺，同时也希望他以此为一个新的台阶，好好学习，不骄不躁，再接再厉，将来成为咱们祖国的有用之才，与此同时我还要代表我们全家对在场各位好友在百忙之中抽出时间前来捧场表示最衷心的感谢！

在此我想说的有很多，但千言万语化作一副对联送给大家：

上联是：吃，吃尽天下美味不要浪费

下联是：喝，喝尽人间美酒不要喝醉

横批是：吃好喝好

谢谢大家！！！

· 第四章 ·
节日演讲词

第一节　节日演讲的适用范围

　　常见的节日有很多：元旦、春节、妇女节、劳动节、青年节、儿童节、建党节、建军节、国庆节、教师节、端午节、重阳节、清明节、中秋节、元宵节等等。

　　节日演讲是在庆祝节日时所发表的演讲。在节日演讲中，演讲者一般都会根据节日的特点来确定主题，通常在演讲中要进行历史的回顾，这是因为只有总结历史，才能实现立足当下展望未来的目的。一般节日都是喜庆的日子，所以节日演讲的目的就是使听众轻松愉快。

第二节　节日演讲词的写作要求

　　节日类演讲是在庆祝节日时所发表的，根据不同的节日拟订不同的演讲主题，这同时也是一种回顾和反思。通常节日演讲都是积极向上的，为听众营造出一种轻松愉快的氛围。

　　不同的节日因为其代表的意义不同，所以演讲的情绪、主题、感情都是不同的，但是即使这样也还是能够找出节日演讲的几个共同点。

　　（一）内容都具有纪念性

　　节日演讲的内容必然离不开相关的节日，一般篇幅很短，但演讲者仍是将主题扣在了节日上，可以这样说，所有的节日演讲词内容都有纪念色彩。

　　元旦演讲是在欢迎新年时，同时在纪念过去的一年，端午节是为了纪念爱国诗人屈原，西方群众性的传统节日圣诞节，是为了纪念耶稣诞生。

（二）节日演讲都具有丰富的感情

没有感情的演讲是不能成功的，节日演讲就更应该具有丰富的感情。通常节日演讲的情绪都是受到它所要表述的节日的影响。

因为节日本身色彩纷呈，风格各异，所以导致了演讲词中情感的多样性和不固定性。

（三）节日演讲的目的具有明确性

演讲都是有其目的的，节日演讲的目的就是通过在节日、纪念日里发表演讲，阐明自己的主张，明确自己的观点立场，弘扬相应的精神，鼓动和激发听众的情绪，发出具体的、正义的号召。无论称节日也好，称纪念日也好，它们都具有一定的纪念意义。

第三节 节日演讲的实际应用

范文：元旦演讲

在本周的日历上，有一个特殊的日子——1月1日，这标志着华夏神州又增添了一道年轮，标志着时代的航船乘风破浪，伟大祖国又迎来了充满希望的一年。

1月1日又称元旦，"元"是开始，第一之意；"旦"是早晨，一天之意。"元旦"就是一年的开始，一年的第一天。从字面上看，"旦"字下面的一横代表着波涛澎湃的海面，一轮红日正从海上喷薄而出放射着灿烂辉煌的光芒，这个象形字生动地反映了旭日东升的形象。把"元旦"合在一起，就是要人们以蓬勃的朝气和奋发的斗志来迎接崭新的一年。

同学们，时光老人的脚步在悄悄挪移，我们不是都有光阴似箭、日月如梭的感觉吗？东晋诗人陶渊明曾有过这样的感叹："盛年不重来，一日难再晨，及时当勉励，岁月不待人"。我们也不乏这种紧迫感。我们是青年，青年是生命中的春天，是早晨八九点钟的太阳。我们是跨世纪的一代，成学业于本世纪，成事业于新纪元，我们将成为时代洪流中搏击风浪的勇士。生逢此时，荣幸又艰巨。读书，是一切成大事者的必由之路，是一切创造的基础。认真读书是时代的要求。我们要用勤奋和汗水夯实学业大厦的地基，用拼搏向时光索取价值，用双手为鲜艳的五星红旗添彩。只有这样，才无愧于华夏子孙，才能肩负起承前启后、继往开来的历史使命。

　　同学们，我们正满怀着希望和信心来叩响人生这扇奥妙的大门。生活是那样丰富和广阔，有无数宝藏等待我们去挖掘，有无数险峰等待我们去攀登，有无数蓝图等待我们去描画……在这生命的春天里，播撒下希望的种子，辛勤地耕耘吧！

下部

口才

理论篇

·第一章·
好口才的基本原则

实现有效交谈很重要

有效交谈是这样一种交谈：通过一定的方式进行当众说话，最后将你想要表达的观点或意见准确地传达给你的听众，进而达到你说话的目的。这听起来似乎很复杂，其实却很简单。它要求不说"废话"，却能将你的意思表达清楚。

一切说话的艺术都是服务于你说话的目的的。你或许想使你的听众明白你的观点，或许想让他们改变自己的观点转而赞同你，这样你就需要采取一种适当的方法让你的说话发挥作用。比如，"使对方一开始就说'是'"，我们说这样一种说话策略或艺术是一种有效的说话方式，那是因为这种方式有益于实现有效交谈。

在现实生活中，很多时候，我们由于没有注意到适当的说话方式或其他种种原因，而没有实现有效交谈。比如，一个新手对着一位顾客推销他的汽车，但是到最后都没有使顾客明白这辆汽车到底有哪些优点以及他为什么要选择这辆汽车，那么我们就说这个新手没有实现有效交谈。需要注意的是，假如顾客意识到了这辆汽车确实很不错，但是由于其他原因而没有买，这种情况下，我们认为这个推销员实现了有效交谈。

凯瑟林·阿尔弗雷德是一家纺织厂的工程总监。这家工厂以前采用的方法和标准足以应付过去的生产量。但是最近，他们增加了新的项目，加大了生产任务。为此，凯瑟林设计了一套新的标准，它不仅使员工可以根据纺纱的质量和数量来提高自己的收入，而且使工厂提高了生产量。凯瑟林在一次会议中向公司的领事层介绍了这套新的标准，并且希望得到采用。她因为相信自己设计的标准更加适合公司的发展，因此指出公司原来的做法是完全错误的，并且为新办法进行了辩护。她满以为自己会得到大家的支持，可结果却是，凯瑟林的新标准没有得到通过。

凯瑟林的标准明明比以前的更加先进，领导们也知道这一点，为什么却不让它通过呢？唯一的解释是，凯瑟林没有实现有效交谈。她忽视了说话的技巧和艺术，没有给领导留面子。

凯瑟林在上了卡耐基训练班的几堂课之后，开始意识到这一点。她建议再召开一次会议。会上，她请领导们指出问题出在何处，就每一个要点展开了讨论，并请他们拿出解决方案。而她在适当的时候，引导他们依照她的思路来提建议。这么一来，当会议结束的时候，她所要提的方案就差不多出来了。他们也很赞同这个方案。

这个例子说明：实现有效交谈是十分重要的，它在很大程度上（但不是绝对）决定了你能不能达到你的目的。而有效交谈的实现，则需要适当的说话方式。如果你希望自己的讲话能够成功，你就应该注意运用有效的说话方式。

根据对方决定说话策略

我们已经讲过，说话不是说话人一个人的事情，而必须考虑听众。我们讲话的目的，是要表达自己的观点给别人听。那么，能否达到这个目的，最终的决定因素还是听众。因此，我们在说话时，要尽量使用适合对方的表达方式，即根据对方决定我们的说话策略。

遗憾的是，我们没有一种放之四海而皆准的说话艺术来使你轻易地掌握说话技巧。在说话之前，你有必要对下列问题仔细地进行考虑：你要对谁讲、将要讲什么、为什么要讲这些内容以及怎么讲等。

同样的一种说话策略，对不同的人为什么不一定都适合呢？这是因为人的心理素质、性格、受教育程度、成长环境等都不相同。比如，可以对害羞的 A 小姐进行鼓励，以建立她的自信，从而使她能够站起来当众说话；对好辩的 B 先生则进行容忍训练，让他给别人说话的机会，使得他不会因为自己的冲动而失去顾客。之所以采取不同的策略，就是因为 A 小姐和 B 先生的性格不相同。

不同的人接受他人意见的方式和敏感度是不一样的。一般来说，文化水平较高的人不屑于听肤浅、通俗的话，对他们应该多用抽象的推理；文化层次较低的人则正好相反，他们听不懂高深的理论，对他们应该多举明显的例子。对于那些刚愎自用的人，不必循循善诱，你可以用激将法；而对于喜欢夸张的人，不必表里如一，可以进行诱导；对于生性沉默内敛的人，不妨循循善诱、语重心长；而对于脾气暴躁的人，用语要简明快捷；对于思想顽固的人，要看准他感兴趣的东西，然后通过这些兴趣点改变其思想，如此等等。只有知己知彼，你才能取得说话的最好效果。

罗素·康维尔前后发表过以"发现自我"为题的著名演说近6000次。你或许会感到不可思议，或许认为重复这么多次的演讲，其内容应该已经根深蒂固地刻在演讲者的脑海中了，所以每次演讲时连字句音调都不会作任何改变了。

但事实并非如此。康维尔博士知道，听众的知识水平与背景各不相同，只有让听众感到他的演讲是有针对性的、活生生的东西，是特意为他们准备的，这个演讲才会引起他们的兴趣。他是怎么做到这一点的呢？他是怎么在一场又一场的演讲中成功地维系着自己和听众之间轻松愉快的关系的呢？请看他自己的回忆：

"在到了某一个城市或镇上准备发表演讲之前，我总是先去拜访当地的经理、学校校长、牧师等有知识或有名望的人，然后走进商店同那里的人们谈话，这样我就可以了解他们的历史和他们个人的发展机遇。之后，我才发表演讲，并在演讲中和他们谈论他们感兴趣的话题。"

康维尔博士非常清楚地知道，成功的沟通必须依靠演讲者使他成为听众的一部分，同时也使听众成为演讲的一部分。尽管这篇重复了近6000次的演讲成为人们最欢迎的演讲，但我们却找不到演说词的副本。由于康维尔博士的睿智和勤奋，所以虽然这一相同的主题他已经给数不清的人们讲过，但同样的演讲不会说两次，因为他面对的是不同的人。

有一条船航行至海上时，突然发生了意外。船长命令大副去叫乘客弃船。大副去了半天，结果却悻悻而回。他说："他们都不愿意弃船，对不起，我实在没办法了。"

船长只好亲自到甲板上去。不一会儿，他便微笑着回来了，然后对大副说："他们都跳下去了，我们也走吧！"

大副很惊讶，于是问船长是怎么做到的。

船长说："我首先对那个英国人说：'作为绅士，你应该作出表率。'他就跳下去了。接着，我对法国人说：'那种样子是很浪漫而且潇洒的。'于是他也跳了下去。然后，我板着脸对德国人说：'这是命令，你必须跳下去。'于是德国人也跳了下去。

大副听了十分佩服，说道："太妙了，船长，那么美国人呢？"

船长回答："我说：'您是被保了险的，先生。'那人夹着皮包跳下水去了。"

这虽然可能不是一件真实的事，但是却说明了一个道理——你也许已经有所感悟——即我们在说话时，应该时时记着特定的听众。而在说话之前，我们应该知道这些听众是什么样的听众。具体而言应该如何做呢？至少有以下几点你需要注意：

谈论对方真正感兴趣的话题

你必须谈论对方真正感兴趣的话题，这是接触对方内心细想的妙方，这样的话你就已经成功了一半。每一个拜访过罗斯福总统的人，都会对他渊博的知识感到十分惊讶。波赖特福是研究罗斯福的专家，他解释说："不论是牧童、骑士，还是纽约的政客、外交家，罗斯福都知道该和他谈论什么话题。"而之所以能做到这一点，是因为罗斯福总是会在访客到来之前，翻阅一些对方特别感兴趣的资料。

使用对方所熟悉的事例

你必须使用对方熟悉的事例来说明你的观点。也许你辛辛苦苦地说了半天，却还是没有把自己的意思向听众们解释清楚。不妨把你的道理和听众熟悉的事情作比较，告诉他们这件事情和他们所熟悉的那件事情道理是一样的。

曾有一个门徒问耶稣，为何他总是喜欢用比喻来向大众讲道理。耶稣说："因为他们虽然在用眼睛看但是却看不见，虽然在用耳朵听但是却听不见，这样，他们自然就不了解。"当你向听众谈论他们不熟悉的话题时，他们会有很深的了解吗？这自然很难。所以，我们需要把人们不知道、不熟悉的事物和他们已经知道、已经熟悉的事物联系起来。

当化学家要向孩子介绍催化剂在化学中对工业的贡献时，如果他说："这种物质能让别的物质改变而不会改变自身。"孩子也许很难懂得。

但是化学家可以说："它就像个调皮的小男孩，在操场上又跳又打又闹，还推别的孩子，结果自己却安然无恙，从没有被人打过。"这不是更加容易使孩子们懂得吗？

避免使用专业术语

如果你是一位医生、律师或经济学家，当你打算向外行人介绍一些你的专业知识时，千万要慎用专业术语，即使用了专业术语你也必须极为小心地作详细的解释。

我们曾经听过无数次失败的演讲，演讲者并非没有渊博的专业知识，有些甚至还有不错的演讲技术，但是他们的不小心却使得他们失败了，而且败得很惨。为什么？因为他们忽视了一点，那就是：一般听众对他们的行业缺乏了解，可是他们却高谈阔论，在自己的演讲中大量地使用专业术语，使得听众越听越迷惘。他们的演讲简直如同天书，所以会毫无效果。

因此，记住亚里士多德的一句话："思维如智者，说话如众人。"当你下次说话想用专业术语的时候，你必须谨慎地向听众进行解释，这样才能使他们懂得你说话的主旨——而那些需要一再使用的关键词则更是这样。

什么场合说什么话

你可能会遇到这样的情形——一个人拍拍你的肩膀，然后说："请给大家说两句。"而这个时候，你多半正在津津有味地倾听别人精彩的谈话，或者正在考虑明天怎么样向你的顾客推销商品。但是你发现，人们的目光很快地转移到你的身上来了。而你大概还没弄清楚是怎么回事，大家就一致欢迎你讲话了。你可能会觉得比较尴尬，因为你根本没有打算站起来说话。

在这样的时候，最好的办法是：你先随便说上几句无关紧要的话，争取一个喘息的机会；然后开始讲适合这个场合的、与对方关系密切的话题。因为对方永远只对自己和自己正在做的事情感兴趣，所以，你可以就地取材，从对方或当时的场合抓取你说话的话题。当然，这个话题你必须熟悉。

讲话最根本的两点其实就是"说什么"和"怎么说"。"说什么"就是你说话的内容，针对不同的场合，你的说话主题应该有不同的变化；"怎么说"就是怎么把这些话表达出来，针对不同的场合，你需要采取有针对性的说话技巧。交际场合经常会出现这样的一种情况：有的人侃侃而谈、口若悬河；有的人却呆坐半天、一声不响，即使有时候想说话，也会因为找不到合适的话题和方法而无从谈起。

不管是即兴说话，还是准备充分的说话，你都必须设法针对特定的场合。你必须关心的有两点，即当时的人和当时的场合。你可以谈论跟对方有关的话题，说说他们是谁、正在做什么，特别是他们为社会和人类作了什么贡献，等等。

而关于场合的问题，确实十分复杂。你可以讲这次聚会的缘由，比如它是周年纪念日，还是表扬大会，或是年度聚会，或者是政治性或商业聚会。由于前来参加聚会的人与聚会主题都有一定的联系，因此，如果你就此发表你的谈话，你当然能够吸引对方的注意力。

最成功的讲话，都是对对方和场合的真实的感想，并且做到了因地制宜。尽管这种说话是针对一定的场合的，它们就像昙花一现一样，一般都只在特殊的场合、特殊的时刻展现，但是人们的愉悦却远远不止于此。在你还没有想到之前，他们已经把你当作说话高手了。

你在说话的时候总是会以一定的社会角色——可能是一个医药学专家，也可能是一个律师——出现在人们面前，所以当你出现的时候，人们总是容易把你的社会角色和你联系起来。但是在不同的场合，你的身份可能会有变化。比如，作为医药学专家的你出现在一个朋友的聚会中时，如果没有人提及，你可能并不需要大谈你的医学知识，这时候你的身份只是一个普通的朋友，而不是你的专业角色；但是当你出现在学术座谈会上时，你需要展现的当然应该是你渊博和专业的医药学知识，这时候你的角色已经发生了变化。因此，我们在不同的场合说话时，一定要注意自己的身份。

中国的语言十分有特色。有一次，某地举行修辞学年会。会长在开场的时候这么说："先让我这老猴耍一耍，然后你们中猴、小猴接着耍。我老猴肯定耍不过你们中猴、小猴，但是总是要开个头的。"代表们听了都觉得很有意思，都笑着鼓掌，大家的情绪都被带动起来了。会长是与会者中的权威，又年近古稀，他把自己比作老猴，把其他与会者比作中猴、小猴，不但形象地描述出了老、中、青三代学者共聚一堂，而且显得非常幽默。并且，在修辞学的研讨会上，会长故意用这种修辞表示自谦，与主体身份、客观对象以及具体场合都十分协调，因而取得了非常好的效果。但是，假如一个中年学者说"我是中猴，先让我来耍一耍，然后你们老猴、小猴接着耍"，即使他是会长，他这么说也很不得体。这会使听的人产生反感，而且把年纪大的学者比作老猴是不尊重他们的表现，因为按照他的身份是不能这样打比方的。所以，我们一定要把握好当时场合下自己的身份是什么，之后再开口说话。

在不同的场合，当我们的角色发生改变的时候，我们需要说不同的话。比如某一天，你先与室友交谈，然后去上课，最后回到家和妈妈交谈，另外你还有可能参加了一次义卖活动。在这一天你的角色转换了许多次，有朋友身份、学生身份、孩子身份、商家身份、慈善者身份等，每一种身份都确定了你应该怎么说话。当然，这些东西你可能了解，只是你没有意识到而已。

我们在不同场合说话，还必须符合当时的语境，也就是说，我们所选择的材料、语言内容、表达方法和说话结构都要切合特定的场合，符合特定的时间、地点和人物等因素。

如果参加一个喜礼，人们会期望我们在仪式中说："这个孩子真漂亮。"但是如果你说："这孩子我可不大喜欢，他长得太奇怪了。"你就会引来无数责备的眼光。在婚礼上，我们应该祝福新婚夫妇幸福、白头偕老，而且不要忘记称赞新娘很漂亮。

如果你在非洲东部的农村，遇到了一个非常熟悉的人却只是简单地说了一声"你好"，你可能会被认为很无礼，而且你也无法跟他们处好关系；你应该停下来，耐心细致地询问对方的家庭、家畜和健康状况。有些地方，在婚礼上对新婚夫妇说希望他们会有很多儿子是适合的；但是在美国，如果你还这么说的话，就会被认为是十分突兀和无礼的。

但是，很多人偏偏做不到这一点。水管工人可能会告诉你，你家的厕所需要一个新的套筒垫圈，而通常不会告诉你这是个什么东西——这会使你很茫然——因为他根本没有意识到他面对的是一个对水管修理一窍不通的人。显然，对他而言，这是一次失败的沟通。他应该告诉你套筒垫圈是什么东西，应该买多大的，最好还告诉你到哪里去买最实惠。

一位在夏威夷悠闲度假的文艺家接受了电视节目的采访。女记者这么问他："您这些天感觉好吗？"她本来可能是想问"您是否每天都如此悠闲地享受生活"，殊不知，她问的那句话是在询问别人的身体时才用的。结果，那位文艺家也只好平静地回答："是的，托你的福。"

而如果你在董事会上大大咧咧的，像平时对待同事一样，一点儿都不注意说话策略的话，你很有可能会给他人留下不好的印象，从而面临失业的危险。

说话要注意方法

一次，一位政府高级官员把美国参议院调查委员会的委员们搞得坐立不安、如坠雾里。这位官员不停地比划，却含混不清、毫无重点，根本没有把他的意思表达清楚。结果委员们的困惑也逐渐增加。

后来，一位来自贝卡罗来那州的参议员小萨姆尔·詹姆士·阿尔文抓住机会，打了一个精彩的比方。

他说："这位官员让我想起了我认识的一个男人。这个男人通知律师，他将与老婆离婚。不过他却向律师承认，他的老婆很漂亮，饭菜做得好吃，是个贤妻良母。

"律师问他：'既然她这么好，你为什么还要离婚呢？'

"'她总是在我的耳边说个不停，让我受不了。'这个男人说。

"'她都说了些什么呢?'律师问。

"'我最讨厌的正是她这一点,'男人回答,'她从来就没有把话说清楚过。'"

这个高级官员正是这样的。遗憾的是,很多说话的人都是这样,大家根本不知道他们在说些什么,他们也从来没有说清楚,从未把自己的意思讲明白过。

"任何题材,说得好还是不好,完全取决于讲那件事的人怎么样去讲,而不在于所讲的是什么。"这句话出自英国著名政治家昆特莱,一度流传甚广。

说话真的有这么难吗?不是的,只是我们需要掌握一定的方法而已。罗德威·威根斯坦说:"凡是可以想到的事情,都是可以清楚地思考的;凡是可以说出来的东西,都是可以清楚地表达的。"

如果你想要把自己的意思表达清楚,让对方毫不困难地了解你,你可以学着使用下面的方法:

限定你的要点

一个人曾经在3分钟之内谈了11个要点。这就是说,他用平均16.5秒来说明一个要点。可是即使他是一个天才,也做不到这一点。结果果然如此,他说得的确很失败。他就像一个导游带着一群游客,想要在一天之内匆匆地看完伦敦所有的风光——这是有可能的,但是,这样的游览有什么意义呢?看完之后,人们根本记不得自己看到了什么。他也是这样,说话时像一只羚羊飞快地从这一点跳到另外一点,弄得对方最终什么印象也没有。

有时,一些经验丰富的说话高手也会犯这样低级的错误。不过,由于他们具备多方面的才华,所以错误并没有一般人那么严重。但是你千万不要向他们学习,你应该紧扣你的主题。把你的主要观点讲好之后,对方也会被你深深吸引住的。

逻辑顺序要清晰

所有的说话内容都可以用一定的时间和空间顺序或者事物的内在逻辑顺序进行组织。像时间,我们既可以按照过去、现在、未来的顺序来组织、展开说话内容,也可以采取完全相反的顺序。而在空间顺序的说话方式上,则可以以某一点为出发点,然后向外拓展;当然,也可以按照方位的顺序来处理。另外,还有一些题材,其本身就有自己的内在逻辑顺序,你只要依照它去说就行了。

逐条说明重点

在你说话的过程中,要明白地表达你的重点,并且告诉别人,你将怎样讲、接下来会讲什么,这样的话对方会很容易对你的说话有一个条理清晰的好印象。你可以这么说:"我要讲的第一点是……"接下来谈论你的第二点、第三点,这样就显得简单而清晰。当然，你也可以使用其他的关联词语。

在美国国会联合委员会举行的商业会议上，著名的经济学家、伊里诺州参议员道格拉斯发表了成功的演讲，他巧妙地运用了这种方法。

一开始他说："我为大家演讲的主题是：最迅速、最有效的经济增长方式是减征那些差不多用尽全部收入的中低收入阶层的个人所得税。"

接着，他用这样的方式继续他的演讲：

"具体说……

进一步说……

此外……

我这样说，是基于以下三个理由：第一……第二……第三……"

最后他说："总之，我们要做的是立即减征中低收入阶层的个人所得税，以增加需求与购买力。"

这样，整个演讲显得紧凑有序，而且很有说服力。

让对方熟悉你的题材

这个问题我们之前已经谈论过了，那就是慎用专业术语，用人们熟悉的语言和题材来跟他们说话。

借助工具

你可以借助工具来说明你的问题。它可以是一些你讲述到的东西，也可以是图片资料或者幻灯片。在这个科学技术日益发达的社会里，这些东西往往使人们觉得比较亲切，它们更能吸引人们的注意力，更能激发人们的兴趣，而且可以更清楚地表达我们的观点和思想。

话要说到点子上

如果一个朋友对你说一件他经历过的事情时这样说："我到一家公司去谈业务。那家公司在××街的转角，门牌是××号。××路正在修马路。我记得这家公司以前不在这个位置，以前应该是在××街，也可能不是。我去那家公司遇到了……"

虽然他讲了一大堆话，但是你发现你根本不知道他想要讲什么。后来他终于讲到他在那家公司遇到了一个老同学，你才恍然大悟，明白他要讲的原来是这件事。

其实他不必说那么多话。他为什么不直截了当地把要表达的意思说清楚，却说了那么多不知所云的废话呢？那是因为他没有说到点子上。

你可能也面临过这样的困境：当你费尽九牛二虎之力终于讲完的时候，对方却仍然一片茫然，他根本没有听出来你打算讲什么意思，直到你最后强调了你的观点之后，他才会说："哦，原来你要说的是这个！"

我们都知道这么说话的效果很差，因为你既没有让别人明白你的意思，又没有使你的话具有很强的说服力。原因在哪里？因为你没有说到点子上。

很多人在表达观点时，喜欢在最后才引出自己的结论。这是他们在中学和大学里学到的技巧。这样做导致的结果是，在得出主要观点或者结论的时候，对方早已对你所说的话没有兴趣了，因为他们已经没有足够的耐心了。这也是由于你没有抓住重点。

有人认为，说话说得越长代表说话者的水平越高。这是一种错误的看法。

林肯总统在葛底斯堡的讲话也只有226个字，但它却流传至今。在那次典礼上，来自马萨诸塞州的爱德华·伊韦瑞特发表了长达两个小时的演讲，随后林肯却只讲了两分钟，可是你对爱德华·伊韦瑞特这个名字有印象吗？

事实上，无论事情多么复杂、道理多么深奥，都只是那么一点或者几点经过概括和抽象的认识。而这些认识，是精华，是核心，是本质。只要抓住他们，你就能使你的说话言简意赅、简练有力。

当你和别人交谈时，你说了一大段话才把观点表达清楚，或者更糟，你自己都不明白自己在讲什么，尽管对方表现得彬彬有礼，可他们还是会面带倦容。你完全可以说得更加简练些，用尽量少的话表达你的观点，即抓住你说话的重点。

当然，如果你觉得必须用一篇论文才能说清楚你的观点，我们并不反对。但是如果事情明明可以用一句话说完，你为什么非得把它说成一篇论文呢？根据经验，长篇大论一般都会损害你说话的内容。当你把它写成论文的时候，你必然会用许多与你的意见毫无关系的词语来充斥你的论文，从而使你说过多的废话。

上面的道理听起来似乎很容易，但是人们往往因为各种原因，在实际讲话的时候忘记了这一点。

约翰是美国加利福尼亚的一个富翁。某年他飞往国外，准备在当地寻找合作伙伴投资建厂。三天后，该国某厂的一位经理跟他进行了商业谈判。这位经理十分能干，通晓市场行情，约翰对他十分满意。他接着对合资企业的前景作了一番令人鼓舞的描绘，令约翰感到十分高兴。正准备签约时，这位经理颇为自豪地说："我们公司 2000 多名职员，去年共创利 100 万美元，实力绝对雄厚……"

约翰一听，心里想：2000 多名职员一年才赚这么一点儿钱？这离自己的预期利润相差太多了，而且，这位经理还这么自豪和满意。于是约翰当即终止了合作。

试想一下，如果那位经理不说那句沾沾自喜的话，谈判就一定成功了。正是他不着边际的话暴露了他和公司的弱点，从而使他失去了这笔重要的业务。回想起来，那位经理一定会十分痛心。

我们经常看到，有的人滔滔不绝地谈论，然而词不达意或语无伦次，让人听了生厌；还有些人则喜欢夸大其词。我们在说话的时候，一定要把多余的话去掉，准备一些简单明了的话，一开口就往点子上说，千万不要生拉硬拽，令人不知所云。

关键时刻停三秒

你可能遇到过这种事情：说话者才华横溢、口若悬河，当他说完的时候，人们确实觉得他说得很精彩，但是如果让他们回忆哪些地方精彩的话，他们会告诉你没有什么印象了——他们可能只是对最后几句话印象深刻。

在关键时候停顿下来，能够使你的讲话增添趣味，就好像是在烹饪的好汤里撒盐一样。大多数情况下，停顿运用得太少会使说话索然无味，而这样势必会影响讲话的质量。

良好的说话技巧表现在，它既能够帮助对方更好地理解，也恰恰能够帮助你达到说话的目的。这其中一个重要的技巧就是说话的停顿。有意识地运用停顿，你几乎可以达到你希望达到的所有效果。很多人都经常忘记，停顿和说话是一起被人们听进耳朵的。

林肯总统讲话时有一个绝好的技巧，就是在他想把一个重要思想深印到对方脑海里的时候，就把自己的身体前倾，两眼盯住对方，一言不发。这突然停顿的效果和突然的一声巨响一样，都是惊人的，那就是能引起对方最大程度的注意。

当林肯与道格拉斯议员做著名的辩论的时候，他惯常的忧郁表情显然不利于他，因为这使他说出来的每一个字，仿佛都带有凄凉的味道。因此，当将要结束的时候——我们认为这个时候是辩论的高潮——他突然卷起他的衣袖，两眼逼视讲台下那些快要打瞌睡的，也可能是对他怀有好意的听众，沉默一会儿后，用一种特别的声调说："我的朋友们，我和道格拉斯先生，无论谁当选为上议院议员，其实都不重要。可是，今天，我要在你们面前提一个很重要的问题，这个问题的重要性远远在我私人的利益或者任何党派的命运之上。朋友们！"说到这里，林肯又停了下来，看着听众，让他们等待他接下来的话，以便让他们能够把接下来的每一个字都印到脑海里，"那个问题，即使在道格拉斯先生和我死后被埋进地里，好辩的舌头已经腐烂、不再说话的时候，它也仍旧存在，而且仍在所有人心中燃烧。"

有人评论林肯的这个技巧时说："这几句简短的话和他讲话时的态度，触及了每一个人的心灵深处。林肯在讲话时，常常在一些重要的字句之后突然停顿一下。他深知这样的一种沉默，可以将他的每一个重要意思完全送进别人的脑海中去。"

罗兹爵士也常常是这样。他在每一个重要字句的前后都要停顿几秒钟，甚至在一句话中会停顿三到四次。而且，他停顿得十分自然，一点都不勉强、做作。

现在，我们把下面一段话中应该停顿的地方标了出来。所标的东西不是不能改变的，这没有一定的法则。而且，也许你今天认为要在这个地方停顿，明天却以为应该在那个地方停顿。当你试着读它的时候，最好先用不停顿的方法读一遍，以便比较停顿后的效果。

"商场如战场，（略停顿，以便使这句话印入听众的脑海中）只有以战士般的勇气才能在商场中立于不败之地。（停顿）我们或许并不想这么做，但是，要知道，这种情况不是我们造成的，（停顿）而且，我们也不能改变什么。（停顿）如果有一天，你加入了一个商战的联盟，你就得拿出你的勇气来。（停顿）不然的话，（停顿一两秒）你干任何事都会有失败的危险。（停顿）就像打球一样，（停顿）如果一个人想一棒把球打出去而可以使人跑完三垒，那么就不要对对方的投手感到畏惧。（多停顿一会儿）请务必记住，（多停顿一会儿）那位能够一棒把球击出球场以外而安然跑完全垒得到一分的球员（多停顿一会儿，以使听众着急等待你说出是谁），在他的心里，必定是早已经有了坚定的意志，他一定咬紧了牙，为他那一棒惊人的事业做好准备了。"

另一方面，停顿有助于你减少使用语气词。你可能经常用"唔"、"嗯"、"你知道"等毫无意义的词语，这些词语经常是在你自言自语或者寻找合适的机会时讲出来的。如果你频繁地使用这些语气词，它们会使你的讲话比连贯时更容易分散对方的注意力。停顿就能够让你不发出不必要的声音。

你可能担心停顿会使你流畅的讲话出现空隙。事实上，如果在必要的时候停顿的话，你就赢得了对方的注意力，也赢得了他对你接下来要讲的话的急切盼望的心情，同时也给了他一个很好的机会对所听到的内容有所反应。而且，在你停顿的时候，你可以利用这个时间回味一下你的上一句话。

当你有意识地停顿的时候，你一定要看着对方，或者用目光盯着他。如果你看着你的脚尖的话，他可能会以为是窘迫和尴尬使你停了下来。那样一来，你就会得不到应有的效果，即使后来你让人们知道你很自信，也会得不偿失的。

别光顾自己说

这个题目的意思是：我们在讲话的时候，必须顾及到听话的人。

有很多人有这样的毛病：他们一开始讲话，就以为自己是这个世界的主宰了，从不考虑对方的反应和感受；他们不知道根据对方的感受来调整自己的讲话策略。

许多人在说话时只谈论自己感兴趣的事情，而对方对这些事情却感到无聊之极，他们不知道应该根据对方的兴趣来改变话题。

也有这么一些人，他们在讲话的时候，完全依靠自己的思考方式来表达，就好像是在自言自语一样。

为了解决上面的问题，你必须和听众进行沟通，而不是自己说自己的。你可以依照以下的方法来做到这一点：

谈论对方感兴趣的东西

对方之所以会对你的说话感兴趣，是因为你的谈话内容和他们有关系、与他们的兴趣有关系，或者与他们的问题有关系。正是这种与对方相关联的内在联系，才使讲话者能够抓住听话者的注意力，从而保证听和说之间的沟通顺利进行。而这种沟通，正是你说话成功与否的重要评断因素。

注意，我在这里说的不仅是你整个说话的主题，而且包括你说的每一个字句，你必须保证它们是与对方有关的。艾黎克·琼斯顿是美国前商会会长，他时刻注意到要针对说话对象的兴趣讲话。他的每一次演讲都不会让听众觉得他是在念油印出来的一份拷贝文件，而像是特意为他们准备的。演讲者根据听众所关心的事情和兴趣来演讲，听众绝对会更加注意。

如果面对听众时你从不顾及听众心中自认我为中心的天然倾向，你就会发现自己面对的是一群烦躁不安的人。他们会表现出对你的演讲很不耐烦，会不时地看时间，并且渴望离开。为避免这样一种情况，你应该随时注意你所说的是不是听众所感兴趣的。如果不是，就请换点他们感兴趣的东西。

鼓励对方积极参与

你可以用一点小小的技巧，以便让对方紧跟着你的思路前进。如果你在说话的时候能够让对方来协助你展示某个观点，或是把你的观点戏剧化地表达出来，他们的注意力必然会集中到你身上。

这是因为，当对方被你带入"表演"中时，他们就会敏锐地观察所发生的事情。很多说话者意识到了自己和对方之间存在着一堵墙，但是他们不知道，如果能邀请对方共同参与，这堵墙就可以被推翻。

提问也是一种最常用的方法。一些说话高手总是喜欢请对方跟着他重复一句话，或向对方提一个问题。帕西·H·华亭曾经提出了一些如何让听众参与讲话的建议。他建议可以让对方对一些事情进行表决，邀请他们共同参与解决问题。

他把听话者描述为"企业的伙伴"。如果你让对方参与进来，那么你相当于把合伙人的权力送给了他们。

让对方进入场景

如果你确实很想和对方沟通，你就必须了解他们，并且让他们知道这一点。

一位交流学家给一家废物处理公司的执行董事们作了一次培训。在培训之前，他特意在一辆垃圾车上工作了三天。他一开始就告诉他们，自己已经拖运了三天的垃圾。"他们完全被我吸引住了，"这位交流学家回忆道，"我的观点很好地被接受了。"显然，这是因为他和对方很好地联系在了一起，因为他了解到了他们的感受。

强调优点

要确保对方清楚他们可以从你的说话中得到需要的东西。因此，你需要在讲话的开始就强调对方所能获得的好处，并且要不断地强调。

一位说话高手会在他讲话的时候，一开始就提出一个对方可能会问自己的问题，然后告诉对方可以从他的讲话中找到答案。这是个非常好的技巧。

让对方也说话

当你在说话的时候，可能对方也有要说的东西。这个时候，你必须给他这样的机会。这么做的最大好处是，如果你想说服一个人，最好的办法莫过于借助于他自己的嘴巴。

说的话要引人入胜

一般而言，人的注意力很不容易集中，除非你的谈话有足够的吸引力。当你以单调低沉的语气在某一个主题上平淡而谈时，对方容易感到乏味，从而导致注意力不集中。

在一次不甚精彩的演讲中，听众中间有一个人站起来离开了。他的妻子站起来对大家解释说："请原谅我的先生，他有梦游的毛病。"连演讲的人都笑了。

如果你不想在你讲话的时候出现这样的情况，你就必须学会抓住对方的注意力。如果发现对方根本没有注意到你在讲什么，你就必须改变你的话题（当然，是暂时的），或者改变你讲话的方式。

林肯是能够抓住对方注意力的，他非常清楚怎么样才能做到这一点。在做律师的时候，一天，一位老态龙钟的妇人找到他，哭诉自己被欺侮的事。这位老妇是独立战争时一位烈士的遗孀，每月靠抚恤金维持生计。不久前，出纳员居然要她交一笔手续费再领取抚恤金，而这笔手续费差不多相当于抚恤金的一半，这分明就是勒索。

老妇在林肯的帮助下把出纳员告上了法庭，但是被告在法庭上矢口否认他向这位老妇要过手续费的事情。由于这个狡猾的出纳员是口头对老妇进行勒索的，在没有凭据的情况下，形势显然对老妇不利。

轮到林肯发言的时候，无数双眼睛盯着他，想看他有没有办法扭转乾坤。

林肯用自己抑扬顿挫的声音开始了辩护。他首先把听众引入对美国独立战争的回忆。林肯两眼闪着泪光，述说爱国志士是怎么忍饥挨冻地在冰天雪地里战斗，为浇灌自由之树而洒尽最后一滴鲜血的。最后，他以巧妙的设问，得出令人怦然心动的结论：

"现在历史已经成为遗迹。1776年的英雄们，早已经长眠于九泉之下。可是他们那衰老而可怜的遗孀还在我们面前，要求替她申诉。不用说，这位老妇人以前也是位美丽的女子，也曾经有过幸福美好的家庭生活。不过，战争和岁月使她失去了这一切。她变得贫穷无依，不得不向享受着革命先烈用鲜血和生命争取来的自由的我们请求援助和保护。试问，我们能熟视无睹吗？"

发言戛然而止。人们被感动了，他们中有的捶胸顿足，扑过去要揍被告；有的眼圈泛红，流下了同情的眼泪；还有的当场解囊相助。在人们的一致要求下，法庭通过了保证烈士遗孀不受勒索的判决。

光是善良，并不一定能使林肯赢得这场官司。但是林肯巧妙地把人们——包括法官——的思维引到有利于他的一面，从而赢得了这场官司。

这就是引人入胜的好处——它能使对方被你的话吸引住，从而被你说服。你必须使自己的讲话引人入胜，这样才能吸引对方。

一位政治家跟一群农民闲谈关于政治的话题。他发现当自己讲了一大段话之后，农民们还是心不在焉，没有认真听他说的是什么。于是他给他们讲了一个幽默故事：

"三个年轻人救起一个不慎落水的政客。为了报答他们，政客说可以尽量帮他们实现愿望。第一个年轻人说：'我希望进入西点军校，但是我的成绩不理想。'政客回答说：'没问题，你能进了。'第二个年轻人说：'我申请进入安娜波利大学，但是遭到了拒绝。'政客回答说：'不用担心，你可以进去了。'第三个年轻人说：'我希望被埋在阿灵顿国家公墓。'政客很吃惊，问他：'公墓？为什么？'那个年轻人回答道：'如果我父亲知道我救了你，我会被他杀掉的！'"

农民们大笑起来。政治家接着说："看来，一般人对政治家很有偏见，可那是因为对政治不够了解……"农民们很快就认真地听政治家讲话了。

这位政治家说了一个幽默故事以吸引对方来听他讲话，他的方法十分巧妙。幽默可以营造气氛、松弛紧张情绪，并建立你和对方之间的友好关系。如果办得到的话，在你的谈话中插入适当的幽默故事，会使对方对你的谈话更加感兴趣。

当然，以上所说的这些并不是吸引对方注意力的全部方法。我们在实际的讲话过程中，需要自己去积累、总结这样的方法，然后用到讲话中去。

一般而言，我们在做到引人入胜这一点上，需要注意以下一些问题：

风格

你必须要具有自己的风格，这样才能展示属于你的东西。比如，大多数人喜欢讲话者风格明快，也不排除有人喜欢晦暗的讲话。但是，如果可能的话，尽量使自己的讲话属于明快型的。

声音

人们听到的是你的声音，而不是其他的东西。如果你的声音很动听，而且自己也把握好了怎么去说每一个词句，你必定能吸引更多的注意力。

语气

说话时要注意你的语气，不要太轻，也不要太重。

思路

你需要表达得更有条理，这就是你的思路。在讲话的时候，你要想清楚自己要讲什么、怎么讲、讲到什么程度，你应该把话说得清楚、果断而且有条理。

说话应遵循礼仪

这一节专门来谈说话的礼仪。事实上，本书所讲的关于说话艺术和技巧方面的东西，有很大一部分都与礼仪有关。比如，牢记他人的名字，这不仅是一种策略，也是一种礼仪；不指责别人的错误，这是一种礼仪；说话得体，也是出于礼仪上的考虑。

由于礼仪包括的内容过于庞杂，现就其中几个重要的方面进行扼要的讲述。

称呼

称呼得体在很大程度上决定着人们交往活动的成功。社会心理学家们认为，得体的称呼能使人们心情愉快，能拉近人和人之间的距离，有助于形成亲密的人际关系。

不同的地区、不同的民族和不同的语言传统使称呼的差异很大，不同的职业、职务、年龄等也使称呼变得十分复杂；而且，即使是同一个人，在不同的场合、不同的时期，称呼也会有很大的不同。在某种程度上，称呼就是人们社会身份的象征。前面已经讲过，称呼不仅仅是一种礼貌。不论你怎么去称呼他人，你都必须强调这样的一些意思，即"你很重要"、"你很好"、"我对你很重视"。基于此，再具体谈一些需要注意的问题。

记住对方的姓名。这一点已经在前面讲过了。

符合年龄和身份。称呼对方，必须符合对方的年龄、性别、职业和身份等具体情况。对年长的人，我们要恭敬；对同辈，则需要表情自然、热情友好；对晚辈，则要慈爱、谦和；对高职务者，比如你的上司，你最好称呼其职务或者职称，以表示你对他的尊敬。总之，我们需要讲究礼貌而又不卑不亢。注意千万不要使用"喂"等词来称呼他人。

称呼多人的时候要有序。比如当你在一个宴会上同时面对很多人时，你最好向他们一一问好，而不要只说："大家好！"否则，对方可能会以为你在敷衍他们。在这个时候，你应该遵循的顺序是：先老后幼、先女后男、先生疏后熟悉。称呼能直接地反映出你的道德修养、知识水平和文明程度，同时也能展现出你的交往技巧。

自我介绍

当你面对陌生人的时候，出于礼貌，你需要适当地介绍自己的一些情况。初次见面，每个人都希望了解对方以及得到对方的尊重，而简单明了的自我介绍可以满足对方的这种需求。

而自我介绍的内容，需要根据实际的需要、所处的场合来决定，必须有所取舍。比如，在一般的社交场合，你可以只简单地介绍自己的姓名；如果你希望跟对方深交，你需要把你更多的情况，比如职业甚至兴趣等都与对方分享；如果对方是你的同行，你可以介绍自己专业研究领域的一些情况。

需要注意的是，在作自我介绍的时候，不论对方是什么人，你都应该保持自信而不骄傲的态度。

寒暄

你可能需要跟陌生人或者熟人进行没有多大实际意义的谈话，但是这种寒暄是必要的。你在宴会开始前、在路上、在会晤前都需要跟人寒暄，不然就会冷场。当你寒暄的时候，需要注意对象，不要对每个人都是一套相同的话；需要注意环境，这可能跟你寒暄的内容有关；还需注意适度性，要适可而止。

介绍他人

介绍他人是为彼此都不熟悉的人引见的一种介绍。我们通常需要注意以下问题：

介绍时要注意顺序。一般而言，你需要先将年纪轻的介绍给年长的人、把身份低的介绍给身份高的人、把男士介绍给女士（如果身份、年龄相同的话）、把客人介绍给主人。

介绍时应该注意自己的体态。你需要做到自然和协调；你最好是站起来介绍他人，面带微笑；当你指向被介绍人的时候，不要用食指指向他，而要手掌向上地指向他。

介绍不要太长了。如有必要，你只需要引出他们可以谈论的话题即可。

介绍时语气要热情、文雅、有艺术性。

一位主持人向大家介绍演讲家兼作家约翰·布朗时，这样对大家说道：

"先生们，请注意：今天晚上我给大家带来了不幸的消息——我们本来想邀请马那龙先生来给我们讲话,可是他来不了了,因为他病了;后来我们想请参议员哈里斯前来,但是他实在太忙了;最后,我们还打算请来画家李约翰,但是他出了事故。因此,我们只能请到约翰·布朗先生。"

无论是谁,被这样介绍恐怕都受不了,而且这样的介绍十分冗长——向大家介绍了活动的组织过程,听众对此可能并无兴趣。我们需要注意这些问题。

拒绝他人

当你面对一个你不想接受的邀请或不同意的观点时,你必须坚持自己的原则和立场,但是又不能伤害对方的感情。这时候,你需要委婉地表达你的观点。

在拒绝对方之前,需要先为对方想想。你要说服对方你之所以拒绝,绝不是因为自己想这么做,而是不得不这么做。

比如,当上司交给你一个任务,并且要求你在一个不合理的期限内完成时,你可以表示拒绝。但是,你不能直接对他说:"对不起,我完不成!"这样可能会伤害到他的感情。你应该这样说:"您交待的工作我不能马马虎虎地交差了事,但这么仓促的话,恐怕无法达到符合你期望的效果。"

当说"不"的时候,你要让对方知道,你所拒绝的只是一件"事"而已,而不是他这个"人"。你不能说:"我不能为你做这件事。"而应该说:"我不能做这件事。"

尽可能不要在你拒绝别人、说出"不"以后就没了下文,你最好向他解释你为什么要拒绝他,比如你可以说"我了解你现在的心情"、"我以前也是这么觉得"或"下次有机会的话,我一定……"等等。

以上只是大致说了几个需要注意的基本问题,实际上在平时的说话中,你需要注意更多的礼仪问题。

·第二章·
打造说话风格的基础训练

声音：一开口就与众不同

声音是你讲话内容的载体。你的声音反映出你的感觉、你的心情和现在的状态，是你说话中强有力的、必不可少的工具。当我们与听众交流思想的时候，要使用许多发音组织和身体的各个部分。我们会做出这样的动作：耸肩、挥动手臂、皱眉、增大音量、改变高低调门和音调，并且依据场合与题材变换语速，以发出不同的声音来。

需要注意的是，这里所强调的是声音的效果而不是声音的原因，即物理品质。那些东西已经无法改变，而声音的效果则受到说话者的情绪、状态的影响，这就是强调说话者必须要热情的原因之一。因此，你需要一开口就与众不同。

遗憾的是，随着年龄的增长，我们中的大多数人都会失去幼时的纯真和自然，在不知不觉中落入一定的、为我们所习惯的沟通模式中去。这使得我们的说话越来越没有生气，我们也越来越不会使用手势，并且不再抑扬顿挫地提高或放低声音。总之，我们正在逐渐失去我们真正交谈时的那种鲜活和自然。

我们也许已经养成了说话太快或太慢的习惯。同时，我们的用词一不小心就会非常散乱。一再强调你在说话的时候要自然，也许你会误以为可以胡乱地遣词造句，或以单调无聊的方式表达——只要你做到了自然。其实不然。要求大家讲话自然，是要你把自己的意念完整地用词语表达出来。从另一个角度来说，说话高手绝不会认为自己无法再增加词汇，无法再运用想象和措辞，无法变化表达的形式和增强表达的效果。这些都是追求精益求精的人们所乐于去做的。

那么，如果你也想塑造自己的讲话风格，你最好注意一下自己的音量及音调的变化和说话速度。你可以把你说的话录下来，也可以请朋友给你指出来，当然，如果能让专家来给你指导的话则会更好。不过，这些都是没有说话对象的练习，跟实际说话完全不同。一旦站在人们面前，你就要将自己的全部精力投入到讲话之中，以引起对方的共鸣。

选择什么样的说话声音，完全取决于你的个性、场合以及你所要表达的感情。在一般情况下，你的发音要做到清脆而洪亮。说话清晰，才显得有自信心、目的性明确和善于表达，这会给对方泰然自若的感觉。在公众场合，如果别人的谈话正处在争论不休的阶段，你站起来说一句话，语句简短、声音洪亮，则会产生震撼人心的作用。

讲话时你的声音能够让大家都听到吗？我指的是你的声音足够大而且清晰。你所处的场合也许是三两个人的促膝而谈，在这种谈话中你可能比较容易做到这一点。事实上，这时你如果音量过大的话，反而会使人以为你在跟人争吵。但是，如果你面对的是成百上千个听众，比如站在广场上发表演讲时，你则应该尽量让更多的人听到。因为如果他们没有听到的话，他们就会忽略你所说的内容，而不是提醒你大声讲或者重新讲述。因此，你要根据情况的不同调整你的音量。

当你需要强调某一个重点的时候，你可以适当地提高音量。在某个重要的地方提高音量，可以引起大家的注意。当然，有的时候适当地降低音量也能使你达到这个目的。在任何情况下，音量的变化都可以使你突出重点。

这里有一个运用重音的例子。

一天，林肯正低着头擦靴子，有位外国外交官看见了，嘲讽林肯说：

"总统先生，你经常给自己擦靴子吗？"

"是的，"林肯答道，"你经常给谁擦靴子？"

林肯的这句话巧妙地转移了对方的重音，使自己脱离了被嘲讽的境地，并置对方于尴尬的处境。

另外，你需要使你的声音有变化。变音涉及到音高程度。如果你一直采用高音来说话，有谁愿意听这样尖锐的声音呢？而且，当你普遍地使用高音的时候，你的声音会显得过于单调。因此，你必须在音高上有所变化，这样能够使你的声音悦耳而且更有活力。与调节音量一样，当你要阐明某个观点时，变音也会使你更加积极地传达信息。你可以采取略高或略低的声音来表示你对某个观点的重视程度。

我们平时与人交谈时，声音会高低起伏不断变化，就像大海不断起伏一样。为什么会这样呢？没有人知道，也没有人关心这个问题。但是，这种方式显然能使人感到愉快，而且它也是一种很自然的方式。然而，当我们开始某种正式的讲话时，我们的声音却变得枯燥、平淡而单调，就像一片沙漠一样。当你发现自己出现以上的状况时，就要停下来反省了。

一般来说，你需要使你的声音避免出现以下这些情况：

发音含糊

如果你的牙齿紧紧靠合，或者更加糟糕些，你的双唇像腹语者一样紧闭不动，那么毫无疑问，你正在用鼻音说话。用鼻音说话导致的最大问题就是发音含糊不清。这样对方会以为你在抱怨，而你则会显得怏怏而无生气，非常消极。

听起来不确定

你必须使对方感觉到，你对你所讲的内容是非常自信的。当你的声音颤抖或者犹豫的时候，对方会以为你对所说的没有把握。如果连你自己都对你所说的没有把握的话，怎么要求让对方对它产生兴趣呢？

咕哝

不要使你的话听起来像是在自言自语。声音过低或者不清晰，听起来同样让人觉得你不确定。你可能本来就不打算让对方听到你的这些话，但是他们模糊地听到了，却不知道你讲的是什么，他们就会产生怀疑，猜测你正在说一些对他们不利的东西。

声音过高

如果你的声音像飞机降落时候的制动声，对方会感到你十分可厌，因此不去听你讲话。过高的声音会使你的讲话具有攻击性，他们会以为你正处在一种压倒、胁迫他们的立场，而这不是他们所愿意的。所以当你喊着要大家听你的话的时候，没有人会愿意听从你的意见。

尾音过低

你可能会造成这样的情况：当到了一句话的结尾或者关键的地方，你的声音慢慢地低下去，最后就没有了。这样会使句子听起来不完整。你要相信，对方不会愿意去猜测你后面到底讲了什么东西。

令人不适的语调

无论你的意图如何，它最终都是通过声音来表达的。因此，如果你的声音里含有傲慢、蔑视或者其他消极的情感因素的话，你就会伤害听你讲话的人，或给别人不受尊重的感觉。

当你处于一种消极状态的时候，如果你将它掺杂到你的声音中，人们会把它想象得比真实情况要糟糕得多，转而分散自己的注意力。比如，你稍微的挫折感可能被理解为歇斯底里，而你的失望可能被理解为绝望。因此，你必须在你的语调中显示出你真挚的感情来，这样才能以积极的方式去吸引对方的注意力。

夹杂乡土口音

要想声音娓娓动听，最好不要夹杂地方口音。当然，如果你确实要用的话，你必须运用某种方法进行强调，而不要让人们以为你的发音不标准。

节奏：说话不能拖泥带水

你肯定希望自己给人干练、明快的印象，那么，你必须掌握好说话的节奏。影响说话节奏的主要有两个因素：讲话的快慢和说话内容的简繁。

在语言交流中，讲话的快慢程度会影响你向对方传达信息。速度太快就如同音调过高一样，会给人以紧张和焦虑的感觉。如果你说话太快，以至于某些词语模糊不清，他人就会听不懂你所说的东西；而节奏太慢又会表明你过于拖沓、过于迟钝。

华特·史狄文思在《记者眼中的林肯》一书中说道：

"他（指林肯）会以很快的速度说出几个字，但是遇到他希望强调的词句时，就会拖长声音，一字一句说得很重。然后，他会像闪电一样迅速地把整个句子都说完……他会尽量拖长所需要强调的字句，差不多与说其他五六句不重要的句子所使用的时间一样长。"

比如，"今天我们要向大家介绍的就是我们公司的这款商品。"当你在说这句话的时候，你可以先用平缓略低的声音说到"公司的"这三个字为止，然后稍作停顿，热情地大声说出"这款商品"。利用这种技巧你一定能够收到意想不到的效果。

社交语言要简洁、精练，并尽可能地承载更多和更有用的信息，这样才能使你的说话节奏明快，使听众觉得你果断、直接和对说话内容肯定。如果空话连篇、言之无物，你的说话节奏必然拖沓，并且似乎很犹豫，好像在回避什么东西似的。

有的说话者在表达自己观点的时候讲得太多，而且持续的时间太长。前面举过一个例子，即林肯的葛底斯堡讲话。当时林肯只讲了两分钟，全篇讲话才不过226个字，但是爱德华·伊韦瑞特却讲述了两个小时。结果是，林肯获得了成功。

为了使你的说话不拖泥带水，你的信息最好简短直接。你需要注意的是：

直接

你需要直接地向对方表达你的意思。你需要尽快抵达主题，让你的主要意思清晰明了。有的人总喜欢旁敲侧击，但是这容易分散对方的注意力。

简单明了

当你在说明你的重要观点的时候，词汇或句子越少越好。一句老话这么说："我问你几点钟，你不用告诉我表的工作原理。"

可是现实情况是，明明可以用少数词句就可以表达清楚的观点，人们总是喜欢用过多的词句，甚至堆砌故事、人物、数字来说明他的主题。你需要避免过多的修饰，它只会损害你的表达。

你应该知道下面这位父亲在说话时的错误：

一个十几岁的孩子第一次参加正式的舞会，他的父亲这样教导他说：

"你也许不应该在今晚的舞会之前、之中或之后喝酒。"

像"也许"这样缺乏说服力的限制词或关联词，听起来叫人不那么肯定你要表达的究竟是什么意思，对方可能不明白你所肯定的是什么。你不仅不能给对方以果断、直接和坚决的印象，还会使你的表达不够简洁。

集中一点

你可能会让你的主题有多个，这将使你和对方的精力都被分散。实际上，你要把一个主题讲得很透彻都十分困难，所以更不可能把每个主题都讲透。如果非得这样，那么每个主题你都只会浅尝辄止，因此跟对方讨论各种话题会影响你主要观点的表达。

另外，许多人总喜欢注重细节的描述。你可以描述细节，但是必须注意一个前提，即不能影响你的主题的表达。如果你过于重视这些细节，你的信息重点就会不清晰。千万不要让对方以为，在理解你的观点时需要付出多么艰难的努力。大多数人都不愿意这么去做。通过你的表达，使对方得到重要的信息，这才是最重要的。

语调：化乏味枯燥为生动有趣

语调就是说话人的语气和声调的变化结合，它表达了话语中包含的情感。在说话的时候，你需要让语调来表现出比你说话的具体内容更多的信息，或者说，语调实际上也是你说话内容的一部分。比如，当你的话听起来很真诚的时候，你实际上是在对对方说："我所想的就是我所说的，我所说的就是我所想的，我这样做实际上是对你的尊重。"这样一来，对方自然会更加相信你所说的话。

第一次世界大战后不久，卡耐基因为同事德玛斯的原因逗留在阿拉伯。一天，他闲逛进了海德公园，走到了大理石拱门附近——他知道经常有各式各样的人在那里谈论关于各种宗教信仰和政治的话题，并且想听听他们的谈话。当时他看到一位天主教徒正向人们解释教皇无谬论，之后又听了一位社会主义者对卡尔·马克思的意见。最后，他还听了一个男人关于多妻制的高论。

卡耐基注意到在这三位主讲人周围的听众人数的变化。一开始，那位鼓吹一夫多妻制的演讲者的听众最多，但是到后来，他的听众越来越少，而围绕在另外两个演讲者周围的人却越来越多。你知道这是为什么吗？难道是因为话题的原因吗？

卡耐基对这个问题进行了研究。他发现：那位多妻制的鼓吹者，自己好像对讨三四个老婆并没有多大的兴趣，他的语调听起来也一点都不高兴，人们因此觉得他讲得很枯燥无味；那两位拥有完全对立观点的天主教徒和社会主义者，却都沉浸在自己的演讲当中——他们情绪高昂，并且挥动着手臂，声音高亢而充满信念，散发着热情和生气，这种热情感染了人们。原来，正是演讲者不同的态度和语调引起了听众人数的变化。

你可能也听过不少类似那位鼓吹一夫多妻制的演讲者的讲话。他们的语调平淡、生硬，没有激情，他们对自己所讲的题目没有表现出多大的兴趣，好像在有气无力地念书稿一样。这样的说话方式能吸引你吗？当然不能。

实际上，语调传达的信息远比我们想象的要多得多。语调就像说话者的表情一样，向对方传达着某种言外之意的感染力。当你听到一个人的电话的时候，如果他的口气热烈，那么你即使没有见到他，也可以判断出他很高兴；但是如果他的口气很平淡，那么即使他告诉你一件值得高兴的事，你也会认为这没什么好高兴的。

一个说话高手不仅声音悦耳，他的语气和语调也很有感染力，总能拨动人的心弦，引起对方的共鸣。据说，一个意大利演员用悲怆的语调朗诵阿拉伯数字，听的人居然被感动得凄然泪下；而一位中国艺术家朗诵菜谱则像诗歌一样动听。又比如，一个"啊"字，运用不同的语调，可以分别表达"我明白了"、"没听清"、"惊讶"、"终于知道了"等诸多含义。正是语调使得你的说话变得声情并茂。

很多人并没有意识到自己的语调有问题，或者他们认为语调和嗓音一样，都是天生的。没有语调或语调不当的声音会让对方很麻木，失去对说话内容的注意力，从而没有心思去思考你说话的内容。而有语调的声音则会产生完全相反的效果。

很多时候我们费力地对说话的内容冥思苦想，孰不知我们的语调已经把一切都搞砸了。拿起听筒，听到一个"喂"字，无需再多说什么，从这一个字里，我们就已经知道男朋友是不是还对我们拥有火一般的激情，母亲是不是没有睡好觉，好友是不是已经顺利通过了考试……"嗓音是身体的音乐，语调是灵魂的音乐"，这句话说得很对。我们悲伤的时候，语调是苍白空洞的；经过一夜狂欢，我们的语调变得有气无力、底气不足；而一个星期的海边度假，又可以让我们的语调重新恢复活力和弹性。

大致有以下这些语调，你可以根据不同的需要来变换：

慷慨激昂的语调：慷慨激昂的语调能够给人以气壮山河的气势，从而增强语言的震撼力。

抑扬顿挫的语调：抑扬顿挫指的是句子里语调升降、轻重缓急的变化，它包含说话节奏的一部分内容。同样一句话，语调升降和轻重缓急的变化会使表达的意思有所不同，在某个时候甚至完全相反。

平和舒缓的语调：当置身于一些不宜高声说话的场合的时候，你需要用平和舒缓的语调来说话。比如主持某人的葬礼，如果你运用得当的话，不仅能够表达你的敬意，还能感染其他人。

体态：无声语言是有声语言的辅助

体态语指的是通过表情、身体姿势和手势传达信息的一种肢体语言。据说，在讲话者所要表达的所有信息中，通过非语言渠道传递的信息占了93%，其中38%来源于声音、语调等因素，而另外的55%来源于表情、身体姿势和手势等体态语。

因此，如果你不想对方对你产生"他懒吗"、"病了吗"、"累了吗"之类的猜测的话，那么，你最好不要显得那样。当然，如果你想发挥出色的话，这样还远远不够。

为林肯作传记的柯恩登这样写道：

"林肯更加喜欢用脑袋来做姿势，他会经常甩动头部。当他想要强调某个观点的时候，这种动作特别明显。有时，这种动作会戛然而止……随着演讲的进行，他的动作会越来越随意，最后趋于完美。他有完全属于自己的自然感和特点，这使得他变得很高贵。他瞧不起虚荣、炫耀和做作……有时为了表示喜悦，他会高举双手大约成50度，手掌向上，看起来好像要拥抱那种情绪。当他想表现厌恶时——比如对黑奴制度——他就会举高双臂、握紧拳头，在空中挥舞，表现出强烈的厌恶感。这是他最有效的手势，表现了他最坚定的决心，看起来他好像要把这些东西扯下来烧了一样。他总是站得很规矩，双脚并齐，绝不会一脚前一脚后，也绝不会扶在什么东西上面。在整个演讲中，他的姿态和神态只有稍微的变化。他也绝不乱喊乱叫，不会在台上走动。为了使双臂轻松，他有时也会用左手抓住衣领、拇指向上，而只用右手来做手势。"

圣·高等斯根据林肯演讲时的一种姿态为林肯雕了一座雕像，立在林肯公园内。你没有必要一定要模仿林肯的姿势，但是需要注意你的姿势却是一定的。

面部表情

你首先要注意你的面部表情。如果说眼睛是心灵的窗户的话，那么脸就是心灵的外观。你的所有情绪都写在你的脸上——如果你不是一个善于控制情绪的人的话。无论如何，你可以而且往往会通过表情传达更多的信息。表情有喜怒哀乐，但是对说话的人来说，一般情况下最重要的表情是微笑，它是拉近你和对方距离的最简单有效的方法。

当然，还有更多，这要看你的说话内容而定了。

身体姿势

在你讲话之前、听话的过程中——尤其是在演讲的时候——如果你必须面对对方坐下，你就必须注意坐姿。不要四处张望，那非常像是一只动物在找一处可以躺下来过夜的地方，而不是对与对方谈话更加有兴趣。

在你坐下来的时候，不要玩弄衣服或别的什么东西，这会分散对方的注意力，而且这样会使人觉得你不够稳重、没有自制力。所以，你必须保持静止状态，控制自己的身体。

当你准备讲话的时候——不论你是站着还是坐着——挺起你的胸膛，显出你很有自信的样子。不要等到面对听众时才这么做，你平时就需要这么做。

正像罗瑟·古里柯在《高效率的生活》一书中所说的那样：现在，10个人中都找不出1个能让自己保持最佳状态的人。他建议我们平时就要注意这方面的练习，在演讲的时候更要"把自己的脖子紧紧贴住衣领"。

手势

这里将重点讲述手势语，主要讲当你站着讲话时的手势。这个时候，手势是最自由和最强有力的体态语，也正是这个原因，人们往往也最容易犯错误。

在你开始讲话的时候，最好忘记自己的手，你不用担心会失去它。它们会很自然地下垂在身体两侧，那是最好的一种姿态。当然，在需要的时候，你会记得用它们来做出恰当的手势的。

但是，你可能会把你的手放在背后，或者插入你的口袋里，或者放在桌子上，因为这样做能减少你的紧张感。这时，你更没有必要在乎它。许多人都是这么做的，即使伟大的罗斯福总统有时也会这么做，好像这种姿势具有非常大的诱惑力似的。

在卡耐基的教学生涯中，他曾经依照教科书里面所说的东西来教授他的学员，让他们学会如何采用姿势。他只是照搬老师灌输给他的那些理论，从而养成了一些坏习惯。卡耐基永远无法忘记第一次上演讲课的情形：

"老师叫我把手臂轻轻地垂在身体的两边，手掌朝后，所有的手指蜷曲成一半，大拇指碰着大腿。然后，我举起手臂，画出一道弧线，以便让手腕优雅地转动。接着，我再张开食指，然后张开中指，最后是小指。当我全部完成这套看起来相当完美的动作后，手臂还要回到刚才的那道弧线，再放到身体两侧。

"实际上，这套生硬的动作在我讲话的时候没有丝毫用处，而我却用它来教我的学员。有一次，我看到20个人同时在做这样的姿势，他们都像打字机一样机械地做着动作，显得十分可笑。其实，从来没有一套标准的手势是适合所有说话者的，除了一些经验之外。每个人都是从自己的内心出发并根据自己的思想和兴趣来培养的。唯一有价值的手势，就是你天生学会的那一种。"

手势完全不同于衣服：衣服可以穿上换下，而手势却是发自内心的，就像大笑、腹痛、晕船一样。一个人的手势，是属于他个人的东西。

在讲话的时候，政治家布莱安经常会伸出一只手，把手掌摊开；格雷斯顿则经常拍桌子或者踏地板，发出很大的声响；罗斯伯利则会高举右臂，然后用力向下挥动。

这些演讲家都具有深邃的思想和坚定的信念，都使他们的姿势强而有力、出于自然。自然和有活力正是行动的最佳表现。我们既不能邯郸学步——身材高大、动作笨拙的林肯不能用短小精悍、动作敏捷的道格拉斯的手势，也不能刻意地让自己做出某种姿势。英国演讲家皮特总喜欢用手在空中乱划，看起来像一个笨拙的小丑；亨利·欧文爵士是个跛脚，看起来行动非常怪异。

吉普希·史密斯——他曾使几千人信奉了基督——所使用的手势很自然，一点都不做作。只要你练习运用这些原则，你就会发现，你也是用这种方式在做出你的手势。没有任何法则让你去遵守，因为这一切都取决于讲话者的气质、他的热情和个性、他准备的情况，以及讲话的主题、对象和场合的情况。

以下有一些建议，对你会有帮助：

不要过多地重复同一种手势，那将会让你给人枯燥的印象；

不要用肘部做短而急促的动作，由肩部发出的动作看起来要好很多；

手势不要结束得太快。

总之，你要使用那些发诸自然的手势。只有那些你内心当中的冲动和欲望才是最值得信任的，这些东西给你的指导最重要。

形象：让别人更容易接受

东方有句话叫作"人不可貌相"，说的是我们不能以貌取人。但是，我们不难发现，人们虽然知道这个道理，但在与人交往的时候，往往还是最先从一个人的外貌去作判断，揣测这个人是什么样的。尽管这种方法十分片面、很不科学，但是却形成了一种社会现象。因为我们在与人交往时，给我们直接的、真实的感觉的就是一个人的形象。至于他的内在，比如涵养和性格，都只能经过较长时间的观察才能得出。

具体说来，形象是说话者文化素养和情趣的反映，它微妙地作用于人的脑海，完成了语言难以完成的效果。如果你注意你的形象，争取在第一时间给人好的印象，那么这将有助于你得到别人的认同。比如说，你给人一种诚恳的感觉的话，别人可能对你产生一种信赖感，从而也相信你所说的话。

你可能非常相信你的老师所说的话，也更加容易被一个你仰慕已久的专家所打动。如果对方是一位总统的话，你可能毫不犹豫地认为他所说的话是对的，这在很大程度上是因为对方在你心目中的形象十分可信。假设你在街上邂逅一个陌生人向你推销商品，如果对方衣冠不整、口齿不清，你多半会认为他卖的是伪劣产品；而如果对方衣冠楚楚、谈吐不凡，你很有可能相信他介绍的产品的优点是真的，从而把它买下。

另外，社会学家发现，我们往往在7~20秒内就对别人进行了判断，这就是对方在我们心目中留下的印象。而这种在极短时间内形成的印象，日后也很难改变，甚至可以延续一辈子。这就是我们为什么本能地喜欢或讨厌一些人的原因。

我们可能会有这样的感觉：如果一个人给你的第一印象很好的话——假如他看起来很自信、对人真诚——那么你可能对他产生相当的好感，转而更加相信他所说的话。事实上，这是所有人都有的感受。

面对说话者，我们的第一印象确实十分重要，这几乎可以影响到自己对对方的所有判断。比如，面对同一个演讲者，如果他给你的第一印象好的话，那么不论他讲得好不好，你都会认为他讲得好；而如果他给你的第一印象坏的话，他即使讲得再好，在你的心里仍然要大打折扣。这个印象对判断他以后的演讲仍然有一定的影响。

既然事实如此，你如果想给人好的印象，使他对你的话更加相信的话，就只有更加注意自己的形象，尤其是给人的第一印象。良好的第一印象是成功交往、创建融洽的人际关系的良好开端。关于形象的建立，具体说起来非常复杂，因为它包含了许多内容。而前面所讲的很多内容仍然有效，比如，有艺术的说话，就能够使你看起来比较可信，因此也有利于在别人的心目中建立你的良好形象。现在着重补充以下的内容：

衣着形象

衣着是信息的一部分，人们对衣着会有自己各种各样的判断。我们应该知道为什么在店铺里穿着好的人会比穿着简陋的人得到更好的服务。一个娱乐节目的主持人，如果他穿着一套笔挺的西装的话，可能会显得比较尴尬；而一个政府发言人，如果他穿着一套休闲服装的话，人们可能不大相信他所说的话，甚至可能以为他是冒牌的。至少你也应该做到让人看起来顺眼，而不是相反。

如果需要更高一点的要求，那就是：衣着应该支持你的观点，而不是转移它。对说话人而言，更重要的一点就是看起来可信——如果你穿着合适的话。

一个人的穿着打扮，包括服饰的颜色、式样、档次和搭配，以及饰物的裁剪，都与他的性格爱好、文化修养、生活习惯有关系。心理学家发现：一个注重穿着打扮的人，他的责任心和可信度会比较高。

你在穿着方面应该注意以下的问题：

装束要适度。你要让对方注意的是你的讲话，而不是你吸引人的衣服。

要擦亮你的皮鞋。你在台上的时候应该更加注意这一点。

穿着要舒适。不要让领带勒紧你的脖子，这会让你看起来很费劲。

不要把你的衣服口袋塞满。这会让你看起来像是刚从杂货店出来。

不要让你的铅笔等物品从衬衫口袋或西服口袋里面露出来。这会让你看起来很令人讨厌。

礼貌待人，主动热情

不要让自己看起来冷冰冰的，这会让人觉得你很高傲，从而打消跟你交往的念头。你要举止得体、彬彬有礼，而不要看起来很莽撞、没有一点涵养。主动热情则要求你在交往的过程中表现为喜欢、赞美和关注他人。如果你做到了这一点，对方会认为你说的话确实是从他们的角度进行考虑的，从而更加愿意相信你所说的话。

求同存异，缩小差距

平等是交往的首要原则。如果你看起来高人一等的样子，你会使人产生反感情绪；相反，如果你随时都附和别人的观点，那么人们也会认为你没有自己的主见。

相似是交往的另一个原则。你如果和他人在兴趣爱好、观点态度，甚至年龄、服饰等方面差距较小，就会较容易和他拉近距离，从而消除陌生感，尽快地从心理上靠近对方。

了解对方，记住特征

每个人最关心的都是自己。如果你对他的个人问题表示出一定的关心的话，你会给他一种被尊重的感觉。在了解了他人之后，如果你打算更进一步地交往的话，你需要把你们的话题转换到他感兴趣的事情上来。

比如，如果对方喜欢养花的话，你可以跟他谈谈养花的逸闻和趣事，或者表示你对玫瑰的历史有相当的兴趣。不过，千万不要请教太高深的问题，如果对方回答不出来的话，他容易迁怒于你。

修辞：让话语更有分量

耶稣在解释"天国"时，采用了一种非常好的方法，那就是运用人们熟悉的东西来说明他们不熟悉的东西。比如，他说：

"天国就像酵母，人们把它放到玉米粉里面，它就会全部发酵完毕……

"天国就像寻找珍珠的商人……

"天国就像撒入大海中的网……"

在这里，"天国"可能不是人们所熟悉的，而酵母、商人、网则是为大家所熟悉的东西。耶稣采用了这样一种巧妙的方式，运用两者类似的地方进行比较，就更加容易让人明白。

你是不是有时候也会这么去做？当你想要对方快一点的时候，你可能会对他说："希望你弄完的时候，我还不至于变成'木乃伊'！"你和对方都知道，你至少在这么短的时间里变不成"木乃伊"，但是你却很明显地夸大了事实。实际上，在说话的时候，如果你想要强调某一点，适当地运用一些夸张将是一个非常好的办法。而如果你想说明某人的做法可能会产生严重后果的话，你也许会说："你这样做，就好像是打开了潘多拉的盒子。"而他肯定也知道你说这话的意思。

如果你现在正在跟一个古希腊人辩论，你的好处将是，在这里没有你讨厌的律师；而坏处是，你必须自己为自己辩护。正是因为这样，如果想要在辩论中取胜，你必须采用各种各样类似上面所举的例子那样的方法来改善自己的话语，以使它更有分量，使人们更加相信你。而这种方法就是通常所说的修辞。如果你注意了的话你就会发现，律师之所以能言善辩，正是因为经常用到它。

上面所举的两个例子是两种十分常见的修辞方法，耶稣用的那种是比喻，而你在说自己变成"木乃伊"时所用的是夸张。修辞方法除了上面两种外，还有许多种。你不用因为需要掌握这么多修辞方法而烦恼，实际上，正是因为它多，才使你的说话变得更有说服力。这里将就几种主要的、对你来说可能容易掌握的修辞方法进行简略的说明。

引用

实际上，这种修辞方法是我们最常用到的。卡耐基就经常在本书里大量地引用著名演讲家——比如林肯——和学员的故事来说明他的观点，事实证明，这样的确收到了很好的效果。

有时候，我们并不打算引用一个冗长的故事，而只选择了某人说过的某一句话，甚至某一个词。还有这样一种情况，我们有时候引用一句古话——比如中国的古话——或俗语来说明我们的观点，这样也非常有效。引用不仅简单有效，而且会使你的话更有说服力。

反复

也就是以相同的节奏重复同一个意思。这样做的好处是，你不仅能够把听众的注意力吸引住，从而让他们知道你的主要观点是什么，而且能够将你的主要思想与整个演讲融为一体。比如，一个演讲家在谈论某个部门的时候说：

"这个系统，它有着糟糕的公众服务，政府雇员的数量却远远超过了工厂。

"这个系统，它有着一个好管闲事的政府，每时每刻都准备插手你的商业事务和私人生活。

"这个系统，它吞噬了整个国家将近一半的财政预算。"

通过反复，他让听众相信，这个部门确实存在很多问题而急需改革了。

对比

对比是指同时列出两个相反或者相对的事物。我们先看查尔·狄更斯在《双城记》里是如何巧妙地运用对比这种修辞手法的：

"那是最美好的年代，也是最糟糕的年代；那是智慧的时代，也是愚蠢的时代；那是信仰的时期，也是怀疑的时期；那是光明的季节，也是黑暗的季节；那是希望的春天，也是绝望的冬天；在我们前面，堆积如山，也一无所有；我们全都奔向天堂，也全都走向地狱……"

听起来如何？是不是很打动人？你也很希望如此优美、能说服人的句子出现在你的话里吧！

对比确实能够使原本平淡无奇的话变得精彩，使你变得很雄辩。不用去管为什么会这样，这些问题可以留给语言学家或心理学家去解答，你只要知道它有用并尽量去用就行了。

比如，你在鼓励大家尽快完成任务的时候，可以说："让我们停止空谈，开始行动。"

而当你在提醒大家不要浪费粮食的时候，你可以说："你现在的确吃得很饱，但是这个世界上有很多正在挨饿的人。"如果你需要更多的例子，你可以自己去发现和总结。

反问

当你在表达一个观点的时候，你可能会说："难道不是这样吗？"一方面，你认为事实明明就是这样的；另一方面，你可能并不需要听众回答这个问题。这时候，反问只是为了吸引听众对你的问题的注意，它常常被用在结论和过渡中。

但是有时候，它可以表达更多的意思。如果你想说服一个人，最好的方法就是举出例证反问之，这样比正面辩论要有更大的说服力。

有一次，伟大的拿破仑骄傲地对他的秘书说："布里昂，你知道吗？你将永垂不朽了。"布里昂并没有明白他的意思，问拿破仑为什么这么说。

拿破仑说道："你不是我的秘书吗？"

布里昂明白后，不甘示弱地对拿破仑说："请问，亚历山大的秘书是谁？"

拿破仑没有答上来，他赞扬布里昂说："问得好！"

你明白这段对话的奥妙吗？拿破仑的意思是，因为布里昂是他的秘书，所以会扬名。但是，布里昂却表示自己不愿意靠别人出名，所以反问了拿破仑这么一句话。他问拿破仑那句话的意思是，伟大人物的秘书不一定就会出名。但是，因为拿破仑是他的主帅，他不能直接反驳拿破仑的观点，所以用反问巧妙地表达了自己的看法。

排比

排比就是将三个或三个以上同样的句式放在一起，而不是表达同一种意思。

你可能也曾经看到过这样的例子，只是没有注意而已。林肯在他著名的葛底斯堡演讲的最后说：

"……我们在此坚决地表示，要让他们的死有价值；要让这个国家在上帝的保佑下，得到自由的新生；要让民有、民治、民享的政府不会从这个地球上消失。"

林肯在此运用了两个排比。（中英文排比有所不同。英语原文为：…we here highly resolve that these dead shall not have died in vain, that this nation, under God, shall have a new birth of freedom, and that government of the people, by the people and for the people shall not perish from the earth. 在英文中确实有两个排比句——编者注。）这使得原本平淡无奇的话变得生动和有气势起来，从而对听众产生了非常大的感染力。

排比的独特优点还在于它对任何话题都适用。无论你要讲的是什么，你总能用上这种修辞方法。

关于更多的修辞方法，你可以找相关的著作来看。

通俗：说话的最高境界

很多演讲因为演讲者的大意而失败了。他们失败的原因不在于他们的专业知识不牢靠，而是他们显然完全不知道一般听众对他们的特殊行业缺乏了解，而他们却只管大谈专业。这样的结果如何？虽然他们高谈阔论，大量使用工作中常用的词汇，却使得那些外行听众根本不了解他们所说的话。

并不只是在演讲中存在这种情况，实际上，几乎所有牵涉到从事不同行业的谈话者的谈话，都存在这样的问题。这种不经意的忽略使谈话失去了本来应该有的效果。所以，如果你想使你的说话更能够被大家理解，你就必须学会使你的语言通俗化，使你的语言成为人人能懂的语言，这样你就算是达到了说话的最高境界。

在做到说话通俗这一点上，你面临的最大问题可能是需要使用一些专业词汇，也就是我们前面所说过的"术语"。这些词汇只有与某项工作有关或者某个特定研究领域的人才能够真正理解。另外，有些行业可能会创造一些只有本行业人员才懂的缩略语，这些语言通常是仅由首字母组成的。对不熟悉它们的人来说，运用这些词汇的时候，他们可能并不知道你说的究竟是什么意思。而由于很多原因，一般人是不会站起来说明他没有听懂的。所以，他们很可能会微笑，然后带着困惑离开。由此可见，我们要确保我们的术语能被他们听懂。

卡耐基的一位学员，他作为一名医生曾经在班上这样开始他的讲话：

"横膈膜是这样一种东西，如果它被用来呼吸的话，将会明显地帮助肠子的蠕动，而这对你的健康有很大的好处。"

他想接着讲其他的东西，可是老师打断了他。老师让听懂了这句话的人举起手来，结果出乎这位医生的意料：没有一个人举起手来。也就是说，没有一个人听懂了他的话。

老师要求他对那句话进行解释，告诉他在让大家知道那东西究竟是什么样的以及究竟如何工作之前，先不要急着往下说。于是那位医生解释道：

"横膈膜实际上是一种非常薄的肌肉，它的位置在胸腔底部和腹腔顶部之间，它会随着胸腔和腹腔的呼吸而变化。当胸腔呼吸的时候，它会被压缩，就像一只倒置的洗刷盆；而当腹腔呼吸时，它就会被往下推，使它成一个平面，而此时肠胃会受到挤压。而它的这种向下的推力，会按摩和刺激腹腔的上部器官，比如胃、肝、胰等等。当人们呼气的时候，胃和肠又往上推压横膈膜，这样的话，就相当于做第二次按摩。这种按摩有助于人体排泄。许多人的身体不舒服，主要是因为肠胃不适，而一旦我们的肠胃因为横膈膜的按摩而得到适当的运动，那么大部分的不舒服都会消失。"

作了这番解释以后，虽然麻烦了一点，但是学员们都听懂了他的话。

我们很多人在讲话的时候，都会犯和这个学员一样的错误——他们讲着自己很了解的东西，并且以为听众也一定会了解。其实，这个问题并不难解决，而是常常被说话者所忽视。

比如，你在对一位家庭主妇讲解为什么冰箱需要除霜的时候，有可能会这么讲：

"冷冻的原理是这样的：蒸发器从冰箱内吸收热量，然后散发到冰箱外面。这时候，被吸出来的热量伴随着湿气，这些湿气会附着在蒸发器上，形成很厚的一层霜，导致蒸发器绝热，而且使马达频繁地工作来进行补偿。"

对那些家庭主妇来说，这段话可能相当于什么都没说。你其实完全可以这么说：

"蒸发器的作用，就好像吸风机一样，把冰箱里的热量都吸出去，使冰箱能够冰冻你的东西。各位在打开冰箱的时候，一定会发现你的冰箱放肉的那一层上结有一层霜，这些霜就是结在蒸发器上的。霜越结越厚，就好像越来越厚的石棉一样，使蒸发器和冰箱里面的空气隔开，从而没有办法正常吸热。这样，你的冰箱的冰冻效果就会越来越差。这时，马达只有不停地运转，才能保证冰箱里的冷度，但是这会减少你的冰箱的使用寿命。为了使马达运转得慢一点，以使你的冰箱不那么吃力，我们必须想办法把这些霜除去。而如果在冰箱里装一个自动除霜器，就可以做到这一点了。"

如果你面对的是很多人，如何使你的话被所有的人听懂？印第安州前参议员比佛里吉有一个关于这方面的建议：

"最好的办法，就是在你的对象中选取一个看上去最不聪明的人，然后尽量使他明白你所说的话。你只能用最通俗的话来讲述，尽可能清晰地表明你的观点，这样才能使他听明白。还有一个好的方法，就是把目标锁定在那些由父母陪同的小孩身上。

"然后，你需要不断地提醒自己——自然，你也可以把它向对方说出来——你要尽量讲得简单明白一些，让所有人都理解你的解释，并且记住它，而且还能将你讲的东西讲给别人听。"

有位证券经济商的演讲，听众都是一些家庭妇女，她们想了解一些关于银行和投资的知识。这位演讲者一开始就使用了简单通俗的语言和幽默轻松的方式，以使她们放松下来。他把她们所关心的问题都说得清清楚楚，更加重要的是，他把一些专业术语，比如"票据交易所"、"课税"和"偿付"等，都用简单通俗的话解释得非常清楚。结果，这场演讲获得了空前的成功。人们对他非常感激，并且都主动找他咨询投资方面的事情。

还有一个十分有趣的例子。曾经有一个传教士想要把《圣经》翻译成他传教的地方的语言。其中有这么一句：虽然你的罪恶一片鲜红，但是它终将白如雪花。一般情况下是逐字翻译这句话，但是现在他却遇到了问题。这些土著人根本没有扫除积雪的经验，甚至连"雪"这个字都不认识，他们根本不知道雪和煤炭有什么差别。但是当地有椰子树，人们都很熟悉。于是传教士就把"雪花"和"椰子肉"联系了起来。最后，那句话被翻译成：虽然你的罪恶一片鲜红，但是它终将白如椰肉。

在面对英语是其第二语言或者对英语可能没那么熟悉的人时，不要过多地使用英语俚语或比喻的方法。语言有千差万别，而语言的表达方法也会各不相同。最好的做法是，用最通俗的语言表达你的观点，而不是用许多母语或者想当然的表达方法。

尊重：也是一种征服

　　林肯总统有次在批评他的女秘书时说："你这件衣服很漂亮，你真是一位迷人的小姐。只是我希望你打印文件的时候，能够注意一下标点符号，让你打出的文件像你一样可爱。"这位女秘书听了之后，对这次批评印象非常深刻，从此打印文件很少出错。

　　林肯总统可以说是当时世界上最有权势的人了，但是他说话还这么委婉——这当然是他修养高、气度好的表现。相反，如果他换一种盛气凌人的方式去对女秘书说："你怎么工作的？！连标点符号都搞不清楚！"这么一来，只能让对方感到反感，反而达不到纠正对方错误的目的。这说明尊重一个人也能帮助你说服对方。

　　人都是有自尊的。渴望获得别人的尊重是每个人的本能，所以当你需要指出一个人的错误或者说服一个人时，你必须要以尊重对方为前提。事实上，当我们处在这样的位置时，我们很可能给对方一种高高在上的感觉。因此，对方可能担心自己被伤害，从而下意识地采取一种闭合的心理来抗拒你的意见。所以，尊重对方实在是很重要的。

　　有一次，卡耐基训练班的会计师学员格莱格告诉大家，最近他必须辞退一些老员工。他们公司的工作具有季节性，因此每到这个时候都要大量裁员。以前，他们公司一般都是直接对对方说："先生，这个季度已完，我们再没有什么别的事情给你干了。"然后，直接把他们辞退。而被辞退者大部分都是终身从事会计工作的，因此，他们对这样草率地辞退他们的公司不会有什么好感，而这会影响到以后招人。

　　现在，他并不想这么做了，他希望自己能对被辞退的员工多一点技巧和体谅。他特意考察了每个人在冬季的工作表现，然后与他们一一进行交谈。他现在可能这么说："先生，你的工作成绩确实极好。那次我们派你去华盛顿，尽管困难重重，但是你还是完成得很圆满！我们希望你能知道，我们以你为荣！你有真本事，不论你在哪个公司上班，你都前途远大。本公司相信你，并支持你。"结果，这些人走了以后，并不觉得自己是被遗弃了。当公司需要再用他们的时候，他们会带着很美好的感情重新到岗。

　　而另外两位学员也以自己的亲身经历说了两件完全相反的事情。其中一位是佛瑞·克拉克，他讲述了发生在他公司里的一件事：

　　"在我们公司的一次会议中，一位副董事长非常尖锐地质问一位管理生产过程的质量监督员，他的语调充满了攻击性，很明显就是指责对方处置不当。这位监督员含糊不清的回答更使得副董事长发起火来，他不仅严厉地批评了这位监督员，还指责他在说谎，好像对方之前的所有工作都没有任何成绩似的——而这位监督员实际上是很负责的。从那以后，他开始不那么认真了。最后，他终于离开了我们公司，去了竞争对手那里工作。而据我所知，他在那里干得十分出色。"

而另外一位学员安娜·马佐尼也讲了一件非常相似的事情：

"我是一位食品包装行业的市场行销员。我曾经做过某项新产品的市场调查，那是我的第一份工作。当调查结束的时候，由于我在做计划时犯了一个极大的错误，导致整个调查都必须重新再做一遍。更加糟糕的是，我在参加会议之前，已经没有时间去跟老板讨论了。所以，轮到我作报告的时候，我心里非常不安。我用尽了全力克制自己，使自己不至于崩溃。当时我真的非常想哭，但是我告诉自己不能哭，因为这样的话，别人一定会认为我感情用事，不适合做行政事务。那次，我的报告十分简单，只是告诉他们，因为犯了一个错误，我会在下次开会之前重新研究。说完后，我满以为老板会训斥我一顿，但是结果却大出所料。老板不但没有训斥我，反而安慰我说，没有一个人的第一次计划是不出错的。他还鼓励我说，他相信我的第二次计划肯定会比第一次出色，对公司也更有意义。散会之后，我的心思很乱，但我已经下定决心，决不再让老板失望。"

两件事情都是源于犯了错误，可为什么会产生截然不同的结果呢？原因很简单，犯错的人一个没有得到尊重，而另一个却得到了充分的尊重。

即使我们是对的，别人绝对是错的，如果我们不留余地地指责对方，也会使他失去颜面，没了自尊。法国飞行员安东安娜·德·圣苏何邑说："我们没有权利去做或者说任何事情来贬低一个人的自尊。重要的是他自己觉得如何，而不是我们认为他如何。伤害人的自尊是一种犯罪。"

包特门机车公司的一位经理萨姆尔·华特里说："如果你尊重一个人，你就会发现他非常容易受你的指引行动，尤其是当你对他的能力尊重的时候。"

已故的德怀特·玛洛能够轻易地使两个拼命的好斗者和解，他是怎么做到的呢？原来，他会找出两个人各自正确的一面，并且对此加以称赞和强调。无论如何，他从不伤害别人的自尊。

1922年，土耳其人决定将希腊人永远驱逐出自己的领土。他们的领袖姆斯塔法·凯末尔对士兵们说："你们的目的地，就是地中海。"这段拿破仑式的振奋人心的话鼓舞了这群士兵，于是一场近代史上最激烈的战争开始了。

如我们所知，土耳其人取得了战争的最后胜利，他们对理科比斯和迪亚尼斯进行了辱骂。但是，凯末尔丝毫没有胜利者的骄傲，他拉着两位战败的将军的手说："两位请坐，我知道你们已经极度疲倦了。"接着，在详细地讨论了投降事宜后，凯末尔像战士对战士说话那样，又安慰这两位十分沮丧的将军："战争，就是一种竞技。即便是最优秀的人，有时也会失败。"

看来，凯末尔牢牢地记住了这句话：在谈话中始终尊重对方。这为他赢得了更多人的尊重。

真诚：言之有理，言之有物

1915年，科罗拉多州爆发了美国工业史上最有名的一次工人大罢工。科罗拉多煤铁公司的工人为了改善待遇举行了罢工，但是因为有关部门处置不善，罢工最终演变成了流血的惨剧，工人和工厂方面开始尖锐对立。

那时候，管理矿务的人是美国石油大王洛克菲勒的儿子。他最初使用了高压手段，请出军队进行镇压，但是没有收到很好的效果，双方矛盾越来越大。后来，由于认识到这样做无益于事，小洛克菲勒改变了策略，开始采取温和的手段来解决矛盾。他把罢工的事情放到一边，到各个工人家里去慰问，使双方的矛盾慢慢地缓和了。后来，他召集罢工运动的代表们参加谈判会议，在会议上他说了一段十分打动人的话，正是这段话结束了长达两年之久的罢工运动。下面就是他说话的内容：

"对我来说，这一辈子里，今天是最值得纪念的日子。我十分荣幸能与各位代表相识。如果时间倒回两个星期，那么我在这里完全是面对一群陌生人，因为那时候，我对诸位的认识不多。后来，我有机会去了南煤区的各个帐篷，和代表们也有过一次私人的个别谈话。我看了诸位的家庭，会见了你们的家人。诸位对我十分客气，好像把我当成了朋友一样。所以，在这里，我不妨将诸位都当作朋友。现在，我们本着朋友之间的友谊，来共同讨论我们的公共利益，这将会使诸位都非常高兴。参加这次会议的是工厂和职工的代表，正是因为你们，我才有幸跟诸位成为朋友，有幸站在这里跟诸位一起为解决矛盾而努力。对于这些，我是终生不会忘记的。从今天开始，我们的前途将一片光明。对我个人而言，今天我虽然代表着工厂的董事会，可是，我和诸位却是站在一边的。因为我觉得，我和诸位是有着密切的联系和友谊的。我希望就我们共同关心的话题展开讨论。让我们从长计议，想出一个令大家都满意的解决办法，因为，这是对大家都有益的事情……"

小洛克菲勒的说话谈不上很有文采，但是却透出一种真诚的味道。他让代表们明白，他确实是在为他们的利益考虑的。所以，工人们才被他打动了。

要做到说话真诚，必须使自己的说话言之有理、言之有物。像上面小洛克菲勒的讲话，就是因为始终围绕着工人的利益，从工人的立场出发的，才让对方觉得一点都不空乏，而且确实很有道理，这样才显得很真诚。

杰伊·孟古是一个电梯公司的业务经理，他们公司需要为该市最好的一家酒店定期维修电梯。为了不给客人带来不便，酒店经理要求电梯最多只能停开两个小时。但是，维修电梯最少需要8个小时，而且，在酒店经理要求的那两个小时里，公司也未必能派工人去检修。

在一次维修时间里，孟古能够派出一位最好的工人，于是，他打电话给酒店经理。他说："力克，我知道你们酒店的客人非常多，而且，你也不希望给客人带来不便。你希望能够尽量减少维修时间，我们应该尽量满足你的要求。不过，我们在检查你的电梯之后发现，如果不能将电梯彻底修好，那么电梯损害的程度会更加严重，到时候，维修的时间肯定会更长。我知道，你不希望到时给客人带来大得多的麻烦。"

酒店经理只好同意孟古的建议，因为他知道，电梯停开8个小时比停开几天要好多了。而孟古抓住了这一点，晓之以理，动之以情，让对方知道自己确实在为他考虑，表明了自己真诚的态度，于是终于把他说服了。

很多人以为只要自己所表达的意见很正确，其他方面都不重要。事实并非如此。替弱势群体募捐，是一件高尚的事情吧？如果你打算让人们慷慨解囊，你打算怎么去说服他们？你会这样开头吗：

"女士们、先生们：我之所以来这里，是希望诸位能够每人捐助5美元。"

如果你真是这么说的话，那么很遗憾，你将得不到一分钱。你失败的最重要的原因是人们觉得你根本不够真诚，没有打动他们。让我们看看里兰·斯托先生是怎么为一家偏远儿童医院的小病人们募捐的：

"我希望这样的情景不要再出现在我的面前了：一个孩子跟死亡之间只有一颗花生米的距离。世界上还有比这更加悲惨的事情吗？我希望永远不要活在这样悲惨的记忆里。请你想象一下吧！某一天你在雅典那个被炸得千疮百孔的工人居住区里，听到了孩子们凄惨的声音，看到了他们哀怜的眼神。你会觉得更加悲惨。可是，在我的记忆中，所有的印象都只有半磅重的一罐花生。当我用力打开罐子时，一群衣衫褴褛的孩子睁大眼睛看着我，朝我伸出手来。还有那些母亲，抱着婴儿在推挤争抢……她们都把婴儿伸向我，而婴儿那柴秆一样的小手抽搐地伸张着。我尽力使每颗花生都起作用。

"在他们争先恐后的拥挤之下,我几乎被撞倒了。当我举目远眺的时候,我所见的上百只手——那些乞求的手、争抢的手、绝望的手,全都是瘦弱而可怜的手。他们在这里分一颗盐花生,在那里再分一颗;再在这里分一颗,再在那里分一颗……那么多手伸向我,向我乞求着;那么多眼睛闪烁着希望的光芒。我沮丧地站在那里,手里只剩下一个蓝色的空罐子……哦!我多么希望这种事情再也不要发生在我们身上。"

有什么比这样的说话更加富有感情呢?难道你认为人们在听了这么真诚的话语之后,能够不为所动吗?

因此,如果你打算打动对方,最好的做法是让你的讲话言之有理、言之有物。只有这样,才能使你显得很真诚。

素材:能让表达变得更容易

我们在前面一再强调,你在说话的时候,一定要选择自己熟悉的题材,这样才能真正成功说话。之所以强调这一点,还有一个十分重要的原因,那就是素材的来源。

如果把你说话的主题、观点和说话的框架比作一个篮子的话,你的素材大致相当于篮子里的水果,你必须用这些东西对你的观点进行说明、论证或者辩护。它既可以是一个故事、一个科学原理,也可以是一句话。

你一旦选定了你说话的主题,就可以进行有针对性的素材积累,而那些你非常熟悉的题材,需要的自然是你熟悉的素材。

你手里有 10 支钢笔,比你只有 1 支钢笔是不是会好得多呢?有 10 支钢笔,你才有选择的空间,可以从容地选择一支适合自己的。素材也是这样。你积累了很多素材的话,当需要的时候,你可以信手拈来,而根本不用花过多的时间去思索。

中国有句古话叫作"书到用时方恨少",说的就是这个道理。如果你平时不注意积累素材的话,那么到你开口说话的时候,一定会手忙脚乱、苦不堪言。

当你说"马丁·路德小时候十分调皮"的时候,你为什么不说"他小时候经常挨老师的打,有时候一上午要被打 15 下甚至更多下手心"呢?这样不是更加有说服力吗?

当然,前提是,你必须知道这些东西,也就是我们所说的素材。

"我总是要搜集比我所需要的多 10 倍的材料,有时甚至达到 100 倍。"畅销书《内涵》的作者约翰·甘德这么说。这是他准备说话的方法。

有一次，他正准备写一篇关于精神病院的文章。他走访各地的医院，分别和院长、护士及病人谈话。卡耐基的一个朋友曾经帮了他一些忙。后来，这个朋友告诉卡耐基，他们曾经在不同的楼房之间奔走，不停地上上下下，日复一日地走路，也不知道总共走了多少路。甘德在采访的过程中，光记录就用了许多笔记本；他的办公室里也堆满了政府和各州的报告，还有许多别的资料。

卡耐基的朋友说：

"最后，他写出了4篇论文，非常简单但趣味横生，都是很好的讲话题材。这些文章的用纸不会超过80克，可是，那些采访资料和其他资料，即所有的依据，却超过了9000克！"

很多人以为，那些说话高手或演说家之所以能够说得那么好，只是因为他们的说话技巧好。

当然，他们注意训练自己的口才，注意表达的技巧，但是，这并不是唯一重要的原因。当看报纸的时候，他们绝不会只把它当作消遣而已；看电影的时候，他们也是坐在那里聚精会神。这些都是他们积累素材的工作。

下面介绍几种有效的积累素材的方法。

从书本中汲取精华

语言天才林肯，一个木匠的儿子，难道天生就具有非凡的语言天赋吗？不是的。

他熟读了许多著名诗人如波恩斯、拜伦、勃朗宁的诗集，甚至能够整本整本地背下来。他的办公室和家里都放着拜伦的诗集，办公室的那本经常翻到《唐璜》那一篇。当上总统之后，他虽然已经没有很多精力去钻研文学了，但是他仍然会经常抽出时间——或者是在喝茶的时候，或者是在午休的时候——翻阅英国诗人胡德的诗集。有时候，他深夜起来也会读诗。林肯还经常抽空阅读早已背熟的莎士比亚的名著，评论一些演员对莎士比亚的看法，同时提出自己的看法。

鲁滨逊教授写道："这个自学成才的人，用真正的文化素材武装了他的思想，可以称之为天才。"而林肯曾写信给一位年轻律师说："成功的秘诀，就是拿起书本，然后仔细地阅读。学习，学习，学习！这才是最重要的。"

书本里面的知识，是自古以来人们取之不尽的丰富宝藏。你可以先从最著名的文学名著读起，因为这些名著是被许多人熟悉的；然后再慢慢地深入阅读，每深读一本书，你都将有意外的收获。

吸取跟你的题材有关的信息

如果你选择好了讲话的题材，你可以注意从跟别人谈话、看电视、读报纸等途径中吸取有关的信息。

在跟别人谈话时，对方或多或少能够给我们带来一定的信息，而这些信息说不定跟你的主题有关。并且，你可以判断出对方是否对你的主题感兴趣。

现代人看报纸往往是为了消遣，而不是获得某种知识。他们似乎更加愿意看看明星的新闻，以及一些消遣性的内容。如果你已经养成了读报的习惯，不要浪费这样的机会，你应该更多地关注国家大事、文化事件等等。这些东西具有很强的时效性，一般会成为社交场合人们比较喜欢谈论的话题。电视也是一样，它可能比报纸更加容易引起人的兴趣。因此，一些比较有名的节目所传播的信息，对你将十分有用。

另外，你还可以在生活中的一些地方获取这样的信息，比如在地铁上听别人的谈话等。你必须时时注意你的主题，为你的主题准备素材。

搜集名言名句

名言名句是一些思想高度集中的话，一般都为大家所熟悉和接受，在使用的时候也容易被大家理解。如果你能够正确地运用，可以达到事半功倍的效果。

你可以随身携带一个笔记本，当看到或听到名言名句时，可以随时把它记下来，这样你才不至于忘记，并且没事的时候还可以拿出来翻一翻，以加深印象。

多加思考，灵活运用

当收集到一些素材的时候，你还需要把它变成你自己的东西。首先，你需要对它进行深入的思考，彻底了解它的含义、它所表达的意思，以及可以用的地方，甚至你还要注意它适用的场合，因为有些东西是适用于不同场合的。其次，你要注意它跟你的主题有什么关系，如何才能把它不露痕迹地放到你的说话中去。

心理：相信自己一定能说好

"你为什么不站起来讲两句呢？"当一个沉默寡言的人被问及这样一个问题的时候，他多半会苦笑一下，然后告诉你："我说不好，我从没有说好过。我想，我大概没有说话的天赋吧！"

美国南北战争期间，海军上将都庞在法拉格上将面前振振有辞地解释自己为什么没有能够率领战舰进入查尔斯港口。法拉格上将听完他列举的一大堆理由后，一字一句地对他说："你似乎还有一点没有提到。"

都庞很疑惑地问道："哪一点？"

法拉格回答说："你并不相信自己能够做到。"

法拉格上将的话的确是一针见血。那些沉默寡言的人，他们之所以说不好，并不是因为他们没有天赋，而是他们不相信自己能够说好。实际上，只要他们相信自己能够说好，他们就能办到。前面说过心理暗示的重要作用，那个理论能够解释这一点。

很多说话高手一开始并不相信自己能够在人们面前侃侃而谈，直到他们用行动证明了这一点。事实上，说话并不是一种天生的技能，出色的说话高手也并不是天生拥有如簧的巧舌。他们都是经过艰苦的训练才实现这一点的。

担心自己表现不佳的并不是只有你一个人。这个毛病不仅困扰着那些沉默寡言者，而且折磨过那些经验丰富的说话高手。前面已经说过，林肯在无数的社交场合和无数的人成功地进行了对话，但是每次他在开口之前，都会对自己的表现十分担心。他曾经说："我很喜欢讲话，但是这并不能阻止每当讲话的时候我所感到的那种神秘的、也许是来自天堂的恐惧。"

幸运的是，他的恐惧并没有使他失败。现在的问题是，你正被这样的问题所困扰，而且你的恐惧使你屡屡失败。

难道这说明了林肯比你更有说话天分吗？绝对不是。这是因为他正确地处理了这种恐惧，使自己战胜了恐惧，而不是被恐惧所控制。

多年前，费城一位成功的企业家根特先生在一次下课后邀请卡耐基共进晚餐。餐桌上，他对卡耐基说："卡耐基先生，我曾经避免在各种聚会中说话，但是如今我当选为大学里董事会的主席，必须主持会议。你认为年过半百的我，是否还能学会那些令人羡慕的说话技巧呢？"卡耐基肯定地对他说："先生，你一定会成功的。"

卡耐基的话对根特先生有一定的帮助。大约三年之后，他们俩又一次共进晚餐，卡耐基对根特提起了上次的谈话。他从口袋里拿出一个笔记本，给卡耐基看他此后数月里排定的演说日程表。然后，他高兴地说："在每次开口之前，我都告诉自己，我一定能够成功。这使得我的说话技巧突飞猛进。说话时所获得的快乐，以及我对社会能够提供的额外服务，都是我一生中最值得高兴和满足的事情。"

接着，根特又非常高兴地说出他在说话方面的更大成就——他所在的教区邀请英国首相前来，并在一次宗教会议上发表讲话，而负责向大家介绍首相的不是别人，正是三年前怀疑自己能不能当众说话的他。

他的说话能力提高如此神速，是否很不平常呢？不，这一点儿也不稀奇，因为类似的例子还有很多。根特先生的成功跟他的心理素质及自我认识的改变密切相关。当他说"我能行"的时候，他就已经成功了一半。

卡耐基曾收到一份令他感到意外的来自古巴的电报，拍电报的是一个叫玛利欧·拉卓的人。他在电报中告诉卡耐基，他将来接受卡耐基的口才训练。之后他很快就来了，接受卡耐基为期三周的训练。在这三周里，卡耐基把他的课程排得很满，让他每晚都在班上说三四次话。他非常努力地去做了。三周后，拉卓先生在"哈瓦那乡村俱乐部"庆祝俱乐部创建人50岁生日的盛大聚会中进行了演讲。他的演讲获得了空前的成功，他本人则被《时代》杂志誉为"银舌雄辩家"。

你们并不知道，在此之前拉卓先生是多么地担心。他在到达纽约后对卡耐基解释说，他是一个律师，但从不曾公开讲话。在培训的过程中，卡耐基不断地对他强调：你一定能够说好，并且必须让自己相信这一点。他也尽力地这么去做了。

在这次生日聚会上，他被邀请呈献一个银杯给创建人。这是一个十分盛大的聚会，拉卓先生十分担心讲砸了，因为如果这样的话，他和他的太太会很难堪，而且也会影响他的生意。但是经过训练之后，他却获得了意想不到的成功。了解他的人都认为这是一个奇迹。

相信自己能够说好，这对说话的人来说的确十分重要。因此，如果你想要成为一个说话高手的话，也必须首先做到这一点。

思维：由内而外的转化过程

说话是你思维的表达方式，没有思维就没有说话。你要表达什么观点，这是思维；只有把它表达出来了，这才是说话。说话其实就是把你思维的结果表达出来，是内部语言向外部语言的转化。用更加专业的方式来解释的话，说话的过程其实是这样的：从思维到句子类型，到词汇，再到语音。

之所以进行上面的说明，主要是为了强调思维的重要性。但是，需要说明的是，即使思维如此重要，对思维进行有针对性的训练仍然不是口才学需要解决和能够解决的问题。因为思维研究是一个十分基础和重要的专业领域。

在这里主要是指出这一点，并且简单地介绍几种思维方法。你需要对这些思维方法进行有针对性的训练，这对你的口才表达的提高具有十分重要的作用。

定向思维方法

定向思维方法就是进行常规的思维。究其根本，它依靠的是我们在长期的生活中所积累的经验。比如，当你看到火时，绝不会用手去触摸，那是因为你知道痛。这就是经验——别人的或者自己的经验。可见，定向思维有很多好处。而定向思维的训练则可以培养我们对问题进行深入思考的能力，有助于我们深入分析问题。

你可以从一些比较简单的要求开始进行训练。比如，为了使你的表达更加有层次、有条理，你可能通常会在说话的时候用以下这些关联词："之所以……是因为"、"首先……其次……"等等；你还可能有"凡事有果必有因"、"什么是最好的"之类的思考。这些都是能够基本满足你的思维要求的，你可以就此开始，也可以按时间的、空间的顺序或者先总后分、先分后总等方式进行训练。

注意，也有些时候，定向思维会导致我们思维模式的固定化。很多时候我们甚至懒得去想同样的事情是否还有更好的解决方法，而只是按部就班，因为反正照样能解决问题。

逆向思维方法

逆向思维就是反向思维，它使肯定变否定、否定变肯定或者变正面为反面、变反面为正面。比如，我们都说"万物生长靠太阳"，如果你问：万物的毁灭是不是也和太阳有关呢？这就是一种逆向思维。逆向思维方法能够培养全面思考问题和独立发表自己看法的能力。

中国人有句"知足常乐"的俗话，他们都希望自己的生活能够快乐，所以提倡不要贪心。但是，如果用逆向思维方法进行思考的话，这句话的反面未必就不对。如果我们人类在进行科学研究的时候也"知足常乐"，岂不是停滞不前，无法取得一个又一个科学成就了吗？而人类的发展不也会止步不前，至少不也会变缓很多了吗？

同样的道理，奥运会上运动员们一次又一次地刷新纪录也告诉人们：我们不能知足常乐，而是应该永无止境地追求，创造一个又一个奇迹，不断地进行尝试和挑战。

人们习惯于沿着事物发展的正方向去思考问题并寻求解决办法。其实，对于某些问题，尤其是一些特殊问题，从结论往回推、倒过来思考，从求解回到已知条件、反过去想，或许会使问题简单化，使问题的解决变得轻而易举，甚至因此而有所发现。这就是逆向思维的魅力之所在。

某时装店的经理不小心将一条高档女裙烧了个洞。即使用织补法补救，也只是蒙混过关，欺骗顾客。这位经理突发奇想，干脆在小洞的周围又挖了许多小洞，并加以精心修饰，将其命名为"凤尾裙"。没想到，"凤尾裙"最终竟使该时装店出了名。这就是逆向思维带来的可观的经济效益。"无跟袜"的诞生与"凤尾裙"异曲同工。因为袜跟容易破，一破就毁了一双袜子，商家运用逆向思维，试制成功"无跟袜"，创造了非常好的商机。

发散思维方法

发散思维似乎没有多少特定的方法可循。它是这样一种思维方法——沿着你得到的信息朝各种可能的方向扩散，并且引出更多的新的信息，从而达到创新的目的。发散思维是能够使你更好地即兴讲话的最佳思维方式。但是看起来，似乎它也是最难的一种方式。

以下具体介绍三种训练方法：

连接法。就是当前一个人说出一种东西后，另一个人把它接下去。比如，几个人在一起的时候，可以共同编一个故事。

联想法。比如，当你看到雪花的时候，你可以就此展开联想，然后发表一下你的看法。你可以说说北极是什么样子，或者联想让你最难忘的一个圣诞节。

连点法。当随意地给你几个词语：花、沙漠、电影……要求你把它们联系起来，并说出包含这些词的一段话，你是否能够轻易地做到？如果你平时就做过这种训练，这应该不是什么很难的事情吧？

反馈：洞察对方心理的能力

我们已经一再地强调过听话人的重要性了。实际上，就算是一个说话高手，如果面对的是世界上最糟糕的听众，那么他也没有丝毫的办法。你是在作演讲，还是在作一般的交谈，对方对你的印象绝对会有所不同，甚至截然相反。所以，从这一点说，了解对方的心理也是十分重要的。

有一次，卡耐基应邀为一群大学生进行人生方面的指导。在讲了一个小时之后，卡耐基跟他们谈起毕业后如何找工作的问题。但是卡耐基发现他们的热情并不高，甚至有人还呵欠连天，而当时关于这个话题的很多重要的东西还没有讲完。卡耐基当即换了一个话题，于是他们又都被卡耐基吸引住了。

很多说话高手都能够像读一本书一样读懂对方，从而洞察对方的心理是喜欢，还是反感、厌烦。他们试图从不同的角度、用不同的方法去做到这一点。有些人在讲话的同时试着读懂对方的心理,从他们的反应去调整方法或策略。

这么说也许你会觉得有些空泛。也许你会问,什么是洞察对方的心理?用什么样的方法可以做到这一点呢?当我们读懂对方以后——比如说他们呵欠连天,我们应该做些什么呢?

观察对方的反馈

了解对方的心理最简单的一个方法就是了解他们的兴奋度。如果他们聚精会神地听你讲话,并且时不时地向你提出一些问题,对你也报以会心的微笑,这时候你应该感到幸福。这说明他们十分关注你,因为他们都显得非常兴奋。对讲话的人而言,这些热情高涨的听众的好处是,他们永远不会使你的努力失去作用。假如你运用了幽默,运用了恰当的修辞方法,你会收到应该收到的效果——如果你真的运用了正确的方法的话;相反,如果对方看起来萎靡不振,在你说话的时候呵欠连天,或者看起来真的很疲惫,对你说的话没有丝毫反应的话,那么你的努力可能都会白费。注意,有时候这不是你的问题,而是对方的问题。

你还可以观察对方的肢体语言。你可以看对方是不是在对你点头,那表示赞成;或者有没有在向上看着你,这表示对你很尊敬。他们也可能身体向前倾,在微笑,或者在椅子上不停地动来动去。这些非语言的肢体动作能够告诉你大量关于你讲话效果的信息——对方究竟对你的讲话抱着什么态度?是专心,还是失去了兴趣?是有耐心,还是尽量在克制自己?如此等等。

最后,你必须学会观察对方的表情。在大多数情况下,表情能够表明他现在想的是什么。比如,皱着眉头说明他可能有什么不懂的地方,或者正在对你的观点进行深入的思考——至于究竟是哪一种,需要你根据当时的情况来确定;如果露出了高兴的表情,他可能已经非常理解你所说的,并且表示赞成。

在面对多人讲话的场合中,不要根据你对一个人的观察来确定所有听众的态度,以免对这个人反应的深刻感受使你对所有人都作同样的判断。道理很简单——一个人当然不能代表全体。

但是说话者往往会犯这样的错误。你可能看到其中一个人从一开始到最后从来没有笑过,也可能看到另外一个人从头到尾都皱着眉头,但是那只能说明他自己如此而已。你必须对所有人从整体上作一个判断,从而调整你说话的策略和方法。因为你面对的不是一个人,而是所有人。

另外,你作判断的时候必须考虑多种可能性,因为一个人的表情会很复杂,而且,导致一个表情的原因也很复杂。比如,如果他对你不那么友好,或者看起来不可一世，有可能他是一个知识水平很高的人；但是也有另外一种可能，那就是他恰好知道你所讲的东西，并且进行过深入细致的思考。这个时候，如果你换一个话题，那么他很可能就不再会有那样的表情了。

采取对策

对那些很兴奋或有其他对我们来说有利的反应的对象，办法有很多。但是如果是那些我们不希望看到的反应——比如说对方快睡着了——我们则必须像在急救室里的医生一样，对他进行"抢救"，这样才不会失败。

当你满眼看到的都是很令人沮丧的表情时，建议你最好先对他们进行一次诊断，给对方分一下更加细致的"级别"。因为针对对方不同"级别"的反应，我们需要采用不同的"急救"方法。

第一级，对方对你的讲话还有兴趣，只是他们看起来对于接受它还有点儿困难。对方还在听你说话，只是他们并不能完全理解你所说的内容，这是一个十分常见的问题。因为虽然我们强调要让对方明白你所说的话，但是大多数情况下，他们并不是那么快就能接受的。所以，这是一个稍作努力就能解决的问题。你只需要更加有耐心，对他们继续解释或者换一种方式说话。你可以从你的讲话中跳出来，问对方是否还需要你另外再举一个例子来进行说明，或者告诉他接下来你要讲的将是十分重要的。另外，你还可以采用一些提问的方式来回答他们不懂的问题，或者引导他们进行思考。

第二级，对方对你的讲话不耐烦。也就是说，对方的注意力已经开始从你的说话上转移，分散到别的地方去了。他们或者经常往窗户外面看，或者不停地看表——可以说，他们只对你不感兴趣。他们对你的讲话已经不再像一开始那么兴奋，也不再那么激动。这可能是因为你谈话的时间太长了，或者你的讲话不那么有吸引力了。这时候你可以请他们站起来，稍微舒展一下身体，或者讲一个笑话，以吸引他们的注意力，并且注意尽量使你说话的内容显得有趣，或者对他们很有用。你必须抓紧机会，像一开始一样抓住对方的兴奋点——如果你的行动不能达到这样的效果的话，你将再一次失败。

第三级，对方快要睡着了。在听你讲话的过程中，对方看起来好像小孩一样，其中一些已经睡着了，一些处于半昏睡状态，而另外一些可能一片茫然。这是对给多人讲话而言，而如果是两人谈话，对方只可能是其中一种状态。如果这种糟糕的情况真的出现了的话，很遗憾，这说明你的讲话已经失败，或者至少濒临失败。你需要尽快做一些可以使对方兴奋起来的事情，从而再次吸引他们的注意力。你可以试着这么做：用激昂的语调讲出某件有可能让大家都感到气愤的事情，并敲击桌子；让你的麦克风对着扬声器，以使它发出刺耳的鸣声；将你的某件东西扔到地板上……需要注意的是，不论采取何种办法，你都必须表现得不像是你故意这么做的，不然的话对方可能会对你的做法感到反感。例如，当你说到"这就是人们用头去撞击墙壁的声音，因为他们对政府感到十分失望"的时候，你再适时地敲一敲桌子，一定会收到很好的效果。

为了不至于出现上面那种令人沮丧的局面，你需要使你讲话的内容确实符合对方的兴趣和需要，而且应该运用适当的说话技巧，比如说讲故事之类。另外，你最好能够使对方参与到你的谈话中来。

比如，你可以随时向他提出一个问题，或者询问他是否听懂了；在某些场合，你甚至可以请对方跟你一起做游戏。

准备：尽量熟悉要说的内容

我们在开口说话之前——不论是正式的演讲还是平时的谈话，其实大多数情况下都已经有所准备，或者对这个话题有过深入的思考。有时候，我们在讲话之前已经决定要开口，因此会利用讲话之前的一段时间进行思考；但有些情况下，你的那一点儿准备显然是不够的。

比如说，你被通知进行一次专业方面的演讲。这个话题无疑是你很熟悉的，而且你也曾经对它进行过很深入的思考，但你却未必能够把它说好。我们经常会遇到这样的情况：在没有任何准备的情况下，被要求就某个问题"讲两句"。这将会使你很尴尬。我们可以作这样的想象：你在几个小时前被通知要"讲两句"。那么，即使你很害怕，没有一点儿经验，你的表现也会比自己很熟悉讲话内容却没有任何准备要好很多，至少不至于这么尴尬和难堪。为什么呢？因为你会花很多时间进行准备，选择说话的具体内容，确定具体该怎么说，而这样的准备无疑是能够有所回报的。

无需花大量的篇幅来说明准备对你说话的重要性，因为大家都知道这个道理。只想告诉你该怎么来准备。一般而言，准备说话——以演讲为例，其他说话也是一样——大致有以下几个步骤：

确定你熟悉的一个主题

前面已经说过，选择你熟悉的话题，这是至关重要的。你根本不用担心对方可能对你的说话内容不感兴趣，因为让他们感兴趣的东西往往就是这样一些关乎个人的东西，包括你的特殊经历、个人体会、信仰等等。当你谈论自己熟悉的话题的时候，你才会有一种充满激情的感觉。而我们都知道，只有充满激情，才能把一件事情做好——做任何事情都是如此。

把演讲内容确定在一定的主题内也是很重要的，尤其对于那些新手来说，他们在当众说话的时候，可能因为紧张或者不擅于把握说话内容，致使思路偏离自己的演讲主题。可能他们并不想这么做，但是他们的思路却偏偏这样。

一位经验丰富的演讲家告诫我们说："如果你一开始没有做好准备、没有确定说话主题的话，那么你就会经常跑题，你的演讲也会以失败而告终。"

那些出色的演讲家不会犯这样的错误。有一次，卡耐基拜访了著名演讲家文德尔先生。他们在他波士顿的住所里谈了很久。文德尔先生声音纯净、话语流畅、知识丰富、说话技巧出色，这些都给他留下了深刻的印象。他让卡耐基相信，语言完全有可能成为最精湛的艺术，其高度甚至可以超越其他艺术。他承认，在此之前，他没有听到过比这次更加让他心动的谈话。回去之后他意犹未尽，对文德尔先生的谈话作了回顾。卡耐基发现，文德尔先生的谈话主题十分明确，而且他所有的话基本上都跟他的这个主题有关系。

对你的主题进行深入思考

确定一个你熟悉的主题之后，你必须对它进行深入细致的思考。因为，虽然你有可能非常熟悉你的演讲主题，但是这跟你把它说出来是不一样的。而且，你千万不要忘记，你将要把它对你的听众讲出来，并且要尽量让对方听懂。所以，你必须想办法使它变得符合你的听众的趣味——通俗是最基本的要求。

另外，你可能不像熟悉你的专业那样熟悉你演讲的话题，那么你更加应该通过准备使自己变成这方面的专家——即使不是专家，也应该尽可能地熟悉你的演讲主题。你应该对它进行非常专业的思考，并且把它存放在你的脑海中，准备随时对它进行思考。你可以查阅相关的资料，或者请教这个专业的行家。总之，你在演讲开始之前，最好一直对你的主题进行思考。这至少能使你对它加深印象，从而使它成为你思想的一部分。

耐心细致地搜集材料

在卡耐基口才训练班中有两个学员，一个是哲学博士，另一个是曾经在海军服过役的粗野而爽快的小伙子。令人感到奇怪的是，哲学博士的演讲远远没有小伙子的谈话那么吸引人。卡耐基曾经就这个问题进行了思考，结果发现，原来哲学博士的演讲全部是一些堆砌的概念，而没有吸引人的故事；小伙子的演讲却截然相反，里面有很多生动的故事和他个人的特殊经历，他知道用这样的故事能够加强他的观点的说服力，也能使他的演说更加有吸引力。

他们之间的区别其实说明了演讲的一个很重要的原则，那就是具体原则。人们通常不会对空洞的概念或者观点感兴趣，除非你能够找出说明这个概念或观点的证据来。人们往往只会被具体的细节、数字打动。

爱德文·史罗森打算向人们说明，尼加拉瓜瀑布每天所产生的能量非常大，如果能够把这些能量利用起来的话，将使很多人得到温饱。人们会这么认为：这是事实吗？就算是吧，但还是有点不可信，因为人们没有一种真实的感受。于是爱德文这么描述道："众所周知，我们美国还有上百万的人处于饥寒交迫之中。但是，尼加拉瓜瀑布每天却浪费了相当于 600 万个面包的能量。想象一下，每小时 60 万个鸡蛋从悬崖上落下，会形成一个多么大的蛋卷漩涡。这会是多么壮观！……如果把卡耐基图书馆放在大瀑布底下，不到两个小时，整个图书馆就会被各种好书填满。我们也可以想象，每天，一个大型百货公司从伊利湖的上游漂下，把各种商品倒在岩石上。这也会是一种极为壮观的景象吧！而且，这会使尼加拉瓜瀑布看起来比现在更加迷人。当然，我们会反对这样的做法，就像某些人反对利用瀑布一样。"你能不被这样的描述打动吗？

我们力图证明演讲的这个重要原则——具体原则的重要性，希望你在演讲之前广泛搜集资料，以使你的说话更加形象、更加具有说服力。这似乎需要你花较大的力气，因为好像没有一个标准能够说明你的材料已经准备得很完美。所以，你需要尽可能多地收集材料，以使你的准备更加充分。

记忆：它是口才好的前提

一位卡耐基训练班学员曾经经历过这样一件事情：他被邀请到一个教会发表讲话。为了使这次重要的讲话不至于失败，他进行了充分的准备。但是，当他站在教友面前，看到黑压压的人群的时候，他突然发现自己的脑海中一片空白。他不得不停下来，望着他的听众，努力回忆他所准备的东西。他当时感到特别尴尬，就好像没有穿衣服站在众人面前一样。他并不希望讲话就此中断，因为他觉得自己有可能把忘掉的东西记起来——如果给他几十秒钟的话。但是最后，他不得不宣告失败，因为在众人面前沉默那么久是一件十分可怕的事情。在这样的情况下，任凭他怎么努力也回忆不起来了，所以，他放弃了。

你是不是也经常遇到这样的问题？那些你明明记得的东西，一下子就不知道全跑哪儿去了。当你开口说话的时候，它们就是不愿意从你的嘴巴里蹦出来。那样的话，你是不是感到十分尴尬？

出现这种情况的原因很多，但是最根本的原因在于，你可能根本就没有把它记牢固，你的记忆方法可能不对。

为了使你的演说出色——至少不至于出现尴尬的场面，我们必须运用一定的方法把要讲的东西牢牢地记住。

我们可以称记忆的一般原则为"记忆的自然法则"，它包括印象、重复和联想。下面，我将分别对它们进行解释。有效地运用这些方法进行记忆，将使你讲话时更加从容。

记忆的第一条自然法则：印象

我们在记忆的时候，对于想要记住的东西，需要获得深刻、生动和持久的印象。而如果想要达到这个目的，我们必须集中注意力。

罗斯福总统具有惊人的记忆力。他能把自己要记住的东西像刻在钢板上一样刻入脑海，而不是让它们只是好像被记住了。他的这种能力是通过坚强的意志训练出来的。这使得他即使在最混乱的情形下，也能集中精力去做自己想做的事情。

1912年，芝加哥的国会大厦里举行了一次会议。群众涌向街道，挥舞着旗帜高呼："我们需要西奥多！我们需要西奥多！"群众的呼喊声、乐队的演奏声、政治家的争论声、会议上的讨论声，使得整个场面非常混乱和嘈杂。但是罗斯福却安然坐在他的房间里，全然不顾外面的嘈杂，专心致志地看起了古希腊历史学家希罗多德的作品。

还有一次，罗斯福在巴西野营旅游。一到傍晚，他便在大树底下找一个干燥的地方，取出一条小凳子坐下，开始阅读随身携带的由吉本所写的《罗马帝国的兴亡》，而且立刻专心起来，忘掉了滂沱大雨、营区的嘈杂以及其他各种声响。即使在这样的环境之下，他都能专心读书，集中精力专心记忆，他当然能够拥有超人的记忆力了。

集中精力是你记忆的基础，但是除了这个基础之外，我们还有一些加强印象的方法。

林肯小时候在一所乡村学校念书。那所学校十分贫穷，连地板都是用碎木头拼凑起来的；窗户上也没有玻璃，贴的是旧纸张。全班只有一本教科书，老师拿着它大声朗读，学生也跟着老师朗读，这所学校因而被称为"闹市学校"。以后，林肯终生都在坚持一个习惯：凡是他想要记住的东西，他都大声朗读。这个习惯就是在"闹市学校"养成的。

林肯每天都要在春田市的法律事务所大声朗读报纸，在朗读的时候，他喜欢把他的长腿搁在一把椅子上。他的同事曾经对人抱怨："他吵得我都快要发疯了。我问他为什么要读报，他回答说：'我大声朗读，有两种感觉：第一，我好像看到了我阅读的东西；第二，我仿佛又听了一次我所朗读的东西，因此就可以牢牢地记住他们。'"

事实上，林肯的方法收到了非常好的效果。他的记忆力相当好。平时凡是不想记的东西他轻易不会记住，但是一旦记住了就永难忘记。

马克·吐温运用自己独特的视觉记忆方法进行记忆，这或许对你运用自己的记忆方法很有借鉴意义。他在开始其演说生涯的最初几年里，总是离不开笔记和摘要。后来，他弃之不用了。他是这么解释的：

"日期确实很难记忆，因为它们是由数字组成的，而数字的外表极为平常。它们无法被组成图形，因此不会引起人们视觉的注意。而图画却能够使日期很醒目，尤其是你自己设计的图画。这一点确实不错，它很重要，我指的是自己设计的图画。我曾经有过这样的体会。30年前，我每天晚上都要背诵一篇演讲词，为了不至于把自己弄糊涂，我用一张纸条来提醒我自己。纸条上写的是一些句子的开头。这些纸条可以帮助我，使我不至于忘记其中的某一段。但是它们并没有形成图形。我在心里记住它们，但是却总是记不清这些句子的顺序。因此，我必须随时准备看一眼。"

但是有一次，马克·吐温居然把这些纸条弄丢了。那天晚上，他十分恐慌。于是，他发明了一种新的记忆方法，就是按照所有句子的先后顺序，选取开头的第一个字。在开始演讲的时候，他用墨水在自己的手指上写着这些字。但是他发现这样做起不到很好的效果，因为一时间无法确定哪些手指所代表的意思已经讲完，而哪些是接下来要讲的。当然，他也不能把已经讲完的那个手指的字擦掉，否则听众们肯定会注意到他在做什么。即便如此，在演说结束之后，还是有听众跑过来问他是否手指有毛病。

从那以后，马克·吐温开始有了画图的想法。他用笔画了六张图，用它们来提醒句子，这样做的效果极佳。每次画完之后，他把这些鲜明的图画丢开，还是随时可以把图画回忆起来。甚至在 25 年之后，他忘记了某次演说的内容，却还记得那些图画，并且可以根据图画把所讲的内容回忆起来。

因此，你也可以发明一些适合你自己的记忆方法。也许，它们会使你的记忆永不磨灭。

记忆的第二条自然法则：重复

当然，重复也并不是盲目地重复，而应该是有智慧地重复，要配合某种固定的思想特点进行重复。比如，你第一遍可能是了解它的大概，第二遍可以了解其中的某个细节。

再比如，科学研究结果显示，如果一个人坐下来不断重复做某一件事，一直到把它深深地印在自己的脑海中，他所要花费的时间与精力，相当于在一定时间内隔区段进行重复行为而获得同样效果的两倍。

这告诉我们，重复应该是隔一段时间再重复，而不是在某一段时间里重复，以后就不去管它了。

这是为什么呢？科学家告诉我们，在重复行为的时间间隔内，我们的潜意识会一直忙于将它们形成更加可靠的联系，这很容易让我们的大脑疲惫；但在分段间隔进行重复的时候，我们的头脑不会因为连续做同样的事情而感到疲惫。理查·伯顿爵士——他翻译了《天方夜谭》——说他能够流利地说出 27 种语言，但他每次练习或研究某种语言绝对不会超过 15 分钟，"因为一超过 15 分钟，头脑就会失去对它的新鲜感"。

因此，你不能在将要讲话的时候才去准备，这样你即便使用同样长的时间，也只能取得分段间隔重复的记忆效果的一半。这或许可以解释你为什么会出现突然脑袋一片空白的情况。

心理学专家的一项研究表明，一个人在 8 个小时以内所遗忘的知识，要明显地多于 36 个小时以内所遗忘的。这表明我们在讲话开始之前，应该把所讲的东西回忆一下，以激活记忆。

林肯熟知这样的记忆方法。当年在葛底斯堡发表讲话的时候，当学识渊博的爱德华·爱佛立特的演讲进行到尾声时，林肯"显现出紧张的神情"——当别人在他之前演讲时，他一向如此。他匆匆地从口袋里拿出演讲词来，自己先默默地念一遍，以加强他的记忆。

记忆的第三条自然法则：联想

联想对记忆的作用好像不是那么明显，它更多地被用来形容一个人想象力丰富。实际上，联想也是记忆力不可缺少的组成部分，它相当于对记忆进行解释。

詹姆斯教授指出：

"我们的头脑，基本上是一台联想的机器……因此，'良好的记忆力的秘诀'就是和我们所想要记忆的东西进行某种方式的联结。"

那么，如何把事实彼此联结起来，从而组成一个系统呢？答案可能是这样的：找出它们的关系，再进行思考。比如，你可以思考类似以下这样的问题：

为什么会是这样？

是什么时候变成这样的？

在什么地方？

这会产生什么后果？

它跟什么最相似？

…………

当你要记住某个陌生人的名字的时候，你可以把它和某一位朋友的名字联系起来。如果这个名字很罕见，那么你可以提出一些疑问，从而把它跟别的东西联系起来。如果你想要记住一个年份，比如1564年，你会想到莎士比亚就是在那一年出生的。

如果你想记住美国最初13个州的名字，而且还想按照它们加入联邦的先后顺序记忆，这好像是一件十分困难的事情。但是你如果把它们串连起来编成一段故事，你就可能会记得很牢靠。比如：

某个周六的下午，一位可爱的小姐打算外出旅行，就向宾州铁路公司购买了一张车票。她把一件在新泽西州买的毛衣放进行李箱，然后去拜访了乔治亚，他住在康涅狄格州。第二天，女主人和这位小姐一起去做弥撒（马萨诸塞州的简称），而教堂位于玛丽的土地（马里兰州）上。然后，她们沿着南下车道（South Caro Lina，南卡罗来那州的谐音）回到家中。午餐是由来自纽约的黑人厨子维吉尼亚烹调的。之后，她们沿着北上车道（北卡罗来那州的谐音），开车前往岛上游览。

这样的故事是不是有助于你的记忆？

·第三章·
日常说话的八个误区

沉默不见得永远是金

我们常常说:"沉默是金。"大部分人都认为,有些事情只要你心里知道就行了,没有必要把它们说出来。说出来有什么好处呢?人们可能说你爱表现自己,没有谦虚、谨慎的优秀品德。

沉默是金吗?这个问题不好回答,因为说话是一门大学问——有时候你想说却不能说;有时候你想说却不该说;有时候你想说却不会说;有时候你想说却不用说;还有些时候,你需要说却不愿说。古代希腊有人把语言比作怪物,它可以用美好的词语来赞美你,也可以用最恶毒的方式攻击你;它能把蚂蚁说成大象,也可以把大象说成蚂蚁。

当你和熟悉你的朋友在一起的时候,你可以选择不说话,那是因为,即使你不说话,对方也有可能知道你在想什么;但是如果你和不太熟悉你的人在一起的话,你不说出你的意见和观点,有谁知道你心里是怎么想的呢?

一个新员工陪同一位公司的经理去参加一次业务谈判。在谈判的过程中,这位新员工为了表示对经理的尊重,自始至终不发一言。谈判结束后,新员工马上就被辞退了。这位新员工可能到最后都不明白自己为什么会被辞退。

还有一个类似的例子,也是一个员工和他的上司一起去参加一次谈判。这位员工发现了一个很重要的问题,他不知道这个问题是上司还没来得及讲,还是上司觉得没有必要说出来。他很想问上司到底是怎么回事,因为这个问题可能会使公司损失上百万。最后,当他发现谈判可能快要结束的时候,他终于决定提醒上司。但是很遗憾,因为种种原因,直到上司和对方签订了合同,他还是没有把这个问题提出来。这次的"沉默"使公司损失了上百万。

沉默往往是那些自以为别人已经了解自己内心想法的人做的事情。他们以为,自己已经做了种种暗示,也看到了对方似乎明白他们的意思,因此不必把话说出来。但事实是，每个人最关心的都是自己，如果不是特别敏感或者对对方特别熟悉的人，别人不会对他人进行深入细致的观察，从而从他人的表情或别的细微动作中判断出他的心理。况且，即使他们猜到了，他们也会对此抱有疑问，因为他们的猜测并没有得到证实。

说话有那么麻烦吗？说话比其他事情更让人们犯难吗？

实际上，懂得说话是一个现代人必须要具备的本领。在今天这样的时代，探讨学问、接洽业务、传授技艺，还有交际应酬、传递信息等等都离不开说话。一个人如果会说话，不仅能把自己的意见完整地表达出来，还能在某种程度上直接体现自身的能力。而你如果不说话，会达到这样的效果吗？

沉默往往导致你没有办法得到这种认可，从而也阻止了你成功的步伐。有些人不喜欢说话，完全是出于自卑心理，或者因为某种原因而不屑开口说话。把话说出来是很重要的一步，无论你表达了什么样的观点。而与人的交流是人进步的阶梯，为了不做"沉默的智者"，你甚至可以做"说话的矮子"，以后，你会变成一个会说话的智者的。

马雅可夫斯基说过："语言是人的力量的统帅。"语言表达在社会生活和人际交往中都有十分重要的地位。美国诗人佛罗斯特从说话的角度，把一般人分成两类：一类是满腹经纶却说不出话来的人，而另一类是胸无点墨却滔滔不绝的人。他的认识十分深刻，我们在生活中可以看到知识丰富却不善言辞的人，也经常有不学无术的人废话连篇。

可能还有另外一种情况，那就是你应该说"不"的时候却选择了沉默。玛丽和约翰以及他们的很多同事被邀请参加一个由著名演讲者参加的宴会。玛丽高高兴兴地参加了。在宴会上，公司的人一起买了许多食物，但是玛丽一点都不饿，她只吃了一个烤土豆，而别的同事一般都吃了好几道菜。葡萄酒和香槟可以随便喝，她也没有喝一口。宴会结束后，大家决定平摊费用。于是，玛丽为了一个烤土豆花了70美元。

第二天，玛丽抱怨这件事情太不公平了。但是她没有想这种不公平是谁造成的。是她的同事们吗？不是。真正的原因在于她自己附和了他们的决定，保持了沉默。

同样参加宴会的约翰，在面对这样的情况时，对同事们说：

"我不想跟大家平摊，因为我总共才喝了一杯饮料。我愿意为这杯饮料埋单，即使稍微高一点也可以。我愿意付20美元。"

一开始，大家都觉得十分尴尬，因为这好像有点抠门。但是过了一会儿之后人们发现，对约翰来说，只有这样才是公平的。他并没有受到同事的指责。

你是不是也遇到过这样的情况呢？当你被邀请参加一个聚会，虽然你事先已经决定去图书馆，可还是不得不停止读书的计划，只因为你保持了沉默。而另外某天，同事让你第二天帮她买一张车票，因为她听说你住得离车站比较近——而实际情况并非如此——她以为你只要花几分钟就能买到，于是你答应了，但后来你发现必须为此请一天假。这样的时候，你为什么还要保持沉默呢？

所以，需要你讲话的时候，千万不要保持沉默。

随声附和最没特点

随声附和在多数情况下可以被看做是一种善意的成全。你有可能为了顾及到对方的面子，有时候的确为了表示自己没有任何看法，从而显示出你没有独立的个人意识。在很多情况下，随声附和是一种没有独立思想的表达方式，它容易让人觉得你比较虚伪。

从不盲从的爱默生说："要想成为真正的'人'，必须是一个不盲从的人。你心灵的完整性是不容许被侵犯的……当你放弃自己的立场，而用别人的观点去看问题的时候，错误便产生了。"这段精彩的话，对那些企图通过遵从别人的观点而赢得人际交往成功的人而言，无疑是一个很大的震撼。

一些涉世未深的人常常会害怕自己与众不同，因此，他们从穿着、行为、语言，甚至是思维方式上模仿别人，以便能够得到对方的认同。她们经常会说"别的女孩像我这么大，都已经开始谈恋爱了"，"玛丽的爸爸并不反对她搽口红"等等。

当我们处于一种陌生的环境，没有过往的经验为自己作参考的时候，最好的办法莫过于借鉴他人的标准——只有当自己的经验和知识足以指明方向的时候，才开始进行转变。我们应该相信，无论如何，时间和努力能够形成这样一种经验和能力，使自己拥有个人的判断能力。那时候，当你需要对他人的意见作出判断的时候，你就可以发表属于自己的观点。这将成为一件自然而然的事情。

很多时候，我们思考和判断的结果可能确实跟很多人一样，比如，我们会发现诚实是最好的行动指南。这不是因为人们这么说了，而是我们根据自己的观察、思考和判断得出了这个结论，我们的确认为犯罪是不应该的和理应受到惩罚的。这自然不能算做盲从和因袭，正好相反，这才是真正的独立人格和独立意识。幸运的是，正是因为我们大多数人都会相信诸如诚实这样的原则是很重要的和正确的，我们的社会才不至于失去正义和美。否则，我们的社会就要陷于一片混乱了。

但是，世事都不是绝对的。一些重要的基本原则，因为时代的变迁和地点的变化，都有可能发生具体的改变，甚至有可能发展到与原来意义截然相反的地步。比如，刑讯逼供在原来是人们所公认为合理的，但是现在也变成了可以质疑的制度。正是那些不因袭前世的改革推动了社会的进步，这才是文明进步的动力。

我们有时候随声附和他人的观点，可能并不是因为自己没有独立的思想，而是出于某种考虑。比如，我们都知道，反对别人的意见是一件不那么容易或者至少会给我们带来不愉快的事情，因此也就不那么急于反驳别人了。大部分人都宁愿对政府的政策保持赞同的态度——即使有不满意的地方——因为他们不愿意失去自己所拥有的那些东西；而反对政府的话，则可能会有某种危险存在。一般的人，容易摇摆在各种意见之间，因为我们可能这么认为：既然有那么多人同意，那么它想必是对的，而我所想的可能是错的。我们的信念可能就在这样的摇摆之间动摇、改变以至于松垮。我们对自己的判断失去信心导致了这一点。但是，那些能够说出自己不同意见的人却截然相反。在一次聚会上，在场的人都赞成某一个观点，除了一位男士。他毫无顾忌地表示自己对此表示反对。后来有人非常尖锐地问他的观点是什么，他微笑着说："我本来不打算发表自己的意见，因为这是一个愉快的社交聚会。本来我希望你们不要问我。但是，既然如此，我还是把自己的观点表达出来吧！"于是他说了自己的看法，并且对之前的那个意见进行了批驳。可以想象，他立即遭到了许多人的诘难。但是，他却始终面带微笑，坚定不移地固守着自己的观点，毫不让步。虽然最后彼此都没有说服对方，但是他却赢得了大家的尊重，因为他有着自己独立的判断。

在这方面，爱默生所采取的立场值得我们敬重。他认为，每个人对自己和社会、神都有一种责任，那就是好好地利用自己所具备的能力，以增进全人类的福祉。他在世的时候，那些反对奴隶制度的人都希望得到他的支持。虽然他也同情他们，希望他们的运动能够获得成功，但是他知道自己不是适合做这种事情的人——而众所周知的是，一个人只有做最适合自己的事情，才可能发挥最大的作用——所以，他拒绝了做这件事情，而选择了做其他的有利于人类福祉的工作。为此，他曾经遭到巨大的误解，但是他却毫不动摇。坚持不迁就他人的原则，或者坚持一种不被大多数人支持的观点，都不是一件容易的事情。

我们的生活如今到处都充满了专家，我们已经开始对他们产生依赖，因此丧失了对自己的判断的信心，于是，我们对许多事情都不能提出自己的意见和看法。我们现在的教育，也是针对一种既定的性格模式来设计的，因此这样的教育模式不能培育出各种各样有用的人才。大部分人都是追随者，而不是领导者。在一般的公立学校，那些胆敢对子女的教育方式产生怀疑的父母实在是很不容易的，因为这项工作通常是由专家们来做的。那些父母是能够独立思考的人，并对自己的信念极有信心。他们不断地提出自己的观点，与那些专家论战。一年之后，他们被选出来当社区教育委员会的委员。有数百名孩子因为他们而得到更多更好的教育。

　　澳大利亚驻美国大使波希·史班德爵士曾经发表过一篇演讲，他说："生命对于我们的意义，是要我们把自己所具有的各种才能充分发挥出来。我们对国家、社会、家庭都有无可推卸的责任，这是我们来到世上的唯一的理由，也使我们活得更加有意义。如果我们不去履行这些义务，我们的社会便不会有秩序，我们的天赋和独立性也不能够发挥——我们有权利也应有机会去培养自己的独特性，并借以追求自己、家人、朋友，甚至全人类的福祉。"

　　而爱德加·莫勒在《周末文艺评论》中的一段话也值得我们深思："虽然人类还无法达到天使的境界，但这也并不构成我们必须变成蚂蚁的理由。"

别板着面孔说话

　　虽然有些人在谈话的时候滔滔不绝，但是你很难看到他露出什么表情，好像他把自己的感受都隐藏了起来似的。看到这样说话的人，就好像看到一台喋喋不休的机器一样，让人感觉冷冰冰的。

　　我们在与别人谈话的时候，无论对方持什么意见，我们都不能板着面孔。这会让你看起来好像不尊重对方一样，因此就会招致对方的反感，你们的谈话效果一定不会很好。

　　与我们交往的无非就是两种人：一种是熟悉的人，另一种是陌生人。如果对方是熟悉你的人，那么，就算你板着脸说话，他可能也不会怪你——但是你也不能老是这样。可能你是这么想的：我已经对着那些陌生的人客气、微笑一整天了，而对熟悉的人则没有必要。其实，任何人都期望有一种被尊重的感觉。你板着面孔说话，那很大程度上代表你对谈话没有激情，别人会把它转移到自己身上，认为你是对跟你谈话的人没有激情。这样，会发生什么结果就显而易见了。

　　无疑，缩短人与人之间的距离、体现你的真诚的最好的面部表情就是微笑了。纽约一家大百货公司的经理说，他宁愿雇一个有着可爱的微笑、小学未毕业的女职员，也不愿雇一个冷冰冰的哲学博士。他的意思是：对顾客而言，最重要的不是你究竟有多少学问，而是你对对方有多尊重。

脸是人体最具有表达力的部分。一个人的表情，往往比穿着还重要，你心里所想的东西基本上都能在不经意间通过它表达出来。你在看杂志的时候，可以注意一下在做某件事情的人，试着把他们的其他部分遮住，只剩下一张脸。你会发现，尽管你不能辨别他在做什么，但是你能够知道他现在的心情是怎样的。

你可以做一些实验。当你在和别人交谈的时候，试着用不同的表情：当你在与别人寒暄的时候，微笑着盯着他；当你在和好友说话的时候，茫然地望着他；面无表情地讲一个故事，或者兴高采烈地讲这个故事；笑容满面地告诉他一个消息，然后试着用严肃的表情告诉他这个消息。对比之后，你会发现当你运用不同的表情的时候，对方有不同的反应。

表情的改变很难吗？不，一点都不难。当你讲话的时候，如果有人告诉你："你看起来很不开心。"这个时候你就需要改变一下你自己的面部表情了，因为面部表情反映的常常是一个人的心态。你也许把讲话当成了一件你迫不得已才去做的事情，它在你眼里或许是一项枯燥无味的作业、家务杂事等。你首先需要改变这种心态，因为说话本身并没有那么无趣，它是你和对方就某种共同关心的东西进行的一次交流。

你也可以通过一面镜子进行练习。当你讲话的时候，你的表情会在镜子里展现出来，让你清楚地看到你是怎么样在进行演讲的。当然，你也可以通过他人的评价或反应来使你的表情更加丰富。

你的确需要丰富的表情来表达你的真诚、兴奋、热情，从而使你的说话更加生动、热情和富有吸引力，让听众更加容易接受。林肯在演讲的时候，一会儿看起来非常愉快，一会儿看起来却好像十分悲伤——当然，这些表情跟主题都有很大关系——而听众也随着这样的表情变化而变化，被这种表情所感染。

你可以记住哈勃德的一些明智的建议，然后，把它付诸行动：

"每次外出的时候，正正容，抬起头，肺气饱满；在阳光之中吸饮；对朋友微笑；每次握手的时候，集中精神。不要怕被误会，不要浪费哪怕一分钟去想你的仇敌。要在你的心里确定你究竟喜欢什么，然后，不要改变方向，一直朝目的地行进，全神贯注于你喜欢做的伟大的事情上。在以后，尽管日月如流水，你还是会发现你在不知不觉中抓紧了满足你的欲望所必需的机会，就好像珊瑚虫由潮流中所需要的原质形成一样。在脑海中成为一个有能力、诚恳、有用的人，你所保持的思想，时刻都在改变着你，使你成为那种人——因为思想是至高无上的。保持一个正确的心态，那就是勇敢、诚实、欢悦的态度。思想就是创造，所有的事情都是由欲望产生的。凡是真的祈求，都会应验。你心中关注的是什么，你就会成为什么。收敛你的容颜，抬高你的头，我们就是明天的神。"

说话不能太直接

柯立芝总统执政的时候，一个朋友应邀到白宫做客。他听见柯立芝总统对他的女秘书说："你今天穿的衣服很漂亮，你真是一位漂亮的女孩子。"平时沉默寡言的柯立芝总统，一生很少称赞别人，但是却对他的女秘书说出这样的话来，这使得那位女秘书听了之后，脸上顿时泛起一片红晕。柯立芝总统接着说："别不好意思，我所说的话，都是发自内心的。不过，从现在起，我希望你注意文件上的标点符号，不要再出现类似的错误了。"

理发师在替人刮胡子时，通常会先敷上一层肥皂水，使顾客的脸不至于受伤。这跟柯立芝总统的方法有异曲同工之妙。柯立芝总统运用的方法，也是不直接说出对方的缺点，而是先赞美对方。在这样的情况下，我们提出的意见才不至于引起别人的反感，因此也更加容易达到让别人改正错误的目的。

我们在一般情况下是一看到对方有什么问题，就直截了当地指出来。但是，在更多的时候，我们只有含蓄一点、委婉一点，才能达到自己的目的。另外有些时候，因为环境、气氛、心理等等因素，有些东西不方便直接说出来，也必须要用比较委婉的语言来表达，即通常所说的"转着弯儿说"。只有这样，才不会给对方和自己带来不良的影响，从而不会破坏谈话的情绪，甚至阻碍谈话的进行。

委婉和含蓄往往是联系在一起的。它并不是含混其词，其结果也是说出了自己的观点，只是比较隐蔽而已。它是一种比直接说话更加富有智慧、更加具有魅力的表达技巧。其根本目的是通过另外一种更加合适的方式表达自己的观点，或者使别人被自己说服。培根说过："含蓄和得体比口若悬河更加难能可贵。"

确实，在某些场合，委婉、含蓄地说话比直接说出来效果要好得多。一次，年轻的莫泊桑向著名作家布耶和福楼拜请教诗歌创作。两位大师一边听莫泊桑的诗歌朗读，一边喝香槟酒。听完之后，布耶说："你这首诗，句子虽然有些小疙瘩，像块牛蹄筋，但是我读过更坏的诗。你这首诗就像这杯香槟酒一样，勉强还能吞下。"这个批评虽然很严厉，但是却因为比喻的运用而减少了它的分量，给了对方一些安慰。

一个人在禁止捕鱼的地方网鱼，这时候，来了一个警察。捕鱼的人心想这下肯定糟了，不料，那位警察却出乎意料地用非常友好的口气对他说："先生，你在此洗网，下游的河水岂不是要被你污染了吗？"这句话使捕鱼者十分感动，他立即诚恳地道歉，并且把渔网收了起来。而在此之前，他本来想跟警察讨论一下这里为什么要禁止捕鱼呢！

在一家高级餐馆里，一位顾客坐在桌旁，却把餐巾系在了脖子上。这种不文雅的行为很快引起了其他顾客的不满。餐厅经理叫来了一位服务生，对他说："你必须想办法使这位先生不再做这种不文雅的举动，你要让他知道，在我们这样的高级餐厅，这种行为是不被允许的。但是你必须尽量给他保留尊严。"这可是个十分棘手的问题。那位侍者想了想，然后走到那位顾客旁边，礼貌地对他说："先生，请问你是要理发呢，还是打算刮胡子？"刚说完，顾客就意识到了他的不文雅的行为，并且赶紧取下了餐巾。

这位侍者并没有直接指出那位顾客的不当行为，而是拐弯抹角地问了一件与餐馆毫不相干的事情。表面上看来，这位侍者好像是问错了，但是正是这种问话，才起到了既顾及顾客的面子，又提醒了他的不当行为的作用。

一般的人对陌生人似乎很委婉，看起来的确很客气，但是他们认为对熟悉的人就不必如此了。这种想法当然是错误的。要知道，不论是陌生人还是熟悉的人——即使是你的亲人，他们都希望自己被别人尊重。他们与陌生人只有一个差别，那就是陌生人可能会暂时接受你的看法，但是却并不会在心底里赞同你。

本拉说服他儿子的做法，有值得我们借鉴的地方。

一天晚上，本拉的太太拿电话账单给他看："你看看，我们的儿子在我们去欧洲旅游的时候，打了多少长途电话。"接着她指着某一天的记录说，"单这一天，就打了1小时40分钟！"

"什么？！"本拉意识到这样的行为再发展下去，可能会耽误儿子的学习，于是就准备上楼去教训他。但是，本拉站起来又坐了下去，因为他想到自己现在正在气头上，还是不要说的好，而且他需要找点技巧去说服他已经16岁的儿子。

本拉把话忍到了吃午饭的时候。他在饭桌上装作毫不经意地说："约翰，暑假快结束了，你马上要回学校了，你抽时间查查看哪家电话公司打长途电话便宜。"然后他又来了个急转弯，"咳，你这学期应该挺忙的，也没多少时间打电话，我是多操心了。"

儿子马上领会了父亲的意思,他不好意思地说:"是啊是啊,我因为要回学校,跟同学联络,上个月打了很多电话。以后不会这样了。"

就这样简单!本拉先生把省钱、少打长途电话、用功读书这些意思都表达清楚了,他换了一个方法,因此也没有产生什么不快。

听起来是不是很简单?确实这样。但是你必须想到这么去做,才能做得很好。

不懂装懂只能显得更无知

一般人会认为如果在某件事情上承认自己的无知,就会被别人看不起,因此,他们极容易产生一种唯恐落后于他人的压迫感,从而拒绝承认自己无知。被好胜心驱使的人们因而就会对自己一知半解甚至一窍不通的东西装作很懂的样子,以此来保全自己的面子。

事实上,你经常能看到这样的人。他们会在一件小事情上大做文章,以此显示自己懂得很多大道理,好像什么都懂。别人一谈到某个问题,他们就立即想要发表自己的观点——不管他们有没有想过这个问题——以显示自己有多么高明。他们希望给人们这样一个印象:他们无所不知,而且对他们所知道的东西都达到了专家的水平。

你觉得这样的事情有没有可能?当然是不可能的。在现代社会,信息量极大丰富,知识量爆炸性地增长,专业门类极多,而每个专业也都研究到了很深的地步。任何一个人——即使他是天才,也不可能对所有的东西都通晓。

关键问题还在于,那些不承认自己有所不懂的人,他们没有办法对某一件事情精通。我们可以设想:他们什么都想知道一点,而现在知识又这么多,他们怎么会有精力进行深入的研究呢?不过,可能他们本来就不打算精通某一个专业。他们的目的,只是为了表现自己而已。而实际上,这样的人才是真正一无所知的。

而工作中那种不懂装懂的人喜欢说:"这样的工作真无聊。"其实,他们内心的真正感觉是:"我做不好任何工作。"他们希望年纪轻轻就功成名就,但是他们又不喜欢学习、求助或征询他人意见,因为这样会被人认为他们"不胜任",所以他们只好装懂。而且,他们要求完美却又严重拖延,导致工作一点都不出色。

在现实生活中,我们喜欢交往的往往是那些看起来很平凡,但是当你跟他交谈之后,就会被他的内在思想所倾倒和折服的人。这种人的真诚、坦率感染了我们,他们所使用的词汇也简单明了,一点儿也不故作高深。朋友关系必须建立在真诚之上，而不是相互吹捧、大唱高调，否则对谁都没有益处。交朋友应该是相互间取长补短，别人的知识比自己丰富就要学习。即使是自己很专业的东西，也要以谦虚的态度来展现实力，这样自己才能赢得他人的尊重，才能说服他人。

有一位小杂志社的社长，不管在什么场合都喜欢装腔作势，并且他常常使用那种听起来很不舒服的音调来表明自己很高明。他经常在别人面前表现得无所不知，这种姿态也使许多人觉得他在做自我宣传。然而，不论他再怎么装，他还是得不到别人的认同。他所出版的杂志，销量也不好。

他的杂志总是被人们认为是现学现卖的东西，甚至十分肤浅。这是因为他喜欢对所有的事情都加以批判，并似乎以此为乐。当他一开口，旁边的人就会说："我的天啊！他又要开始说话了。"然后便万分痛苦地听他自我吹嘘。这种人本来就没有多少智慧，他越是显摆就越显示出自己的无知。

承认自己有不知道的东西，这并不丢人。倘若为了抬高身价而自我吹嘘，一旦被人家看穿，人们就会认为你是一个虚伪的人，甚至认为你一无所知。在人际交往中，一定要保持一个良好的心态，不要不懂装懂。

如果对方指出了你犯的一个错误，你千万不要下意识地为自己找借口。你不用想象自己是一个全能的人，因为那永远是不真实的。

几乎所有企业都希望招聘到具有诚实精神和美好品德的职员。因此，在接受面试时千万不要试图对"明察秋毫"的经理说谎。不少人在接受面试时，由于迫切希望得到眼前的这份工作，通常很容易犯下不懂装懂、故意隐瞒自己的缺点或夸大自身优点的错误。如一些毕业生可能会在求职简历中描述自己的能力时夸夸其谈，或违背事实地强调自己在某项社会实践活动中处于主导地位。

汤姆到纽约一家公司的大卖场应聘一个管理职位，并按要求填了登记表。回家等通知期间，汤姆并未花力气了解这家公司。他自信满满，因为他形象、气质、学历俱佳。面试时，主考官问汤姆对公司了解多少，汤姆凭印象说这家公司是一家非常大的企业，还十分肯定地说公司注册资金为10亿元。事实上，该公司只是一家中型企业，注册资金也不是汤姆说的那个数字。最后，汤姆落聘了。主考官说，管理人员必须具有一定的原则性。汤姆的问题在于他不懂装懂，而且不够诚实，"这样的人很难坚持原则，如果在工作中也这样信口开河，说不定会闯出什么乱子"。

我们很容易知道，那些喜欢不懂装懂的人可以随时找出一个理由来为自己进行辩护——好像他们是不得不这样做似的。我们应该如何评价这样的做法呢？我们是否应该放弃自己应该有的诚实和虚心，而去获得这种暂时的利益呢？答案当然是否定的。

喋喋不休不等于口才好

如果你口才好，可以使人家喜欢你，可以结交好的朋友，可以开辟前程，使你获得满意的结果。假如你是一个律师，你的口才便会吸引一切准备诉讼的当事人；而如果你是一位店长，那么你的口才将帮助你吸引更多的顾客。有太多的人因为善于辞令而得到提拔，也有许多人因此而获得了荣誉和厚利。你一生的成败，有一大半是由于说话这种艺术的影响。

你或许承认这一点，但是你却并不一定知道什么才是好的口才。好的口才意味着能够对着墙壁一个人说上三个小时吗？意味着可以无视已经昏昏欲睡的听众，发表冗长的演讲吗？意味着可以就某一件小小的事情，比如系鞋带，翻来覆去地说上半个钟头吗？

你的这些错觉来源于现实。许多人就是能够做到这些的人，他们就可以不管对方的反应如何、不管话题多么无趣，而能够滔滔不绝、侃侃而谈。但是我们不得不遗憾地说，他们所掌握的并不是真正的好口才。他们所谓的口才大概相当于家庭主妇吃完晚饭后的闲聊，她们甚至可以扯上一天一夜，但是我们都知道，这并不是好的口才。

那么，究竟什么才是好的口才呢？如果非要给一个概念的话，可以认为是这样的：好的口才，就是在交谈、演讲或谈判等口语交际活动中，说话者能够根据一定的目的，根据具体的环境和对象，采取不同的说话艺术，准确、生动地表达自己的意思，并且达到交际目的的一种能力。

那么，我们可以回过头来评判为什么说喋喋不休不能称为好的口才了。喋喋不休实际是一种一直重复自己意思的说话，但是却并没有说清楚这个问题；或者他一开始已经说清楚了，只是为了强调，又一遍一遍地重复。而且，说话人根本不顾及对方有何反应，似乎他是对着墙壁在自言自语。这完全是一种下意识的行为。他的目的只在于"说话"本身，即维持说话这个动作，而口才好是因为有一个说话的目的，而不是为了说话而说话。

有一位公司的助理，工作的时候，她走进上司的办公室说："去年那次派对，我们的蜡烛没有用完，所以我把它们都带了回来，留在这里用。其实，这些蜡烛用了这么久，还是没有用完。因为剩了不少，我送了一半给市场营销部的安狄和流通部的耐洁尔。我是说这些剩下的蜡烛只用了一半而已，当然，也可能用了一半都不到。确实，我们今年用来配置到聚会上的预算不够，我是说，我本想让参加聚会的人带点水果回家的，可是因为预算不足，所以只好先不这样。我们的预算只够买些冰茶和饮用水。所以，我决定这次聚会上用上次派对没有用完的蜡烛，这样就可以省一些预算开支。你认为这样行吗？"

她的上司怎么可能听她这番长篇大论？我想，大多数人都做不到，他们只会对她的长谈充耳不闻。你应该留下那些重要的信息，去掉那些无关紧要的细枝末节。助理的上面的话只说最后两句，就完全可以表达她的意思了。

当你在向别人推销商品的时候——考验你的口才的时候到了——你以为你一个人喋喋不休就能解决问题吗？

专门从事将新设计的草图卖给服装设计师和生产商工作的维森先生，最近遇到了一个麻烦。他想要推销商品的对象似乎是一个软硬不吃的服装设计师，名字叫作华尔。他之前从没有遇到过这么难缠的顾客，但是，为了证明自己的实力，而且这笔业务确实能够带来不菲的收入，维森先生决定不达目的决不善罢甘休。他一次又一次地出现在那位服装设计师面前，向他谈及这份草图的设计多么的出色，而且款式新颖、典雅大方。他希望用自己的诚心来证明这份草图的设计确实是出色的，但是，却收效甚微。一天，当他再次出现在华尔面前的时候，华尔终于忍不住说：

"亲爱的维森，我还是不能赞同你的观点，所以，我仍然决定不买你的草图。还有，恕我直言，我觉得你这种喋喋不休的推销方式实在是很失败，而且我一直以来就很反感。"

怎么办？放弃吗？维森告诉自己，不能放弃。但是，打击未免太大了一些。因为他一直以来就是这么推销的，而且以前从未体验过这么大的失败——算起来他已经来过150次了。于是，他决定改变一下他的策略。

第二天，他夹着几张还没设计完的草图，对华尔说：

"华尔，我想请您帮个忙。我这里有几张草图，您能不能修改一下，以使它们符合要求？"

华尔狐疑地看了维森一眼，说："你放在这里吧，有时间我会看的。"

三天后，华尔打电话叫维森过去，他已经完成了修改。结果可以预料，通过这个方法，维森已经成功地使华尔购买了这些草图，因为这些东西里有华尔自己的心血。

并不是说维森的方法有多么高超——尽管事实如此——只是说，他以前推销的方法是错误的。我们从维森身上学到的经验是：喋喋不休确实不是好的方法。

无谓的争论只会大伤和气

有一次，卡耐基在某个电台发表了演讲，其中讲到《小妇人》的作者路易莎·梅·奥尔科特曾经到新罕布什州的康柯特去凭吊过她的故居。卡耐基的粗枝大叶使他犯了一个错误，而且竟然犯了两次同样的错误。

这种错误使他受到了无数的攻击和诘难。听众们发过来无数的邮件，这些信函的内容多半是责怪卡耐基的，有的甚至是侮辱他的。其中让卡耐基印象最深刻的是一封名叫卡罗尼亚·达姆的听众的来信，她从小就生长在马萨诸塞州的康柯特。她来信向卡耐基表达了她极为愤怒的心情。卡耐基认为，即使他在地理上确实犯了一个很大的错误，但是她在礼貌问题上也犯了一个更大的错误。

卡耐基决定试着把她的仇视当成友善。他乐意这么做。后来，卡耐基找时间给那位老太太打了一个电话，通话内容如下：

卡耐基：夫人，你在几个星期之前给我写了一封信，我要感谢你。

卡罗尼亚·达姆：请问你是谁？我很荣幸和你说话。（她用的是清晰、文雅和有教养的声音）

卡耐基：对你来说，我是一个陌生人。我是戴尔·卡耐基。几个星期以前，你听了我有关奥尔科特的演讲。那次演讲使我自己深为懊悔，因为我犯了一个很大的错误：我说奥尔科特生长在新罕布什州的康柯特。那实在是一个很不应该犯的错误，我为此向你道歉。你花时间给我写信，我很感谢你。

达姆：很抱歉，卡耐基先生。我写那封信，发了很大的火，我得向你道歉。

卡耐基：哦，不，不！不是你，而应该是我向你道歉。任何上了学的人都不会犯我这样的错误。实际上，我已经在发表演讲的第二个星期日的广播里向听众道了歉。现在，我向你个人道歉。

达姆：我出生在马萨诸塞州的康柯特。两个世纪以前直到现在，我的家庭在那里都很有声望，我因我的家乡而自豪。奥尔科特女士生在新罕布什州，这个说法让我难过极了。不过，我得为那封信向你道歉。

卡耐基：我敢说，我比你还要难过十倍。我的错误即使对马萨诸塞州没有任何损害，也深深地伤害了我自己。像你这样有地位、有教养的人，难得花工夫给无线电台的人写信。如果你以后发现我演讲中还有错误，我将非常感谢你给我指正。

达姆：你知道吗？我真的很高兴你接受我的批评。你一定是个很好的人，我很愿意和你交朋友。

就这样，卡耐基不但轻易地避免了争论，还使她向他道了歉，并且同意了他的观点。

有的人为了一件小事的对错而争论不休、面红耳赤，严重的甚至发展到打起架来。无谓的争论没有给双方带来好处，他们只是为了自己的自尊而争辩，互不服气，但是他们达到了自己的目的了吗？即使是表面上达到了维护自尊的目的，但他们难道一定要靠这种方式来赢得自尊吗？

事实上，这样的争论无益于任何事情。我们在前面已经讲过，大部分人都不会因为争论而改变自己的意见。如果你想要别人同意你的意见，首先要做的事情就是避免和他人争论。因为争论实际上是不成熟的表现，为了自尊，每个人都会变得不可理喻，甚至抛弃他平时的所有习惯和看法。

拿破仑的管家常常与拿破仑的妻子约瑟芬打台球。这位管家后来回忆道："我虽然在技术上胜过她，但是为了使她高兴，我必须想办法让她取胜。"从这个故事中，我们可以寻找到一个基本的道理，那就是：为了使别人同意你的观点，或至少不因为争吵而使你和他人的关系破裂，最基本的要求是不要跟他人争辩。我们要使我们的顾客、妻子、朋友在细小的讨论上看起来胜过我们。

那么，当我们确实有不同意见的时候，我们该怎么处理呢？在卡耐基训练班上，他绝对不会只是一个人讲。这样不但显得漫长，而且学员们也得不到提高。但是，当他们被卡耐基叫起来回答问题以后，如果卡耐基说"你错了"，这样多半会引起一番争论，而且他以后再也不会得到别人的参与。所以，卡耐基决定不这么做。他开始设想他们的回答中有合理的成分，于是试着去寻找这样的合理的东西。事实是，他们的回答确实有合理的地方。于是，当他们发表意见之后，卡耐基会对他们说：

"我了解你这么做一定是有原因的，但是我同样发现这样做有一些不合理的地方。让我们一起来看一看吧！"

这就是一种委婉的表达方法。这样做的话，既可以避免无谓争论的发生，又可以表达出自己不同的意见。

另一方面，由于人们有时候仅仅是为了顾及自尊而和别人争论，所以他们并不打算遵照自己的理性来思考问题，即使是一个明明知道自己错了的问题，他也可能会与别人争论不休。这种情况并不少见。也许你认为并非如此，至少这种事情没有发生在你的身上，但是这是因为你在看这本书的时候是心平气和的，而并非处于一种非理智的状态。因此，可以说，为了避免争论，我们最需要做的事情就是维持自己的理性。在你打算和别人争论之前，最好先想一想争辩是不是有用处——你会发现，争辩基本上没有作用。

让我们来看一个看起来有些极端的例子：

詹姆斯和约翰从前是一对关系不错的朋友，可是有一次，他们俩为某种名字像毒品的药物而争吵不休。詹姆斯认为，这种药物他从前看到过，它不但没有毒性，反而可以拿来医病；而约翰的意见刚好相反，他认为这种药物是有毒的。詹姆斯想起一个故事来，他说有一天，乞丐露宿街头，无法抵御寒冷，就是靠吃这种药品而挺了过来。

约翰不同意詹姆斯的观点，他认为詹姆斯说的是道听途说的事情，并没有确切的根据。他们俩吵得越来越激烈。后来，詹姆斯说：

"如果你坚决不信，我们可以当场来试试，你看看我吃了这种药物后会不会死。"于是，詹姆斯为了维护自己的自尊，不顾约翰的苦苦相劝，吞下了许多这种药品，结果一命呜呼了。

约翰十分懊悔，他认为自己对詹姆斯的死负有责任，于是精神恍惚，胡思乱想，最后终于疯了。

你也许会说，詹姆斯确实够傻的，他怎么能拿自己的生命来打赌呢？而且约翰做得也确实不对，他为什么就不能让一步呢？但实际上，我们经常在做这种傻事，只不过后果没有这么严重罢了。

因此，不管在什么情况下，你都没有必要和他人争论，因为这样做不但不能使你们分出谁正确，而且会深深地伤害你们之间的和气——和气可是我们在交往过程中最需要的。

短话长说就是太啰唆

在公众场合，有些人滔滔不绝，用语言的触角抓住了每一个人的心，这当然令人钦佩；但是，在很多情况下，这些人的话让人不得要领、不知所云。相反，如果用短短的几句话就能把意思说清楚，为什么要用长篇大论来浪费人们的精力和时间呢？

德国著名的作家贝托尔特·布莱西特十分讨厌那种冗长却没有内容的讲话。一天，他应邀参加了一个作家的聚会，并准备致开幕词。一开始，聚会的主办人讲了一通很长但是听起来似乎没有多少实际内容的贺词，向到会者表示欢迎。然后，他宣布由布莱西特致开幕词。

布莱西特从容地走上讲台。那些记者赶紧一边对着布莱西特照相，一边掏出笔和小本子，以为他要发表一次精彩的讲话。

布莱西特让大家失望了，他只说了一句话：

"我宣布，会议现在开始。"

一次，演讲家马克·吐温和雄辩家琼西·M.德彪一起参加一个宴会，这个晚宴气氛非常融洽。马克·吐温作为第一个演讲者，以他特有的吸引力，滔滔不绝、热情洋溢地演讲了20分钟，赢得了全场的热烈掌声。

接着，该德彪演讲了。他慢慢吞吞地站起来，面带难色地对听众们说：

"各位，在会前，我和马克·吐温先生互换了演讲词。所以，刚才大家听到的马克·吐温先生的演讲，实际上是我的演讲。我非常感谢大家对它报以这么大的热情。但是很遗憾，我弄丢了马克·吐温先生的演讲词，我找了每个地方，但是却仍旧找不到。所以，我无法帮他继续讲下去，请各位原谅我只能坐下来。"

马克·吐温被这位雄辩家弄得哭笑不得，向德彪投去抱怨的目光，然后无可奈何地耸了耸肩。

德彪先生不愧是一个著名的雄辩家。他巧妙地讽刺了马克·吐温的演讲过于冗长，同时也委婉地表达了自己的意见。如果说他的这种做法可能太"不务正业"了的话，我们可以接着讲一件事情来说明长话短说的功效。

当社会主义者马克思的女儿燕妮请教当时德国一位著名的历史学家，问他能不能把古今历史缩写成一本简明的小册子的时候，那位历史学家说："不用那么多。"接着他说，"只需要四句话就能够做到这一点，这四句话是：

"当上帝要毁灭某人的时候，一般先让其有很大的权势。

蜜蜂盗花，反倒使花开得更加鲜艳和迷人。

时间就是一个巨大的筛子，它会淘去一切历史的陈渣。

暗透了就会有星光可见。"

这就是简短的力量！古今中外多少历史？竟然可以用四句话进行概括。

让我们看一个例子。某公司经理艾伦发现她的员工工作效率并不令人满意。

于是，她召开了一次会议。这次会议绝不像类似的会议那么冗长，但是却收到了极为满意的效果。当其他经理问她是怎么做到的时候，艾伦回答道：

"我告诉他们：'我们的工作效率太低，怎么办？'"

"没人回答我，我就保持沉默。他们开始局促不安，我还是沉默。最后，我说了一句话就散会了。我说：'会议结束。'"

"他们都匆忙地回到自己的位置上，开始认真地工作。那种认真的劲儿，我之前还从来没有见过。"

请想象一下吧：如果你对着这群员工喋喋不休地说了两个小时，他们可能还是无动于衷，甚至很讨厌你。

让我们继续回忆林肯的那次已经成为演讲史上的经典的演讲——就是我们多次提到的葛底斯堡讲话。1783年7月1日，美国内战中的一场决定性战役在华盛顿附近的葛底斯堡打响。三天之后，北方军队大获全胜。宾夕法尼亚州等几个州决定在葛底斯堡建立国家烈士公墓，以纪念那些在此光荣牺牲的将士。

在落成典礼上，林肯总统参加了演讲。这场典礼的主讲人是前国务卿爱德华·伊韦瑞特，而林肯只是因为是总统，才被邀请来随便讲几句的。林肯感到压力很大，因为伊韦瑞特不仅是个优秀的政治家，还被认为是那个时代杰出的演讲家。伊韦瑞特发表了长达两个小时的演讲，而且的确非常精彩。在这个典礼上，林肯决定以简洁取胜。从他不慌不忙地走上讲台，到他走下讲台，所用的时间只有两分钟，但是掌声却持续了十分钟。林肯的演讲轰动了全国。报纸评论说：

"这篇短小精悍的演讲词，真可以说是无价之宝。它的感情深厚、思想深刻、措辞简约、朴实优雅、行文毫无瑕疵，完全出乎人们的意料。"

伊韦瑞特第二天也写信给林肯，对他的成功表示祝贺。他真诚地说："我用了两个小时总算接触到了你所说的主题，但是你却只用两分钟就已经说得明明白白。"

林肯的这篇仅有226个字的演讲词现在陈列在图书馆，并被铸成金文，作为英语演讲的最高典范。

技巧篇

·第一章·
高效沟通的策略和技巧

从双方投机的话题谈起

有一天，爱默生和他的儿子想把一头小牛弄进牛棚。爱默生用力拉，儿子用力推，但是小牛就是不肯进去，因为它更加喜欢牛棚外面鲜美的草。一位爱尔兰农妇见到这种情形，就把自己富有母性的指头伸进小牛的嘴里，让它感觉到自己在吮吸母牛的乳头。于是，它一面吮吸，一面跟着农妇进了牛棚。这位农妇不会像爱默生那样写散文，但是她却更加懂得小牛需要什么，因而能够轻易地解决这个难题。

第一次世界大战期间，英国首相劳埃德·乔治也用了这种方法来处理人际关系。那时候，一些战时的要人，像威尔逊、奥兰多、克里孟梭等都已经在人们的心目中褪色了，唯有乔治还能够占据重要的领导地位。

乔治说，如果一定要用一个原因来解释的话，那就是他每次在钓鱼之前，都是首先问鱼儿喜欢吃什么。

不错，每个人都有自己的需要。你认为这很幼稚、很荒唐吗？事实上，除了你自己，你不会对任何人、任何事感兴趣。因此，总是和对方谈论你想要的东西，或自己感兴趣的事情，这是极为不明智的。你感兴趣的是你自己的需要，但是如果你想赢得他人的欢心、改善与他人的关系，你就首先要问对方需要什么，看看对方对什么感兴趣。

当然，从对方感兴趣的话题入手，还有一个问题需要解决，那就是，如果你自己对这个问题不感兴趣或者不同意对方的意见怎么办？要知道那样会很容易引起争执。所以，我们在一开始谈话的时候，不但要注意选择的这个话题应是两个人都感兴趣的，而且是双方持有相同意见的。即使你对这个话题并不感兴趣，也至少应该表现出你很感兴趣的样子；假如你对这个问题有不同的看法，你也需要把它藏在心里，不要把它说出来。

从双方投机的话题谈起，这样做会有很好的效果。耶鲁大学已经过世的教授菲尔普在小时候就曾经有过这样的经历。

菲尔普8岁的时候，有一天，他到他的姑妈家串门。晚上，一位中年人也到姑妈家来做客。打完招呼之后，那位先生立即把注意力集中到了他身上。那时候，菲尔普对帆船十分感兴趣，而那位中年人恰好也跟菲尔普有相同的爱好，并且跟他一样，也认为西班牙的帆船是全世界最好的帆船。于是，两个人非常高兴地谈论了许多关于帆船的知识。客人走后，菲尔普依旧十分激动，他兴奋地对姑妈说："这个人真有趣，居然对帆船有这么大的兴趣。"

但是姑妈说的话却让他大吃一惊。姑妈告诉菲尔普，其实那位客人是个律师，而且他本来对帆船毫无兴趣。

"那么，"菲尔普不解地问道，"他为什么跟我谈了这么多关于帆船的话呢？"

"他是一位绅士，"姑妈说，"是一个很有修养的人。他知道谈论让对方感兴趣的事情并且跟对方取得一致的意见，能够使对方感到愉悦，也能够使自己受到欢迎。"

由此可见，即使你是装着对某一个话题很感兴趣，并且跟对方是一样的意见，这对你的社交也是有很大的帮助的，更不用说你真的如此了。

杜甫洛是一个面包公司的老板，他一直在想办法将自己公司的面包卖给一家大酒店，因为这家酒店不但需求量很大，而且在业内很有影响，可以为他们树立一个很好的口碑。四年以来，公司的销售代表差不多每个星期都去拜访一次那家酒店的总经理，而且租用酒店的房间，但是这些措施都失败了。杜甫洛决定改变一下策略。

他搜集到了这家酒店总经理的许多资料，他惊奇地发现这位总经理原来是美国酒店业协会的会员，而且因为热衷于该协会的活动，成为了该协会的会长。而杜甫洛本来就对酒店业有着十分浓厚的兴趣，并且一度想要加入酒店业协会。

这一次，杜甫洛亲自拜访酒店总经理的时候，就以酒店业协会为话题开始了他们的谈话。果然，这位总经理对这个话题十分感兴趣，兴致盎然地跟杜甫洛谈了半个小时。这场谈话无疑使总经理非常高兴。在杜甫洛离开的时候，总经理邀请他加入酒店业协会，杜甫洛则愉快地接受了他的邀请。

在谈话中，杜甫洛并没有向他提起关于面包的事情。但是，几天之后，酒店的一位分部经理打来电话，要杜甫洛把面包的样品和价格表拿到酒店去。

"我不知道你们对总经理用了什么高招儿，"那位经理说，"不过，你们确实已经成功了。"

在一开始的时候，从双方投机的话题谈起，不仅能够打开话题，而且会使对方消除紧张和戒备心理。如果你能够和对方取得一致的意见，对方就会慢慢地接受你，进而接纳你的意见，增进和你的亲密关系。

而如果你选取的只是你自己感兴趣的事情，或者是一个有可能存在较大分歧的话题，那么，你们的谈话就会变得十分糟糕。

善于倾听别人说话

我们每个人都最关心自己，这是人的本性。我们都非常喜欢讲述自己的故事，也喜欢听到与自己有关的东西。在这种心理影响之下，我们总喜欢独自滔滔不绝，完全不顾对方的感受；或者当别人说话的时候心不在焉，根本不去关心对方讲的是什么。即使是看起来沉默寡言的人，他们也很喜欢谈论自己。这种做法是跟别人交谈时最大的忌讳。

如果你想要成为一个受欢迎的人，那么就要学会倾听，要鼓励别人多谈自己；当别人要告诉你一些东西的时候，要认真地倾听。这样，他会认为你是一个明智、领悟力强，并且很有同情心的人。

在古老的东方，充满智慧的中国人用下面这个故事告诉了我们倾听的价值：

一个小国给中国的皇帝供奉了三个一模一样的金人，皇帝非常高兴。但是使者也给皇帝和大臣们出了一道难题，那就是：判断出这三个金人哪个最有价值。这让皇帝和大臣们十分为难。他们想了很多办法，请来珠宝匠称重量、看做工，用尽了各种办法，但是却发现三个金人是一模一样的。

皇帝和大臣们束手无策，于是把这个难题公布到全国各地。皇帝答应，答出来的人将得到重赏。终于，有一位隐居的智者说，如果能让他见到三个金人的话，他就有办法解决这个难题。

皇帝将信将疑地把智者和使者请到宫殿。智者仔细地看了看三个金人，发现每个金人的耳朵里都有一个小孔。于是他拿出三根纤细的铜丝，从金人的耳朵里穿了进去。

结果，插入第一个金人耳朵的铜丝从另外一个耳朵出来了；插入第二个金人耳朵的铜丝从它的嘴巴出来了；只有插入第三个金人耳朵的铜丝掉进了肚子里。于是，智者告诉皇帝说："第三个金人最有价值。"那位使者连连点头称是。

这则故事告诉我们，最有价值的人，既不是听到什么就左耳朵进右耳朵出的人，也不是听到什么就从嘴巴里说出来的人，而是那个把话放在自己心里的人。心理学家也告诉我们，倾听的价值就是了解对方的心理，使人和人之间形成一种良好的互动关系。有人说："上帝给了我们一个嘴巴，却给了我们两个耳朵，那就是用来听别人说话的。"这种说法虽然过于夸张，但是的确很有道理。

多年前，从荷兰来到美国的巴克家非常贫穷。在13岁的时候，巴克就不得不离开学校去当童工。他的工作十分繁重，工作时间很长，并且每周只能得到6.5美元。但是巴克从未放弃学习，而是用省吃俭用节省下来的钱买了一本《美国名人传全书》。他抓紧时间读完这本书后，写信给这本书上的名人，请他们说说童年生活中的一些事情。

14岁的巴克是一个善于倾听的人。他鼓励名人讲述自己的童年，并把它们记了下来。他请过爱默生讲述自己的童年；格雷将军给了巴克一张地图，并且邀请他一起吃饭，和他谈了一整夜；他还询问过当时正在参选总统的加菲大将，问他是否在运河上做过童工。他把这些资料整理起来，并且成为这些名人的座上宾客。同时，他吸取了这些名人成功的经验，最后终于也走向了成功。

面对那些激烈的批评者，我们最需要做的就是忍耐和沉默——这并不是一件容易做到的事情，但这也正是成功者和失败者的区别。

纽约电话公司最近遇到了一个麻烦，一位顾客毫无理智地大骂公司的接线员，并且拒绝缴纳电话费。他向媒体写信，恶毒地攻击电话公司，最后还向公众服务会投诉。电话公司不想惹这样的麻烦，于是派了一个说客拜访这位顾客。那位说客后来说：

"我第一次去的时候，那位老先生说了三个小时。以后每次去，我都只带耳朵不带嘴巴。我先后去了四次。第四次去的时候，我圆满地解决了这个问题。他向我们道了歉，答应撤销诉讼，并且缴纳了电话费。"

这说明了什么？那位顾客可能并非真的愿意跟电话公司作对，而是想要得到一种被尊重的感觉。当那位高明的说客满足了他这个要求后，他就立刻不再为难公司了。

享有"世界第一保险推销员"美誉的哈默里，是做保险生意获得成功的第一人。他成功的秘诀就是真诚地倾听客户的谈话。一般情况下，他同客户谈话的时候，往往主要是做一个善于倾听的人；而当客户沉默寡言的时候，他就会想办法提出各种各样的问题，鼓励对方说话。哈默里就是用这样的方法，使自己在一年之内做成了几千万美元的保险业务。

摄影记者伊斯阿克·麦克逊采访过世界各地的许多名人，他成功的方法也是善于倾听。他说："人们之所以不能给别人留下很好的印象，就是因为不善于倾听。我们只关心自己要说些什么，而从来不会等对方把话讲完。许多名人都曾告诉我，他们喜欢的是那些善于倾听别人说话的人。倾听别人谈话的习惯，跟优秀的品格一样重要。"

你在认真倾听的时候，最好能让对方知道这一点。这不但能够鼓励对方继续说下去，而且也能够使自己更容易集中精力。你可以通过以下这些方法来做到这一点：

进行目光交流

在倾听别人说话的时候，你的眼睛最好能够注视他。无论你的地位和身份如何，你都必须这么做，因为只有那些傲慢、轻浮、缺乏勇气的人才不去正视别人。

用语言配合对方

你可以简单地说"是"、"太好了"、"真的吗"这样的表示你的态度的话，你也可以问一些问题，以鼓励对方继续往下说。这些都表明你对对方的谈话很用心。但是，千万不要把别人说话的机会抢过来，除非对方已经说完了。

不要随便纠正别人的错误，因为你不能保证对方说的一定是错的；即使他错了，你的纠正也可能会使他难堪，从而失去谈话的兴致。如果过激的话，你们还可能会争执起来。这样的话，谈话就更没有办法继续下去了。

用肢体语言示意

在和对方说话的过程中，不要让对方以为你已经睡着了。微微地点一下头，或者欠一下身子，好像你要更加仔细地听他说话一样。但是千万不要动作过大，这会使对方认为你在故意捣乱，或者至少分散了对方的注意力。

重复重点词句

比如，对方在说"尼加拉瓜大瀑布很美"的时候，你可以说"确实很美"之类的话。这样，不仅让对方知道你在听，而且也说明你知道他要表达的是什么意思。

对要点进行解释

很多说话者担心对方没有听懂他的意思。因此，你要对要点进行适当的解释，借此来说明说话者已经把话说得很清楚，你已经明白他说话的意思了。

按六个步骤表达意思

我们在表达我们的意思的时候，要注意按照一定的步骤。这样做不仅能够使你有话可说和把话说清楚，而且能够使对方对你的话印象深刻。

大致而言，我们在表达意思的时候，需要按照这六个步骤去进行：

告诉对方你要说的是什么

在结束适当的开场白之后，开门见山地把你要表达的意思说出来。我们所处的时代是一个快节奏的时代。因此，说话的人切不可沉溺于那种冗长、闲散的绪论之中。

现在的人们都很忙碌，他们希望说话的人能够以非常直白的语言、一针见血地指出他想要表达的意思，而不是以他的主题来设置悬念。

他们希望不必拐弯抹角地得到某种知识，并且已经习惯于那种消化过的新闻报道。他们希望听到的话像麦迪逊大街上的那些广告一样——借助了招牌、电视、杂志和报纸，通过一些简洁有力的词语，把发布的信息告诉人们。他们没有耐心等你结束全部讲话后，再去猜测你要讲的究竟是什么。因此，你只有在一开始的时候就告诉对方你要讲的是什么，这样才能强调你所要表达的意思。

有些说话人喜欢在一开始用那种陈词滥调来引起对方的注意，这类话听起来让人生厌。比如，你应该直接告诉对方，在寒冬时开车需要更加小心。

对你的意思进行解释

当你说出了你想要表达的意思的时候，你需要对其进行适当的解释和说明。你可以进行纯粹的理论上的说明，但更好的办法则是运用实例去说明。这一步骤是对前一步骤的深化、详述和说明，因为仅仅一句话是不能让对方明白你的意思的，而必须加以说明。

要习惯于一开始就把自己要讲的主题用实例的形式告诉对方，通过这个例子，可以生动而具体地说明你想要向对方传达的意思。当然，需要注意的是，所举的例子必须是能够说明这个问题的。如果不合适的话，是会误导对方的。

如果你想要告诉人们的是一个事件，你必须告诉他们人物、时间、地点等要素，而且还应该告诉他们这一事件发生的过程；而如果是一个意见的话，你也要向他们深入地说明你的观点。

如果你想要表达"在寒冬时开车需要更加小心"这个意思的时候，你应该解释说："我想要说的是，寒冬是我们开车时最需要注意的季节，如果稍不注意的话，我们的生命就会有危险。"当然，如果你的意思一目了然的话，也可以省去这一步骤。

为什么这么说

这个步骤对你来说十分重要，甚至可以说是最重要的，因为每个人都可以有他自己的观点，重要的是你如何去说明、论证这个观点。如果说"是什么"是你的观点的话，那么"为什么"就是它的原因。

卡耐基训练班的某位学员就"在寒冬时开车需要更加小心"这个主题，在进行了许多说明后，又举了下面这个例子：

"1949年冬天的某个早上，我带着我的妻子和两个孩子在印第安纳州沿着41号公路开车北上。那时候，车子在镜片一样的冰上缓慢地行驶，我小心翼翼地把着方向盘，因为一点小问题就会使整部车子失去控制。

"我们的车子在冰上开了好几个钟头之后，来到了一条较宽阔的马路上。这时候，路上的冰已经被太阳晒得融化了。因为要赶时间，我踩了变速器。其余的车子都跟我一样纷纷加速，似乎每个人都急着赶往芝加哥。孩子们则高兴地在车子的后座唱起歌来。

"忽然，马路的上坡处深入一片林地。车子爬上坡之后，下坡的地方由于被林地的树木挡住了阳光，那里的冰还没有融化。我意识到危险来临了，想减速，但是却已经来不及了。我前面的两部汽车急速地往下冲，我的车子也一样。汽车滑过路肩，停在了一处雪堤之上。幸运的是，车子并没有翻。但是紧跟着我们滑行而下的车子却正撞在了我的车子侧面，我的车门被撞坏了，并且车窗玻璃也纷纷落在我们身上。"

怎么样？这段描述是否能够说明他的观点？答案无疑是肯定的。他所举的例子真实又生动，这样的例子正好是我们在论证的时候所需要的。

这个意思怎么样

这个步骤是从对方的角度出发，更进一步地说明和解释你的意思。也许对方会对你所说的话表示反对，并且提出几条意见来反驳你。你最好在对方提出反对意见之前，主动想到他们可能会有的意见。

你必须对你的意思进行自我否定，然后去说明这一否定是错误的，并且考虑错在什么地方，这样才能使它更加可靠。对对方来说，它也才会更加可信。经不起质疑的意见是不可靠的，并且很有可能就是错误的。当然，这种思考必须在你准备说话之前就已经做好了。

对对方有什么用

许多推销人员说明了他的产品有很多好处，但是似乎并没有成功。这是因为，他说的固然有道理，但是可能跟顾客根本没有任何关系。对对方而言，最重要的不是有没有道理，而是这个道理跟他是否有关系。

如果他得不到任何有益的东西的话，那么他一定不会对它感兴趣。因此，你有必要告诉对方，你说的这个道理跟他有什么关系。你最好是找一个最适当的理由来打动对方，并且让他既同意你的意见，又会在这个意见的指导下去行动。

重复一遍你要说的意思

有些人讽刺说："在你结束你的说话之前，提醒一下那些已经睡着的人们该醒醒了。"说话结尾的作用当然不止如此，但是如果真的有人睡着了，你强调一下你的意思，至少能起到一定的作用。因为在现实中，即使你说得非常精彩，也可能因为对方的才智、知识水平等问题，或者因为你的说话时间过长，你的主要观点已经被他们遗忘了。

恰当地提问

在社会交往中，我们需要向别人提问题。当你向对方提出一个问题之后，他会觉得你对他的事情很感兴趣，因此很乐意跟你分享他的经验。

实际上，提问对于促进交流、获取信息、了解对方都有着十分重要的作用。善于提问，你就能够掌握谈话的进程、控制会话的方向、开启对方的心扉。

提问的目的就是要达到一种和谐的氛围。我们从讲话者的角度去提问题，往往能获得良好的沟通效果。因此提问时，要把握好时机，摸清对方的心理脉络，使谈话变成一种互动，使问答能够顺利地进行。不要提对方难以回答或者不愿回答的问题，也不要限制对方的回答。

一位顾客想要买一种适合自己汽车的轮胎，售货员需要先了解一些基本的情况，让我们比较一下以下两种不同的提问方式：

方式一：

服务员：你的车在什么级别的公路上行驶？

顾客：在柏油路上。

方式二：

服务员：你的车一般是在什么级别的公路上行驶？

顾客：一般是在柏油路上，周末可能去一些道路条件不太好的地方。

服务员：也就是说，通常情况下道路条件较好。

顾客：是的，但是我每天都需要翻过一座小山。

服务员：这样的话，车的轮胎会磨损很快的，而且拐弯驾驶对你来说一定非常重要。

顾客：的确如此。

很明显，方式二的服务员得到的信息大大超过了方式一，因此根据方式二提供的信息，服务员为顾客提供的参考一定会更加适合顾客的需要。两句提问，仅仅差了一个词，其结果却出现了这样巨大的差别，可见我们在提问的时候一定要注意技巧和方法。

为了方便起见，我们将提问的方式分为以下几种类别：

正面提问。开门见山地问问题，直接提出你想要了解的问题。

反向提问。从相反的方向提问题。

旁敲侧击地问。从侧面入手，迂回到主题上来。

设问。假设一个前提，启发对方思索，使对方回答。

追问。循着对方的谈话发问。

而根据提问的内容，可以将问题分为开放式的问题和封闭式的问题。如果你提的问题是一个封闭式的问题，比如"你喜欢什么动物"，你得到的信息将会非常少，因为这样的问题通常得到的是"是"、"否"或者另外一些简单的答案。封闭式的问题对于那些打算结束别人啰嗦的说话的人是非常有效的。

另外，当你在帮别人迅速地做出决定，在你想要使别人说得更加简洁一些的时候，它也很有效果。但是如果你希望对方继续把话说下去，维持正常的、热烈的谈话，你最好不要提这种问题。

像上段那个问题，如果换成开放式的问题的话，就可以是"告诉我一些关于你的宠物的信息好吗"，这样，对方的回答肯定是十分丰富的，你得到的信息也比较多，你甚至可以在他的回答中找到可以进一步发问的信息。封闭式问题和开放式问题的一个明显的区别是，前者有诸如"何时"、"何地"、"谁"、"何事"、"为什么"、"是否"等词汇在里面。很明显，开放式问题比封闭式问题应用得更加广泛。

你可能曾经碰到过一些问题，让你不知道该怎么回答。有可能这并不是你的错，而是这样的问题根本就提错了。我们称这些问题为无用的问题——请注意，这些无用的问题都只是说，作为一个问题来说它是"无用"的或者对谈话继续进行是无效的。以下简单介绍几种无用的问题。

导向性问题

如果你问"你认为我们是不是应该……"，这种问题有明显的导向性。实际上，你要得到的答案已经设置在你的问话里了。类似这种问题，我们都称之为导向性问题。作为一个问题而言，它没有任何意义——当然，你可能本来就没把它当作问题。类似的问题还有：

"你不是真的……吧？"

"……，是吧？"

"难道你不认为……吗？"

假设性问题

假设性问题实际上是假设一种没有出现过的、实际上没有可能出现的情况，以此来达到自己的目的。这种问题实际上已经包含问话者肯定的、间接的断言了。类似的问题有：

"如果你处在我的位置上，你会不会这么做？"

"如果你像他一样得了第一名，你会想要……吗？"

设定性问题

设定性问题就是先设定某人的状况，然后向他问问题。在多数情况下，这种问题是为了达到压制、强迫甚至打击的目的。这种问题只会引起人们的不适和警惕，因为他们很明显地会感到提问者另有深意。类似的问题有：

"你不是……吗？现在为什么却……？"

比如，某人问道：

"你不是认为我们应该抵制日货吗，因为日本人对我国人民不友好？"

"哦，是啊！"

"可是我发现你现在开的是日本车。"

多重问题

多重问题指的是将几个问题合成一个问题提问。这种问题往往导致人们不知道该先回答哪个问题，从而造成了尴尬。更加重要的是，当提问者附加了一些细节时，被问者往往找不到问题的重点。类似的问题有：

"你们是如何相处的？你们在一起有困难吗？你愿意告诉我这些吗？"

提问者提出了一连串的问题，这样无形中造成了紧张的气氛，让被问者不知道该先回答哪个问题，甚至不愿回答。

避免沟通中可能犯的十种过失

在高效的沟通过程中，我们必须避免一些经常犯的错误。这些错误只会使你和他人的沟通出现不愉快，进而影响到你们沟通的效果。下面简单地介绍十种可能犯的过失，至于更多的过失，需要你自己去慢慢地发现。

轻易地评价别人

我们在碰到一件事情的时候，总是会给它下一个判断、作一个评价。在通常情况下，如果别人说出某一件事情的时候，我们总是急于说出自己的意见。我们总喜欢给别人一个"好"或者"不好"的评语，就好像我们的意见是绝对正确的一样。或许我们希望通过评论别人来满足自己的优越感和自尊，因为我们在评论别人的时候，首先就已经自认为取得了评价别人的资格。

任何人都会反感对方采取一种高高在上的姿态。谈话时双方的地位是平等的。他跟你谈的可能只是自己的一个问题，他告诉你并不是因为他需要一个评价——即使这个评价他自己已经得出来了——而是需要对这个问题的解决，或者仅仅是陈述它而已。

当我们不得不发表自己的意见对别人进行评价的时候，我们当然不应该隐瞒自己的意见。但是"你是一个好人"或者"你真可爱"这类评价不会使对方满意，因为这表示你对对方不那么重视。

因此，你必须对他的优缺点进行具体的评价。我们实际上应该就事论事，而不要针对某一个人。也就是说，在我们评价一件事情之前，不要带有任何成见，更不要因为一件事就对某人轻易地进行评价。

对别人进行说教

我们每个人并非都是老师，对方也并不都是学生，可是我们总喜欢对对方进行说教。我们总喜欢告诉别人应该这么做，而不应该那么做；这么做是明智的，那么做是错误的、是愚蠢的。我们总是自认为比对方知道的东西要多，看得更加清楚，因此完全有资格告诉别人应该怎么做。原本是一般的谈话，一下子变成了课堂上的教与被教，谈话双方的身份变成了老师和学生。

有时候，我们并不了解对方做一件事情的全部原因，以及做这件事情时的全部情况。当别人犯了错误的时候，我们总喜欢用过于简单的道理去说明他做得不那么正确。指出别人的错误，对我们来说是一件"诱人"的事情，为此，我们即使失去了对方的理解和谈话的和谐气氛也会觉得在所不惜。

你应该试着从别人的角度去看问题，这样，也许你就不会对他进行说教，而是更加倾向于理解、尊重和欣赏他了。即使你想要帮助别人，也不要用说教这种硬气的方式。

揣测别人的心理

在潜意识里，我们都希望成为一个心理学家。我们经常对别人说"你理解得不够"或者"你患了妄想症"。即使我们并没有受过专门的心理训练，我们也似乎有一种天生的"推己及人"（用自己的心理去推测别人）的本领，并且自认为这样做是对的。

要知道，那些心理学家也并不仅仅是从心理上就能推测出一个人的心理特征的，而必须结合相当多的事实，才能谨慎地得出结论。我们好像跳过了这一步。

所以，不要不顾事实而无端地推测别人的心理，你能够看到的仅仅是事实而已，你只有通过事实才能读懂他的心理。

直话直说

我们经常会对别人说："我这个人是个直性子，说错了话大家别见怪。"好像这样我们就能毫无顾忌地犯错误一样；对方也会有意无意地鼓励我们说："有话就直说。"

事实是，我们常常因为这样的事情而和别人产生隔膜甚至发生激烈的冲突。当我们在进行谈话的时候，气氛看上去好像很融洽，但是某一天你可能会听到对方对这次谈话不满的评价，这个消息绝对会使你惊讶。

这说明，你的直性子实际上破坏了你们的关系，只是当时没有表现出来而已。当你直接指出对方的错误，而并没有委婉地把你的意思说出来的时候，你可能并没有意识到你已经不自觉地伤害了对方。与此相同的是，你可能在不适当的场合说了不适当的话，因此给别人造成了伤害。因此，要尽量委婉地把你的意思表达出来。

命令对方做事或者接受你的意见

命令就是当你想要别人做某件事情的时候，你用非常肯定的语气告诉他，让他感到没有商量的余地。你让对方感觉到自己就像一台做事的机器一样。

另外，当你想要别人同意你的意见的时候，你可能会采取一种不容置疑的态度去赢得他的同意。在整个过程中，看起来好像你一直在与对方商量，实际上对方却没有表达自己意见的机会。

这两种形式会使你给人一种威慑的力量，使对方不至于反对你的意见。前一种情况，对方只是做了你让他做的事情，但是他不会调动自己的全部精力去做这件事情，并且只会考虑尽快地结束这件事情，而不考虑其他的因素；后一种情况则导致对方有不同的意见却没有发表出来，但是表面上好像你们已经取得了一致。

因此，你应该真正地去赢得他人的同意，应该让他自己说服自己，把你的愿望变成他自己的愿望。

独自诉说或倾听

有些人喜欢把别人当成一面墙壁，只让自己滔滔不绝，而让对方什么都不做；或者在整个谈话中，他们自己拒不发表任何意见，甚至一直沉默。看起来，他可能并不愿意这样做，而是当时的情形逼得他这样做。

这两种情形都是不可取的。我们都知道，所谓沟通，本来就预设了一个前提，那就是谈话是双方的事情。如果希望完满地谈话，必须两方面都积极地参与进来，共同构建和谐的氛围。在谈话中，"独角戏"是唱不起来的。

不说逆耳的忠言

人们往往以为说出一个人的缺点或错误是让对方不高兴的事情，所以我们通常保持沉默。

在很多情况下，我们确实反对直接地指责别人的错误，因为这将会导致谈话气氛的不和谐，甚至使对方产生敌对心理。但是，这并不意味着要隐瞒他人的错误。当我们发现他人有错误的时候，我们应该利用适当的时机指出来，而不是让它就这样过去。

我们和别人沟通的目的，是为了相互提高和人际关系的圆满。因此，如果你发现了别人的错误，并且用恰当的方法告诉了他，他一般情况下是会欣然接受的，因为说到底，这是为了他的进步。他接受了你的指正，当然会更加感激你，从而与你的关系会更加和谐。

不拘小节

我们在日常的交谈中，常常会犯一些小错误而不去注意。比如，一个人的打扮通常被认为是小节问题而不被顾及。我们考虑的可能是一些所谓的"大问题"，比如一个人要有才华、有知识，而不是究竟该怎么讲话。

这种想法的一个特点是，把那些属于"内容"性的东西的作用无限夸大，而把那些"技术"性的东西的作用无限缩小。殊不知，就是这些小节的东西在时刻地影响着你的说话形象，减低着对方与你交谈的兴趣，甚至引起了对方的反感，进而毁损了你讲话的效果。

说话模棱两可

如果我们不能准确地表达我们的意思，不能使我们一语中的，对方一定会认为我们另有所图。另外，可能你所表达的东西并不是你所想的东西。因此，我们必须注意使我们的意思很明确，并且能够充分地表达我们的意见。

含糊不清的原因就在你的思维，你可能并没有真正弄懂或理清你自己的思想。因此，如果你想要表达清楚，最合适的方法就是整理清楚你自己的想法，然后采用一定的技巧清晰、明确地表达出来。

转移话题

如果你在说话中有情绪化的倾向，或者你想隐藏你的观点，你可能会选择换个话题来谈论。你根本不会去回答对方提出来的问题，而是转换一个话题。当然，也可能是因为你没有注意对方的谈话，所以才不得不另寻一个话题。

毫无疑问，转换话题只有在特定的场合才是适合的。一般情况下，我们不要轻易地转化话题，这会严重地影响你与他人的沟通。比如，对方问："你觉得我们的关系怎么样？"你却回答："我想我们应该去看场足球赛。"你可以想象对方会有什么感受。

用请求不用命令

我们已经知道，那些强迫、要求和命令性的语气容易使人产生抵触情绪，而这种情绪正是我们不愿意看到的，因为它将严重地破坏人与人之间的关系。只有在相互尊重的基础上请求而不是命令，才能使交流顺畅地进行。

卡耐基训练班有位叫汤姆森的学员，他亲身经历了这样一个故事：

汤姆森所在的汽车公司修好了6名顾客的汽车后，顾客集体拒绝付修理费。他们并非不承认这个账目，而是认为其中某些项目写错了。事实上，每一个修车的项目单上，都有他们的亲笔签名，因此，公司拒不承认这些账目有差错。

汽车公司信用部的职员去收款的时候碰到了麻烦。他们逐一拜访了每一位顾客，要求他们缴纳未付的账款，并且表示，公司是绝对不会把账目弄错的。这些"错误"，应该都由顾客自己负责。这些职员暗示说，在业务方面，只有公司才是专业的，所以，他们没有必要进行无谓的争辩。结果，职员与顾客吵了起来。

这些账很不幸地将要成为一笔烂账，于是公司打算诉诸法律。这件事情被总经理知道了，他查阅了这6位客户以前的付款记录，发现他们之前并没有拖欠的情况。总经理认为，这些顾客之所以不付款，一定是公司在某个环节上出现了问题。于是，他派出了汤姆森去收这笔欠款。

汤姆森也像信用部的职员一样，逐一拜访了那些客户。但是他绝口不提欠款的事情，而是对他们说，他是来对公司的服务情况进行调查的。他表示，他并不相信公司绝对不会出错，然后他尽量让顾客们发泄不满，而自己只是仔细地听。

最后，那些顾客的情绪好像缓和了许多，于是汤姆森说道：

"我也觉得公司对这件事情的处理不是很恰当，为此我代表公司向你表示真诚的歉意。听了你刚才的话，我为你的忍耐力和力求公平的态度而非常感动。正因为你的宽广胸襟，我才请求你为我做这一点儿事。我相信，你会比其他任何人都胜任这件事情。请你再查下我们公司开给你的账目，因为你比任何人都更加清楚。如果有哪个地方记错了的话，你说该怎么办就怎么办吧！"

结果，他们高兴地核对了账单。这些账单的数额在150美元到400美元之间浮动。其中一位顾客只是付了最低额，他拒绝付来历不明的款项；但是其他5位都尽可能高地付了款项，一点儿都没有让公司吃亏。最奇妙的地方是，两年之内，这6位顾客又买了公司的6辆汽车。

毫无疑问，那些信用员是用合同的权威来命令顾客付款的，而汤姆森却正好相反，他所用的方法是请求他们这么做。比较一下即可看出，他们取得的结果是截然不同的。

用请求而不是命令的语气，有很多不可思议的好处，一旦你发现了这些好处，你就会慢慢地养成请求的习惯。

比如，不要说"不要那么做！"应该说"我觉得这样做不是很好"；不要说"我不喜欢你去做！"应该说"你不介意我让约翰去做吧？"

一个很好的方法，就是在你说话的时候带上一个"我"字，用"我"字可以非常详细地叙述个人行为，并且也能够告诉对方这将会对他造成什么影响，或者为什么这是重要的。用"我"来表达要求对方不要做某事的观点，将会使你的话听起来很平静，而不是在责备或命令他人。

比如，你说："我真的希望在中午之前拿到这份文件的复印件，你能帮我吗？"如果没有别的原因，对方会非常愉快地回答："没问题！"

当你打算要对方给你打电话的时候，如果你说："希望你给我回个电话！"这样说虽然礼貌，但是却带有命令的口气。你不妨说："如果你给我回个电话的话，我会非常高兴的。"

当你在会上讲话的时候，一位同事打断了你的话，并且对你说："布朗，我想请教你一个问题。"你为了表示不满，会说："请不要打断我的演讲。"还是会说："我把话讲完再跟你讨论，怎么样？"

如果我们要表达的意思是命令对方，你可能会担心用请求的语气与对对方说话会显得威力不足，对方根本就不会听我们的话。

杜鲁门总统曾经非常形象地形容过美国的外交政策：拿着大棒轻轻地走路。劝说他人的时候也可以用这种策略。一开始，我们可以"请求"对方，但是如果对方并不为我们的"请求"所打动，我们再转向"大棒"，即告诉他们不这样做的话会有什么后果。

比如，一开始说"我希望在中午之前拿到这份文件的复印件"，如果对方表示有事不能完成的话，你可以接着说一句"如果到时候拿不到的话，恐怕这次谈判会搞砸的"，对方就会明白这个任务很重要，而他完全会先不做其他的事情，转而做你所命令的这件事情。

十种方法说"不"

你每天都准备和不同的人交往，那些人可能会向你提出各种要求。这些要求有合理的，也有不合理的；有你愿意答应的，也有不愿意答应的。但是，拒绝别人往往被认为是一件不好的事情，因为这往往会导致对方很难堪，破坏你和别人的关系。因此，你应该学会拒绝的艺术。

我们发现，如果你在拒绝别人时，冷冰冰地对对方说"不"等词语，这样一般会伤害对方，增加对方的不快和不满，从而使他在心底抱怨你，进而影响到你和他人的人际关系。而如果你用诚恳的态度、一定的技巧来拒绝对方，这样对方会更容易接受，并且能够减少对你的不满，而你也往往能够得到别人的谅解，并把对方的不快和失望控制在很小的范围内。因此，以下将介绍十种方法，告诉你怎么来说"不"。

先同情后拒绝

当对方向你提出一个要求的时候，你应该告诉他这个要求并不过分，但是因为各种原因，暂时没有办法实现。也就是说，在语言表达上，采取了一种"先肯定后否定"的程序，这是一个通用的、十分有效的拒绝方法。你这样做并不会给对方造成心理伤害，而他也会对你的拒绝表示理解。

一个能力出众而且工作勤奋的员工向你提出加薪的要求，而你却因为各种原因，并不打算给他加薪。如果你直接告诉他："你的要求太过分了！"这样最坏的结果是导致他跳槽，并使他对你产生厌恶感。但是如果你告诉他，他确实对公司作出了不同于一般人的贡献，他的工作能力十分出色，加工资确实是应该的事情，这样能够产生完全不同于直接拒绝的效果。

比如，你这样对他说道：

"约翰，我知道你是个很棒的员工。上次那么重大的销售任务，你都完成了，简直太棒了！我个人认为，你确实应该加薪。但是，你应该知道，我们本季度整体的销售并没有达到预期的目标，因此，公司方面暂时不会调薪。从个人而言，如果单单为你一个人调薪的话，那么一定会引起其他人的不满，这势必会影响公司的整体发展。我想你不希望出现这样的情况吧？

"所以，我的意思是，我们暂时不会为你加薪，但是这只是暂时的情况。公司一定会认真考虑你的待遇问题的，因为你确实是我们公司不可多得的人才。我有信心，如果你继续为公司创造更好的业绩的话，我们一定会根据你的情况来调薪。到时候，你一定会得到满意的薪酬的。我并不是要求你比现在更加卖力——你已经非常卖力了，这一点相信所有人都看得到。我希望你能够继续保持这样的工作状态，在下个季度结束的时候，我们再一起来看看情况如何。"

告诉对方这么做的后果

不合理的要求可能就是因为它会给你或他人带来不利的影响，因此，在你拒绝他人的时候，你可以告诉他这么做的后果。他可能并没有看到这一因素，或者以为你没有看到。当你把利害关系跟他说清楚的时候,也就说明了你为什么不能答应他。

约翰急匆匆地走到你的面前,要你帮忙把一份文件打印一下。但是你当时正在准备一份更加重要的文件,那些董事们都在等着要这份文件。你会默不作声地把约翰的文件放在一旁,等到他30分钟后过来的时候,你再跟他解释你为何还没有完成他的文件吗?这样做不是不可以,但是需要花费你太多的时间和精力。

所以,为了免去许多麻烦,你应该直接告诉约翰:"我现在正在打印董事们的一份文件,他们比你更急着要。如果你不希望我因此而被解雇的话,那么请让我把这份文件打完再说。"

一个销售人员在卖给你一本装帧精美的书之后,还想再卖给你一张光盘。他对你说:"每个人都觉得这本书如果配上这张光盘的话,一定会让自己更加有收获。让我帮你搞定吧,只需要15美元而已。"但是你并不想买,你可以跟他说:"我很感谢你这么替我着想,但是我爸爸说过:'一旦成交,不要再多要。'我们刚才已经成交了一笔交易啦!"你是在委婉地告诉对方,持续地强力促销可能会危及第一笔交易,那么他就会自觉地降低他的要求。

换一种处理方案

在你说"不"的同时,如果换一种方式清楚地说明这样做不切合实际的话,也可以达到同样的目的。当你的试用期的员工要求转正的时候,而你却认为他并不适合这一工作,如果你直接告诉他:"公司拒绝为你转正。"这样做对吗?当然不对,这是十分愚蠢的做法。实际上,你应该坦诚地告诉他:"约翰,我知道你在这段时间里已经尽了最大的努力,同时也取得了不错的成绩。是的,我们应该给你转正。但是,不知道你发现没有,你做事注意细节、待人态度诚恳,如果在销售部门继续做下去的话,这些优点恐怕都得不到充分的发挥。因此,我认为你非常适合在服务部工作。你有兴趣谈论这件事情吗?"

顾客要求你星期二将所有的货送到他的公司,但是你办不到。你难道会直接对他说"不"吗?实际上,你应该对他说:"我无法在星期二将货全部送到你的公司,但是我可以在星期二将大部分货送到你的公司,其余的星期四之前全部送到;或者我们在星期二的时候把所有的货都凑齐,到时候你可以直接到我们这里来提货。你觉得哪种办法更好?"

诱导对方自我否定

我们知道,如果能够让一个人自己说服自己的话,那么拒绝他就变得好办多了。因此,一个很好的拒绝的办法就是,让对方意识到不应该这么做,从而使他进行自我否定。

一个老客户打电话给市场部经理托马斯，请他在他的部门为自己的女儿安排一份工作。这很明显使托马斯十分为难：一方面，他不能直接拒绝客户，这样的话就会失去这位老客户；另一方面，他又不能答应客户，因为他不但没有权力录用一个人，而且客户的女儿根本无法胜任市场部的工作。托马斯给她安排了一场面试。之后，在打电话回复的时候，托马斯对那位客户说：

"洛宾逊先生，很明显，你的女儿非常聪明，她的写作能力尤其出色，并且，她对艺术有浓厚的兴趣。是这样吗？"

洛宾逊先生回答道："确实如此。她很小的时候就表现出了很强的艺术气质。"

"那么，"托马斯继续说，"你觉得她最适合什么工作呢？"

"可能，她根本就不适合在市场部门工作吧！"

就这样，洛宾逊先生主动地提出不再麻烦托马斯，决定让她进学校教美术课。

间接原因拒绝

间接原因拒绝，也就是回避对方认为应该被接受的原因而拒绝他。这是因为，如果顺着对方的思维方法推论下去的话，那么似乎真的没有反对他的理由。

一个坚持不懈的求职者打来电话说："我以十分诚恳的态度再次打电话来，希望你能给我一个机会，让我为你们公司效力。我知道你们公司已经没有多余的名额了，但是我希望你们知道，我将是最卖力的员工，并且，我真的非常希望能够得到这份工作。"

看起来，这样的员工是每个公司都想要的，但是实际的情况是，公司已经没有多余的名额了。你想用什么办法来拒绝他呢？作为公司人事部的负责人，洛克这样回答道：

"先生，我想我们已经一再地告诉过你，不要再把你的时间花在谋求本公司的职位上了。我想你需要明白一点，虽然你有那么多的优点，但是，我们公司想要的是服从公司领导的员工。实际上我已经对你说过多次，我们已经把你的联系方法记下了，如果有需要，我们一定会主动联系你的。这是我以前对你说过的，也是今天想对你说的，如果你尊重我的建议的话，希望你能照办。祝你早日找到工作。"

从对方的立场出发

在拒绝对方之前，要学会从对方的立场去考虑问题。在某些情况下，你完全可以说服对方，你之所以拒绝，是出于为对方考虑的。

如果你的老板交给你一个不可能完成的任务，你打算拒绝他，你可以对他说："如果有可能的话，我可以做到 24 小时连续工作，但是这样势必会影响工作的质量。实际上，你比我更加不希望我们的产品出问题吧？"

避实就虚

将那些要求或问题变成一堆泡沫，这需要有相当的技巧。避开那些实质性的问题，而故意用模棱两可的话回答对方，委婉地表达你的不合作的态度。这在许多外交场合都可以碰到。

一位国家元首圆满地访问了他国之后，在该国领导人的陪同下抵达了机场。这位国家元首诚挚地邀请对方回访本国，那位领导人说："在适当的时候，我们是会访问贵国的。"这就是著名的外交辞令。他并没有接受或拒绝对他国的访问，看起来好像回答了访问是必要的，但实际上并没有说出是否会访问或者什么时候访问，而对方要求回答的正是这些。在听完这句话之后，那位国家元首应该已经明白对方的意思了。

电视上那些政府官员在回答记者的提问时，用的最多的是"无可奉告"。我们在现实生活中也可以这样来回答这类自己不愿回答的问题。你可以用"天知道"、"到时候自然就知道了"这些模糊的方式来拒绝回答对方。

以笑代答

在某些场合，可能你不能用语言拒绝对方，这时候，你的肢体语言就可以发挥它的作用。当别人跟你要求什么的时候，你需要先表明一个态度。用微笑来代替回答，这种古老的方法十分有效，因为它不会弄得双方都难堪。

约翰在演讲的时候，发现一个听众正朝他示意，之后约翰知道原来他是想要提问。约翰并不喜欢他的演讲被别人打断，并且不希望听众被提问分散了精力。于是他朝那位听众笑了笑，然后就把目光移到了别人身上。那位听众会意，于是在演讲结束的时候才问约翰那个问题。

可以想象，如果约翰对那位听众说了点什么，那么听众的注意力一定会被打断。

当别人问你："你喜欢跟阿兰得辛在一起吗？"你一笑置之，别人就会明白你的意思。

把难题留给对方

当对方向你要求什么的时候，你如果感到很为难，不妨把这个问题留给他，也就是请他从你的立场来考虑问题。不要轻易地拒绝对方，而是要让他理解你的处境，这才是不会带来什么副作用的好方法。

你和你的妻子已经约好了明天晚上一起在餐厅共进晚餐，以庆祝你们的十周年结婚纪念日。但是今天，你们公司临时决定举行一个晚会，欢迎一个非常重要的客户。公司决定由你来主持这个欢迎仪式。你会怎么办？

如果你认为结婚纪念日比这个让你锻炼的机会更加重要的话，你必须鼓起勇气拒绝公司的任务，并且告诉领导，你很爱你的妻子，你不希望结婚纪念日里让她感到孤单。这样显然还不够有说服力，你可以这样对你的领导说：

"约翰，你跟我一样都深爱着自己的妻子。结婚纪念日里，我不希望对方受一点点委屈。如果是你的话，你会怎么做呢？"

你实际上把问题推给了对方，在多数情况下，领导会同意你的请求的。

对事不对人

当你拒绝别人的时候，为了不使别人感到难堪，必须让别人了解，你拒绝的是这件事而不是对方本人。我们必须将人和事分开。比如，你不能说"我不能为你做这件事"，而应该说"我不能做这件事"。

某公司的一个业务员造访了他的朋友——另一公司的部门经理，打算请他订购他们公司的纸张。这位部门经理解释说："实在很抱歉，我们公司规定，任何人——包括总经理在内——都不能私自订购任何一家公司的纸张。这些采购工作必须由采购部完成。"这样，那位业务员就不好再提出要求了，因为这一规定针对的并不是他一个人。

批评也要讲艺术

1929年，美国教育界发生了一件惊天动地的大事，一位刚满30岁的年轻人——名叫罗伯特·哈金斯——被聘为芝加哥大学的校长。人们纷纷对此进行批评，认为他太年轻，没有足够的经验来管理一个在全美国排名第四的大学。连本来很客观的报纸，也开始对哈金斯进行批评。

哲学家叔本华的一句话正好能说明这场攻击："小人常常为发现伟人的缺点而得意。"心理学家研究发现，人们常常通过批评他人来得到某种自我满足。

有太多的例子可以证明这一点。所以，当你打算批评别人的时候，你需要想一想你是不是也想得到一种自我满足的快感。这是一种很无聊的举动，而被批评的人不会有丝毫的感激，他只会对你感到厌恶。

接下来要讲的是这样一种批评：你并不打算用它来满足你的自我优越感，而纯粹是为了对方着想，想要纠正对方错误的意见或想法，弥补他的不是。在此基础上，我们希望能够使我们的批评达到它应该有的效果。

事实证明，如果你真的为了对方着想，对方是不会一直非常固执地坚持自己的意见的——如果你运用了正确方法的话。但是同时，我们不能认为，只要我们的出发点是好的，那么一切都不是问题。这是一种过于简单的想法。

我们每个人都有自尊，而有的人甚至达到了自负的地步。当你指出别人的错误、对别人进行批评的时候，一般的人都会下意识地去维护自己的尊严，从而对你的批评采取抵触的态度。这就是人性的弱点之一。我们必须了解这个弱点，利用恰当的批评艺术，来达到我们批评的目的。

德皇威廉二世是一个骄傲自大、目空一切的皇帝，他曾经说过一些令全世界震惊的话，并且引起了整个欧洲社会的不满。他说：

"我是唯一感觉英国很友善的德国人。我正在建立海军，以对付日本。只要有我一个人的力量，就能使英国不至于被法、俄两国所威胁。英国罗伯特爵士之所以能在南非战胜荷兰人，就是我筹划的。"

事实上，在一百来年的和平时期里，欧洲没有哪位国王能说出这样的话来，可想而知这些话在当时所引起的轰动。各国政府都表达了对威廉二世的不满，德国政治家则十分恐慌。威廉二世也开始感到紧张，并暗示布罗亲王替他受过。

布罗亲王看不惯他的做法，于是说道："陛下，恐怕没有人相信我会建议陛下说那些话的。"

当他说出这些话之后，威廉二世咆哮道："你认为我是一头驴，你不至于犯的错误，我却犯了？"

布罗亲王意识到自己犯了一个很大的错误，但是为时未晚，他必须想办法补救。于是，他对威廉二世说：

"陛下，我绝对不是那个意思。你在很多方面都超过了我。不论是在海军知识上，还是在自然科学知识上，我都知道得太少了，而你比我知道的多得多。身为一个亲王，我深感惭愧。"

德皇听到这样的话后，脸上的怒意马上就消失了，露出了笑容。这是因为布罗亲王贬低了自己，抬高了他。德皇握着布罗亲王的手说："我知道自己在这件事情上做错了，我将承认这个错误。"

一开始，布罗亲王犯了一个很大的错误，他没有在批评之前先赞美德皇，从而引起了德皇的不满。但是，仅仅几句赞美，又使德皇开始高兴起来，轻易地使德皇接受了批评。我们在批评别人的时候，是不是也应该这么做呢？

下面是林肯在 1863 年 4 月 26 日写的一封信，收信人是集国家、人民命运于一身的霍格将军：

霍格将军：

我已经任命你为包托麦克军队的司令官，并且我相信这样做完全是正确的。但是，我希望你知道，我在一些事情上对你并不满意。你是一个英勇善战的军人，这一点我毫不怀疑，我一向对此十分欣慰。同时，我相信你不会把政治和你现在的职责混为一谈。你的自信是非常有价值的、可贵的精神。

在一定范围内，你的野心对你来说确实是有益无害的。可是，你曾经一度过于放纵你的野心，阻碍了波恩学特将军带领他的军队前进的脚步。这是你对国家、人民以及所有军人所犯的一个极大的错误。

据说，你认为军队和政府需要一位独裁的领袖。但是，我希望你不要忘记，我给你军队的指挥权，并不是想让你成为独裁者，而且以后我也无此打算。

只有那些在战争中取得胜利的将领，才能够成为独裁者。而目前，我的确希望你取得胜利。如果你取胜了，我将会冒着危险将独裁权授予你。

政府将会像协助其他将领一样，尽其所能地协助你。但是，我的确担心你的那种不信任人的思想会传给你的下属和战士，而它将会使你损失惨重。因此，我愿意尽力帮助你，平息你这种危险的思想。因为如果有这种思想存在，那么即使是拿破仑，也不能获得胜利。现在，千万不要轻易地向前推进，也不要急躁，你最需要的是谨慎，以最终赢得我们的胜利。

林肯写这封信的时候正是内战最黑暗的时候，将领们因为联军屡遭失败，普遍地存在着悲观的情绪。林肯描述当时的情景时曾这样说："我们现在已经走到了毁灭的边缘，上帝似乎都已经抛弃我们了。我看不到一丝胜利的曙光。"这时候，林肯给霍格写了这封信。

正是这封信改变了霍格这位固执的将领，从而改变了国家的命运。当时霍格因为判断出了差错，犯了严重的错误。但是林肯并没有在一开头就批评霍格，而是对他进行了赞美。即使是批评的时候，他也采用了十分委婉的语气。

辛辛监狱的监狱长罗斯用他自己的经验告诉我们这样一段话："如果你面对一

个盗贼或骗子，只有一个办法可以制服他，那就是像对待一个体面的绅士一样去对待他。因为只有这样，他才会感到受宠若惊，进而激发起内心的骄傲，因为终于有人信任他了。"

因此，我们在批评别人的时候，不妨采用一些有技巧的方法，这样才能取得令我们满意的效果。

恰到好处地作出回答

如果说提问是人们沟通中必不可少的一个组成部分的话，回答提问也一样重要。我们经常冷不防地被提问，并且要求作出令提问者满意的回答。有问必有答，一问一答构成了语言交流的重要部分。

我们发现，同样一个问题，人们的回答可能各不相同。这说明回答问题有各种可能性，但是我们似乎应该确认一点：在这众多的可能性中，只有一种是使提问者最满意的；另一方面，在某些场合，比如辩论中，回答者往往并没有给提问者想要的答案。

也许他们因为某种原因，不能或者不想告诉听众答案；也许在回答者看来，从自己的立场出发回答问题才是正确的答案。因此，我们一般认为，问题没有正确的答案，而只有恰到好处的答案——这明显是对回答问题者而言的。

中国人的语言内涵十分丰富，同时也意味着解读语言的多种可能性。有一位中国老人满99岁了，一位政府官员去祝贺她，并对她说："我希望明年能够来给你庆贺100岁生日。"那位老人回答道："怎么不能呢？你的身体不是很好吗？"

其实，那位政府官员的意思是，希望老人能够活到100岁。但是那位老人却理解成了政府官员对他自己的身体的担心。我们在回答对方问题的时候，也通常犯那位老人一样的错误：答非所问。因此，我们在回答问题的时候，首先应该仔细地听清楚对方要表达的意思。

没有一种问话会要求你在听到问题后一秒钟之内马上给出答案，除非你自己想要表现出你反应很迅速。你完全有时间想一想对方问话的意思，了解他的意图，然后再确定回答的方式和范围，从容地组织答案。

有些人似乎习惯于一边说话一边思考，但是这并不是大部分人能够做到的。一般的人在脱口而出之后，马上就会后悔说出了那样的话，因为那样的话本来不应该说，或者完全可以说得更好。

不要急于回答。你可以试着对提问者的意思进行解释，并且夸赞提问者几句。这会让你真正了解提问者的意思，并且得到他的好感，你还可以利用这些时间好好整理一下你的答案。

对问题作出判断，揭示其隐藏的意图。如果你怀疑对方另有意图的话——不管对你有利还是不利——在没有弄清楚之前，不要直接给出答案，而要问一下对方真正的意图是什么。你可以问他："告诉我你真正感兴趣的是什么？你想让我说的是什么？"

你可以建立一座桥梁，由此进入你的回答阶段。这可以算做解释对方问题的一部分。一位议员被问及："你反对加税吗？"那位议员回答道："这位先生想要知道我是否反对加税。实际上，你真正想问的是，我们是怎样使美国人民更加富裕。让我告诉你我们对于复苏经济的计划……"这个议员十分巧妙地把对方的问题过渡到自己想要回答的问题上。

这样，你首先要对你的答案进行设计，也就是我们前面所说过的"思维"过程——相对于你把它陈述出来而言。当然，对待一般的问题，你必须用你的知识作出符合客观实际情况的回答。不然的话，就会犯狡辩的错误，从而给人不真诚的感觉。

上面介绍了回答问题时应该注意的一些基本问题。接下来，将就如何具体回答常见的问题给出一些意见：

关于是非型问题。提问者想要你回答简单的几个字，这当然是很容易的事情，但是这类问题往往埋有陷阱，因为简单往往容易导致误解。除非在法庭上，你不需要具体回答是非型的问题，你应该直接回答"是"或"不是"。

关于选择型问题。有人问："你们公司的目标是增加投入还是减少人员？"这样的问题不好回答，因为答案可能不在他给出的选择项内。不要被提问者提出的问题所干扰，按照事实说吧！对上面问题的回答可以是："我们的目标是提供最优质的产品。"

关于不能回答的问题。当你被问及那些关于个人秘密等不便回答的问题的时候，你应该直接告诉他为什么不能说出来。你必须给出你的理由，否则将会被认为是不真诚的。

关于倾向性问题。比如，"你不再打你的老婆了吗？"而事实上你并没有打过她；或者"此次调价对你们公司造成了多大损失？"事实上你们公司一点儿损失都没有。

回答这类问题时可以直接跳过对方的假设，用事实说话。

关于问题太多。对方提出一系列的问题的时候，你没有必要一一回答。你应该说："慢一点，我的朋友。"然后再一次回答一个问题。

让人为难的是那些你不想或者不能作出正面、直接回答的问题，这时候你还可以用以下这些方法来回答：

无效回答

当你不想回答对方的问题的时候，你可以选择这样的回答方式。也就是说，你可以用一些没有实际意义的话回答他。

比如，对方问你："今晚你要到哪里去？有什么秘密的事情吗？"你却不想告诉他，于是你可以说："没什么大不了的事。"这样，提问的人就不会再问下去了。

对方问你："贵国打算什么时候对该国采取军事行动？"你回答他说："我们已经提交给议会讨论了，我相信他们会本着对国家、对世界人民负责的态度来讨论此事的。至于什么时候，到时候诸位就知道了。"

反转问题

有些问题是比较刁钻的，它可能是一个含沙射影的问题，也可能是一个陷阱。这些问题可能会使你尴尬。在这种情况下，你可以换一个角度想一想。

比如，对方问你："我没有兴趣继续听下去了。这个问题你已经讲过很多遍了，你觉得还有继续说下去的必要吗？"你可以这样回答："你觉得你已经完全听懂了吗？"让对方来回答他自己提出的问题。

一个外交官被一群记者围住，被要求就前几天某位议员在国会进行的演讲发表一下意见。那位议员讲的是一个国际政治上的敏感话题。这个外交官回答道："你们要我说，我当然可以说。但是我的态度全世界的人民都已经知道了，因此，我没有必要把它说出来。"

间接回答

在有些场合里，对方可能会提出一些十分敏感的问题，或者想刺探你的真实意图，或者就是想刁难你，使你不便直接给出回答。这时候，你可以间接地作出回答。

英国首相丘吉尔在20世纪30年代访问美国时，一位强烈反对他的女议员对他说："如果我是你的妻子的话，我一定会在你的咖啡里投毒的。"丘吉尔轻轻一笑，回答道："如果我是你的丈夫的话，我一定会把那杯咖啡喝下去的。"

还有一次，丘吉尔因为力主和苏联联合对抗德国，一位记者诘难他说："你为什么老是替斯大林说好话呢？"丘吉尔回答道："如果希特勒侵入了地狱，我同样会在下院为阎王讲情的。"

当你在回答问题的时候，态度一定要恳切，要让提问者感到你正在努力、真诚地回答他的问题，而不是在敷衍了事。如果有人在寻求信息，则要表现得很专业，让对方觉得你的答案很可信。

不要把注意力局限在提问者身上。提问者提出了问题，但是这不是你跟他之间的私聊，你需要注意的是，有更多的人在你面前，等待你作出解答，提问者只是为你们提供了一个话题而已。当然，相对于其他听众而言，你还是应该相对多地注意这位提问者。

当你回答了某个问题之后，要保持你一贯的作风，千万不要因此而得意起来。否则，你的听众就会努力在你的回答上找漏洞。

对那些有敌意的提问者，你最好保持你的优雅的风度。不要因为对方提出了一个让人尴尬的问题，你就非常不客气地对待他。你应该冷静地处理这个问题，以便使局势朝对你有利的方向发展。

冷静地处理冲突

我们常常会因为某一件事与对方争吵起来，有时候吵得面红耳赤，甚至最后靠决斗来解决问题。但是只要稍加注意你就可以看到，其实这些争论到最后也没有解决什么问题。事后，只要我们冷静地想一想，就会发现本来没有争吵的必要。因为这些问题本来也不是什么大问题，犯不着这样争吵。

冲突在我们的交谈中是难免会出现的，但是这仅仅是表面现象。实际上，冲突是两个人或者更多的人在看法、方法、目标、方式甚至价值方面的不同所引起的，并不仅仅表现在言语的争论上。我们知道，人与人都是不同的。

哲学家说"这个世界上没有完全相同的两片树叶"，人类则更是如此。在大多数情况下，出现分歧是十分正常的，也是可以解决的。但是人们却往往把这些分歧变为争吵，试图向对方说明对方是错误的、自己是正确的，以至于看起来似乎不可调和，有什么深仇大恨一样。

冲突的形式并不限于争吵，它还有很多表现形式。比如，你把问题的所有责任都推到对方身上，并且开始攻击对方的能力、性格甚至人格，使自己得到了自我满足的快感。

我们知道，这种批评是每个人都喜欢做的，况且它还跟你有关系。这是一种常见的批评和攻击方式。比如，你说话的时候话中带刺儿，让他人觉得受到了侮辱，或是受到了轻视。也许你认为这是一种幽默，但是事实上却伤害了对方。又比如，你试图在解决这个问题的方法上，说明你比对方更加高明，以此显示你的优越感。你的这种强烈的感情使对方反感，你们的目的从解决问题上开始转移，转而变为对各自的评价。

冲突自然也不仅仅包括语言上的争吵，它更多地表现为沟通上存在的问题。当我们没有了解并理解对方的观点、方法、价值、意图的时候，冲突自然就会产生。我们总是习惯以自我为中心，以为每个人都应该按照自己的那一套去做事情和看问题，同时，又对别人的那一套表示不满。这是冲突的本质之所在。

古希腊哲学家苏格拉底的妻子是一个十分彪悍的妇女。一次，她对着苏格拉底大发雷霆，后来居然把一盆脏水对着苏格拉底迎头泼去。但是苏格拉底并不生气，反而说："我知道，雷鸣之后总会有一场暴风雨的。"

别人劝他把这个悍妇休掉，苏格拉底说："善于驯马的人都会选择悍马作为自己训练的对象。因为如果连悍马都驯好了的话，那么其他马自然也不在话下。如果我连她都能忍受的话，还有什么不能忍受的呢？"

我们平常的冲突自然没有这么激烈，而且我们一般人也没有苏格拉底这么好的涵养。为了圆满地解决问题，树立良好的社交形象，追求更高的境界，我们需要学会处理冲突。诚然，有些问题不能改变，或者说不能轻易地改变，比如个人的价值观等，但是只要我们愿意，我们的确能够运用适当的方法处理冲突，以达到我们的目的。

纽约市一个电话公司的策划部经理保罗十分赞同这个观点，他甚至乐观地认为，他的员工的冲突是因为对工作热情而产生的，他十分喜欢这些冲突。他不喜欢那种死气沉沉的工作氛围，而喜欢冲突所带来的新的思想、角度，以及解决问题的新的方法。他说，问题的关键在于如何"有建设性地"处理这些冲突。

一个和那位改良蒸气机的伟大发明家同名的员工，以保罗和策划部其他职员的名义，给他的同事玛丽发了一封电子邮件，指责她的某一个策划方案存在许多致命的错误。"你应该改正它，"瓦特在信的末尾说，"或者干脆让更加适合的人来做。"

保罗看到这封电子邮件后，直接找到了瓦特，并指出他指责对方错误的方法是不当的，并且，他更加不应该擅用他人的名义。这不是解决冲突的正确办法，如果他需要跟玛丽讨论策划方案，应该用另外一种方式去解决这个问题——保罗并没有告诉他应该采用哪种方式。

一天后，瓦特找到保罗，说他已经跟玛丽当面协商了策划方案存在问题的解决办法，玛丽也已经原谅了他的鲁莽。

我们在解决冲突的时候，需要注意以下一些问题：

弄清楚对方的立场

你可以假设对方的用意是好的，从而更多地从对方的立场去考虑问题，这样你或许能够心平气和地和对方谈论。

你希望别人理解你的决定，同样你也应该理解对方的决定。在没有弄清楚对方的真实用意之前，不要假设对方是意气用事，是为了维护自己的利益。

这些假设往往会把我们引入误解的歧途。把你的眼光更多地放在对方的言语、行动上，不要依靠猜测来评判对方。

在别人说话的时候，冷静下来仔细倾听，这样你才能理解对方想要表达的是什么意思。然后，告诉对方，你完全理解他。不要打断别人的谈话，更不要气势汹汹地指责对方。

寻找共同点

我们可以轻易地了解到，我们与别人产生冲突，都是为了事情的解决。我们和他人的关系是伙伴而不是对手，更不是敌人。

所以，当我们和别人发生冲突的时候，应该积极地找出问题的解决方案，而不是使冲突升级。我们和对方的争吵或者其他的行动，都有可能使我们的注意力从问题本身转移到其他方面。

在讨论中，不管我们冲突的核心问题是什么，在问题上产生了什么不同的观点、方式，关键是要注意问题本身，而不是其他方面。

实际上，冲突在大多数情况下都是在寻找"最佳答案"。事实是，因为人是各不相同的，因此给出的答案也各不相同。我们的争论实际上是在讨论哪一种答案最适合当前的我们。在这一点上，我们并没有什么根本的分歧。告诉对方这一点，并且让他相信事实确实如此。

忘掉一输一赢的思维模式，那只是竞技比赛的特点，并不适合冲突的解决，冲突完全可以实现双赢。

你还可以从其他方面来寻找你们的共同点。比如，经过思考后你会发现，其实你们都是主张用同一种方法来解决问题的，只是你们在某些方面出现了偏差，而这一点本来是可以忽略不计的。

解决问题而不是责备他人

你应该诚恳地表达你的观点。如果你确认自己的方案是最优的，就尽量说服对方，让他也这么认为。光提高嗓门是没有办法说服对方的，更不用说责备对方了，那样只会给你们带来不快和不信任。你的目标是解决问题，而不是为了比较你们谁更加高明。

当你配合他人解决问题的时候，你会发现自己正处在一个十分友好的氛围之中，这种氛围会更加有利于问题的解决。如果一次两次的意气用事是你没有办法克制的话，那么千万不要使它成为你的习惯。

·第二章·
谈判的艺术

谈判要讲究策略

对于一个谈判者而言，他考虑的是在对方同意的情况下，得到自己想要的东西，这使谈判技巧的运用显得极为重要。我们先看一个谈判失败的例子，也许这更加能够说明问题。

一次，某一家钢铁公司的劳资双方由于第一轮谈判的失败，使情况变得十分糟糕。当时，正像在通常情况下一样，其中的一方说："我们需要更多。"这当然就意味着对方要给予得更多。这样一来，双方都不会轻易同意谈判条件。工人们最后实行了罢工。而实际上，即使工会取得了胜利，他们所得的补偿也将远远低于自己罢工期间所损失的工资。而对公司来说，他们因为罢工也遭受了很大的损失。对双方而言，他们都是受损的。

在大多数情况下，一次失败的谈判会使双方都遭受损失，而如果运用一定的谈判策略，就能达到一种双赢的效果。

比如，在劳资之间的谈判中，工厂方面答应给对方提高薪水、改善工作环境，而工人们则答应做出更好、更优的产品，提高生产效率，这样就为对方都带来了利益。

一位职员走进老板的办公室，对老板说："在这样的工作环境中工作，我要求加薪水。"老板多半会对这个要求表示厌烦，从而拒绝这个要求。但是如果他对老板说："我希望能够改善工作环境，这样我可能会有更高的工作效率。"老板则会选择为他加薪水。

谈判策略对谈判的成功的确具有很重要的作用。在谈判过程中，应该运用以下的谈判策略：

就事论事

跟你谈判的人，绝不会是你的敌人——如果是的话，你们已经没有谈判的必要了。把对方和你们所谈论的问题分开，否则你将没有办法理智、客观地看待这个问题。不管事实如何，都要想象你的对手是一个理智、有礼貌和讲道理的人，你们正在就共同的利益达成一致的意见，而不是在相互争夺利益。你们正在商量，而不是在争论。

把注意力放到事情上，而不是你个人的感觉和情绪上。不要想当然地认为事情如何，你应该看到实际情况，因为那些主观性的东西往往会影响甚至决定一个人对某件事情的看法。

你们正在处理分歧，因此你需要保持开放的头脑，而不要被成见和思维定势所束缚。就这件事情本身，用正确的方法去思考，而不能你以前怎么样判断或解决这件事情，现在还要那样做。每一件事情都会有它的特殊性——虽然也有不少的共同点，关键在于，你不知道决定这件事情性质的究竟是哪种特点。

因此，你最好实事求是地从讨论的事情本身去思考解决的办法。

告诉对方自己很了解他

在谈判的过程中，许多人担心自己的观点没有很好地被对方所了解。如果你能够让对方知道你对他的观点已经十分了解，甚至告诉对方你知道他观点背后的一些想法，那么效果一定会很好。

要做到这一点，首先需要从对方的立场去思考问题。移情是常用的一种思考方法，它可以帮助你了解对方。试着把自己想象成对方，想象他处在这样的情境之中会有什么想法和感觉、想要得到什么，以及会想什么办法来得到这些东西。但是，千万不要以自己的心理来随意猜度别人。

积极地倾听对方的意见，这一点至关重要。他的语言代表了他部分重要的思维，而他所表达的信息是你了解他的思维的重要渠道。即使他没有把自己的真实想法表达出来，你也可以从语言中找出一些蛛丝马迹。倾听对方的意见当然是了解对方的最直接的手段。

最后，你需要用真诚的态度表示自己很了解他，并且很理解他。如果有必要的话，你可以适当地复述一下他的观点或陈述他的需求。

坦白自己的需求

在谈判的过程中，坦白自己的想法是一个争取别人信任和同意的好办法。每个人都希望别人能够把心里话表达出来，并且坦率地和自己分享他的想法、感受和需要。任何人都喜欢跟真诚、坦率的人打交道，而且这也并不是什么见不得人的事情。

比如，当你在面试的时候，你对主考官说："我没有什么经验，但是这对工作没有很大的影响。我认为对一个人来说，最需要的是能力和奉献精神，而这两点我并不缺。我需要一个证明的机会。"当你毫无保留地把自己的想法表达出来的时候，谈判可能会让你收到意外的好效果。

挑明对方将得到的利益

直接挑明你们的共同利益和对方的利益，这一点胜过千言万语。冲突和矛盾当然意味着一些立场的对立，但是更多的却是共同利益的存在，而这正是人们进行谈判的原因。有时候对方坚持某项要求，并不是因为这项要求很重要，而是因为这种坚持的象征意义很重要。因此，你需要了解哪些是对方真正感兴趣和觉得很重要的利益。在你了解了对方的需求之后，最好反复强调能够满足他需求的那些利益。

运用迂回策略

如果你在谈判的时候遇到了很大的困难，不要灰心丧气，你可以运用前面说过的那种迂回的方法，来达到你的目的。英国人哈利说："在战略上，迂回的包抄常常是达到目的的最佳途径。"这句话恰好说明了迂回的重要性。有时候，直接的方法可能会使你失去方向，而间接的方法却能够达到你的目的。

的确，如果你只想用直接的方法去达到你的目的，有时候会十分困难。当大路走不通的时候，为什么不走小路试试看呢？

列出合适的选项

列出选项意味着谈判进行到了最后，将要进行决策了。对一次谈判而言，这是最关键的时刻。这时候，你已经对谈判的方向非常了解，并且通过深思熟虑已经得出了一些解决的办法。这些选项应该是符合双方的共同利益的——如果仅仅是从你的立场出发，那么它们不会给你带来任何好处。

在列出选项的时候，应该抛弃那种蛋糕只有一种最佳分法的想法，而应该考虑各种方法；甚至你不应该限定蛋糕的大小，而应该想办法使蛋糕变得更大。另外，你也不应该认为只有自己才能取得最大的那份蛋糕，因为这可能使你失去更多。总之，你应该考虑得更加长远和全面一些。

谈判前要做好细节准备

谈判总是会让参加者感到很紧张，这可能是因为谈判的结果直接跟自己的目标，或者更加直接地说，跟自己的利益有很大的关系——那些为自己的公司或者国家谈判的人也同样如此。谈判的成功与否跟谈判者的表现有很大的关系，因此谈判总是充满着悬念。正是这种悬念给了那些出色的谈判者展现自己才能和智慧的机会。

谈判一般分为几个阶段：准备阶段、商谈阶段、建议阶段和决策阶段。这几个阶段毋庸置疑都是十分重要的。但是，在正式谈判之前的准备阶段既是影响到后面几个阶段的重要阶段，也是谈判者完全能够把握的阶段。虽然不能说谈判前的几天甚至几个月的准备工作可以完全决定谈判能否成功，但是有一点是可以确定的：一般而言，不经准备就开始谈判是很难获得有利于自己的谈判结果的——这一点在下面关于谈判前的细节准备的一些说明中也可以得到证明。

在谈判前的准备阶段中，我们需要从以下一些方面去考虑其细节：

提高谈判者的能力

正如我在前面所说的那样，谈判的成功与否在很大程度上取决于谈判者的能力和素质。谈判作为一种说话艺术和说服艺术，对谈判者的表达能力、判断能力、应变能力以及学识等有很高的要求。谈判是一种即时性与尖锐性相结合的说话，能够较好地处理谈判的只有那些有很高素质和能力的谈判者。

谈判者的表达能力当然十分重要。一般而言，谈判双方必须在相对较短的时间内达成一致；并且，如果谈判人数过多的话，那么每个人发表意见的时间一定不是很多，这就更需要谈判者在有限的时间内把自己的观点简洁有力地表达出来。

为了实现谈判目标，谈判者所发表的任何言论都应该有利于自己的目标的达成。另外，谈判需要鼓动对手以及打动对方，所以要求言辞具有强大的感染力。这些都需要谈判者具有十分高明的说话艺术。

谈判者的判断能力十分重要。结合你得到的关于对手的信息，判断出哪些是有用的和重要的，哪些是没有参考价值的和次要的，并从这些信息中判断出对手的实力、要求和可能运用的谈判方法等，这些都需要你具有较高的判断能力。在谈判的过程中，需要通过对手的表现、言语对谈判局势进行整体的判断，进而采取有针对性的应对办法。要根据自己的目标和对方的目标以及双方的共同利益，提供最适当的备选方案，达成最终的谈判协议。这些都跟谈判者的判断力息息相关。

应变能力对谈判者来说也很重要。应变能力是建立在谈判者的判断能力基础上的另一种能力，它使谈判者能够基于自己的判断得出一定的应变办法。在谈判的不同阶段，谈判者需要采取不同的应变措施，使谈判朝自己的目标发展。针对对方不同的反应，适时调整应变措施，甚至适时调整自己的谈判底线。这些都需要谈判者具有相当强的应变能力。

除了以上这些能力之外，学识、经验等对谈判者来说也都很重要。遗憾的是，一些谈判者以为只要在谈判之前的几天甚至是几个小时之内做好准备，就能够取得谈判的成功。这种想法太天真了。从某个角度来说，即使在谈判之前没有做好准备，那些综合能力较强的谈判者也能游刃有余地和对手进行谈判，因为这种能力更加基础，也更加重要。

因此，谈判者应该努力提高自己的各种能力。也许对你来说这不是一个好的建议，因为谈判马上就要开始了，现在做这种准备已经太迟了。那么你只能在现有能力的基础上，尽可能出色地发挥，但是我并不能保证你一定成功。当然，如果你打算选择一位谈判者去和别人谈判，拥有这些能力的人选是最合适的。

尽可能地了解对方更多的情况

在谈判之前，通过详细的调查尽可能多地了解对手，对谈判者来说也很重要。既了解自己，也了解别人，这一点可以帮助你使谈判走向成功。

了解对方的情况有助于你做好充分的思想准备，提前研究对策，进而使你在将要进行的谈判中掌握主动权。如果是商业谈判的话，你要了解的信息包括对方公司的业绩、经营状况、资金等，还包括对方谈判者的一些基本信息，如相关经历、性格特征。你可以通过你了解的信息判断出对方可能采取的对策以及可能设置的底线。当然，这些东西都需要在接下来的谈判中加以修正或补充。

一些谈判者认为没有必要这么麻烦。他们相信，对对手一无所知的不足，可以通过试探和了解对方来弥补。这么做的缺点显而易见，不仅表现在时间有限、机会有限，更加重要的是，你的试探可能会给你带来不利的影响。如果你能够在谈判开始之前就了解对方，显然是更加适当的。当然，在谈判的过程中你也的确需要去更深一步地了解对方。

确立自己的目标

实际上，对一个谈判而言，你要做的就是两件事情：确立自己的目标和达成自己已经确立的目标。确立目标是一件十分复杂的事情，因为你要考虑的东西太多，并且目标不一定是确定不变的。

最好的方法是，设定你的底线。实际达成的结果只会在你的底线和对方的底线之间浮动，因此应该把你的目标确定在这两个底线之间。剩下的事情就是不断地使你的目标朝对方的底线方向移动。

为了更加有效地在谈判中达成你的目标，你需要分解你的目标。在多数的谈判之中，整体目标并不是一次就得以实现，而是通过一个个分解的目标来实现的。这些分解的目标会更有可操作性。

调整谈判心态

不论对方是多大的公司或者地位多高的人，还是与他们的合作对你来说多么重要，都不要有不利于谈判的态度和心态。对方能够坐到谈判桌前和你进行谈判，绝对是因为你们有着共同的利益，而且你能够给他一定的好处。这就表明，实际上，你们的地位是平等的，你们正在商量解决问题的方法。因此，你大可不必战战兢兢，让对方感到你在求他。

而如果情况正好相反——你认为自己的地位高过对方或者公司的规模大过对方，他们正有求于你，这对你也是不利的。对方可能会因为你的态度傲慢而拒绝跟你友好地协商，而一旦如此，受到损失的一定也包括你。这个道理跟上面是一样的。

不卑不亢的心态才是谈判者应该有的。这种心态能够使你最大限度地促成谈判的成功，达到自己的目标。

必要的时候可以妥协退让

电器设备供应商泰茨公司生产的电机产品在国际上都处于先进水平，而且型号齐全、服务完善。当公司打算进军波士顿的时候，那里的市场已经被另一家电机生产公司——肯德公司占领了。泰茨公司一直在努力争取，却没有能够占领一席之地。后来，他们了解到伍德公司正打算引进电机设备，于是就派了业务员和对方进行谈判。为了能够打破肯德公司的垄断地位，泰茨公司在价格上作出了很大的让步，最终和对方达成了协议。这种让步虽然让他们开始进入波士顿市场，但是在波士顿的产品价格却比在其他地方的价格低了很多，而且提价也变得十分困难。

这个案例给了谈判者一个印象，那就是在谈判中不能让步，否则对自己会很不利。他们认为，泰茨公司完全可以依靠自己性能先进的产品和完善的服务跟肯德公司竞争，最后也一定会取得胜利。

的确，在谈判中，泰茨公司在价格方面的大幅让步，使得他们以后的经营陷入了不利的局面。但是，他们公司的做法的错误，不在于在谈判中作出了让步，而应该在于他们在价钱方面作出了让步。因此，不能因为这个案例否认让步在谈判中所起的作用。我们完全可以想象，如果泰茨公司咬紧牙关一点儿都不让步，他们肯定就无法进入波士顿市场。

实际上，在谈判的过程中，谈判的双方不可能都没有让步，否则就无法达成一致。既然是谈判，那么就必然存在可以沟通的空间。正如我们前面所说的那样，谈判者只是在尽量争取使达成的协议朝着对方的底线运动，而并非一成不变地进行交谈。可以说，正是让步使谈判变得有意义。

必须强调的是，谈判者的让步也不是没有目的、毫无意义、无原则的妥协退让。有的谈判者在谈判的过程中，不打算作出让步；而与此相反的是，有的谈判者为了达到某个目标，进行了毫无原则的妥协退让。两种做法导致了不同的结果，但是对谈判者来说却都不是好事。前一种做法使谈判者失去了和对方达成协议的机会；后一种做法尽管更加可能和对方达成协议，但是这种协议对己方来说是不利的。

在谈判的过程中，有些时候应该坚持自己的观点，有些时候则应该作出一定的让步。把握好这个分寸是十分困难的。因此，我们在谈判中必须讲究一定的策略，即在必要的时候让步。谈判者在谈判中让步，一般都是希望对方也同样能够作出让步。这样做有两种作用：一是用自己的让步来满足对方的需求，对方才会满足自己的需求；二是表达自己的诚意，表示自己希望协议达成。

在谈判的过程中，应该把让步当成是谈判整体策略的一部分，当成是为了达到自己的最终目标作出的一点儿牺牲。因此，应该有计划、有步骤地进行让步。在谈判开始之前的准备过程中，谈判者应该对自己可以作出的让步和对方可以作出的让步有清醒的认识，而不应该毫无头绪。正如前面所说过的那样，要考虑对方的底线和自己的底线，因为这两条底线是让步的最终参考对象。

是否让步、如何让步，这是关于让步的两个基本因素。下面简单地介绍一些在让步时必须掌握的原则：

最好不要首先让步

在谈判的初始阶段，不要因为急于达成协议而匆忙让步。在大多数情况下，首先让步的人会处于被动的局面，因为这似乎说明他更加希望达成协议，这个谈判对他来说更加重要。在这种情况下，对方一定会更进一步提出自己的要求，在谈判的心理上也会占有优势。

因此，尽量不要首先对对方让步。你必须保持对自己产品或服务的信心，让对方感到自己的实力。当然，在适当的时候，你应该通过让步来表示自己的谈判诚意。但是，你必须让对方明白，自己是不得已才作出让步的——只有这种让步才是积极的让步。

只能在次要问题上让步

因为让步是无关于原则问题的，是为了达到自己的整体目标的，是谈判整体策略的一部分，所以，可以在一些次要的问题上进行让步。这样的让步不会使你作出太大的牺牲，而只会赢得最后的胜利。

与此相对应的是，不能作出原则性的让步。这种让步会使你失去自己的目标，最后无法达成有利于自己的协议。这就好像你跟对手谈了一个小时，结果达成的协议却对自己完全没有好处。这种无原则的让步当然是不可取的。

在损失很小的时候让步

如果那些在次要问题上的让步会导致你损失很大，那你也一定不要让步。在特定的情况下，次要问题的让步可能会带来比原则性问题的让步更加严重的后果。不能简单地用主要还是次要的标准来分析。在很多情况下，次要问题也可能会给你带来无法承受的损失。

每次让步小一点

如果你让步过大，对方可能会错误地估计你的底线，因此你会更加难以取得效果。比如，作为卖方，你如果作了较大幅度的降价，这必然会让对方怀疑你的产品并没有想象中的那么好；而如果你每次都只是采取很小的让步，对方会认为他差不多已经使你达到了底线。因此，你们更加可能较快地达成协议。

估计自己的让步的价值

自己每作出一定的让步，就要判断自己的让步在对方心目中的价值。在此之前，你已经掌握了对方的一些信息，了解到了对方的策略和底线等一些重要的问题，因此你可以准确地预测到自己的让步所产生的影响。有时候，对你来说是很小的让步，而对方却很在意，这种让步是理所当然应该选择的，而那些连对方看来都并不重要的让步，你也就没有必要让步。

拒绝对方让步的要求

当对方提出让步的要求时，你应该对要求进行仔细的考虑，务必做到慎重地作决定。有时候对方所提的要求对你而言并不是什么大问题，但是有时候却与你的原则相冲突。在后一种情况下，你应该拒绝对方的要求。

不要因为你需要达成协议就轻易答应对方的要求，因为对方也有同样的需求，否则你们就不会坐到一起来谈判了。

在谈判中应该适当地提问

在一次谈判中,卖方和买方进行了如下的对话:

卖方:看起来你好像对我们公司的洗衣机不大满意,我可以知道是什么原因吗?

买方:好的,我不大喜欢你们洗衣机的外型,它看上去好像不是很结实。

卖方:的确如此。如果我们在生产下一批产品时,改变它们的造型,使之能够防腐,你是否会满意呢?

买方:这很好。不过,这样一来,交货时间一定会延迟很多了。

卖方:那么,如果我们能够尽量缩短交货时间,按照你要求的时间交货,你能够马上签字吗?

买方:完全可以。

我们看到,在这次成功的谈判中,由于卖方恰当地提问,最终谈判双方达成了协议。这说明提问在谈判中的确十分重要。可以说,提问在严肃而紧张的整个谈判过程中,自始至终都发挥着重要作用。正如这个案例中的卖方一样,那些谈判高手对提问这一方式的运用有着十分娴熟的技巧。正是这样的提问,使他们始终有力地控制着谈判的方向,牢牢地掌握着谈判的主导权,从而使谈判达成了对他们有利的协议。

那么,提问在谈判中究竟有什么作用?具体地说,有以下一些作用:

开场时投石问路。许多谈判高手在已经做了充分的准备、非常了解对方的情况下,为了获取更加具体、可靠的信息,在谈判开始时都会使用提问这一方式。谈判该采取什么样的策略、对方可能会有什么想法,谈判者都能够在开场的提问中获得一定的信息,然后再利用这些信息去制订或改变自己的谈话策略。

获得信息。提问是谈判者获得对方信息的最直接、最有效的手段。对方的真实情况是什么、需求是什么、想法是什么,都可以通过提问来得到。虽然你也可以通过其他的方式去了解这些信息,但是都不如提问这种方式来得直接和有效(那些谈判前毫无准备的谈判者想必也是这么认为的,他们认为这种方式更好,因此事先并不准备)。不过,我们需要注意对方提供的信息是否真实。

提请对方注意。为了吸引对方对我们提供的信息的注意,你也可以使用提问。提问可以建立自己的观点和对方意见之间的联系,从而使对方认真思考你所表达的观点。比如,"我认为……你觉得是不是这样?"这种方式很自然地会把对方的注意力吸引过来,使对方不得不给你一个答案。因此,即使你的本意并不是想询问对方的意见，而只是表达你的观点，也可以使用提问。

传情达意。当对方谈了一个看法的时候，提问可以传递你对这个看法表示关注的信息，而对方一定会非常热情地回答你的提问，这样就营造了一种和谐的谈判气氛。比如，"我对你所说的很感兴趣，不过我有一个问题……"这表示你对对方所说的东西十分关心，而对方一定也会用同样的关心回报你。

引发对方思考。提问当然能够引起对方的思考。你不能直接地对对方说："关于我刚才说的，你好好地想想吧！"因为这样说似乎是一个命令；你可以说："关于我的意见，你有什么看法呢？"这样自然更加容易让对方接受。

谈判结束时作结论。在谈判快要结束的时候，结论可以以提问的形式出现。比如，"现在是不是该到下结论的时候了？"这种问话很明显比说"让我们赶快下结论吧"更加容易得到对方同意。对于后者，对方的回答很可能是"不急，还有些问题没有解决。"

上面提到的是谈判中提问的重要作用。正因为它有这么重要的作用，所以，如果谈判者想要取得谈判的成功，就有必要学习恰当地提问的技巧。总的来说，提问应该使谈判朝对你有利的方向发展。具体来说，在运用提问这一方法的时候，应该注意以下一些问题：

把握恰当的提问时机

提问十分重要，这也恰好说明不能滥用提问这一方法。不要认为随时都可以提问。在提问之前，最好能够仔细考虑提问可能会带来的影响，比如是否会打断对方的思路、影响对方的情绪等等。不要在别人谈兴正浓的时候打断别人的谈话，这样显得很没有礼貌，也会使谈判受到影响。

提恰当的问题

谈判者提的问题一定要有针对性，也就是要提恰当的问题。提问应该把谈判引到某一个方向上去，而不能随意发问。不要因为那些跟谈判没有关系的疑惑去提问题。在谈判中，如果你了解到对方可能对某个问题产生了怀疑，你可以用提问的方式去引导他把自己的疑惑说出来，然后找到合适的说辞进行有针对性的说服。在提出一个问题之前，你最好能够对自己的问题进行思考。要避免那些可能有歧义、让对方不知道怎么回答的问题。前面已经提到过一些无效问题，应该尽量避免提那样的问题。

用恰当的方式提问

我们知道，提问的内容一样，得到的回答却可能不一样。这是提问方式的不同所引起的。提问的方式十分重要，因此，在提问的时候，应该注意用合适的方式提问题，用更加有技巧的方式表达你的问题。一位信徒问牧师："我可在祈祷的时候吸烟吗？"牧师答道："当然不行！"另一个信徒问同一位牧师："我可以在吸烟的时候祈祷吗？"牧师答道："当然可以！"两个相同的问题，却得到了完全不同的回答，这是因为提问的方式发生了变化。

掌握谈判中的应答技巧

有问必有答。如果说提问已经成为贯穿在整个谈判过程中的重要组成部分的话，那么跟它相匹配的应答也有着同样的地位。关于应答的重要性，我们已经在前面说过。而由于谈判在某种程度上具有强烈的针对性，因此应答在谈判中也显得更加重要。

在《新约》里有这样一个故事：犹太人和法利赛人带来了一个通奸的女人，他们当众问耶稣："按照摩西的法律，应该用石头打死这个女人。你说应该怎么办？"这是一个圈套，如果同意的话，耶稣身为一个"救世主"就要为这个女人的死负责任；但是如果不同意，那么他就违反了摩西的法律。于是耶稣说："你们中如果谁没有犯过错的话，谁就用石头打死她吧！"众人扪心自问，都觉得自己并不干净，于是就走开了。而那个女人也就得救了。

在谈判的时候，有些问题可能不见得比耶稣面对的问题更难回答。耶稣凭借自己的聪明机智巧妙地回答了问题，而有些谈判者却倒在了那些问题面前。

那么，在谈判中该如何回答问题呢？这里将一些应答技巧告诉你们，并且希望你们从此能够从容地应答所有问题。

留下充分的时间进行思考

在回答问题之前，你应该给自己留下充分的时间对对方的问题进行思考。不过，一般来说，在谈判的过程中，对方不会给你充裕的时间让你从容地思考。因为他知道，时间越长，你越能给出对你自己有利的回答。在这种情况下，即使他催促你立即回答，你也可以礼貌地告诉他，你必须对这个问题进行思考，并且需要一些时间。

对问题进行分类

你思考的第一点应该是对对方提出的问题进行分类。也就是说，这个问题是友善的还是不好回答的，甚至是带有敌意的。这三类问题应该有不同的应答方法。第一类问题，像一些基本的信息等，由于对方并没有敌意，而且说出来对你也并没有什么影响，如果你还闪烁其词的话，就显得不够真诚了（甚至有可能是对方拿已经掌握的信息对你进行的试探）。第二类问题虽然没有敌意，但却是你不想回答、不便回答的问题，对方可能是无意之中问的，也有可能是故意这么问的。总之，回答这类问题应该把握好分寸，看是否会对谈判有影响。后面谈论的方法基本上都属于这一类（除非特别指出来的）。第三类问题是发生在你们的矛盾很严重的时候，对方可能因为对你的行为有所不满，对你有敌意，所以问这样的问题。回答这种问题时应该礼貌，不应该采取针锋相对的态度，然后把握好回答的分寸。

转移话题

在有些谈判中，对方可能会直接问你底线问题。如果你回答了这样一个问题，那么你会很明显地陷入被动。对于底线这样的问题，你自然不想这么直接地告诉他，因为在一般情况下，无论哪一个谈判者都不希望谈判结果只是底线。而你一旦告诉了对方你的底线，就已经失去了继续谈判的意义。

对于这样的问题你必须想办法进行转移。比如，对方问你，产品的价格最低是多少。你可以跟他说，你提供的价格绝对不会过高，在你告诉他之前，你打算先介绍一下你们产品的一些优越的性能。这样，你就把话题转移了，从而也为自己赢得了主动权。

模糊回答

对那些不得不回答，但是却难以立即作出回答的问题，你可以使用模糊语言。模糊语言即那种给对方不确定的答案的语言。比如，对方问你价钱最低多少的时候，你可以说："不会高于你能承受的价格。"这种模糊语言显得十分巧妙，既回答了问题，又没有使你陷入被动。

模糊语言能够为自己留有足够的余地。比如在应聘的时候，面试人员问你："你的期望工资是多少？"你不能给对方一个确定的答案，但可以说："2500 到 3500 之间。"这样，显然有可能与对方能给你的工资符合。

延迟回答时间

当对方要求你立即回答某个你不想回答的问题的时候，你可以拖延回答的时间。比如，你可以对对方说："我想，现在还不是谈论这个问题的时候吧！"或者"我现在没有第一手的资料，我想等我查阅完第一手资料的时候再给你一个详尽而准确的答复，这样可能会更好些。"这些理由都具有不可辩驳的说服力，因此你将不会再遇到同样的问题。

不过，延缓时间只能是暂时的。如果你这一次拖延了回答对方问题的时间的话，下一次你就不能再借故拖延了。因此，你最好找一个更好的办法来解决这个问题。

适当地处理对方的错误

在谈判的过程中，由于沟通上的问题，对方可能并没有完整地理解你说的话，因而产生了误解。这是谈判中经常会出现的情况。

一些谈判者在对方误解了自己的情况下采取了观望的态度——如果这种误解有利于自己，他们就视而不见、将错就错；而如果对自己不利，则马上指出对方的错误。这是一种只看眼前而不顾长远的做法。他们害怕自己会受到损失，于是忽视了谈判实际上是以坦诚为基础的，而绝不应该相互欺骗和隐瞒——即使这是被动的。

在这种情况下，正确的做法是，不管对方的误解对自己有利还是不利，都应该委婉地向对方提出来。你不用担心你会因此而遭受损失，那些东西可能并不是你应该得到的。而如果你隐瞒了真实信息，那么等对方发现的时候，你会得不偿失的。

谈判中如何拒绝

谈判就是为了满足双方的要求而彼此参与的过程。每个人的需求不同，因而会展现出不同的行为和表现。虽然我们希望谈判双方能够配合默契，顺利地完成谈判，但是大多数情况下，利益冲突导致的问题还是会不断地发生。鉴于要营造一个平和、融洽的谈判氛围，以使谈判能够成功，我们不能直接拒绝或否定对方，而是必须进行有策略的拒绝。

在下面这个十分经典的案例中，谈判的一方使用了一种极高的拒绝策略，使原本对对方有利的局面变成了对自己有利的。

美国有名的电器生产商海锐公司和另一家不怎么有名的公司进行商业谈判，希望能够把电器设备卖给那家公司。那家公司的三个采购代表看起来像他们的公司一样不起眼，而海锐公司的谈判代表则准备得十分充分，并且似乎十分精于谈判。

海锐公司的谈判代表约翰和他的同伴们的表现是压倒性的。他们在一开始的时候拿出准备好的一大堆图表、图像和数字，无可辩驳地说明了他们公司的电器产品是最合适不过的。等他们介绍完自己的产品之后，两个小时已经过去了。而对方在整个过程中一直安静地坐在沙发上，一句反驳的话也没有，只是默默地听着。

约翰说完之后，吐了一口气，轻蔑地对反应迟钝的对方说："你们觉得怎么样？"

其中一位采购代表彬彬有礼地说道："的确，你讲得十分精彩，但是我们却不大明白。"

约翰惊诧地问道："你们不明白？我们讲了这么久，你们居然说不明白？——那好，你们不明白什么？"

采购代表说道："所有事情。"

锐气十足的约翰感到不可思议，因为他们的介绍是十分详尽而且颇具说服力的，但是他只得问道："你们从什么时候开始不明白的？"

"一开始，"采购代表说，"我们从一开始就不明白。"

约翰又能怎么样呢？于是他问道："你们想要我们怎么样呢？"

"你最好重复一遍吧！"

约翰像泄了气的皮球一样，刚才的那股信心和气势一下子都不见了。对方并没有针对某一点提出反对，他们的沉默就是对所有意见的否决。但是约翰和他的同事们难道会继续用两个小时来重复介绍他们的产品吗？当然不会。采购代表们正是运用这一点巧妙地拒绝了对方，同时也为自己赢得了谈判的主动权。果然，海锐公司的价钱开始下跌，而且形势对他们越来越不利。

这就是拒绝策略的奇妙用处。在谈判中知道何时拒绝、如何拒绝，你会收到很好的效果。有些谈判者担心自己的拒绝会给自己带来不利的影响，因而即使不同意对方的意见，也从不表现出来。他们担心的其实不是拒绝本身所带来的影响，而是拒绝的方法不当带来的。

另外，我们鼓励谈判者进行拒绝，并不意味着他可以随时拒绝对方。谈判者如果不是对对方表示不满，或者想和对方进行争论，就不要轻易地使用拒绝。你必须在恰当的时机进行拒绝，比如，当对方的确非常想要买下你的产品，却因为价钱的问题迟迟作不了决定的时候，你可以对他说："先生，我决定不卖这件产品了。"一般情况下，对方都会提高价钱来购买你的产品的。

究竟该如何拒绝谈判中的对方？以下这些拒绝方法值得借鉴：

援引客观条件的限制

在很多情况下，如果对方给你提出了一个无法回答的问题，而且无论你怎么解释，对方都苦苦纠缠的话，你最好表示自己也爱莫能助——由于客观条件的限制，你无法回答对方的问题。这样能够使对方不再纠缠，并且对你表示谅解。

所谓的客观条件主要包括两个方面：一个是局限于你自身的客观条件，比如技术力量、权限和资金条件等；另一个是社会条件的限制，比如法律、制度和形势等。当然，这两者可以单独使用，也可以综合运用。

先肯定后否定

当对方提出了一个要求或看法而你不能同意的时候，你可以先找出其中合理的部分予以肯定，然后委婉地表示你不能确定其他的部分。"总的来说，你的看法有一定的道理。"以这样的开场答复对方，对方会更加容易接受你的意见。

在谈判的时候，尽量不要使用否定性的词语，即使你需要表达出来，也应该用一种更加有技巧的方式。对每个人都应如此，尤其是谈判的对方。他们是提供给你某种利益的人，一旦遭到了否定，他们就会产生不快，从而产生一种抗拒的心理。

以攻为守

当对方提出某个你不能接受的要求的时候，为了不受到对方的牵制，你可以化守为攻。你可以提及对方在前面拒绝的你的某个要求，告诉对方你可以同意他的这个要求，但是他也必须满足你的那个要求，并说对方的这个要求跟你的那个要求是一致的。这样，即使你同意了对方的要求，也不会有任何损失。

引导对方自我否定

即使对方提出了一些不合理的要求，你也不要针锋相对。有时候，你可以旁敲侧击地暗示对方，让他认识到自己的看法有一定的局限，进而自觉地撤销自己的不合理要求。只有让对方自己否决自己的想法，他才会真心地接受，而不会产生不快。

补偿安慰

如果你不想因为拒绝而引起对方的不快，但是又不得不拒绝，你必须想办法对对方进行补偿和安慰。不论你的拒绝策略有多么巧妙，都终究掩盖不了拒绝了对方这样一个基本的事实。你谈判的对手并不是一个完全理智的人，在某种程度上，对方也可能会因为被拒绝而产生消极的情绪。这时候，你必须想办法进行补偿和安慰。

提出你可以满足对方某一个对你来说无关紧要的要求，或者对你的拒绝表示遗憾。这样，对方的心情可能会好一点儿。充分地表达你的谈判诚意，这一点对你来说很重要。

如何打破谈判的僵局

谈判似乎总是要经历双方都不愿意见到的局面：谈判气氛似乎都凝固了，双方都沉默不语，默默注视着对方，好像都心怀鬼胎一样；或者双方为某个问题发生了争执，面红耳赤地进行辩论。这种局面是不知不觉地发生了的，它使双方都陷入了尴尬的境地。最后的结局可能是，双方在沉默中不欢而散。

这就是谈判中的僵局。僵局在某种程度上象征着谈判的破裂，是对谈判双方的极大伤害。为什么会产生僵局呢？那是因为双方都不肯在某个方面让步，从而无法达成一致的意见。这是一般的情况。然而，有一些谈判高手喜欢利用僵局来促成谈判的成功，因为人们一般都不喜欢僵局。他们可能会在许多次要的问题上让步，而当谈到主要问题、原则性问题的时候，则利用僵局来实现他们的目的。他们可能会对对方说："我们已经作出了最大的让步，已经充分地表达了我们的谈判诚意。现在，我希望你们也能够作出一点让步，否则的话，我们只能对这样的结局表示遗憾。"如果是这种情况，谈判的僵局可能更加难以打破。

但是，为了谈判的成功，大多数谈判者还是希望能够尽快打破僵局。那么，如何打破僵局？

调整情绪

很多谈判者因为想要坚持自己的意见、改变别人的看法，会变得非常激动。我们知道，当人们在激动的时候，往往会失去理智。也许在谈判之前他就已经想好了该怎么处理僵局，但是当僵局真正出现的时候，他们却忘记了之前想好的做法。另外，有一些谈判者似乎已经做好了最坏的心理准备：既然对方能对他们的要求不依不饶，恐怕自己的目的已经达不到了，也没有希望获得谈判的成功了。这使得他们放弃了原来的礼貌和谦逊，口气开始变得咄咄逼人，甚至开始指责对方。总之，不论因为何种原因，他们都已经对谈判失去了信心。

由于我们之前已经预测到谈判僵局可能出现，那么等它真正出现的时候，就不应该使其成为谈判的终结。无论如何，你都应该尽自己最大的努力促成谈判的成功。你应该做的是，慢慢地平息自己激动的情绪，对谈判的成功恢复信心，然后采取积极的对策。消极回避对谁都没有好处，所以，你应该积极地寻找解决方案。

换个话题

当对方不论你怎么解释都不同意你的要求的时候，你不妨转换一个话题。转换话题并不是再也不提你们发生争执的话题，而是将其暂时搁置，到适当的时候再进行讨论。转移话题的作用非常明显，它可以缓解紧张的气氛。只有这样，才能使双方平心静气地展开讨论，不再发生争执，才有利于谈判的成功。对你来说最重要的事情是缓解谈判的紧张气氛，因为这对谈判而言是致命的威胁。然而，转换话题并不是一件容易的事情。它并不是消极地回避，而是积极地争取机会。在适当的时候，你的话题还是要回到你们产生争执的地方上来。因此，在你们谈论别的话题的时候，你要对你们的僵局进行反思，并寻找问题所在，然后采取有针对性的方法。

转移的话题必须跟你的主题有关，只有这样，才能保证你随时都能够把话题转换回来。不要谈那些不着边际的话题，这会让对方认为你在故意拖延时间，而且你也无法成功地转回到原话题。转移语题之后，要使话题自然而然地朝正题靠拢，从而让对方在不知不觉中接受你的意见。

更换主谈人

谈判者可能会因为情绪问题而影响自己的判断，而且可能会在很多问题上形成成见——正是这些成见使谈判陷入了僵局。对对方而言，现在的谈判者及其各种做法和想法可能正是刺激他的主要原因。因此，如果可能的话，更换主谈人也是一个打破僵局的合适的方法。

选择那些对本次谈判比较熟悉的、具有较强能力的谈判者参与谈判。当然不能选择那些对本次谈判完全不了解、没有多少谈判技巧的人来继续谈判，因为如果你们更换了谈判者，说明你们已经作出了让步，而这样的谈判者无法掌握谈判的方向。

扩大双方的利益

如果可能的话，可以适当地扩大双方的利益，即自己在某个问题——即使是原则问题——上作出让步，而对方也能在某些重要问题上作出让步，这样双方都能够得到更多的益处。不过，这自然是建立在作出一定牺牲的基础上的。

必须要注意的是，务必使自己得到的益处比作出的让步多，这样才有让步的必要，否则你失去的将会更多。你的目的并不只是要达成协议，而应该是达成对你有利的协议。另外，不要要求对方作出太多让步，这样你也将达不到目的，而且可能会在另一个问题上造成僵局的出现。

调整自己的策略

僵局出现的一部分原因是谈判策略不当。有经验的谈判高手甚至认为，没有不合适的目标，只有不合适的策略。他们的意思是，只要你的策略合适，那么无论你的目标有多高也都可以实现。这样说虽然有些夸张，但是的确表明了策略的重要性。

前面已经说过了谈判中的策略问题，它们并不都是并行不悖的。实际上，对一次谈判、一个谈判对手而言，可能只有一种合适的策略。因此，如果你发现这种策略不合适，可以换另一种更加合适的策略。

心理置换

心理置换要求用一种换位思考的方法来处理谈判。很多时候，由于经验、学识、立场和价值观不同，不同的人对同一个问题的看法会存在很大差异，甚至会相互对立。如果你能够从对方的角度来看一些问题，对这些差异你可能变得更加容易接受。当然，你也可以要求对方从你的角度和立场来考虑问题，前提是你要告诉对方，你已经从对方的角度思考过这个问题了。然后，采取一种合适的、折中的方案来解决使你们陷入僵局的问题。

·第三章·
幽默的艺术

拿自己开开玩笑

如果你有风趣的思想，轻松地面对自己，你便会发现自己可以原原本本地接受自己的身高、体重或其他身体特征；你也会发现幽默能帮你以新的眼光去看你对经济的忧虑。也许你无法得到真诚的爱，但是你能使你的人际关系充满温暖和谐——与人分享欢乐，甚至和仅仅有一面之缘的人也会有很好的关系。

自嘲是自己对自己幽默，是消除自己在沟通中胆怯的良方。

自嘲是运用戏谑的语言，向别人暴露自身的缺点、缺陷与不幸，说得俗一些，就是把脸上的灰指给对方看。

俗话说得好："醉翁之意不在酒。"自嘲同样是这个道理，有着独到的表达功能以及实用价值。

长篇小说《围城》重版，《谈艺录》与《管锥编》问世以后，钱锺书的名声日盛，求访者愈来愈多，钱锺书有不愿意接受访问的脾气。有一天，有一个英国女士打电话给他，要求拜访，钱锺书在电话里说：

"如果你吃了一个鸡蛋感觉很好，又何必认识那只下蛋的母鸡呢？"

在这里钱锺书自比"母鸡"，虽然是有意贬低自己，但却是在说英国女士没有必要来拜访他。

正如人们喜欢谈论一些关于别人的笑话一样，在适当的时候，也要拿自己开开玩笑，要善于自嘲。

美国著名的律师乔特是最善于讲关于自己笑话的人。有一次，哥伦比亚大学的校长蒲特勒在请他做演讲时，曾极力称赞他，说他是"我们的第一国民"。

这实在是一个卖弄自己的绝好机会。他可以自傲地站起来，一副得意扬扬的神气，仿佛是要对听众说："你们看，第一国民要对你们演讲了。"

但是聪明的乔特并没有如此。他似乎对这种称赞充耳不闻，却转而调侃自己的"无知"。这种自嘲很快博得了听众的好感。

他说："你们的校长刚才偶然说了一个词，我有点听不太懂。他说什么'第一国民'，我想他一定是指莎士比亚戏剧里的什么国民。我想，你们的校长一定是个莎士比亚专家，研究莎士比亚很有心得，当时他一定是想到莎士比亚了。诸位都知道，在莎氏的许多戏剧中，'国民'不过是舞台的装饰品，如第一国民、第二国民、第三国民，等等。每个国民都很少说话，就是说那一点点话，也说得不太好。他们彼此都差不多，就是把各个国民的号数彼此调换，别人也根本看不出有什么分别的。"

这实在是一种非常聪明的方法，它使自己与听众居于同等的地位，拉近了自己与听众的距离。他不想停留在蒲特勒所抬举的那种高高在上的地位上。如果他换一种说法，用庄重一点的言辞，比如，"你们校长称我为第一国民，他的意思不过是说我是舞台上的一个无用的装饰品而已。"虽然表达的意思是一样的，但是绝对不能把那种礼节性的赞词变为一种轻松的笑话，也绝对不会取得那样的效果。

无论是在一帮很好的朋友中，还是在一大群听众中，能够想出一些关于自己的笑话，能够适当地自嘲，是赢得别人尊敬与理解的重要方法，远远要比开别人玩笑重要得多。拿自己开开玩笑，可以使我们对世事抱有一种健全的态度，因为如果我们能与别人平等地相待，就可以为自己赢得不少的朋友。相反，如果我们为显示自己是怎样的聪明，而拿别人开玩笑，以牺牲别人来抬高自己，那我们一生一世也难以交到一个朋友，更不用说距离成功有多遥远了。

成功的人士从不试图掩饰自己的弱点，相反，有时他们会拿自己的弱点开开玩笑。而现实生活中，我们却经常可以遇到一些专喜欢遮掩自己弱点的人，他们也许脸上有些缺陷，也许所受教育太少，也许举止粗鲁，他们总要想出方法来掩饰，不让别人知道。但这样做以后，他们却于无形中背弃了诚恳的态度，毫无疑问，与之交往的朋友会对他们形成一种不诚恳的印象，使人们不敢再与他交往。

世界上最不幸的就是那些既缺乏机智又不诚恳的人。很多人常常自以为很幽默，经常喜欢拿别人开玩笑，处处表现出小聪明，结果弄得与他交往的人不敢再信任他，以前的朋友也会敬而远之，纷纷躲避。

适当地拿自己开开玩笑吧，这不仅是一种机智，更是驱散忧虑、走向成功的法宝。

声东击西的幽默法

声东击西法，是一种更加含蓄迂回的幽默技巧。意在向东而先向西，欲要进击先后退。在利用幽默的语言来回击或反驳一些错误观点的时候，这种技巧的运用特别有力。

但是，声东击西法要取得好的效果，取决于听众的静心默思，反复品味。因为这种幽默技巧的特点是：你想表达的思想不是直接表达出来，而是以迂为直，被埋藏在所说出来的后面。听众在听完话之后，必须有个回味的时间，才能体会出个中的奥秘，产生幽默风趣的情绪。

"劳驾，请问去警署的路怎么走？"一个行人停步问路人。

"这很简单，你用石头把对面商店的橱窗给砸烂，十分钟后你就到了。"

路人似乎是答非所问，他没有具体回答去警署的路线，却提示了去警署的一种可行的办法：你只要制造事端，自然有人送你去警署。这就是声东击西法的幽默。

阿凡提是一个智者，而且他还是个大幽默家。他的话多属于声东击西法的典型，而且显得十分幽默。

声东击西法在不少场合都可以见到：明是说罪，暗里摆功；明是说愚，暗里表忠；明说张三，实指李四；欲东而西，欲是而非；敲山震虎，指桑骂槐，含沙射影，等等，都属于这一类。当然，在日常的生活中，这种声东击西法的幽默技巧也可以诙谐地加以运用，以产生强烈的幽默效果。

有一人应友人之邀参加家宴，友人很吝啬，仅仅招待了他几滴白酒。这人临走对友人说："劳驾你，请在我的左右腮帮上各打一记耳光吧。"友人问什么原因，这人说："这样的话，我脸上通红，老婆才知我在你家吃饱喝足了，否则，不好交代啊！"

这位吝啬的友人也觉得不好意思，便拿出一个很大的酒杯，可倒酒时仅盖上杯底。这人便向友人要一把锯子，友人很奇怪，这人回答说："我是想把这杯子无用的上半部锯掉。"

这位先生面对友人的吝啬不好直说，转弯抹角，几句妙语实在值得玩味。既表达了自己的不满，也讥讽了友人的小气。

同样是曲意嘲讽主人吝啬，下面这个幽默似乎技高一筹。

有一客人见主人招待他没有菜肴，便跟主人要来副眼镜，说视力不好使，带上眼镜后，大谢主人，称赞主人太破费，弄这么多菜，主人道："没什么菜呀？怎么说太破费？"客曰："满桌都是，为何还说没有？"主人曰："菜在哪里？"客指盘内曰："这不是菜，难道是肉不成？"

此则笑话一波三折，客人嘲讽主人，手段高明，令人叫绝。话说出了口，又能置身事外。

指桑骂槐也是声东击西幽默法的一种，也就是明骂桑而实骂槐，运用此法既可达到己方目的，又不授人以柄，避免了正面冲突。此法的技巧主要表现在应对语的选择上，要让"槐"听明白是骂"槐"，但又抓不住把柄，叫对方"哑巴吃黄连，有苦说不出"。

人类的语言非常奇妙。它的功能变化万千。同样一个词语，只要换一种语言环境，意思和味道就很不一样了。不懂得这门道的人，是很难利用语言的这种灵活性来开拓他的幽默途径的。

指着槐树骂槐树，不可能幽默；指着桑树而实际上骂了槐树，才有可能幽默。指桑骂槐法就是利用一种特殊的语言环境，把词语的针对性转向谈话对方，从而产生幽默的效果。

魏晋时，谢石打算隐居山林，奈何父命难违，不得已在醒公手下做司马。一次，有人送醒公草药，其中有一味名叫远志。醒公问谢石："这药又叫作小草，为什么同是一物而有两个名称？"

谢石一时答不上来，郝隆当时在座，应声说道："这很好解释，隐于山林的就叫远志，出山就叫小草了。"

谢石听到此处，满脸愧色。

魏晋时人们崇尚回归自然，并不以官宦为荣，隐居山林，过闲云野鹤似的生活是非常时髦的举动。郝隆这里正是指桑骂槐，表面上解释是草药的名称，实质上是嘲讽谢石，而谢石即使想反攻也无从下手。

指桑骂槐的特点就在于巧妙地利用词语的多义性或双关性等特点来做文章。说话者说出的话语，从字面上的意思看似乎并不是直接针对对方，但话语中却暗含了攻击对方的深层意思，使对方虽有觉察却又抓不住把柄，只好哑巴吃黄连，自认倒霉。

从前，有个盲人被无辜地牵涉到一场官司中，开堂审判时，他对县太爷说："我是一个盲人。"

县官一听，立刻厉声责问："混账！看你好好的一双清白眼，怎么说没有眼睛？"

盲人接过县官的话说："我虽然有眼睛，老爷看小人是清白，小人看老爷却是糊涂的。"

这里，盲人采用的就是指桑骂槐法。他所说的"清白"和"糊涂"，实际上是利用一词多义的现象而造成的一语双关的修辞效果，从而达了"指桑骂槐"的目的。

表面上看，他说的"清白"是指盲人的眼睛是清白眼，而实际上却是暗指人自身是清白无辜的。"糊涂"一语，貌似指盲人因眼睛看不清县官，但实际上却是说县官说话做事糊涂，是个糊涂昏官。所以，整句话的表面意思是"小人看不清老爷"，而实际上却是"我看老爷是个糊涂官"。

这两句话从形式上看是"指桑"，即回答老爷的问话，从内容看却是"骂槐"，即暗中讥骂昏官。盲人巧妙利用指桑骂槐法，痛快淋漓地嘲讽了昏官，又使县官抓不住什么把柄。

反常规的类比幽默

类比幽默法是指把两种或两种以上互不相干甚至是完全相反的、彼此之间没有历史的或约定俗成的联系的事物放在一起对照比较，显得不伦不类，以揭示其差异之处，即不协调因素。

在类比幽默中，对比双方的差异越明显，对比的时机和媒介选择越恰当，所造成的不协调程度就越强烈，对方对类比双方差异性的领会就越深刻，所造成的幽默意境也就越耐人寻味。

人们的日常生活和科学研究一样，凡分类都是约定俗成，得用同一标准，否则，必然造成概念的混乱，导致思维无法深入进行。人们从小就训练掌握这种最起码的思维技巧。如：猪、牛、羊、桃就不能并列在一起，人们会把桃删去，这是科学道理，但并不幽默。

在类比分类时要产生幽默的趣味恰恰要破坏这种科学的逻辑规律，对事物加以不伦不类的并列。

赵阿婆的女儿吵着要买嫁妆，赵阿婆气恼地说："死丫头，你的婚事也不和我商量，东西我不买！"

母女大吵起来，引得许多邻居来看。

邻居陈伯站出来说："你不能怪她没和你商量啊！"

赵阿婆问："为什么？"

"你当年成亲时不是也没和女儿商量吗？"陈伯反问道。

赵阿婆一时语塞。女儿却高兴起来，陈伯又转身对姑娘说："你妈不给你买是不对，可你妈出嫁时，你给她买了吗？人要彼此一样才好呀！"

母亲成亲和女儿商量与母亲成亲女儿买嫁妆并列一起，都是不可能的事，意思完全相反，差异巨大，但说明了母女二人争吵的理由，是都没有为对方着想，因此，经陈伯如此点化，母女二人不得不心服口服。

类比幽默术是个反常规的坏孩子，它是借着一丝灵气，将事物不伦不类地加以归类。因其具有简便的特征，常为人们所使用。

类比幽默的幽默感是"比"出来的，其情趣也是"比"出来的。这样就有利于对方心理接受。我们看下面一例：

有一位中学生，成绩很好，几乎每次考试都是全班前两名。有次考到第五，她妈妈生气地说："去年我为你感到骄傲，这次你怎么了，你曾经是班上考得最好的呀！"

女儿微笑着说："每个同学的妈妈都想为自己的孩子考第一而骄傲。如果我老是第一，他们的妈妈可怎么办呀？"

孩子得第一的妈妈的心情和孩子成绩差的妈妈的心情并列相比，两种心情完全相反，其趣就生于此。

类比幽默是把风马牛不相及的一些概念，或彼此之间没有历史的或约定俗成的联系的事物放在一起对照比较，显得不伦不类，以揭示其差异之处，即不协调因素。它能使人在会心的微笑或难堪的境况中开启心智，受到教育。

人们都清楚，微妙的男女关系里，有不少玄妙的心理因素支配着，要是你能巧妙地掌握和运用这些因素为自己服务，你将战无不胜！而这里所说的技巧就是幽默。

男人在没有竞争的情况下，获得女性的青睐后，他的自大心理便会油然而生，自以为很了不起，并且在自大之余，还会小看那位小姐，不珍惜那段情感。因此，女性这时就有必要抬高自己的身份去对付他，以便获得较公平的对待。这时幽默是绝佳工具。

因为男人有保护、支配女人的愿望，同时对于容易获得的常常漠然视之，而对不易到手的却有着憧憬的倾向。巧妙控制这一心理，用实用效果极佳的类比幽默术是再好不过的了。

女朋友："我得告诉你，今天我接吻了五次。"

男朋友："什么？你说你今天是第五次接吻了？"

女朋友："是！"

男朋友："还有四个，是谁？"

女朋友（故意停顿一下）："苹果、橘子、蔷薇、姐姐的孩子。"

这里的幽默之趣就出在那不相称的排列上，一时把男朋友的心搞得七上八下，会让他永远记住这一次的吻。你的智慧使他认为你是有价值的女性而对你另眼相看。

操作类比幽默术时，要注意将智慧和超脱精神结合起来，因为你的智慧能帮你选择多种的类比对象，而你的超脱精神则能保证你不受一些不合理或常规思想的束缚。当你使用幽默术时，不妨参考一下先辈前人在这方面所留下的经典范例，从中你可以得到不少经验。

反向求因

反向求因幽默法就是要求在推理过程中善于钻空子，特别是往反面去钻空子，把极其微小的巧合的可能性当作立论的出发点。

在生活中有某种常态，在思维中有某种常理，人们的联想都为这种习惯了的常态和常理反复训练达到自动化的程度，以致一个结果出来，便会自动地联想到通常的原因。

反向求因法的特点，就是把一个极其微小的可能性当成现实，虽不能最后取消对方提出的另一种更大的可能性，但这种类型的方法更具有喜剧性，是另一种完全否定了原来因果关系的幽默方法。

一位叫约翰的病人问医生："我能活到 90 岁吗？"
医生检查了一下约翰的身体后，问道："你今年多大啦？"
病人说："40 岁。"
"你有什么嗜好吗？比如说，喜欢饮酒、吸烟、赌钱、女人，或者其他的嗜好？"
"我最恨吸烟、喝酒，更讨厌女人。"
"天哪，那你还要活到 90 岁干什么？"

本来读者的期待是：戒绝烟酒女色能得到肯定的评价，其结果则不但相反，而且把这一切当成了生命意义。否定了这一切，就否定了活到 90 岁的价值，那就是这一切的价值高于长命的价值。

有一次，萧伯纳收到英国著名女舞蹈家邓肯一封热情洋溢的信。
信中说，如果他俩结合，养个孩子，那对后代将是好事，"孩子有你那样的脑袋和我这样的身体，那将会多美妙啊！"
在回信中，萧伯纳表示受宠若惊，但他不能接受这样的好意。他说：
"那个孩子的运气可能不那么好，如果他有我这样的身体和你那样的脑袋，那可就糟透了。"

萧伯纳用的方法就是反向的求因法，他是向反面钻空子，把哪怕是极其微小的巧合的可能性当成立论的出发点，构成对方期待的落空。在这里，萧伯纳的幽默的特点是把自我调侃（长得不好看）和讽喻他人（脑袋不聪明）巧妙地结合在一起了。

爱因斯坦初到纽约，在大街上遇见一位朋友，这位朋友见他穿着一件旧大衣，劝他更换一件新的。爱因斯坦回答说：
"没关系，在纽约谁也不认识我。"
几年以后，爱因斯坦名声大振。这位朋友又遇见他，他仍然穿着那件大衣。这位朋友劝他去买一件新大衣。爱因斯坦说：
"何必呢，现在这里的每一个人都认识我了。"

爱因斯坦的过人之处不仅在于淡泊，而且在于肯定相同衣着时，却运用了形式上看来是互不相容的理由，以不变应万变。不管情况怎么变幻，行为却一点也不变。

反向求因幽默术在人际交往中很有实用价值，它能让你在情况极端变幻的情况下，找到有利于自己的理由，哪怕互相对立的理由，也都能为己所用。

当然，这种幽默术的功能不但能用于松弛人与人之间的紧张关系，有时也可以用相反的目的，使人与人之间的关系保持紧张。

马克·吐温有一次在回答记者提问时说："美国国会中有些成员是婊子养的。"

国会成员们都大为震怒，纷纷要求马克·吐温澄清或道歉，否则便要诉诸法律。

几天以后，马克·吐温的道歉声明果然登出来了：

"日前本人在酒席上说有些国会议员是婊子养的。事后有人向我大兴问罪之师，经我再三考虑，深悔此言不妥，故特登报声明，把我的话修正如下：'美国国会中有些议员不是婊子养的。'"

表面上是马克·吐温作了180度的大转弯，实际上是他作了一个概念游戏，"有些是"就意味着有些不是，而"有些不是"就意味着有些是。在形式上是从肯定到否定，而实际上是否定暗示着肯定。

对于某些不守规矩的人，尽可以使用这种颠倒法，让他受到一定教训。

阿凡提当理发师，有个人来剃头，总是不给钱，阿凡提想找机会整治他一下。

有一天，这个人又来理发。阿凡提先给他剃光了头，在刮脸的时候，问道："先生，您要眉毛吗？"

"要，当然要！"

"好，您要我就给您。"阿凡提说着"嚓嚓嚓"几刀，就把这个人的两条眉毛刮了下来，递到他手里。这个人气得说不上话来。

"先生，胡子要吗？"阿凡提又说。这个人连忙改口说："不要！不要！"阿凡提连声说好，又是几刀，把这个人的胡子全部剃了下来。

再看下面一个例子：

某甲很穷，但他从来不肯奉承富人。

某富翁曰："我有无尽钱财，你为何不奉承我？"

某甲答道:"家财是你的,你又不分点给我,为什么要我奉承你呢?"

富翁说:"好吧,我把家财分两成给你,你该奉承我了吧?"

某甲笑着说:"两成?这样分法太不公平了,我不会奉承你。"

富翁想了片刻说:"那分一半给你,总该奉承我了吧?"

"到那时,你我已经平起平坐。"某甲说,"我为什么还要奉承你?"

富翁把心一横说:"我把家财全送给你,怎样?"

"哈哈哈!"某甲纵声大笑道,"到那时,你穷我富,该你来奉承我了。"

喜剧性产生于矛盾的层层转化,富翁越是期待奉承,就分给某甲越多的财产;越是多分出财产,就越是减少了被奉承的可能性,直至完全丧失可能。

这种方法的好处并非重新另找一个相反的因果,而是由本身演绎出相反的因果线索来。原来是有财要求奉承,要求奉承的结果变成了无财,而无财却只能去奉承别人。

比他更荒谬

归谬法,归根到底是将对方的观点归结到荒谬的程度,从而显现其荒谬性,也就在同时,产生了幽默。这在中国古代口才中,经常可以见到。

古代,有个叫徐雅的读书人,非常爱护树木。一天,他看见邻居正挥动着大斧,砍伐院内一棵枝叶茂盛的大桂树,忙上前阻止说:"这棵树长得这么好,您为什么要砍掉它呢?"

邻居叹息道:"我这院子四四方方,院中有这么一棵树,正好是个'困'字,我怕不吉利,所以才忍心砍去。"

徐雅听后笑道:"依照您的讲法,砍去这棵树后,院中只留下人,这岂不成了囚犯的'囚'字,不是更不吉利了吗?"

邻居听了连连点头称是,收起斧子再也不砍树了。

"囚"比"困"更不吉利,从而使追求吉利的邻居幡然醒悟。

再如,《列子》中记载了下面一个故事。

齐国有一位姓田的大贵族,家里食客千人,异常阔绰。

有一天,田家大摆筵宴,客人中有献上鱼和雁作为礼物的。主人看了很高兴,并感慨地说:"上天对我们真优厚啊!你看,这些鱼儿、雁儿,不都是为着我们的口腹享受而生的吗？"客人们听了，点头附和着。

座中有一位鲍家的孩子，还只有13岁，站起来说："我不同意你这种说法。人也是天地万物中的一个种类，由于大小智力的不同，生物界有弱肉强食的情况，但并没有什么由上天注定谁为谁生的道理。人类选择可吃的东西做食品，这些东西难道是上天特意为人类创造的？正如蚊子吸人的血，虎狼吃人的肉，也是上天特意要生出人来给它们做食品的么？"

"上天特意要生出人来给它们做食品的"，这显然是荒谬的，13岁的孩子，比主人的见识还高！

连锁归谬法是归谬法的经典展现，利用连锁反应"一是百是，一非百非"的特点，推出荒唐的结论。我们通常用"连锁反应"一词来表示一事物发展过程中呈现出的严格因果联系，其实在幽默的具体应用中往往也有相同的情况。然而简单而一般的因果推理并不见得就有出其不意的幽默功能，为了将幽默的主题不断推向高潮，强化幽默的效果，还必须将连锁推理与归谬法有机地结合起来，归谬是就推理的结果而言的。在具体推理过程中用连锁法，在最后结论上用归谬法，这就是这里所说的连锁归谬法的基本程序。

东汉哲学家王充，曾和一些有迷信思想的人发生过一场辩论。有人说："人死了，人的灵魂就变成了鬼，鬼的样子和穿戴跟人活着的时候一模一样。"

王充反驳道："你们说一个人死了，他的灵魂能变成鬼，难道他穿的衣服也有灵魂，也变成了鬼吗？照你们的说法，衣服是没有精神的，不会变成鬼，如果真的看见了鬼，那它该是赤身裸体，一丝不挂才对，怎么还穿着衣服呢？并且，从古到今，不知几千年了，死去的人比现在活着的人不知多多少。如果人死了就变成鬼，就应该看到几百万、几千万的鬼，满屋子、满院子都是，连大街小巷都挤满了鬼。可是，有几个人见过鬼呢？那些见过的，也说只见过一两个，他们的说法是自相矛盾的。"

有人辩解说："哪有死了都变成鬼的？只有死的时候心里有怨气、精神没散掉的，才能变成鬼。古书上不是记载过，春秋时候，吴王夫差把伍子胥放在锅里煮了，又扔到江里。伍子胥含冤而死，心里有怨气，变成了鬼，所以年年秋天掀起潮水，发泄他的愤怒，可厉害呐，怎么能说没有鬼呢？"

王充说："伍子胥的仇人是吴王夫差。吴国早就灭亡了，吴王夫差也早就死了，伍子胥还跟谁做冤家，生谁的气呢？伍子胥如果真的变成了鬼，有掀起大潮的力量，那么他在大锅里的时候，为什么不把掀起大潮的劲儿使出来，把那一锅滚水泼在吴王夫差的身上呢？"

王充在这里反驳论敌时就是使用了条件归谬式。他先假设论敌的观点是正确的，由此推出了一系列的荒谬结论，这就给了论敌当头一棒，使他们张口结舌，哑口无言。

归谬法幽默不仅可以用来批判错误观点，也可以用来教育学生。

某小学一位语文老师拿着一叠作文本走进教室，进行作文评讲。作文题目是《记一件好事》，结果全班50个同学中，有40个同学分别救了一个落水的小孩。这位语文老师决定要学生重做一篇作文，他是这样对学生说的："同学们，这次作文写得好不好呢？我先不下结论，下面先请大家算一道算术题。一个班级50个学生，有40个学生分别救起一个落水小孩，按这个比例，全校1300个学生一共救了多少落水小孩？全国两亿学生一共救起多少落水小孩？"

全班学生哄堂大笑起来！许多学生异口同声地说："老师，让我们重新写一篇真实的！"

这个带有启发性质的归谬法幽默，教育效果是如此之高，学生们异口同声地主动要求重写作文，从另一个侧面展现了归谬法幽默的魅力。

在运用归谬法的时候，所引申出来的谬论要求越荒谬越好，越荒谬幽默色彩越强烈。看一个古希腊的幽默小故事：

一场可怕的暴风雨过去后，一位大腹便便的暴发户对阿里斯庇普说："刚才我一点也没害怕，而你却吓得脸色苍白。你还是个哲学家，真不可思议。"阿里斯庇普回答说："这并不奇怪，我害怕，是因为想到希腊即将失去一位像我这样的哲学家……但是，你有什么可担心的呢？你如果淹死了，希腊最多也不过是损失了一个白痴！"

故事中，阿里斯庇普没有否认自己的害怕，他的聪明之处是在暴发户结论的基础上，另辟蹊径，为暴发户的结论作了一个更加幽默的解释，从而将暴发户的结论推上不打自败的境地。这种方法从表面上来看是荒谬的，但实际上通过智慧的转化，往往能够谬中求胜。从这一点来看，它一点也不荒谬，而且处处闪耀着智慧的灵光。

这种以谬攻谬的幽默的特点是后发制人的。关键不在于揭露对方的错误，而是在荒谬升级中共享幽默之趣。而要达到这个目标，得有模仿对手推理错误的能耐。

19世纪末，伦琴射线发现者收到一封信，写信者说他胸中残留着一颗子弹，须用射线治疗。他请伦琴寄一些伦琴射线和一份说明书给他。

伦琴射线是绝对无法邮寄的，如果伦琴直接指出这个人的错误，并无不可，但多少有一点居高临下的教育的意味，伦琴采用了以谬还谬法。

伦琴提笔写信道："请把你的胸腔寄来吧！"

由于邮寄胸腔比邮寄射线更为荒谬，也就更易传达伦琴的幽默感。

这样的回答是给对方留下了余地，避开了正面交锋的风险。在家庭生活中、社会交际中，针锋相对的争执常引起不良的后果，而以谬还谬的幽默，把利于一触即发的矛盾缓和了。

在人际交往中，互相幽默地攻击有两种。一种是纯粹戏谑的，主要为了显示亲切的情感引起对方的共鸣，或者为了展示智慧，引发对方欣赏。一种是互相斗智性的，好像进行幽默外的比赛，互相争上风，这时的攻击性更重要。当然有时攻击性是很凶猛的，但表现形式是很轻松的。不管有无攻击性，都以戏谑意味升级为主。将谬就谬乃是使戏谑意味升级的常用办法，即明明知道对方错了，不但不予以否定，反而予以肯定，而肯定的结果是更彻底的否定。

随心所欲地歪解

什么事都有一个"理"，"理"的存在为人们司空见惯，如果擅自改变事物的前后关系、因果关系、主次关系、大小关系，"理"就会走向歪道，有时歪得越远，谐趣越浓。

下面的例子是最好的说明。

一位乞丐常常得到一位好心青年的施舍。一天，乞丐对这个青年说："先生，我向你请教一个问题。两年前，你每次都给我10块钱，去年减为5块，现在只给我1块，这是为什么？"

青年回答："两年前我是一个单身汉，去年我结了婚，今年又添了小孩，为了家用，我只好节省自己的开支。"

乞丐严肃地说："你怎么可以拿我的钱去养活你家的人呢？"

乞丐喧宾夺主，对青年的责怪过于离谱、荒谬，令人们在吃惊之余哑然失笑。

故意对某些词句的意思进行歪曲的解释，以满足一定的语言交际需要，造成幽默风趣的言语特色，叫人忍俊不禁，从而营造轻松愉快的谈话气氛，更好地协调人际关系。

有一年，在一次座谈会上，有几位同志为鬼戏鸣不平，说是神戏上演了，所谓妖戏也上了舞台，唯独未见鬼戏登台。一位同志脱口而出："这叫作'神出鬼没'。"

这位同志对成语"神出鬼没"进行了曲解。作为成语，"神出鬼没"中"出没无常，不可捉摸"的意思，这里却曲解为"神（仙戏）出（现了），鬼（戏还）没（有上舞台）"。

一位姑娘问自己的恋人："小张，你怎么夏天胖，冬天瘦啊？"

小伙子应声而答："这叫热胀冷缩嘛！"一句话逗得姑娘咯咯笑个不停。

这里，小伙子对"热胀冷缩"作了曲解。

词语有它固定的含义，绝大多数不能按其字面的意思来机械解释，而曲解词语法却偏偏"顾名思义"，突破人们固定的思路或者说跳开常理，从而产生幽默感。

语文课堂上，老师问道："'待人接物'是什么意思？"一学生起立说道："就是待在家里，等着接受别人送的礼物。"教师："啊？咳！少壮不努力，老大徒伤悲呀！"这学生接口道："那没关系，我是老二！"

地理考试时，老师要学生简略描述下列各地：

阿拉伯、新加坡、好望角、罗马、名古屋、澳门。

其中小明这样写：从前有个老公公，大家叫他阿拉伯，有一天他出去爬山，当他爬到新加坡的时候，突然看见一只头上长着好望角的罗马直冲过来，吓得他拔腿跑进名古屋，赶紧关上澳门。

静态的词语大多是多义的，但是在一定的语境之下使用就转为动态了。动态词语一般是单义，曲解词语法就是利用语言的多义性，即明知是甲义，偏理解为乙义，有意混淆它们，以求产生幽默的效果。

曲解词语法除了经常"顾名思义"、"利用多义"之外，还常利用音同音近的谐音。比如，歇后语即是用这种曲解词语的手法创造成功的。当你使用这些歇后语时，也就是在不知不觉地使用曲解词语法。如：

嗑瓜子嗑出臭虫来了——什么仁（人）儿都有

石头蛋子腌咸菜——一盐（言）难进（尽）

一二三五六——没四（事）

从上面我们可以看出，强烈的幽默效果往往产生在故意曲解某些词语的含义中。所以，当你使用曲解词语法时，一定要让人感到你是故意曲解词语，而不是"无意"，否则，也许会让人以为你是天字第一号的大傻瓜。当然，特定的语境加你的聪慧，会使你成功的。

"望文生义"的原意是：只按照字面去牵强附会，而不探求其确切的含义，含有明显的贬义。望文生义法，即明知故错地只按照字面解释词义，得到与原解释截然不同的结果，使说话十分诙谐，充满幽默感。

有位同志主持会议，开宗明义地宣布："今天的会议十分重要，研究全厂改革大计，故应明令禁止说普通话。"

与会者不禁愕然：普通话是宪法规定的大力推广的汉民族的共同语，为什么要禁止呢？不说普通话，莫非要说方言或英语不成？

望着众人迷惑不解的目光，主持人这才缓缓解释说："所谓普通话，就是指那普普通通、平平庸庸、四平八稳、不痛不痒、没有独到见解、缺乏实际内容的套话、空话。这种话难道不应禁止吗？所以，我提议在今天的会上，大家一定要说切实有用的话！"

听到这里，众人才恍然大悟，全场大笑，鼓掌表示赞同，主持人巧用望文生义法，开场白极富幽默感，既点出会议的宗旨，又活跃了会场的气氛。

望文生义法是一种巧妙的幽默技巧。运用它，一要"望文"，即故作刻板地就字释义；二是"生义"，要使"望文"所生之"义"变异和与这个"文"通常的意义大相径庭，还要把"望文"而生义引向一个与原意风马牛不相及的另一个内容上，从而在强烈的不协调中形成幽默感。因为所有的幽默，从总体上说，都是来源于不协调。

逻辑上，一个词语可以表达不同的概念，将错就错、巧换概念就是在论辩中故意曲解某一词语在对方论辩中的意思，巧妙换意，出其不意地驳倒对方。

威尔逊在任新泽西州州长时，接到来自华盛顿的电话，说新泽西州的一位议员，即他的一位好朋友刚刚去世了。威尔逊深感震惊和悲痛，立刻取消了当天的一切约会。几分钟后，他接到了新泽西州的一位政治家的电话。

"州长，"那人结结巴巴地说，"我，我希望代替那位议员的位置。"

"好吧，"威尔逊对那人迫不及待的态度感到厌恶，他慢吞吞地回答说，"如果殡仪馆同意的话，我本人没有什么意见。"

面对这位迫不及待地企望登上议员位置的新泽西州的政治家，沉浸在深深悲痛之中的威尔逊非常委婉幽默却又毫不留情地予以了嘲讽和回击。威尔逊运用的幽默手法，是用曲解的办法暗中转换了对方话中的希望得到的"位置"的概念。对方原来觊觎的是议员的席位，而威尔逊故意临时置换为已去世的议员在殡仪馆所在的位置，从而在幽默之中表达了对对方的反感和讽刺。

歪解幽默法就是以一种轻松、调侃的态度，随心所欲地对一个问题进行自由的解释，硬将两个毫不沾边的东西捏在一起，以造成一种不和谐、不合情理、出人意料的效果，在这种因果关系的错位和情感与逻辑的矛盾之中，产生幽默的手法。

歪解就是歪曲、荒诞的解释。一本正经地从事实出发、从科学出发、从常理出发，那就找不到幽默。说咸鸭蛋是咸水煮的不是幽默，说咸鸭蛋是咸鸭子生的这才是幽默。

请看这样一则幽默：

三位母亲自豪地谈起她们的孩子，第一位说："我之所以相信我家小明能成为一名工程师，是因为不管我买给他什么玩具，他都把它们拆得七零八散。"

第二位说："我为我的儿子感到骄傲。他将来一定会成为一名出色的律师，因为他现在总爱和他人吵架。"

第三位说："我儿子将来一定会成为一名医生，这是毫无疑问的，因为他现在体弱多病。俗话说'久病成良医'。"

读到这儿，我们都会忍俊不禁。这种幽默的力量是从哪来的呢？很显然，是从这三位母亲滑稽的解释中得来的。如果说儿子能当上工程师是因为喜欢用积木搭桥盖房子，说儿子能当律师是因为喜欢法官的大盖帽，说儿子能当医生是因为他常玩给布娃娃打针的游戏，那就没有多少幽默可言了。这种解释是从生活中的常理来的，人们听来毫不觉得意外，所以并不可笑。

而这里的三位母亲却都从这些常理中跳了出来，给这些问题找到了一个似是而非、牛头不对马嘴的解释，结果和原因之间显得那样不相称、那样荒谬，两者之间的巨大反差就形成了幽默感，这就是歪解幽默的奥秘所在。

幽默不是科学，不是逻辑，而是一种雍容豁达的生活态度，是用巧妙的手段来宣泄情感而又不致造成伤害的一种方式。只有把握了幽默只属于人的情感、人的心灵这一本质，才会潇洒自如地突破常规，用看似荒谬的理由去解释生活，解释自己与他人，为生活制造一点笑声、一点乐趣。歪解幽默法最常用于自嘲。

某人有一次在宴席上问鲁迅："先生，你为什么鼻子塌？"

鲁迅笑答："碰壁碰的。"

这个回答里面，既有对社会现实的不满，又有对自己生活经历坎坷的嘲讽，这样丰富且具有社会意义的内容与"塌鼻梁"这样一个具有丑陋因素的自然生理特征结合在一起，便产生了无法言喻的幽默感。

有人问一个作家："你为什么能写那么长的大部头小说？"

作家答道："因为我有失眠症，晚上只好做点文字游戏来解闷。"

这种自嘲都透着一种自信，而不是把自己说得一文不值。

歪解幽默法作为一种幽默技巧，并不神秘，也不深奥，只要是出于表达情感的需要，只要是不那么死心眼地有一说一，有二说二，那么，在日常交际中，谁都可以用它幽默一下。

婉言曲说成幽默

有些事直接发表自己的见解不太合适，容易让人误解或不愉快，婉言曲说是很好的方法，而且这种婉言曲说不同于修辞格里的委婉修辞方法，它是形成幽默的一种语言艺术。

王麻子是个极爱占小便宜的人，常常在别人家白吃白喝，吃完了上顿等下顿，住了两天住三天。一次，他在一朋友家里吃了三天后，问主人道："今天弄什么好吃的呀？"

主人想了想，说："今天我们弄麻雀肉吃吧！"

"哪来那么多麻雀肉呢？"

主人说："先撒些稻谷在晒场上，趁麻雀来吃时，就用牛拉上石磨一碾，不就得了吗？"

这个爱占便宜的人连连摇手说："这个办法不行，还不等石磨过来，麻雀早就飞跑了。"

主人一语双关地说："麻雀是占惯了便宜的，只要有了好吃的，怎么碾（撵）也碾（撵）不走。"

现在我们谈论的"婉言曲说"的幽默法，可以说是"婉曲"的变格，它是说话人故意把所要表达的本意绕个圈子曲折地说出来，利用婉言来获得幽默效果。

克诺先生来到一个陌生的城市，走进一家小旅馆，他想在那儿过夜。

"一个单间带供应早餐要多少钱？"他问旅馆老板。

"不同房间有不同的价格，二楼房间15马克一天，三楼房间12马克一天，四楼10马克，五楼只要7马克。"

克诺先生考虑了几分钟，然后提起箱子就走。

"您觉得价格太高了吗？"老板问。

"不，"克诺回答，"是您的房子还不够高。"

一般说来，幽默应避免敌意和冲突，否则，幽默就会被减弱或者消亡。从这个意义上讲，婉言曲说最适合构成幽默。

一个法国出版商想得到著名作家的赞扬，借以抬高自己的身价。他想，要得到一个大人物的好感，必须先赞扬赞扬他。

这天，他去拜访一位知名作家。他看到作家的书桌上正摊着一篇评论巴尔扎克小说的文章，便说："啊，先生，您又在评论巴尔扎克了。的确，多少年来，真正懂得巴尔扎克作品的人太少了，算来算去，也只有两个。"

作家一听就明白了出版商的意图，便让他继续说下去。"这两个人，其中一个是您了。可是还有一个呢？您说，他应当是谁？"

作家说："那当然是巴尔扎克自己了。"

出版商顿时像泄了气的气球，悻悻地走了。

出版商想求得知名作家的赞扬，故意登门拜访。作家呢，不好直接拒绝，就来了个婉言曲说。出版商把世间懂巴尔扎克作品的人确定为两个，一个，他自然要送给作家了；另一个，他是给自己预备的。但自己说出来，那太没涵养，况且自己认可的东西并不一定能得到作家的赞同，还是启发作家说出来吧。由此，出版商一直沿着自己的设计和思路，准备着一种情感——他期待着作家的赞扬，让作家指出他是懂巴尔扎克作品的人。

作家并不回绝对方的话，因为那太扫人兴了。但是他有意漠视对方的"话外音"，一句答话，让对方的期待栽了个大跟头，作家回答的是，另一个懂巴尔扎克的人是巴尔扎克自己。于是双方没戏唱了，只好散场。

凡有大成就者，向来都是舌吐方圆的专家，他们不仅仅专长于自己的一份事业，而且在待人接物上有着独到的迂回之术，他们能够在让人发笑的过程中不知不觉加入自己的观点。

著名的法国钢琴家乌尔蒙，年轻时有一天，他弹奏拉威尔的名曲《悼念公主的孔雀舞曲》，节奏太慢，正在听他弹奏的拉威尔忍不住地对他说："孩子，你要注意，死的是公主，而不是孔雀。"

在这里，拉威尔将公主与孔雀这两种原来互不相干的事物，出人意料地联系起来，使人们产生惊奇，并在笑声中意会到拉威尔话语的真正含义。

拉威尔对乌尔蒙的演奏节奏太慢，并不是采取直接批评的方式，而是采用婉转的暗示："死的是公主，而不是孔雀。"这样，使演奏者首先得回味一下，拉威尔的话到底是什么意思？弄清楚了，便意识到自己处理作品中的失误。应该加快速度，快到什么程度呢？拉威尔的话给了提示，是孔雀舞曲。演奏者的脑海中定会浮现出美丽的孔雀翩翩起舞的英姿。拉威尔的旁敲侧击，使乌尔蒙明白了自己的毛病所在。

一群人围在伦敦白厅前，中间躺着一个小男孩，蜷缩在地，痛苦地呻吟着。原来他吞了一枚10英镑的金币到肚里。围观的人眼看孩子痛得不行了，都急得不知如何处置。这时，从人群中走出一位先生，他走到小孩身边，抓住小孩的腿，把他倒提起来，猛力地摇晃了几下，忽然听到"呼"的一声，那枚金币从小孩子的嘴里喷了出来。围观的人舒了一口气。

一位旁观者问那位先生："你是医生吗？"

"不！"那人回答，"我在税务局工作，叫化子见到我都逃。"

此幽默令人喷饭，把税务局抠钱的本领夸张得无以复加。

幽默是一种高超的语言艺术，这种艺术是在婉言曲说中产生的。说话直愣的人不可能创造出幽默来。按部就班，一是一，二是二，实说实，虚说虚，没有任何的发挥就不可能碰撞出幽默的火花。

应用篇

·第一章·
日常交际说话艺术

真诚换真心

有这样一个感人的故事：在美国西部的一个小镇，少女安妮由于受到严重碰撞，成了"植物人"，现代化的医疗手段无能为力，安妮醒来的希望极为渺小，她的父母悲痛欲绝，而安妮的朋友东妮每天都来到她的床前，抓住安妮的手，轻轻呼唤她的名字，仿佛在同一个正常的人娓娓而谈，日复一日，年复一年，奇迹终于出现了，真诚战胜了死神，东妮的呼唤居然使安妮苏醒过来了。

这是朋友之间的真诚而产生的奇妙的力量。茫茫人海，芸芸众生，我们在生活中与朋友相处怎能缺少真诚？

美国心理学家诺尔曼·安德林在 1968 年曾设计过一张表，列出 555 个描写人的形容词，让人们指出其中哪些人品最为人喜爱。结果表明，被人喜欢的选项中，位居前几位的竟有 6 个是与"真诚"有关的，而在评价最低的人品中，虚伪居于首位。这说明了真诚的人能让人产生一种安全感，从而受人欢迎；虚伪的人为人讨厌，难结良友。

真诚就是我们通常说的讲老实话、做老实人、办老实事，这是人与人之间关系亲密的根源，也是社交场赢得人缘的根本。我们往往说谁有人格魅力，其实人格魅力的基点就是真诚，真诚待人是赢得人心、产生吸引力的必要前提。对待你的朋友心眼实一点、心诚一点，你将能得到更多与人合作的机会，从而获得更多的成功几率。

现代社会是一个发展迅速、竞争激烈、优胜劣汰的社会，不少人有社交的强烈愿望，却喜欢把自己封闭起来。其实，与人交往我们也主张有颗戒心，但对你相识的、基本可以信赖的朋友，应多一点真诚。如果我们互相戒备，见面只说"三分话"，这谈不上是正常的交往，又何以能够推心置腹、以诚相待呢？因此要想得到知心的朋友，首先得敞开自己的心怀，要讲真话、实话，不遮遮掩掩、吞吞吐吐，以你的坦率换得朋友的赤诚和友爱。正如谢觉哉同志在一首诗中写道："行经万里身犹健，历尽千艰胆未寒。可有尘瑕须拂拭，敞开心扉给人看。"

翻译家傅雷先生说："我一生做事，总是第一坦白，第二坦白，第三还是坦白。绕圈子、躲躲闪闪，反易叫人疑心，你耍手段，倒不如光明正大，实话实说，只要态度诚恳、谦卑、恭敬，无论任何人都不会对你心存偏见。"由此可见，真诚是栽培友谊花朵的营养素，是美化社交环境的天然素。知无不言，言无不尽，以自己开阔、大度、实在、真诚的言行打开对方心灵的大门，并在此基础上并肩携手，合作共事。

现代心理学证明，人思想深处既有内隐闭锁的一面，又有希望获得他人的理解和信任的一面：我们总是定向地对自己的知己朋友袒露热诚，进行思想感情的交流和心灵的互动。其实，除了我们的隐私，许多的东西皆可向人倾诉，没有隐瞒的必要，朋友可在你诚实中感受到你的可信。

真诚的本质就是一种坦荡、诚恳的发自于内心的待人接物态度，它的内涵不限于说真话，重要的是一种内在的品质。

一个人想在事业上飞黄腾达就必须有过人之处，就应该是：胸怀坦荡，光明磊落，以诚心为本，做一个正直的创业者。

坦荡磊落，本于正，本于诚。坦率诚挚的准则是公正，而正直的保证又是坦诚。在公正忠诚基础上的直言劝谏才能直而不狡、诚而不诡、劝而不害；诚信更是交友的基本原则，只有常怀一颗真诚的心，才能充分地扩展人际合作关系，才会点旺人气，为将来的事业打下基础。

唐武则天时，狄仁杰应召回京，被任命为宰相，与当朝宰相娄师德共同辅政，他并不知道自己是娄师德全力推荐的，相反他总觉得是娄师德从中作梗，甚至怀疑前一段时间自己所受的遭遇也是与娄师德有关，因此，他常在武则天面前指责娄师德的不是。对此武则天大为不解。

终于，有一次，她问狄仁杰："娄师德究竟品行如何？"

狄仁杰嘲讽道："他带兵戍边时有过功劳，其品行好不好我不便说。"

"那么他有没有发现和举荐人才的能力？"武则天问。

"我和他一起共事，没感觉出他有这一点。"狄仁杰回答说。

这时，武则天拿出一张东西给他看，看完后，狄仁杰不禁面红耳赤，原来那是娄师德举荐自己的奏折。

狄仁杰感叹道："娄师德肚量这么宽厚，待人如此真诚，我还处处疑心于他，真是惭愧之至。"

此后他主动接近娄师德，两人的关系日渐密切，同心同德，共同辅政，相处得很好，而这对狄仁杰的为人有很大的影响。

可见，人与人交往需要一颗真诚之心。立身处世刚正不阿，与人办事真心真意，言之有理，行之有节，是人际交往的基本点。假如心口不一，见风使舵，阳奉阴违，两面三刀，就不是真诚的态度，是不利于交际的。

一架飞机起飞前，一位女乘客请空姐给她一杯水，她需要吃药。空姐很有礼貌地回答："小姐，飞机刚刚起飞，还在颠簸。为了您的安全，请稍等片刻，等飞机进入平稳飞行后，我会立刻把水给您送过来，好吗？"

飞机进入了平稳飞行状态很久后，那位空姐猛然意识到：糟了，由于太忙，她忘记给那位乘客倒水了！就在此时，有人按响了服务铃。当空姐来到客舱，看见按响服务铃的果然是刚才那位女乘客，知道自己错了，她小心翼翼地把水送到那位乘客跟前，面带微笑地说："小姐，实在对不起，是我的疏忽，延误了您吃药的时间。"

但是这位女乘客似乎并不领情，她指着手表怒气冲冲地说道："医生要求我中午一定要吃药，但是现在已经3点了，你让我怎么吃这药？"

空姐手里端着水，心里有些委屈，但是她的脸上依然带着歉意的微笑，可是无论她怎么解释，这位挑剔的女乘客都不肯原谅她的疏忽。

接下来的飞行途中，为了补偿自己的过失，每次去客舱给乘客服务时，空姐都会特意走到那位女乘客面前，微笑地询问她是否需要水，或者别的什么帮助。然而，那位女乘客明显余怒未消，并不理会空姐。

临到目的地前，那位乘客要求空姐把意见本给她送过去，空姐知道她要投诉自己。此时空姐心里虽然依然委屈，但是仍然不失职业道德，显得非常有礼貌，面带微笑地说："小姐，请允许我再次向您表示真诚的歉意，无论你提出什么批评意见，我都将欣然接受您的批评！"那位女乘客没有开口，接过留言本，在本子上写了几行字。

等到飞机安全降落，所有的乘客陆续离开后，空姐打开意见本，却惊奇地发现，那位女乘客在本子上写下的并不是投诉信，而是一封热情洋溢的表扬信。

这位空姐用诚恳的态度向对方表示了歉意，面对这样的态度，即使是要求再苛刻的人，都会被打动。由此可见，诚恳的态度在人际交往中是多么的重要。

真诚是赢得牢固友谊的根本，以真待人，以诚感人，以信取人，都以真诚为前提。真诚是血与血相交流，心与心相叠印，情与情相融合。吹牛撒谎、虚伪狡诈的人，最终必然走向众人的对立面，成为形影相吊的孤家寡人。只有袒露自己真诚的胸怀，才能在社交场合左右逢源，与你的挚友以心换心，肝胆相照，才能为你的事业开拓崭新的未来。

闲谈是深交的前奏曲

有人认为聊天是极为浪费时间的事，岂知一般社交性质的谈话，多半是从闲谈开始的。实际上，之所以有些人"能说会道"、关系广泛，就是因为他们闲谈的功夫很棒。

但有些人就是不喜欢闲谈，他们觉得"今天天气怎么样"和"吃过早饭了吗"这一类的话，都是无聊的废话，他们不喜欢谈，也不屑于谈，他们不知道像这一类看起来好像没有意义的话，却还是有一定作用的。什么作用呢？就是交谈的准备作用，就像在踢足球之前，蹦蹦跳跳，伸手踢脚，做一些热身运动一样。

一般的交谈总是由闲谈开始的，说些看起来好像没有什么意义的话，其实就是先使大家轻松一下，熟悉一点，造成一种有利于交谈的气氛。

交谈都是由闲谈开始，比如说天气，而天气几乎是中外人士最常用的最普遍的话题。天气对于人生活的影响太大了，天气很好，不妨同声赞美；天气太热，也不妨交换一下彼此的苦恼；如果有什么台风、暴雨或是季节性流行病的消息，更值得拿出来谈谈，因为那是人人都关心的话题。

任何事情都有一个艰难的开端，就是交谈这样看似简单的事情也不例外。开始交谈，的确是需要相当的经验，当你面对着各式各样的场合，面对着各式各样的人物，要能做得恰到好处，实在不是一件容易的事。倘若交谈开始得不好，就不能继续发展双方之间的交往，而且还会使得对方感到不快，给对方留下不好的印象。

　　谈话也是对自身资源的一次挖掘，很考验一个人的知识水平和文化层次，平时除了你所最关心、最感兴趣的问题之外，你要多储备一些和别人闲谈的资料。这些资料应轻松、有趣，容易引起别人的注意。

　　富兰克林·罗斯福从非洲回到美国，准备参加1912年的总统竞选。因为他是已故美国总统西奥多·罗斯福的堂弟，又是一位有名的律师，自然知名度很高。

　　在一次宴会上，大家都认识他，但罗斯福却不认识在场的来宾。这时，他看出虽然这些人都认识他，然而表情却显得很冷漠，似乎看不出对他有好感的样子。

　　罗斯福想出一个接近自己不认识的人并能同他们搭话的主意。于是他对坐在自己旁边的陆思瓦特博士悄声说道："陆思瓦特博士，请你把坐在我对面的那些客人的大致情况告诉我好吗？"陆思瓦特博士便把每个人的大致情况告诉给了罗斯福。

　　了解一些情况后，罗斯福在闲谈中随口向那些不认识的客人提出了一些简单的问题，从中了解到他们的性格、特点、爱好，知道他们曾从事过什么事业、最得意的是什么。掌握这些后，罗斯福就有了同他们闲谈的资料，并引发他们的兴趣，在不知不觉中，罗斯福便成了他们的新朋友。

　　闲谈是交往的前奏曲，人们喜欢跟"能说会道"的人打交道，在闲谈上下工夫，你会得到好人缘。但是闲谈也需要有所注意。

　　很多人在闲谈中往往没话找话说，甚至说一些不负责任的闲话，而这些闲话中难免会涉及别人的是非，如果说得多了，难免会伤害到一些人。

　　常听到这样一句评价人的话："这个人说话不经过大脑。"就是指有的人在闲谈中不注意分寸，有的话没经过思考就说出来了，完全没有顾及到听者的反应。

　　小夏是个大学生，因为长相可爱，性格开朗，所以结交了不少的朋友。但是很快，小夏就发现了一个问题：那些朋友和她交流过几次之后，就不再与她来往了。小夏也弄不清楚到底是什么原因造成的。

　　后来有一次，一个和小夏关系还不错的朋友告诉了她问题的所在。

　　"小夏，你有的时候说话太伤人了。"这个朋友说，"你说的话可能不是有心的，也不是故意想伤害别人的，可是你的话还是伤了别人。"

　　"是这样吗？我怎么不知道？"

"就说参加同学聚会那次吧,当时有个挺胖的女孩子,你还记得吧?"

"记得啊。"

"你在吃饭的时候不停地说什么胖的人容易得病啊,性格不好啊等等,虽然我们都知道你不过是闲谈而已,但是你说的时候完全没有考虑到那个女孩的感受。那个女孩当时几乎什么东西都没敢吃,回去的路上她还哭了呢,说她也不想那么胖啊。"

"但是,我并没有说她啊,只是因为说到时下减肥的话题时才说起来的。"小夏为自己辩解。

"是这样没错,可是你的话毕竟是伤到别人了啊,即使你是无心的也一样。"朋友严肃地对小夏说,"不管和什么人在一起,都要注意自己的言行,否则你的一句无心的话,可能会伤害到别人,就会被人疏远。"

千万不要忽视闲谈时的言行,说话要经过考虑。只有那些不带任何偏见色彩的,不存在个人主观意见的或者个人信仰的,不会伤害到对方的话语,才不会让你的形象受到言语的影响。

当不幸者需要安慰时

人生的道路不平坦,逆境常多于顺境。不幸的事,人人难免。身处逆境,面对不幸,当事者不仅本人需要坚强起来,也迫切需要别人的安慰。人是社会的、合群的和有感情的高等动物。痛苦再加孤寂,痛苦倍增;痛苦有人分担,痛苦减半。"患难见真情"。安慰如"雪中送炭",能给不幸者以温暖、光明和力量。给予不幸者以安慰,是为人处世的一种美德。当朋友遭到不幸时,及时送上真诚的安慰,更是你应尽的责任。

一个夏日的傍晚,一位少妇投河自尽,被正在河中划船的老船夫救起。老船夫关切地问道:

"你年纪轻轻,为什么要寻短见呢?"

少妇哭得凄凄惨惨,说:

"我才结婚一年,丈夫就抛弃了我,活着还有什么意思呢?"

"那我问问你,你一年以前是怎么过的呢?"老船夫问道。

少妇回忆起自己一年前的美好时光,她眼前一亮:

"那时我自由自在,无忧无虑,对生活充满了希望。"

"那时你有丈夫吗？"老船夫又问。

"当然没有啦。"少妇答道。

老船夫说："那么你不过是被命运之船送回到一年前，现在你又自由自在，无忧无虑了，你什么也没损失啊。"

少妇想了想，说："这还是真的，我怎么会和自己开了这么大一个玩笑呢！"说完，又重新充满了希望。

人在悲伤的时候，总会认为未来的生活毫无希望，从而失去对生活的兴趣，老船夫让少妇回忆起过去的美好生活，让少妇明白生活中还是有很多让人快乐的事情，重新点燃了她对生活的希望之火。后来，他们成了一对忘年之交。

生老病死是自然规律。具体到生病，人在生病以后，情绪会很低，经常会心烦意乱，胡思乱想。你如果能够将安慰奉献给他们，他们的心情就会好转些，并对你表示感激。不过，你应当讲究一些技巧，这样才能达到安慰患者的目的。

要了解情况，有针对性地同病人进行交谈。

了解情况，是指对病人的病情、思想状况和实际情况有所了解，以及有关疾病的基本医药卫生知识。根据患者在住院期间的不同状况来进行各种安慰。

例如，有的慢性病患者由于时间较长，容易产生放弃希望的思想。对此，要多给他讲一些"既来之，则安之"的道理，劝慰病人在医院安心治疗，不要有头无尾，功亏一篑。有的病人可能较多地考虑经济负担等实际问题，对此则应该劝他们着眼于健康，注意调养，并建议与单位联系争取适当补助。有的病人对自己所患疾病缺乏信心，遇到这种状况，就应该多介绍一些别人得了同类的病而经过治疗得到痊愈的事例，这样就可以减少患者及其家属的忧虑。

交谈中尽量多谈一些患者感到愉快、宽心的话题和事情。安慰病人的目的在于让病人精神宽松，早日恢复健康。因此，在安慰对方时，绝不能与其谈论有可能增加忧虑和不安的消息与话题。在病人谈论病情和感觉时，应当认真聆听，以便从中发现一些对病人有利的因素。随时接过话题，对病人进行安慰。

在交谈过程中，还要特别注意语气语调的运用。病痛在身的人，十分需要他人的安慰，因而对探望者的语气语调特别敏感。所以，探望者要努力使自己在交谈时音量适当，语气委婉，感情真挚。要尽量使患者在你探望后感到心情愉快和轻松。这样，有利于减少疾病给患者带来的心理压力，有助于恢复健康。

中央电视台著名主持人赵忠祥，有一次去某精神病医院采访一位女患者。编辑的采访提纲中原先拟好的问题是："你什么时候得的精神病？"赵忠祥感到这话过于刺激患者，就改用委婉亲切的问法："您在医院住多久了？""住院前觉得怎么不好呢？"几句和蔼可亲婉转温和的问话，一下子缩短了交谈双方的距离，那位原是小学教师的患者感到来访者亲切可信，回答问题时也显得自然恳切。她说："最近，我快出院了，我非常想念我的学生们。我真想快一点治好病，能为教育孩子贡献我一份力量。"语言诚恳感人，谈得十分投机。赵忠祥马上接口讲："您很快就要出院了，真为您高兴。今天咱们这段谈话已经录了像，过几天在电视里播放，我想您的学生看到您的身体恢复了健康，也一定会很高兴的……"

有的人胸怀大志，无奈情场失意，一蹶不振，这时你应该及时地对他进行安慰并鼓励他尽快振作起来，唤醒他的自我意识。

小吴从大学一年级开始谈恋爱，三年了，不久前不知何故女朋友跟他吹了。他很伤感，一蹶不振。他父亲的一位朋友李老师知道此事后，特地赶来做疏导工作。李老师一见面就说：

"我知道你失恋了，是来向你道贺的！"

小吴很生气，转身就走。李老师说：

"难道你不问问为什么吗？"小吴停下来，等着听李老师的下文。李老师说：

"大学生都希望自己快点成熟起来，失败能使人的心理、思想进一步成熟起来，这不值得道贺吗？大学生的恋爱大多数只能属于非婚姻型，一是大学生在学习期间不允许结婚，二是很难预料大家将来能否在一起工作。这种恋爱的时间又很长，随着知识的积累，人慢慢成熟了，就有可能重新考虑对方，恋爱也就悄悄发生了。应该说，这是大学生心理成熟的一种重要标志，你这么放任自己的感情，是心理成熟还是不成熟的表现呢？另外，越到高年级，大学生越倾向于用理智处理爱情。这时，感情是否相投，性格是否和谐，理想和追求是否一致，学习和工作是否互助互补，都会成为择偶的标准，甚至双方家庭有时也会成为重点考虑的条件，这就是择偶标准的多元化，这种标准多元化更是大学生心理逐渐成熟的表现，也符合普遍规律。你女朋友和你分手是不是出于择偶条件的全面考虑？你就没有全面考虑你的女朋友吗？如何处理你这种感情的失落，你该心中有数了吧？"

李老师先设置悬念——"道贺你失恋",把小吴从感情的泥沼中"唤"了出来,然后通过合情合理的分析,唤醒他的理智,多次用"大学生失恋不一定是坏事,而是心理成熟的标志"的观点来加以点校。李老师就是一步步唤醒小吴的年龄意识,使他意识到是该用理智来处理感情问题的时候了,从而约束自己的感情,恢复心理平衡。

关心是相互的

一个极其寒冷的冬日的夜晚,路边一间简陋的旅店迎来一对上了年纪的客人。然而不幸的是,这间小旅店早就客满了。

"这已是我们寻找的第十六家旅社了,这鬼天气,到处客满,我们怎么办呢?"这对老夫妻望着店外阴冷的夜晚发愁地说。

店里的小伙计不忍心这对老人出去受冻,便建议说:"如果你们不嫌弃的话,今晚就睡在我的床铺上吧,我自己在店堂里打个地铺。"

老夫妻非常感激,第二天要照店价付客房费,小伙计坚决拒绝了。临走时,老夫妻开玩笑地说:"你经营旅店的才能真够得上当一家五星级酒店的总经理。"

"那敢情好!起码收入多些可以养活我的老母亲。"小伙计随口应道,哈哈一笑。

没想到两年后的一天,小伙计收到一封寄自纽约的来信,信中夹有一张往返纽约的双程机票,信中邀请他去拜访当年那对睡他床铺的老夫妻。

小伙计来到繁华的大都市纽约,老夫妻把小伙计带到第五大街和三十四街交汇处,指着那儿的一幢摩天大楼说:"这是一座专门为你兴建的五星级宾馆,现在我正式邀请你来当总经理。"

年轻的小伙计因为一次举手之劳的助人行为,美梦成真。这就是著名的奥斯多利亚大饭店经理乔治·波菲特和他的恩人威廉先生一家的真实故事。

关心是相互的,你真心实意地对人付出热情,对方就会把你当成真正的朋友,并以他的关心作为回应。

《太阁记》是日本历史上的名将丰臣秀吉的传记,其中有一段极有趣的插曲是"短矛和长矛比赛的故事"。

有一天,秀吉的主公信长的专教矛术的武师,主张作战时短矛较有利,但是木下滕吉郎(秀吉),却力说在战场上长矛较有利,二者争执不下,互不相让。于是信长各派一小队小兵给武师和秀吉二人,交代他们各训练三天后举行一场比赛，用以证明长矛短矛何者较有利。

那一位矛术大师从第一天起就对部下小兵施以严厉的训练，开口闭口就是："这个地方不对，那个地方不对。"

"那种刺法，违反了矛术原则。"

"用力刺，再用力刺！"

最后甚至说："你们这些小兵就是缺乏武术的涵养，真是不成材的无能东西……"

就这样，不停地数落小兵们的缺点，第二天、第三天也是同样的严格训练，使小兵们身心俱感疲乏不堪。

"管他什么鬼比赛，输赢对我们来说有什么关系，比赛时只要随便比划两下，应付应付就好。我们安分地做我们的小兵吧！每天如此严厉的训练，怎么吃得消？"

武师手下的小兵们已然完全丧失了斗志。

滕吉郎这一方面如何呢？第一天，他先吁请部下的小兵们大家通力合作，然后说：

"长话短说，大家先来开怀畅饮，预祝我们旗开得胜。"

于是大开宴席，夸奖小兵们臂力强大、体格魁梧……大大地鼓励了一番。

第二天也是大略训练了一下，就解散了。在解散之前依然是大大地犒劳了一番，一边喝酒，一边告诉他们说："在战场上，矛不只是用来刺人的，你们可以任意挥舞，打敌人的脚，刺敌人的胸膛，打得敌人翻滚在地，只要达到目的，任何用法都可以。"

第三天仍然是简单地做了个总复习，就鼓舞激励大家说：

"大家再喝一杯，好好地培养体力，明天的比赛一定可以获胜。"

三天以来，小兵们天天吃的是山珍海味，体力充足，精神百倍，滕吉郎又如此地鼓舞、关心他们，每个人在心中都暗暗发誓，非替滕吉郎打个胜仗不可。

御前比赛的结果，不用说，滕吉郎这一队获得大胜。

关心别人其实是从一些小事上开始的，把别人的事多放在心上，不要总是对那么微不足道的小事情漠不关心。罗斯福总统为什么能受到那么多人的喜爱，就是因为他总是真心实意地对他们表示关心。

有一天，一位仆人的妻子问罗斯福：

"鹌鹑是一种什么鸟？"

总统非常亲切、详细的解说有关鹌鹑的一切给她听。过了不久，总统打了个电话到仆人的家里，告诉仆人的妻子：

"现在刚好有鹌鹑在窗外，你赶快过来站在窗户边看看。"

关心他人还要经常留意他人的兴趣爱好。

不论什么时候，只要你看到与某人的特殊兴趣有关的文章，你都可以把它剪下来或者复印一份，然后送给有关的人。这是与人保持交往的一种极好的方式，而不要仅在你需要获得某种关心时才打电话给他，没有什么比这样更糟了。当你送给他们一些感兴趣的内容时，你可以在需要某些帮助的时候随时打个电话。他们将会记住是你送给他们剪贴文章，也许他们还会向你表示"我能为你做些什么呢"。

总之，关心是相互的，要获得朋友的关心就要主动献上自己的一份诚挚的关怀。

微笑交流

微笑是一门艺术，一门学问。微笑牵涉我们的文明素养，微笑也牵涉我们的民族性格和传统文化。微笑展示仁慈宽厚的胸怀，微笑显现愉悦欢快的心态；微笑是尽释前嫌、化解恩仇的阳光雨露，微笑是社交场合的通行证。

有位学者曾这样说过：当你离开家门时，注意，先收紧下颚，然后抬头挺胸，用力做个深呼吸。出门走在路上，不要吝啬你的笑容，如果遇到熟人，更别忘了保持微笑。与别人握手的时候，要诚心诚意，不要让对方造成误解，也不要在意对方是你的竞争对手。

因为微笑具有神奇的魔力，是最好的魔法师。

当你走进商店，店里的服务员对你微笑，你会感到愉快，觉得自己受到了尊重；走进单位时，对遇到的每一个人微笑，大家都会感到心情舒畅，会从彼此的微笑中得到这样的信息——"他是一个和蔼的人"，"她是一个值得信赖的人"。

《如何消除内心的恐惧》一书的作者波拿巴·傲巴斯多丽在书里写道："你向对方微笑，对方也会报以微笑，他用微笑告诉你，你让他体会到了幸福感。由于你对他微笑，使他觉得自己是一个受别人欢迎的人，所以他会向你报以微笑，使他感到自己的价值和地位。"

人际交往中，情绪是一个影响交流效果的重要因素。积极的情绪可以缓解紧张，而消极的情绪只能制造紧张。任何人都不希望在人际交往中制造出紧张的气氛，都希望用最好的气氛协调关系，而微笑就是最好的表达方法。

微笑虽然无声，但却可以表达出高兴、赞同、尊敬、同情、感谢等讯息。所以微笑是阳光，可以驱散阴霾；微笑是春风，可以驱散寒冷。

不过有一点你必须做到，那就是你的微笑一定要发自内心。

我们说过称赞别人必须出自真诚。同样地，微笑也必须发自内心。

不完全或是令人感觉特意修饰的微笑，是无用且虚伪的。如果你想微笑就大大方方地笑吧！甚至张开大嘴露出白齿的大笑都能讨人欢心。

有些人会认为自己原本就很内向，从来不会这样开怀地笑过，所以现在要面露微笑恐怕也很困难。可是各位，不必担心，要养成微笑的习惯，只需慢慢练习，时常表现自己的情感就可以了。你练习的机会愈多，愈会感到心里充满自由和轻松。而每天都感觉自由、轻松的人，就算他以前是整日愁眉不展的人，现在也会面露微笑。

所以，你不妨每天早上在洗手间里反复练习，想想从前快乐的往事，或者想想令你愉快的事，你自然会在镜中看到自己快乐的笑脸。

微笑可以带来奇迹。

因此，当你要称赞别人时，请面带笑容。因为，这样会使你的称赞产生更多的效果。

当你委托别人做事时，也请你微笑。因为，别人会因此而认为非照你所委托的去做不可。

当你接受别人的委托，也请你微笑。因为，对方会因此而对你更加感激。

即使是你在说"无聊的话"时，也请你面带微笑。因为这样会让你的"无聊"降低到最低程度。

所有这些你都做到了，朋友自然会找上门来，没有人会拒绝一个能给自己带来好心情的朋友。就连小偷也会因为你的微笑放弃偷盗而与你成为朋友。有这样一个故事：

独自在家的家庭主妇小乔正看一档法制节目，说的是关于注意门户、小心打劫的新闻。这时候，门铃响了，以为是婆婆回来的小乔问都没问一声，就打开了门，就在小乔打开门的同时，她看见一个持刀的男人正恶狠狠地盯着自己，回想刚才的新闻，她顿时明白自己遇到什么情况了。怎么办，尖叫吗？

聪明的小乔灵机一动，微笑着说："先生，你真会开玩笑！你是推销菜刀的吧？这菜刀的样式我喜欢，我要一把。"小乔边说还边作势让男人进屋，又接着说："你很像我过去的一位邻居，看到你真的很高兴。你喝咖啡，还是喝茶？"

没想到会遇到这样的人，本来脸带杀气的歹徒慢慢地变得腼腆起来。他有点结巴地说，"谢……谢，谢谢！"

最后，小乔真的买下了那把明晃晃的菜刀。拿钱的时候歹徒迟疑了一下才收下，在转身离去的时候，他对小乔说："小姐，您改变了我的一生！我想跟您成为朋友。"

总之，人应该保持平稳的精神状态，也就是要有开朗且坦诚的心境。因为只有微笑才能保持正常的精神状态，而只有精神状态正常的人才具有无穷的魅力和创造能力，才能实现夙愿。

所以，从现在开始，收紧你的下颚，抬头挺胸，以微笑面对整个世界，你得到的将会是同样的友好的回应。

·第二章·
职场中的交谈艺术

对领导说话不卑不亢

有的下属唯领导马首是瞻，即使领导做错了，还佯装欢笑，卑躬屈膝，违背原则地说一些子虚乌有的话。如果是非常精明的领导，这种人是很难得到重用的。因为这种人并没有什么真才实学，不仅很难成事，还经常会坏事；而且这些人把利益放在第一位，现在他可以违背自己的良心说对你有"利"的话，明天也可以干出对你不利的事来。

当然，作为下属，对领导的面子还是要照顾到的。这就要求在和领导讲话的时候既不能肉麻地拍马屁，也不能让领导感觉被压制，下不了台，也就是要不卑不亢。

当在领导面前处于不利境地时，如果为了迎合领导，讲了假话，那就违背了自己的内心，也未必会得到领导认可。在这个时候如果讲究点技巧，不卑不亢，既讲了真话，不违背自己的本心，又能使对方接受，岂不是一举两得。下面就是这样一个例子：

宋代有一位大臣，为官公正，为人刚正不阿。年轻时四处游学，机缘巧合，竟然认识了微服私访的当朝皇帝。皇帝心血来潮，写字画画儿去卖，只可惜水平实在不高。这位青年告诉皇帝，他的画只值一两银子。皇帝听了既不服气又生气，但也不好发作。

第二年这位青年进京赶考，高中状元，成了天子门生。觐见皇帝时才发现，原来当年卖画儿的老兄竟然是皇帝，皇帝也认出了他。皇帝屏退左右，只将这位大臣留了下来，拿出当年只值一两银子的那幅画，问道："卿家认为这幅画价值几何？"

这位大臣赶紧前进一步说道："这幅画如果是陛下送给微臣的，那就价值万金，因为无论陛下送的何物，对微臣来说，都是无价之宝。但如果拿去卖的话，这幅画就值一两银子。"

皇帝听了，不禁拍掌大笑，知道自己有了一位才学渊博、品行端正的忠心之士。

这位大臣在这里并没违背自己的本意，而是讲了真话，这种不卑不亢的巧妙表达，也使皇帝觉得在理，因而也非常高兴。

对于有些涉及领导者的棘手问题，为了给对方留一个面子，同时恰当地维护自己的尊严，就要巧妙区分，从不同的角度来解决，这一招通常都是很灵验的。

不卑不亢只是一种说话手段，运用它的关键是理直而气壮，只有在领导面前大胆地说出应该说的话，才能不致弄巧成拙，惹领导不快。

对领导有意见婉转说

面对来自上司的压力，总有一些话如鲠在喉，不吐不快。此时此刻，你将怎么做？不吐不快，绝不意味着要一吐为快，跟上司提意见还是要婉转说。因为他有权力随时开除你。

提意见兼并上司的立场

李先生是一家比较知名外企的总经理助理。他的顶头上司王总搞学术和技术出身，由于工作重点长期落在研究开发领域，因此对企业管理一知半解。出于对技术的钟情与依恋，王总直接插手技术部门的事，把管理的层级体系搞得乱七八糟，其他部门虽然表面上敢怒不敢言，但私下里无不怨声载道，让李先生与其他部门沟通协调倍感吃力。

经过思考，李先生决定采用兼并策略，向王总建议。

他对王总说，真正意义上的领导权威包含着技术权威和管理权威两个层面，王总的技术权威牢固树立，而管理权威则有些薄弱，亟待加强。王总听后，若有所思。

李先生巧妙地兼并了王总的立场，结果获得了成功。后来，王总果然越来越多地把时间用在人事、营销、财务的管理上，企业的不稳定因素得到控制，公司运营进入了高速发展状态，李先生的各项工作也顺风顺水，渐入佳境。

从李先生的经历，我们可以得到很好的启发：兼并上司的立场，的确不失为向上司提意见的上等策略。首先，它没有排斥上司的观点，而是站在上司的立场上，最终是为了维护上司的权威，出发点是善意良性的；其次，这种策略是一种温和的方式，能够充分照顾上司的自尊，易于被上司接受，效率较高；另外，它需要很强的综合能力，需要很高的社会修养。能够针对不同情况，不断提出有效率的兼并上司立场的意见，并非轻而易举。长期这样做下去，久而久之，自己个人的领导能力亦会迎风而长，甚至来一个飞速提升。

注意语气适当，措辞委婉

因为说得过火或过于渲染，涉及领导的尊严与权威，尺度掌握不准，搞不好就会有嘲讽、犯上之嫌，被领导误以为心怀不满，另有所指。所以下属一定要注意使自己的口气比较和缓，显示自己的诚恳和尊敬之情。特别是要使领导明确地认识到，你的所作所为都是出于做好工作的动机，是为领导设身处地地着想，而不是针对领导者本人有何不恭的看法。

"要想成功与上司交手，了解他的工作目标和其中的苦衷是极为重要的。"赖斯顿说，"假如你能把自己看作是上司的搭档，设身处地替他着想，那么，他也会自然而然地帮你的忙，实现你的理想。"

卡耐基·梅伦大学的商学教授、《金领工人》一书的作者罗伯特·凯利，曾引述加利福尼亚某电影公司的一位程序设计员和他上司进行争辩的故事。当时，为了某个软件的价值问题，双方争执得僵持不下。凯利说："我就建议他们互换一下角色，以对方的立场再进行争辩。5分钟以后，他们便发现自己的行为有多么可笑，两个人都不禁大笑起来，接着，很快找出了解决的办法。"

和上司有分寸地开玩笑

高蝶上学的时候就非常聪明，老师说她的脑子灵活，言辞犀利，还有丰富的幽默细胞。无论上学还是工作，她都是大家的一颗"开心果"。尽管如此，她在一家公司已经工作3年了，仍然只是一名仓库管理员。到底是什么原因使她在工作上没有转变，她自己也说不好。

那天，高蝶向研究心理学的表哥提到了这个问题，表哥问她："你平时有没有在言辞上对上司不敬啊？"

高蝶一愣，想她平时除了爱开玩笑，没有其他的毛病了，难道是她向上司开玩笑引起的？于是，高蝶想到了最近的几个玩笑。

那天，上司穿了身新衣服来上班，灰西装、灰衬衫、灰裤子、灰领带。同事都没有说话,只有高蝶高声地喊着:"哎呀,穿新衣服了?"上司听了咧嘴一笑,她接着捂着嘴笑:"哈哈,像只灰耗子!"

还有周五的时候,来了个客户找上司签字。当上司签完字后,对方连连称赞上司的字好,说:"您的签名可真气派!"高蝶正好走进办公室,听到称赞声后,一阵坏笑:"能不气派吗?我们上司可暗地里练了3个月呢!"当时她注意到上司和客户的表情都很尴尬,不过她也没有多想。

现在仔细一想,好像问题都出在这里。有时为了赶时间,高蝶很早就去公司上班了,所以加班时会满身疲惫,难免出点差错,上司不仅不体谅,还不分青红皂白地说她偷懒,怎么解释都不行。当时觉得很委屈,目前看来,好像真正的原因很明了了!

玩笑开得好不仅可以增进人际关系,还能使你整个人充满魅力。但如果玩笑有人身攻击的成分,就是黑色玩笑了。很多人喜欢和别人开玩笑,却不知道玩笑也是要有分寸的,其实,黑色玩笑体现一个人性的弱点:面对一个人或一件事时,会不自觉地挑刺,这是一种思维习惯。

开玩笑没有分寸的人一定是热衷于挑刺的人,这类人往往被视为"刻薄",容易引起他人反感。同事或朋友、同学之间,也许一笑了之,但如果冒犯了上司的尊严,其后果是严重的。

首先要学会宽容,学会挖掘别人的优点。只有你的眼睛里都是对方优点的时候,你的玩笑开起来才会动听一些。

其次,在和上司单独相处时,可以去赞美对方的衣饰细节的变化,这样能迅速拉近双方间的距离。用这个方法,不仅能在紧急时刻迅速打破和上司之间的僵局,而且还能了解到不少上司的喜好。

嘴上要突显上司身份

既然你的角色是为人职责,那么就该摆正自己的位置,在自己的职位上为公司出力,而且还要做到不"越位"。上司就是上司,平时说话应该注意突出他的身份。

"越位"的表现有多种:

第一,决策的越位。在有的企业中,职员可以参与决策,这时就应该注意,谁做什么样的决策,是要有限制的。有些决策职员可以参与意见,有些决策,职员还是不插言为妙。

第二，表态的越位。表态，是表明人们对某件事的基本态度。表态要同一定的身份密切相关。超越了自己的身份，胡乱地表态，是不负责任的表现，也是无效的。对带有实质性问题的表态，应该由领导或领导授权才行。而有的人作为下属，却没有做到这一点。上级领导没有表态也没有授权，他却抢先表明态度，造成喧宾夺主之势，陷领导于被动。

第三，干工作的越位。哪些工作由你干，哪些工作由他干，这里面有时确有几分奥妙。有的人不明白这一点，有些工作，本来由领导做更合适，他却抢先去做，从而造成干工作越位。

第四，答复问题的越位。这与表态的越位有些相同之处。有些问题的答复，往往需要有相应的权威，作为职员、下属，明明没有这种权威，却要抢先答复，会给领导造成工作的干扰，也是不明智之举。

第五，某些场合的越位。有些场合，如与客人应酬、参加宴会，也应当适当突出领导。有的人作为下属，张罗得过于积极，比如同客人如果认识，便抢先上前打招呼，不管领导在不在场。这样显示自己太多，显示领导不够，十分不好。

在工作中，"越位"对上下级关系有很大影响。下属的热情过高，表现过于积极，会导致领导偏离帅位，大权旁落，无法实施领导的职责。因此，领导往往把这视为对自己权力的严重侵犯。

下属如果经常这样，领导会视之为"危险角色"，不得不警惕你，甚至来制约你，这时，即使你有意同领导配合，领导也不愿与你配合了。

阿明年轻干练、活泼开朗，入行没几年，职位"噌噌"地往上升，很快成为单位里的主力干将。几天前，新老板走马上任，下车伊始，就把阿明叫了过去："阿明，你经验丰富，能力又强，这里有个新项目，你就多费心盯一盯吧！"

受到新老板的重用，阿明欢欣鼓舞。恰好这天要去上海某周边城市谈判，阿明一合计，一行好几个人，坐公交车不方便，人也受累，会影响谈判效果；打车吧，一辆坐不下，两辆费用又太高，还是包一辆车好，经济又实惠。

于是，阿明来到老板跟前。"老板，您看，我们今天要出去，"阿明把几种方案的利弊分析了一番，接着说，"所以呢，我决定包一辆车去！"汇报完毕，阿明发现老板的脸不知道什么时候黑了下来。他生硬地说："是吗？可是我认为这个方案不太好，你们还是买票坐长途车去吧！"阿明愣住了，他万万没想到，一个如此合情合理的建议竟然被打了"回票"。

"没道理呀！傻瓜都能看出来我的方案是最佳的。"阿明对此大惑不解。

专家提示：阿明凡事多向老板汇报的意识是很可贵的，错就错在措辞不当。注意，阿明说的是："我决定包一辆车！"在老板面前，说"我决定如何如何"是最犯忌讳的。

尊卑有序是一种纪律的象征，维护领导权威形象是属下分内的事。

在许多时候，职员有同领导出访客户的机会。在这个时候，领导和职员的配合程度直接关系到公司的形象，做好陪同是对职员的基本的要求。比如有重要的契约或接受订货时，必须与领导同行，这时一般有两种情况要注意：

第一种是客户和领导有直接的关系。这时作为下属应该站在辅助的地位，和客户初次见面时应该亲切地寒暄，并且作适当的自我介绍，第一次就要给对方留下一个好印象。在整个谈话过程中，要不卑不亢，给人以良好的感觉。

在客户和领导谈话时，陪同的职员应该细心地倾听，如果对方有问题问你，你要直接或间接地征询领导的意见，然后给对方以满意的回答。谈判过程中，如果领导和客户在某个方面争论得比较激烈，你就要适时地从中打圆场。在商谈结束时，无论成交还是不成交，都不要被当时的气氛所影响，应尽宾主之仪，亲切地道别，不要让对方有这样的评价："这个公司上下怎么一点礼貌都不懂。"或是："这个公司经理还不错，可用人不太精明，怎么选了这么不懂礼仪的陪同。"

还有一种情况是请领导访问自己所熟悉的客户。这时首先要注意的是前面已讲过的不要"越位"，应该将自己立于领导和客户之间的中间人立场，使领导有多讲话的机会。

在领导与客户商谈时，应该注意领导的谈判技巧和应对方式，并且要充分掌握气氛。气氛过"热"时，适当地"降温"，如"来，大家先喝杯茶"；气氛过"冷"时，不时地"加温"，可以说"这茶不错，你们认为呢？"这样适度地转移话题，解除尴尬，才不失为中间人的身份。

当然这时也不能一味骑墙，毕竟商谈是为了本公司的利益。因此，你要不太显露地为本公司出力。比如，当领导谈判时进一步向对方提问时，你可以若无其事地推动；当你认为领导谈判的内容不当或有必要进行更正时，应该很有默契地助领导一臂之力。但是，在这种情况下，因为你同客户也是旧相识，因此，不要过多地同领导联系，以求占得上风。因为这样会使对方提高警觉，产生戒备心理，对双方的相互沟通无益。况且，有领导在场，你也大可不必过多地参与商谈的主要内容，领导心中自然是有数的。

怎样成功说服老板为自己加薪

谋取是为了求生，每个人都希望生活得更好，薪水更多，职位更高，工作环境更宽松。大多数人都不会只满足于现状，常常会向上司提出这样那样的要求。我们向上司提出要求时，一是不要提过高或不切实际的要求，二是当我们向上司提要求时，言辞一定要慎重，应该少用这样的话："我应该得到那个职位"，"我要到有空调的房间办公"，"我提的要求，请一定要帮我办"，等等，你如果在上司面前这样说话，给人的感觉你不是在提要求，而是在下命令，威胁你的上司要按照你的意思办，这样做的结果往往会事与愿违。

向上司提出要求时，你应当语气平和，面带微笑地陈述你的主要理由。然后再委婉地提出你的要求，尽量多用征询的话。

给上司提要求一般都绕不开加薪的话题。

事业顺利就意味着加薪和升职，然而这两个内容都比较麻烦，也是棘手的问题。许多人并非表现不好或没有工作能力，他们只是不善于表现自己。如今的企业老板因公务缠身，不可能每时每刻都留意你的表现，作为员工，有必要主动、适时地表现自己，只有这样才能达到自己的预期目标。当然，每个人的表达方式都会不同，关键的一点是有技巧地表现自己。

加薪是岳华渴望已久的事情。论起资历，他在厂里一干就是4年，自认工作态度还行，也没有犯过什么过错，可是老板根本没有给他加薪的意思。岳华觉得自身价值得不到体现，心里很烦闷，他也曾多次在工作总结会上暗示过老板，但老板对此也没有丝毫反应。若明确地向老板提出这个要求，岳华又觉得不好意思，怕遭到拒绝，但是不说的话又不甘心，最后他还是鼓起勇气，委婉地向老板说明了自己的意思。出乎意料的是，老板在观察了他几周后果然为岳华加了薪，事情就这么简单。岳华认为，只要是属于自己的正当权益，就应该努力去争取。

当然向老板提出加薪，也要讲究技巧。岳华之所以不敢贸然提出加薪，也与他的朋友李浩要求老板加薪的失败有关。

李浩认为他的这个经历比较惨痛。李浩曾经在一家公司工作快3年了，对自己的工作熟悉到不能再熟悉的程度，而老板一直没有给李浩加薪的意思。年轻的李浩一时冲动，就以熟悉业务为谈判条件向老板提出调动职位，其实是想迫使老板为他加薪。李浩后来对岳华讲，自己当时的举动是非常错误的。结果是薪水没有加成还弄了个不欢而散。此后，李浩与老板的关系大不如前，最后不得不离开那家公司。

如以商量、倾诉的语气向老板陈述自己的意图，老板会非常注意聆听，并且询问你工作上遇到的问题，最终可能会为你加了薪水。

其实，老板和员工的关系是平等的。只要你认为加薪是合理的，你就有权提出。但你必须注意说话的方式，最好是巧妙地、有技巧地把自己的意图传达给老板，就算万一不被老板接纳，也不至于让双方陷入尴尬的局面，以致影响日后的相处。

身在职场，我们都对加薪怀有浓厚的兴趣。那么怎样要求加薪且能如愿呢？

在要求加薪之前往往要准备很长一段时间。根据一位成功的管理者总结，为加薪做准备需要实施5个重要步骤。

1. 成为你所从事领域的权威

首先，了解你的工作，并保持对它的了解，不断进步。假如赶不上你所从事职业的发展，就不会有提升的机会。但同时，不要自大地认为自己是不可或缺的，因为根本没有这种人。

2. 同你的老板建立真诚的工作关系

任何老板都不会给他不喜欢的人加薪或晋级。一般来说，老板都喜欢衷心赞美他并让他感到自己价值的那些人。精明的雇员都盛赞老板并向老板表现这种赞赏。但赞赏不等于阿谀奉承。称赞一个人最好的方法是称赞他的业绩而不是赞美他本人。

3. 表现自己

那种认为只要工作做得好，就自然会得到提升和加薪的想法是错误的。你必须让自己受到注意。

通常情况是，你的老板认识不到你是多么优秀，让他了解这一点——不要引起反感，不要显出骄横——在办公室里、工作餐上、办公聚会或其他社交场合。

千方百计让你的名字在上司的脑海中扎根。最好的广告正是这样做的。正像一位总经理说的："广告最重要的就是重复。不断地重复才可树立形象。我们不介意人们是否准确记住我们对某种产品所做的介绍。我们只希望大家能记住产品的名称，那就足够了。"

4. 让上级时刻掌握你的动态

不要让他们经常来查你，要让他们不必常来检查就可了解你的任务正在按计划正常执行。这就说明你是可靠的，可以完成工作。

5. 振作精神准备加薪谈判

不要迟疑或是低估自己。我们把价值看作成本。你对公司的价值和你所拿工资有直接联系。

告诉你的老板给你加薪后他会得到哪些好处。他将得到的最大好处就是能得到你宝贵的帮助。但发出最后通牒之前，一定要找到其他工作。

此外要注意的是，想要得到加薪，还必须选择适当的时机。一般要避开周一和周五。周一会有很多使工作重新入轨的具体事情。等到了周五，人们又会以最快的速度清理办公桌，准备去度周末。让老板加薪最好的时机是你刚刚出色地完成一项非常困难的任务，老板也肯定了你的工作成绩以后。

遭遇批评后如何巧妙辩驳

被上级批评或指责，虽然应该诚恳而虚心地听取，但并非说你一定要忍气吞声，不管他说得对不对都要一股脑儿接受，必要时应该勇于辩护，并且要作积极的辩护。

晋文公一次用餐时，厨官让人献上烤肉，肉上却缠着头发。文公叫来厨官，大声责骂他说："你存心想让我噎死吗？为什么用头发缠着烤肉？"

厨官叩着响头，拜了两拜，装着认罪，说："小臣有死罪三条：我找来细磨刀石磨刀，刀磨得像宝刀那样锋利，切肉肉就断了，可是粘在肉上的头发却没切断，这是小臣的一条罪状；拿木棍穿上肉块却没有发现头发，这是小臣的第二条罪状；捧着炽热的炉子，炭火都烧得通红，烤肉烘熟了，可是头发竟没烧焦，这是小臣的第三条罪状。君王的厅堂里莫非有怀恨小臣的侍臣吗？"

文公说："你讲得有道理。"就叫来厅堂外的侍臣责问，果然有人想诬陷厨官，文公就将此人杀了。

这明显是个冤案，如果正面辩解，有可能使晋文公火上浇油，怒气更盛而获死罪。因此，厨官采取正意反说的方式为自己辩解。他装着认罪的态度供认了三条罪状，其实是为了澄清事实：切肉的刀如此锋利，肉切碎了而头发居然还绕在上面；肉放在火上烤，肉烤焦了而毛发犹存，这明显不合乎事理。至此，厨官已证明自己无罪，同时提醒晋文公，是否有人陷害自己？厨官的辩解顺其意，却能揭其诬，可谓灵活机巧。

有些人面临麻烦的事常用辩护来逃避责任，这就走到另一个极端了。这种推卸责任的辩护，偶一为之，无伤大雅，尚可原谅，倘一犯再犯，肯定会失去别人对你的信任。

有时候，做错了事责任不会在下级，大部分却是由于上级的缘故，这时应大胆辩解。不辩解，只能使上级对你的印象更加恶化，而丝毫不会考虑到也有自己的责任。

所以，工作中，同事之间，尤其是下级与上级之间，由于地位不同而发生意见相左的情况时，不要害怕会被认为是顶撞，应积极地说明理由，沉默不语只能使问题更加复杂而难以化解。

辩解的困难点在于双方都意气用事，头脑失去了冷静。所以过于紧张和自责，反而会使场面更僵。因此越到这类棘手的对立状态时，更应该积极辩明，明确责任。其要点大概有以下几点：

（1）不要畏惧。不必害怕声色俱厉的上级，越是嚷得凶的上级，往往心越软。

（2）把握时机。寻找一个恰当的机会进行辩解也很重要。辩明应该越早越好。辩明越早，则越容易采取补救措施。否则，因为害怕上级责骂而迟迟不说明，越拖越误事，上级会更生气。

（3）对错误已经有了足够的认识。

（4）辩护时别忘了站在对方的立场上讲话。上级责备下级，当然是出于自己的观点。如果下级不了解这一点，一味认为自己受了冤枉，因此站在本身的立场上拼命替自己辩解，这样只能越辩越使上级生气。应该把眼光放高一点，站在对方的立场上来解释这件事，则容易被接受。

（5）辩解时不管是何种情况，都不要加上"你居然这么说……"。任何人都有保护自己的本能，做错事或和旁人意见相左时，便会积极地说明经过、背景、原因等。但在上级看来，这种人顽固不化，只是找理由为自己辩护罢了。

（6）道歉时不要再加上"但是……"。千万不要说"虽然那样……但是……"

这种道歉的话，让人听起来觉得你好像是在强词夺理，无理争三分。道歉时，只要说"对不起"，不必再加上"但是……"，如果面对的是性格坦率的上级，或许就可以化解彼此的距离。当然该说明的时候仍要有勇气据理力争，好让上级了解自己的立场。

保持谦虚低调的说话风格

有些人很自豪于自己的说理能力，很擅长在自己的谈话之中运用三段论法及辩证法，自以为所说的话是井然有序而且没有破绽的。

刚进职场的年轻人，纯真、热情，有正义感，就像初生牛犊不怕虎似的，面对单位里的一些"黑暗"现象，总是忍不住"拍案而起"，慷慨陈词。但是，他们的好心之言，往往会受到领导的误会，这些刚进职场的新人因此而受到领导有意无意的冷落，甚或是打击报复。

毕业后，张先生在出版社当了一名助理编辑，他文笔不错，学习意愿高，因此进出版社才5个月，就把与出版有关的事务摸得一清二楚。

有一次，社长召集大家开会，轮到张先生报告时，他提出印刷品质不好及成本管理的问题，并说假如能降低3%的成本，每个月就能省下20～30万元，最后，还说那家印刷厂是印刷费用收得最高的一家。

社长对他的报告没有发表任何意见，但从这一天开始，张先生开始感受到负责印务的经理对他的不友善。

8个月后，张先生离开了这家出版社。

任何人都不喜欢被批评检讨，尤其是在公众场合。因为一则有伤自尊，一则任何批评检讨都会引起旁人的联想与断章取义的误解，总之，是带有伤害性的一件事。张先生的批评狠狠地踢了印务部门一脚，印务部门的管理人不记在心里才怪呢！

身为领导阶层，很多人身上都有一个混杂着优点与缺点的自我，这种自我需要满足，并且不容他人侵犯。因此，有些领导可以笑纳99句赞美，却不能接受冒犯到他自我的一句话，因为当领导的即使再开明，他也是需要一点架子的。

领导有很多种，有些人心口如一，宽宏大量；有些人心口不一，嘴巴说得很漂亮，心里完全不那么想。因此当某些领导要求职员提"建议"，有的人是真心的，有的人却只是故作姿态，因为他要符合大家对老板的角色期待，所以他必须塑造"开明形象"，免得手下对他产生排斥。

新来的经理第一次主持会议，他很诚恳地要求大家以后多提"建议"，并且说："如果发现缺点，也欢迎大家告诉我。"

现场鸦雀无声，没人说话。第二次会议，经理再次重复那些话，才到职两个月的毛涛终于站起来提了一些工作上的建议，经理当场表示"嘉许"。他的行为有了示范的作用，有好几位同事相继发言。

在以后的日子里，毛涛每遇会议，必不放过提建议的机会，除了工作上的建议之外，也针对经理个人的言行有中肯而且诚恳的建议。

大家都认为，毛涛一定不久就会升官，谁知却被调到一个闲差上，从此再也没有机会在开会时提建议了。

毫无疑问，毛涛之所以被莫名其妙地调离原职，其原因肯定与他常"指教"领导有关。

古人先贤教导我们要"谦虚为怀"，也许这不仅是自身风度的一种体现，也是一种自我保护的必要。谦虚低调能避免遭人嫉妒。

汇报工作要有章法

作为上司来说，判断下属是否尊重他的一个重要的因素，就是下属是否经常向他请示汇报工作。心胸宽广的上司对于下属懒于或因忽视而很少向其汇报工作也许不太计较，甚至会好心地认为也许是下属工作太忙，没有时间汇报；也许是认为本来就是他们职责内的事，没必要汇报；或者是这段时间自己心情不好，他们不敢来汇报，等等。但对于怀疑型的上司来说，如果出现这种情况，他就会做出各种猜测：下属是否在这段时间内偷懒，没有完成工作；下属是不是根本就没把他这个领导放在眼里，等等。对于这种上司，下属应该勤于汇报工作，哪怕你只是完成了整个工作的一小部分。如果不经常指示汇报工作，还会埋没你的成绩。经常请示汇报工作，让上司知道你干了什么、效果如何，这样还可以显示出你对他的尊重。如果遇到困难和麻烦，上司还可在人力物力上支持你，比你闷着头干要强上千百倍。

突出中心，抛出"王牌"

泛泛而谈、毫无重点的汇报显得很肤浅。通常，汇报者可把自己较为熟悉的情况的某个方面作为突破口，抓住工作过程和典型事例加以分析、总结。汇报中的这张"王牌"最能反映出你工作的质量。

市建材公司的冯涛从一个用户那里考察回来后，敲了经理办公室的门。

"情况怎样？"经理劈头就朝冯涛问道。

冯涛坐定后，并不急于回答经理的问话，而是显得有些心事重重的样子。因为他十分了解经理的脾气，如果直接将不利的情况汇报给他，经理肯定会不高兴，搞不好还会认为自己没尽力去办。

经理见冯涛的样子，已经猜出了肯定是对公司不利的情况，于是改用了另一种方式问道："情况糟到什么程度，有没有挽救的可能？"

"有！"这回冯涛回答得倒是十分干脆。

"那谈谈你的看法吧！"

冯涛这才把他考察到的情况汇报给经理："我这次下去了解到，这个客户之所以不用我们厂的产品，主要是因为他们已经答应从另一个乡镇建材厂进货。"

"竟有这样的事！那你怎么看呢？"

"我想是这样的，我们公司的产品应该比乡镇企业的产品有优势，我们的产品不但质量好，而且价格还很公道，在该省已经具有了一定的知名度。"

"就是，一个小小的乡镇企业怎么能和我们相比呢？"经理打断了冯涛的汇报。

"所以说，我们肯定能变不利为有利。最重要的是，当地的建筑公司，多年来使用我们公司的建材，与我们有很好的合作基础，这是我们的优势所在。但该客户答应与那个乡镇企业订货，主要是因为那个乡镇企业距离他们较近，而且可以送货上门。这一点，我们不如那家乡镇企业，我们可以直接到每个乡镇去走访，在每个乡镇找一个代理商，这样问题就解决了。"

"小冯，你想得真周到，不但找到了症结所在，还想出了解决的办法，要是公司里的员工都像你这样有责任心就好了。"

"经理过奖了，为公司分忧是我的责任。经理您工作忙，我就不打扰您了。"

不久，冯涛被调到了销售科，专门从事产品营销，公司的建材销量节节上升，冯涛也越来越受到重视，很快成了公司的业务骨干。

不要遗漏重点

如何判断什么是重点呢？当上级交代你去完成一件工作时，这项工作的结果对上级来说一定会有它的用途。例如，上级请你去对外洽谈年终总结会的开会场所，此时上级要根据场地能否租得到来决定开会的日期，因此，报告的重点将是有哪些适合的场地，在什么日期能租借到及费用各是多少，等等。

汇报工作要讲究一定的逻辑层次，不可"眉毛胡子一把抓"，讲到哪儿算到哪儿。一般来说，汇报要抓住一条线，即围绕工作的整体思路和中心展开一个面，分头叙述相关工作的措施、关键环节、遇到的问题、处置结果、收到的成效等内容。

作为汇报，提纲挈领是根本原则。英国作家卡普林提出了"5W1H"的汇报要点。所谓"5W1H"是指：

Who——何人（人）

When——何时（时间、时期）

Where——何地（场所、位置）

What——何事（对象、理由）

Why——何因（目的、理由）

How——怎样发生的（方法、顺序）

还有一个是后人加上去的：

How much——多少钱（经费、价格）

此外，报告时一定要注意区别事实与自己的感觉，你工作时，上级并没有亲临其境，他无法辨别你描述的是事实还是你自己的主观感受。事实和观感是有差别的，若给上级错误的诱导，让他下达了错误的指示，这个责任应该归咎于报告者。

所以，优秀的职员愈是能了解上级要把工作结果用在哪里，就将愈能把握住报告的重点，更简单地说，上级的关心点就是你报告的重点。

提出多项建议，让上司自己作出决定

提建议时要记住，要让上司自己作出决定。让上级在多项建议中作出选择，会使上级感到非常舒服，是一种高明的提建议技巧。

对在国外出生的学究式人物亨利·基辛格来说，他在美国政府中的生涯可谓壮丽辉煌。他第一次崭露头角引起国民注意是作为当时的纽约州州长纳尔逊·洛克菲勒的外交政策顾问，洛克菲勒竭力向尼克松推荐基辛格，终使基辛格后来成了美国的国务卿。继尼克松之后，杰拉尔德·福特接任总统，他上任后办理的第一件事就是再次任命基辛格为国务卿。还有罗纳德·里根，虽然他被迫向极右支持者们许下诺言，他将不会任命基辛格为国务卿，然而他经常要求得到基辛格的帮助。

与总统或将成为总统的人打交道，基辛格喜欢用的手段之一就是让他们自己作出各种选择。至少在重要问题上，他努力向他们提供许多可能性以供他们选择，而不是提出一个特定的政策或是特定的行动方针。

基辛格总是精心地列举各种可能性。他列出每个可行的方案，并且认真地写下它们所有的优点和缺点，但他绝对禁止自己只推荐其中的任何一个。

从上级管理的角度来看，这种方法的优点是显而易见的。当然，这种方法不只局限于广阔的和充满异国情调的外交活动场所，在处理相当细微的琐事的时候，也可以有效地使用它。

假设你正在为一家小公司处理雇员关系。这家公司接受了大量的订货任务，为了完成任务，公司实际上已增加了劳动力，因而，曾一度宽敞的公司停车场地现已变得拥挤不堪。雇员们为了有限的停车场地开始激烈地争夺，而且所用言语十分恶毒，甚至两个雇员为争夺停车场地发生口角，导致动手打架。

你觉得这个问题应当引起上级的重视，因为你所能想到的任何一个解决方法，都超出了你的职责范围。但你要列出一些可供选择的方案，而不是把这件事情往上级身上一推了事：或者提出一个拟定好的方法劝他采纳。这些可供选择的方案大致包括：扩大停车场；租车接送工人；停车收费并把这项盈利作为雇员的娱乐基金；组织汽车联营，等等。所有这些方案各有利弊，拟订方案时，你要仔细但简要地说明这些利弊。当你希望这个问题能引起上级注意的时候，就可以提交这个方案。

这样做时你也要考虑一下它的不利因素。显而易见，这会花费你一些时间和精力。有些问题根本不值得花费那么大的力气，还有些问题只能提供一个可行方案。而且，下属总倾向于罗列他自己喜欢的方案，上级感觉到这一点时，就会失去对下属的信任。

尽管有这些潜在的缺点，这种方法仍有其真正的魅力。它让上级就问题作出最后的决策，从而使其发挥作为上级应起的作用。而且很清楚，这种方法能促使下属全面、深入地思考问题。这样的结果对上下级都是有利的。

无事也要多请教

日常工作中与人交往时，"闭嘴"可使你得到好处，有时可以帮你免掉自讨苦吃之虞，有时还可以帮助你成功地做上一笔好买卖。

小李和小陆是同一所名牌大学的毕业生，他们的成绩都很优秀。两人分配到同一家单位。一年以后，小陆被提升为部门主管，小李则被调到公司下属的一家机构，职位没有实权，地位明升暗降。为什么呢？

他们分配到该单位后，领导各交给他们一件工作，并交代他们可以全权处理。

小李接到任务后，做了精心的准备，方案也设计得十分到位。他一心投入工作，全然不记得要向领导请示一下。领导是开明的，既然说过让他全权处理，自然也不干涉，但也没有和下面人交代什么。等到小李把自己的计划付之于实践时，各部门人员见他是新来的，免不了有些怠慢，小李心直口快，与一个人顶了起来，这可惹了麻烦，因为这人正是公司总经理的亲信。后果可想而知，他的工作处处受阻，最后计划中途"流产"。

小陆接到任务后，经过周密分析调查，提出了若干方案给领导看，又向领导逐条分析利弊，最后向领导请教用哪个方案。这时，领导对他的分析已经信服了，当然采取了他所推荐的那个方案。这时他又问领导如何具体实施。领导说：你自己放手干吧，年轻人比我们有干劲。小陆连忙说，自己刚来，一切都不熟悉，还得多听领导的意见。因为小陆的态度谦恭，意见又到位，领导很满意，当即给几个部门的主管打电话，让他们大力协助小陆的工作。因为有了领导的交代，小陆在实施自己的方案时又时时注意与各部门人员的协调，所以他的工作完成得又快又好。

孔子教导我们要"不耻下问"，按这种道理说，"上问"就更是理所当然了。领导也许学历不如你，某些方面的能力也许不见得很强，但是他能成为领导，自然有他的长处，多向他请教不但能提高自己的能力，有助于做好工作，还能给领导留下良好的印象。一举两得，何乐而不为呢？

有人因为害羞而不敢向领导请教，有人因为自傲而不愿向领导请教，有人害怕向领导请教会显得自己没水平……其实大可不必顾虑这些。多思勤问的人总会得到领导的重视的：一是，你的提问显出你对工作的热情和思考；二是，你的提问显出你的谦虚和诚恳。这样的人谁会不喜欢呢？

你是不是常常向上司询问有关工作的事？或者是自己的问题，有没有跟上司一起商量呢？

如果没有，从今天起，你就应该做出改变，尽量地发问。一个不成熟的部下向成熟的上司请教，这并不可耻，而且是理所当然的。即使你并不是不懂，也要"问"，从而可以满足上司好为人师的心理。千万不要想："我这样问，领导会不会笑我，我是不是丢了脸？"如果你这样想，那就是多虑了。

有心的上司都很希望他的部下来询问，部下来询问，就表示他在工作上有了不明之处，而上司予以回答，就能减少错误。

如果你假装什么都懂，一切事都不问，上司会觉得"这个人恐怕不是真懂"，会对你的能力表示怀疑。

除了金钱以外，任何事情都可以问，诸如工作上的难题、家中的困扰、男女感情的苦恼，都可以跟上司谈谈。

作为上司，他们必定很喜欢能敞开胸怀，有事和自己商量的部下。

第三章
商战推销艺术

推销时的说话艺术

作为一个推销员，最大的问题就是无论他怎么努力，对方都仍然无动于衷。而一个出色的推销员却能够掌握推销时的说话艺术，从而使推销变得很简单。任何一个推销员都渴望拥有这样高超的说话艺术。

遗憾的是，这种说话艺术并不是轻易就能得来的。一个很有说服力的事实是，在商业活动中，成功的毕竟只是少数，大多数推销员都还在苦苦地奋斗。

以下介绍推销时可以用到的几种重要的说话艺术，其中有一些是前面已经提到过的。

迎合对方的兴趣

最重要的一点其实不是你的产品有多么出色，而是对方对你和你的产品的认同。一般来说，这种认同跟他的兴趣是相符合的——只有这一点才是最重要的。

柯达公司的总经理伊斯曼先生为了纪念自己的母亲，准备建造"吉尔本剧院"。纽约优美座椅公司的经理艾当森想要得到剧院座椅的订单，于是跟剧场的建筑师约特一起去见伊斯曼先生。

在路上，约特对艾当森说："我知道你很想得到这个订单，但是伊斯曼先生很忙，脾气也不好，这次会面最好不要超过5分钟，否则你就一定得不到这个订单。你最好尽快说明情况，然后迅速离开。"

伊斯曼先生确实很忙，当他们走进他的办公室的时候，他正在埋头整理文件。他摘下眼镜点头示意，并且问道："两位有何贵干？"

约特介绍了艾当森。艾当森并不急于说明自己的来意，而是说："伊斯曼先生，我没有想到你的办公室这么漂亮。能够拥有一间这样的办公室，是一件多么美妙的事情啊！说实话，我从未见过这么漂亮的办公室。"他走到办公桌的旁边，问道："这个办公桌一定是用英国橡木做的，如果我没有猜错的话。"

"是的，"伊斯曼回答道，"是从英国进口的，我的一位研究木材的朋友帮我选的。"

接着，艾当森又称赞了伊斯曼先生的许多收藏品，并且对他的善举表示了由衷的赞美。艾当森引导着伊斯曼说出了自己早年的创业史。

伊斯曼深情地回忆起他早年的贫穷日子，包括他为了赚50美分而去做推销业务。他说道，当时他拼命地赚钱，就是为了让和自己一起受苦的母亲过上好日子。

时间一分一秒地过去，很快就超过了两个小时，但是伊斯曼先生却谈兴正浓。到了午餐的时间了，伊斯曼先生邀请艾当森一起进餐，艾当森当然答应了。

艾当森一直没有提订单的事情。他知道，对伊斯曼来说，这件事情现在已经变得不值一提，因为他已经把艾当森当作朋友了。后来，等艾当森打算告辞的时候，伊斯曼主动提出要向艾当森公司下订单。

可以看出，艾当森看起来好像并没有在说服伊斯曼上费多大劲儿，但是他用适当的话题使谈话以一种平和、愉快的气氛朝对他有利的方向发展，并在最后达到了自己的目的——这是必然的。

假如艾当森没有采用这种方法，而是一直对伊斯曼进行说服，可以想象，不出5分钟，他就不得不离开伊斯曼的办公室。

迎合对方的兴趣的确很重要，因为这种方法可以拉近你和客户之间的关系，建立相互之间的信任。众所周知，在与陌生人的交往中，这一点是极为重要的。就像艾当森做的那样，原来显得十分困难的事情，最后却变得极为简单。

请别人帮个忙

每个人都希望被别人重视，不管他处在何种地位、有多么成功或失败。在推销商品的时候，请别人帮个忙，能够使别人得到一种被欣赏和受尊重的感觉，从而更加愿意购买你的产品。

爱莫塞尔负责推销铅管和暖气材料，他进入这个行业已经很多年了。这次，他在布洛克林地区推销的时候，遇到了一位难缠的客户。这位铅管经销商只要一见到爱莫塞尔，就会冲他吼道："滚，我什么都不需要！"

爱莫塞尔作为一个优秀的推销员，并没有被这种困难打倒，他依然坚持不懈地对这位客户进行推销。后来，他想出了一个好办法来解决这个难题，于是他又一次走进了那位经销商的办公室。

"我不是来推销产品的，"爱莫塞尔说道，"而是来请你帮个忙的。我们公司准备在这里成立一个分公司，而你正好对这个地方比较熟悉，你认为我们公司应该把分公司选在哪儿呢？"

这位喜欢吼叫的经销商一下子就变得非常友好了，滔滔不绝地跟爱莫塞尔聊开了。当离开的时候，爱莫塞尔已经用这种方式赢得了这位经销商的友谊，并且得到了一个不小的订单。

适当地否定你的产品

很多推销员急于把自己的产品推销出去，大多用的都是肯定性的语气。他们在无形之中给人的印象是，自己的产品适合所有人，已经没有缺点。

事实当然并非如此。即使你把自己的产品说得天花乱坠，也无法打消顾客的疑虑。你的产品真的很完美、无懈可击吗？可是人人都知道这是不可能的。他们需要知道关于这种产品的一些不好的信息，否则会认为你正在隐瞒什么。

因此，你应该适当地给对方介绍一点儿你产品的缺点，说明它并不是完美的。你应该知道，你现在的推销只是针对这位客户而已，并不需要把自己的产品说成适合每个人。

"这种产品并不适合那些油性皮肤的人，但是非常适合你。"这样来介绍你的美容产品，对方当然会更加相信你说的话，而这是帮助你建立诚信的一个很好的机会。

避免与对方争论

在你推销的过程中，即使对方做了一件事情或者说了一句话而冒犯了你，你也不要和他争论。对推销员来说，这可能算是一个最好的建议了。因为一旦你与对方发生了争论，就说明你的推销已经彻底失败。

一个叫奥哈尔的爱尔兰人，因为自己的业务表现并不理想，就来参加卡耐基的补习班。他就是那种说自己公司的汽车什么都好的推销员，即使他明明知道有很多缺点。他在推销汽车的时候，常因不愿接受顾客的批评而和顾客发生口角，而顾客通常会因为这样而不买他的汽车。

一开始，卡耐基并未教奥哈尔如何说话，而是训练他如何减少讲话和避免跟人争论。经过一段时间的训练，奥哈尔成了纽约福特公司的一名成功的推销员。

奥哈尔回忆说："现在，我走进人家的办公室进行推销，但人家却这么说：'什么，福特汽车？那太差劲了，就是送给我我也不要。我正打算买胡雪公司的卡车。'我听到他说这样的话，不但不反对，还会顺着他的话继续往下说：'老兄，你说得一点都不错。胡雪公司的卡车确实相当不错。你买他们的卡车，相信你不会后悔。胡雪公司是大公司，他们的推销员也都非常能干。'我这么说了，他就不会再继续称赞胡雪公司的汽车了，因此便不会发生争论。他说胡雪公司的卡车很好，我并没有反对，他就不得不把话停住了。这样，我就得到'一个向他介绍福特牌汽车的机会'。

"而在过去，如果遇到这种情况的话，我就火冒三丈，并会向他指出胡雪公司的卡车质量是多么的不好。这样，就会激起顾客的逆反心理。争辩越是激烈，对方就越是会下定不买福特汽车的决心。即使我取得了辩论的胜利，也没有任何好处。现在想起来，我过去做推销确实很失败，由于这种无意义的争论，我失去了许多宝贵的时间和金钱。我很高兴现在自己终于学会了如何避免争论、如何少说话，这使我得到了许多好处。"

恰当的语言技巧

实际上，恰当的语言技巧并不需要单独列出来，因为在所有的说话当中，都需要注意运用语言技巧。

很多推销员在推销的时候兴致不高，这直接导致了他们的失败。他们的话显得平淡无奇，对顾客没有足够的吸引力，甚至会使顾客产生反感。这里指的是声音的语调、语速以及其他声音元素。

而在需要有技巧地表达自己的意见的时候，他们也并不能让人满意。他们喜欢直来直去，而不喜欢运用语言的技巧。老实说，虽然职业要求他们更加能说会道，但是事实上却并非如此。因此，对这些没有运用语言表达技巧的推销员的忠告是：完善自己的语言表达技巧，这是你成功的一个重要因素。

推销中的应变技巧

最令人欣赏的是那种随时都能成功推销的推销员，他们的能力常常让人感到吃惊。在推销的过程中，即使遇到问题，他们也会机智而妥善地进行处理。正是这种能力决定了一个推销员能否成功。

机智有时候更多的是一种智力因素，对此我们无能为力，不得不承认有些推销员是天才，而自己却无法变成跟他们一样。但是，对大部分的推销员来说，重要的可能不是智力因素，而是方法问题。

前面已经谈过应变能力的重要性，并且提供了一些基本的方法。这里我们来讨论如何在推销中运用这些技巧。

细心观察

很多推销员在推销的时候，依照自己预先设想的推销办法照本宣科，根本不顾对方的感受。他们好像在对着墙壁发表演讲一样。

在推销的过程中，必须随时注意顾客的言行，并且要读懂各种言行的"隐语"。你必须首先了解这些"隐语"，才能采取必要的措施。

变换角色

把对方的重点转移到自己的身上。这种转移法的作用在于分散对方的注意力，使对方关注的焦点发生转变。

约翰决定再次走进亨利的办公室，希望能够说服对方购买自己公司的汽车。在此之前，他已经试过一次了，但是却遭到了失败。当他走进亨利的办公室的时候，亨利对他吼道："你又来做什么呢？我已经说过我不会买你们公司的汽车的。"

约翰没有想到亨利会这么毫不客气地拒绝自己，这使得他格外吃惊，但是他马上就反应过来了，并对亨利说："我并不是来向你推销汽车的。我只是听说你年轻的时候也曾经做过推销员，并且取得了很大的成功，所以我打算向你请教推销的技巧。"

亨利感到很惊讶，但是他显得很高兴。于是，他跟约翰谈起了他的一些经验和看法，直到约翰起身离开的时候才结束。

最后，亨利对约翰说："你们公司的汽车质量的确很好。你下次过来的时候，请把一些汽车的资料给我带过来吧，我想看看。"

顺水推舟

在推销的时候利用发生的意外事件因势利导，往往会收到意想不到的效果。

一个推销员正在向顾客推销钢化酒杯。开始，他向大家介绍了产品的特点，然后他打算进行一次演示：通过把钢化酒杯扔在水泥地板上却不碎，来说明这种酒杯和一般杯子的区别。不幸的是，他恰好拿了一个质量不合格的酒杯，当他把它扔在地上的时候，杯子一下子就摔碎了。这种情况他以前从未遇到过，完全出乎他的意料。那些顾客则开始交头接耳，讨论起酒杯的质量来。

"你们看，"不一会儿，这位聪明的推销员就恢复了镇定，并说道，"我是不会将这种酒杯卖给大家的。"

接着，推销员又扔了五六个酒杯，结果一个都没有碎。这样，推销员又成功地博得了顾客的信任。

化不利为有利

在一般的情况下，话题都有各自的内涵，但是有时候却变得很模糊。这时，我们可以利用话题的模糊性，为自己的推销找到出路。顾客有时候评论推销员的产品有某种致命性的缺点，而这种缺点可能会影响他的选择，所以推销员必须想办法找出话题的模糊性，重新定义这个缺点。

一位推销员在推销衣服的时候，顾客评论道："质量的确不错，但是样式可能老了点。"推销员接口道："的确如此，不过很多顾客都喜欢这种经典的样式，不知道你是否喜欢？"这样，他巧妙地把不利的因素变成了有利的因素。

转移话题

不坚持到最后，就决不放弃——保持这样一种信念，对你的推销事业会有很大的好处。要知道，很多失败的推销者并不是没有成功的可能，而是因为他们没有尽到自己的努力而已。

比如，无论顾客以什么样的理由拒绝买你的产品，你都可以巧妙地转移话题。你应该控制好话题，使它朝对你有利的方向发展，而不要只停留在一条道路上，或只朝一个方向前进。毕竟，条条大路通罗马。

在转移话题的时候应该注意一定的技巧。你当然不能使自己看起来是在故意这么做，而应该自然地做到这一点。

用提问引起客户的兴趣

在推销过程中，那些成功的推销人士都喜欢用提问的方法来让客户购买自己的产品。

他们深信这样一个道理：懂得发问的人能掌握全局。有些推销员在他的对话中自始至终都穿插提问，从而牢牢地掌握了推销的主动权。

提问对推销来说的确很重要，但是以下要重点讨论的是，如何用提问来引起客户的兴趣。

我们总是从头开始做一件事情的。虽然这是一个常识，但是人们却常常忘了这一点。很多推销员总喜欢在客户面前喋喋不休，他们生怕遗漏了自己所做推销计划的任何一个细节。然而，他们很显然地忽视了一个问题，即他们的顾客可能对他们所说的东西毫无兴趣，或者他们发现了这一点，但是却无能为力。

结果是，通常情况下，还没有等他们把自己的话说完，客户早已不耐烦地把他们赶了出去。事实上，他们一开始就做错了。

只有在一开始就吸引住客户的兴趣，才能进行接下来的工作，否则还是不要继续的好。有一个十分简单的方法可以吸引客户的兴趣，那就是向你的客户提出一个他感兴趣的问题。发问有助于你和客户之间建立相互信任的关系，并且使他们对产品产生浓厚的兴趣。

具体来说，一个恰当的问题对吸引客户兴趣的作用主要表现在以下方面：

告诉对方他正受到重视。当你问了对方一个问题，这表明你很关心他；同时告诉了对方，这次推销的关键不在推销员，不在产品的好坏，而在客户自己。

让谈话更加自然。以问答的形式进行谈话，绝对比事先准备的推销计划更加自然。在一般人的眼中，推销员是一些奸诈的、唯利是图的小人。通过对客户的关心，你可以把你的诚信展现出来。我们知道，客户对我们印象的转变将使我们和客户之间的关系更加密切，也更加有利于客户在一个自然的氛围中下定购买的决心。

如何让自己掌握提问的技巧，从而引起顾客的兴趣呢？

针对客户的需求

这里指的是提问的内容以及目的。你提问题是为了了解客户的需求，而你提问题的前提也是了解他的需求。也就是说，你可以根据已经掌握的信息，通过提问来了解更多的信息。

具体说来,你可以根据已有的信息设计一些问题,比如知道他喜欢打高尔夫,你就可以进一步了解他为什么喜欢打、什么时候打以及和谁打之类的问题。

你要真正关心你的客户,了解他的需求并尽量想办法满足他的需求,这样他才愿意满足你的需求。

问与产品有关的问题

最好使你的提问跟自己的产品结合起来。当然,这种结合不要过于明显,否则显得目的性太强,但是也不能问一些与你的推销无关的事情。比如,你想向他推销保险,却问他是否喜欢读书,这种问话并没有实际意义。

你应该知道客户并不希望进行时间太长的谈话,长时间的谈话会使客户感到厌烦、郁闷,从而拒绝购买你的产品。因此,你必须尽量压缩谈话时间,使你的问话具有更强的针对性。你应该在很短的时间里获得尽可能多的有效信息。

注意问题的表述

为了了解一个妇女的年龄,第一个汽车推销员问她:"请问你的出生日期是……"这位推销员没有意识到她这样问引起了妇女的不满,因为这是个人隐私问题。

第二个推销员则比较小心地处理了这类敏感问题,他问道:"这份汽车登记表需要你填上你的年龄等问题,一般人都喜欢填写大于自己实际年龄一岁的数字,你会怎么做呢?"结果妇女非常高兴地把自己的年龄告诉了他。

问题的表述方式要针对不同的人和场合而有所不同。重要的是要考虑到顾客的心理,千万不要对顾客产生伤害。否则,你所有的努力都将会是徒劳的。

不一定非要在开始的时候提问,你可以灵活地把握时机。你可以在一开始就提出问题,也可以在你们谈话进行一段时间之后再提出问题。

推销员的说服技巧

对推销员来说,价格因素是特别头疼的:顾客想要以最低的价格买到最好的产品,而公司却希望以最高的价格把最差的产品卖出去。当顾客说"这太贵了"的时候,一般的推销员都会告诉对方,这已经是公司能够给出的最低价格了,结果顾客总是摇摇头走开了。但是齐格勒似乎从未遇到过这种情况。

齐格勒曾经推销过一种不锈钢锅。这种锅非常结实，所有的顾客在听完他的介绍后，都认为这种锅的质量的确不错，但是他们也都认为它的价钱太高了。

"价钱太高了，"顾客通常会这么说，"比起一般的锅，它起码要贵200美元。"

"的确如此，"齐格勒说，"我们的锅比一般的锅都要贵。先生，你认为这种锅能够用多久呢？"

"它的质量的确不错，它应该是永久性的吧？"

"你确实想用10年、20年、30年或者更长吗？"

"我想它能够用那么久。"

"那么，"齐格勒说，"我们假设这种锅能够用10年，也就是说，相比一般的锅而言，它每年贵20美元。是这样吗？"

"的确如此。"

"那么平均到每个月呢？"

"如果是那样的话，那么就是每个月贵1美元75美分。"

"请问你太太一天做多少回饭呢？"

"一般情况下，两到三回。"

"一个月至少要做60回饭，是吗？这样一来就很清楚了——每顿饭你只不过多花了3美分而已。对质量如此好的锅而言，多花3美分应该不算是太多吧？"

"的确如此。"

我们看到，齐格勒的说服方法的确很有效，本来他的产品价钱高出一般锅很多，却被他非常巧妙地说成其实一点儿都不贵。在这种情况下，顾客是很容易被他打动的。

用事实说话

齐格勒在进行价格说服的时候，是根据事实一步步得出令人信服的结论的。推销员在进行说服的时候，也一定要做到这一点。要依靠产品本身和自己适当的逻辑来说明，让顾客接受你的观点。

我们在前面已经说过，对推销来说，首要的一点是与顾客建立一种信任关系。

任何情况下，都不要企图用诡辩和臆测来说服顾客。很多推销员都喜欢把自己的产品说得天花乱坠、跟实际情况相差很远，以至有时候连自己都未必相信自己所说的话，更不用说那些顾客了。不夸大其词、根据事实说话、以理服人，这才是说服顾客的正确的方法。

满足对方的需求

有经验的推销员一再告诫那些推销新手，不要对顾客说你的产品有多好，而要看你的产品能够满足对方什么需求。把你的产品的价格、质量、特色跟顾客的需求结合起来，这才是正确的推销方法。

只有你的产品能够满足顾客的需求，顾客才有可能听你讲下去，才有可能被你说服。

首先，满足顾客的心理需求时。在你推销的过程中，你应该对顾客始终保持应有的尊重，以顾客为中心，不断地对他进行赞美；在行为上对他很有礼貌，认真地倾听他的说话，这些都是满足他的心理需求的重要方法。其次，告诉顾客你的产品能够满足对方的某一种需求，并且针对这种结合点进行恰当的发挥，对方会很容易被你说服。

以情感人

推销是一种人与人之间的交流，因此，应该使你的推销具有十足的人情味。商业箴言"顾客就是上帝"，在某种程度上就反映了顾客和推销员之间存在的天然联系。这种联系除了是一种物质上的利益关系以外，还包括某种情感关系。

推销员应该对自己的产品充满信心，对推销工作充满热情，并在推销的过程中把自己热情、自信的一面展现出来。你应该用一种富有感染力的语言来说服对方。这种语言本身就具有一种说服作用，它能够表达除语言内容以外更多的内容。

显得很专业

必须让你的顾客认识到，就这件商品及与商品有关的诸多领域而言，你更有发言权，因而也更加可信；你是这个领域的专家，其他任何人，不管他的知识有多么丰富，也比不上你对这个领域的熟悉程度。你必须为自己建立一种权威的形象。如果你对自己的产品不熟悉，顾客很难相信你介绍的东西是正确的。当他们失去这种信任的时候，你再说什么都无济于事。

消除对方的疑虑

了解对方的恐惧或者疑惑，进行有针对性的说服。顾客之所以不买你的产品，多半是因为心存疑虑。

通过问话或者观察得到的信息来了解别人的疑虑。如果对方并没有说出来，你可以设想他可能存在的疑虑，并用确切无疑的证据消除对方的疑虑和担心。

如何进行电话推销

相对于当面推销来说，电话推销是一种更加省时、省力和直接的推销方式。随着科技的日益发达，可以想象，电话推销将越来越成为推销者十分热衷的推销方式。

现在就如何利用电话进行推销展开较为详细的说明。

准备工作

虽然电话推销十分重要，但是你还是不要对它寄予过高的期望。由于传统观念的影响，电话推销的任务应该是创造和有希望成交的推销对象的见面会谈的机会，它不能代替面对面的商谈，它的目标应是创造一个恰当的面谈机会。你绝不要妄想和对方在电话中谈成一笔业务。

和当面推销一样，你应该在电话推销前先做一个推销计划。最好的办法是在你手边的纸张上先列出几条，以免在对方接听电话后，你却由于紧张或者是兴奋而忘了自己的讲话内容。另外，你还应该准备好具体怎么说，而如果这是一次十分重要的推销，你甚至可以提前演练，让自己提早进入状态。

当然，你需要选好打电话的时间，尽量避开电话高峰和对方忙碌的时候。一般上午十点以后和下午都较为有利。如正值所找的人外出，可询问接听者是否有其他人可以商谈，或问清对方什么时候回来，以便以后再联系。

直接跟关键人物通电话

拨通电话后，你可以直接要求和能够跟你谈生意的关键人物通话。不要问对方："我是否可以跟你们公司的经理通电话？"对方多半会说："他没空，你有什么事？"不妨直接告诉他："我找你们公司的经理。"这样，对方一般情况下只能听从你的"命令"。

把握最初时间

一般来说，开始同对方通话的时间对推销员来说是最重要的。如果你不能在尽可能短的时间内吸引对方的注意力，那么他一定会认为自己没有必要跟你再谈下去了。

因此，你必须想方设法在一开始就吸引他的注意力，使对方非常乐意继续听你说下去。在此之前，你应该思考对方可能对什么比较感兴趣、什么样的语言风格比较适合他等等问题。

礼貌的态度

讲话应热情和有礼貌。热情的讲话容易感染对方；而你的礼貌，同样会使你得到有礼貌的正面回答。

不论你之前是否跟对方联系过，你都应该先问好，表明你的身份。确认对方的身份后，再谈正事。在通话结束之前，应该向你的客户致谢。另外，一定要让顾客先挂断电话，以示对顾客的尊重。

语言措辞

在语言措辞方面，你应该注意的主要有两点：一是态度要真诚。千万不要夸大自己产品的优点，因为这样一来，当对方看到真实产品的时候，可能会改变主意，并进而怀疑你的诚信。二是在介绍自己产品的时候，一定要避免使用专业词汇。你应该用一种通俗易懂的语言来说明你的专业词语。

以介绍产品为主

一般来说，电话推销应以介绍产品信息、了解对方状况为主。你只有不刻意强调电话推销的目的性，才能更加容易得到和对方见面的机会。

比如，你可以询问对方是否有这种产品，如果对方已经购买的话，则问清楚其购买的产品的一些具体细节——这些东西你以后一定用得着——然后把自己产品的优势说出来。而如果对方回答没有购买这种产品，你就可以直接介绍自己的产品。

做好记录

一定要做好通话记录。对于电话中所谈的内容，你可以一边谈一边记录要点。这些资料一定会有助于你下一步的推销筹划，而且你也可借此建立顾客档案。

确定面谈时间。提供两个以上的方案或形式供对方选择，应尽量为对方考虑，但不明确的面谈时间容易被对方推脱。因此，较好的面谈时间应该是明确且有所选择的。

如何获得顾客的信任

你在推销的时候,需要获得顾客的信任。这跟演讲是一样的:如果你的听众信任你,那么他们就会相信你所说的话;如果不信任你,那么就不会相信你所说的话。可以说,信任与说话内容没有多少关系,却和顾客对推销员的印象联系十分紧密。而正是这样一种感觉影响了顾客的判断和决定。

赢得顾客的信任,这是你推销成功的第一步。如果你不能赢得顾客的信任,你所说的东西对顾客来说就会都是无关紧要的或者虚假的,那么你也就没有必要继续说下去了。这一点很好理解。假如你对一个陌生人和熟人说了一模一样的话,陌生人一般不会相信你说的话,而熟悉你的人则会相信——如果你是一个诚实的人的话。同样地,你肯定愿意相信大学教授的话,而不愿意相信一个骗子的话——即使这个骗子说了一句实话。

这些事实都让我们明白,如果想让顾客相信我们的话,就必须首先获得他的信任。那么,该如何获得顾客的信任呢?下面列出一些方法,希望对推销员有所帮助。

不要假设顾客相信你

一些推销员在遭到顾客的置疑或者指正之后,会觉得很不愉快。这当然容易理解:当你被要求出示会员卡或者进出学校大门被要求出示学生证明的时候,你多少会有点儿不高兴。我们总是一厢情愿地认为自己应该并且已经得到了他人的信任。

即使有人向你表示了不信任,你也不要因此而生气。你想想,现在我们的电视上、报纸上,甚至大街上,到处都充满了虚假的信息和广告,如果人们对它们一律都相信,会多么糟糕?而当年《独立宣言》出现在报纸上的时候,人们也并非全部相信。

因此,永远不要假设顾客相信你,除非对方表明了这一点,否则就要尽你所能向对方证明你是值得被相信的。

告诉顾客,并非只是他一个人这么想,他的想法一点儿都不奇怪,然后以坦诚的态度去说服他,直到他相信为止。

以朋友的身份谈话

推销员应该避免板着面孔说话,不要把对陌生人推销看作是"公事公办",

不妨把它当作是朋友之间的友好的交谈。

以朋友的身份进行交谈意味着你的推销是一次建议，它既不是命令也不是请求——对推销来说，这两种方式都是不可取的。只有当你把对方当成朋友，对方才会也把你当作朋友来看待，并且不会用居高临下的姿态对待你。

以朋友的身份替对方着想，真心诚意地为顾客考虑，会使你收到意想不到的效果。因为只有这样，对方才能体会到朋友般的温暖，从而对你产生信任感。

直接指出缺点

前面已经说过了这种方法，实际上它真正的作用在于获取顾客的信任。

多年前，某广告公司在一个加长型香烟的广告中，就运用了这种方法来获取顾客的信任。他们在广告中直接指出了加长型香烟的种种缺点，如容易碰到别人的脸颊、携带不方便等，结果取得了很好的效果。

这种方法的作用在于，它以一种坦白缺点的方式来赢取人们的信任。当你告诉了顾客产品的缺点之后，他们会认为你比较客观，因此更加容易相信你所说的优点。

使用精确的数字

事实证明，精确数字的说服力远远大于笼统的数字。人们不会真正关心你的数字的来源，只是会得出一个结论，即那些数字如此精确，证明了它的确是经过了细致而客观的分析的。

象牙香皂的员工深知这个方法的奥妙。他们在宣传的时候，一直在强调一个事实：它们是99.44%的纯净度。

我们根本不会去在乎这个数字的真正意义，即使他们说它们是100%的纯净度，我们也不会去在乎什么，但是我们却认为这个精确的数字更加值得相信，进而认为他们的确值得信任。

让你本人值得信任

推销员们其实在很大程度上是在推销自己。顾客对产品的优点信任与否，在一定程度上取决于你和你所采取的方法。因此，你有必要通过改变自己的形象去赢得顾客对你个人的信任。

一个方法是使自己穿得像个成功人士。同样是推销一种产品，你愿意相信一个衣衫褴褛的人所说的话，还是愿意相信一个衣冠楚楚的人所说的话？很明显是后者。这不仅是因为那些穿着整齐、举止高雅的人更加让我们赏心悦目，还因为我们更加愿意相信，一个成功人士是不会靠业绩和回扣来维持生计的。

另一个方法是谈吐优雅。使自己表现得像一个优雅的教授，这可能会为你赢得更多信任。我们当然更加愿意相信一个谈吐优雅的人所说的话，因为他的观点可能更加客观、更加全面。对顾客来说，感觉可能比实际内容更加重要。

向顾客坦白你将得到的好处

一般的推销员对自己在交易中将得到的好处讳莫如深，似乎向顾客坦白后会损失什么。事实上，即使将这种属于私人性的东西告诉顾客，推销员也什么都不会损失，反而会赢得顾客的信任——不要忘记，几乎所有人都喜欢打探别人的隐私。

一个推销员向顾客推销房屋的时候，对客户说："坦白告诉你，我可以从这笔交易中得到1%的佣金。如果你不买这套房子的话，我当然会失去这个赚钱的机会，但是你的损失会更大，因为你也将失去一个少花钱的机会。这样，我们就是两败俱伤了。"

在听到这样的话之后，这位客户竟然慢慢地改变了自己的主意。这就是坦白的益处。

不同年龄的顾客的应对方法

不同年龄的顾客的经验、心理、习惯等诸多方面都不一样，因此有必要对他们运用不同的推销方法。一个成功的推销员，应该具备洞察人性的能力，因此，你必须对不同年龄的顾客进行详细的研究，以便采取相应的对策。这跟我们前面说过的根据对方决定说话策略的内容很相似，只是把那个方法运用到了推销中，并且具体到了不同年龄的对象上而已。

应对年轻顾客的方法

对年轻顾客的称呼问题让很多推销员觉得很麻烦——他们既不喜欢被人称呼成"大哥"，也不喜欢被称为"小妹"。其实大可不必觉得这些问题很麻烦，因为他们虽然有自己的喜好，但是在这些方面并不怎么在意。直接称呼他们为"男孩"、"女孩"可能不会有问题，即使你跟他们年龄一般大。

年轻人追随新生事物的能力和热情，是其他年龄阶段的人无可比拟的。因此，在向他们推销商品的时候，你可以告诉他们这类商品很流行、很有创意，这种方法能够使你获得成功。

相对来说,年轻人对这个世界非常好奇。因为他们知道的东西仅限于书本,而没有什么机会去了解这个社会,或者了解得还不够,而求知欲是每个人都有的。他们的好奇心往往使他们容易被他们不熟悉的东西所吸引,并且愿意进行不断的尝试。

因此,推销员更加容易抓住他们的好奇心理,吸引他们进行各种尝试。告诉他们一些他们所不知道的东西,往往会使他们感到十分高兴,并且非常乐意跟你做朋友。

对年轻人而言,没有什么不可以做的事情,也基本上没有什么禁忌。兴趣是他们最好的导师,理性在指导他们行动的时候已经退居次要地位了。因此,只要你成功地吸引了他们的注意力,就一定会收到很好的效果。

他们一般不会固执于某个观点,但是当他们发脾气的时候,他们的爆发力非常强。这时候千万不要和他们争辩,因为不用等很长时间,他们就会自己平息下来而向你道歉的。

应对中年顾客的方法

中年顾客不同于年轻顾客的一个很重要的特点是,他们已经有了自己的家庭,他们所做的一切一般只是为了使自己的家庭变得更加富裕、快乐和幸福。他们也有自己的需要,比如个人的一些爱好,但是这基本上不会花费他们多少钱。

中年人较年轻人更加稳重,能力比较强,比老年人又更加机智。因此,不要在他们面前耍什么手段,他们会很容易就识破你的伎俩,然后不动声色地看着你表演。

不过,这对你也有很多好处。如果你的产品的确十分合适的话,他们也会更加理智地购买,而不需要你花费太多口舌和精力进行说服。只要你能够真诚地对待他们,他们就会很快地看出来的。

他们似乎并不需要多少花言巧语。有调查显示,口拙的推销员和能言善辩的推销员在成年人面前打成了平手,分不出胜负。因为他们不需要你的说辞就能进行独立而清晰的思考,你的说辞有时候反而给了他们夸夸其谈的不好印象,这显然影响了那些能言善辩者的推销效果。

成年人都比较实际。他们一般不会去考虑精神上的享受或者那些感性的东西。比如，你对他进行称赞，这很有可能不会影响他的决定。这并不代表他们不需要，只是这些东西退到了次要的地位而已。

中年人一旦决定了某件事情，就很难再改变。不论他接受还是拒绝了你的推销，除了感谢，你都没有必要再多说什么。

应对老年顾客的方法

老年人对我们来说永远是一个谜。虽然我们已经通过研究得出了许多令人信服的结论，但是存在于他们身上的疑点还是很多。

老年人大都比较孤独。因此，正是他们让人们相信，推销员也可以是一个受欢迎的职业。而实际上，他们喜欢跟任何人说话。但是这并不表明"好的开始是成功的一半"，因为他们接下来要谈的内容可能并不会让推销员感兴趣，而且推销员们必须想尽办法才能使对方了解自己的希望——仅仅是了解而已。

虽然老年人经历了太多的事情，但是这并不代表他们已经看开了很多。中年时期的他们所拥有的一些品质，现在已经荡然无存了，他们仿佛又回到了年轻时期，变得容易生气、激动和愤怒。因此，永远不要说他们有错。他们的固执让人难以置信，他们已经不可能轻易地改变自己的想法了，即使你已经拿出了确凿的证据，他们还是会继续坚持自己的意见。另外，他们一般都知道自己的反应十分迟钝，因此常常对推销员所说的话半信半疑。

他们像小孩子一样，非常喜欢受到称赞。如果你提及他在某一次战争中的表现非常英勇，这能够使他的眼睛里放出光来，并且乐得手舞足蹈，他对你的好感也一下子就会有很大的提升。这显然对营造一个平和的氛围是十分有利的。

他们喜欢倚老卖老，所以推销员在向老年人推销的时候，要表现得像个老实的小孩。这能够为你赢得他们的好感，进而突破他们的防线。

不同性格的顾客的应对方法

上面我们已经讨论过不同年龄的顾客的应对办法，下面接着讨论如何应对那些不同性格的顾客。

应对理智型顾客的方法

理智型顾客完全以理智来分析和解决问题，较少受到主观情绪的影响，他会主动吸收和分析推销员提供的信息。

产品或服务的质量、价格是他作决定的至关重要的因素，而这些东西往往是比较客观的。因此，推销员在一般情况下很少能够打动他。如果他不需要你的商品，无论你怎么努力，他都会无动于衷的；而他如果需要一件商品，绝不会只找一个产品供应商，而是会同时从几个供应商中认真比较，然后选择最合适的一个。

一般来说，他善于捕捉每一个细节，并竭尽所能地收集所有的产品信息；而他的分析能力和方法则使他能够发现产品的几乎所有优点和缺点。

基于以上特点，理智型的客户作出决定通常比较谨慎迟缓，推销员不应该催促他，而应该等他自己——当然是慢慢地——得出结论。而如果他提出某个问题——要知道，这是他深思熟虑后却仍然无法解决的——就一定是希望推销员能够给予实事求是的、明确的答复，因为他希望从推销员所作的解释中得到更多的信息。这时候，如果推销员夸夸其谈、避重就轻，那么就一定会失去这位客户。

理智型顾客通常显得沉默寡言、不善言辞。在你和他交谈的时候，应该以与工作有关的话题为主，不要过多地跟他谈论与工作无关的事情，他对此不会有多大的兴趣。特别要注意的是，务必使你提供的信息准确、客观。

应对个人意志型顾客的方法

简单地说，个人意志型顾客是那种以自我为中心的顾客。他的主观意志很强，做什么事都依照自己的经验，并且认为自己的意见是最好的，而对别人的意见基本上不予考虑。

个人意志型顾客喜欢表现自我，"我……"是他的语言表达方式。同时，他说话的音量一般比较高，语速比较快，问的问题也很直接，而且有比较强的控制倾向。

推销员在跟个人意志型的顾客约会的时候，千万不要迟到，否则他会认为你对这个约会不重视，是一个缺乏信用的人。另外，他更加关心的是产品的效果，即能否降低成本、增加收入、加快生产进度等。一般来说，他们都有很强的升职愿望。因此，如果你的产品能够帮助他做到这一点，你的推销将更加容易成功。

个人意志型的顾客十分善谈。和他交谈的时候，应该围绕他的工作业绩等话题进行，因为他很喜欢跟别人谈及他为公司作出的重要贡献。推销员在交谈的过程中，要做到言简意赅、切中要点，而且应该直奔主题。跟理智型顾客一样，推销员不要期望轻易改变个人意志型顾客的意愿或观点。当然，如果你有了充分的证据，他也会适当改变的。

和理智型顾客正好相反，个人意志型顾客的决策速度是比较快的，他常常被认为是缺乏耐心的人。因此，一旦他提出异议，推销员最好予以合理的解释，以便促使他尽快作出决策。

应对情感型顾客的方法

如果你在客户的办公室里看到了大量的私人物品，那么你的顾客就是情感型的。情感型顾客是那种能够给人以感染力的人，他更加重视的是情绪和感觉，而不那么重视客观实际。

情感型顾客更加容易被鼓动和说服。相对来说，他一般不那么在乎产品的质量有多好、有多少实际用途。如果他本来不需要你的产品，但是却被你说服了，他也会很快作决定的；而如果他本来就需要，那么他几乎会毫不犹豫地购买你的产品——如果你给他一个好印象的话。

情感型顾客的最大的特点是善于人际关系的处理，交友广泛。在与情感型顾客进行交谈的时候，你会发现他有着非常高的热情，他似乎觉得在办公室里谈论个人事情是十分愉快的。他的性格一般来说比较豪爽，行为上不拘小节，对人喜欢直呼其名。因此，跟他在一起谈话的时候，你们谈论的话题可以是多样的，不用局限于工作之类的话题。这样你可以更快地和对方产生共鸣，赢得对方的信任。

情感型顾客比较情绪化，他会更加人性化地对待推销员。但是，如果他对你的印象不好的话，那么他的决定也会在很大程度上受到影响。他们的喜怒哀乐一般都会表现出来，推销员一定要重视这个非常重要的信息。

推销员在向情感型顾客推销的时候，应该重点介绍产品的最终利益，而不是产品本身的特点。如果你能用那些新奇的方法来展示你的产品，效果则会更好。相对来说，他会更加关心你的感受，如果他拒绝了你的产品，他会认为对不起你。所以，这种顾客是一种可以再次利用的资源。

应对随和型顾客的方法

作为推销员，你可能更加愿意跟随和型顾客打交道——至少在礼节方面，你会受到很好的接待。他待人接物极其温和，极易相处。他会尽可能地避免与你发生冲突，因此，他常常掩饰自己的真实想法。

但是，随和型顾客也是最让我们头疼的顾客，因为我们没有办法弄清楚他的真实想法。因为这个原因，随和型顾客是最好相处却最难成交的。他们往往只是表面上同意你的看法，但是实际上却另有想法。

因此，在对随和型顾客推销的时候，应该尽量弄清楚他的真实想法，然后根据这些想法进行有针对性的说服。他的决策较为迟缓并且他本人害怕承担风险，因此推销员应该极具耐心地对他进行推销，否则将失去这个客户。

妥善处理顾客提出的异议

最让推销员头疼的是顾客所提出的反对意见。这些反对意见常常使他们感到不舒服，并且不知道该怎么回答。不过，那些成功的推销员却正好相反，他们担心的是对方根本没有反对意见。他们发现，顾客提出一个反对意见，也就是为自己的推销工作树立了一个目标十分明确的靶子，自己所有的工作都可以朝着这个方向努力。而成功地射中靶子的时候，也就是推销成功的时候。

一般的推销员很难理解这一点。他们所知道的是，只有顾客在没有任何异议的情况下接受了他们的产品，才证明自己的推销是成功的。但是，尽管这种情况的确值得庆幸，它出现的几率却几乎是零。在更多的情况下，如果对方没有任何异议，那么他同时也会无动于衷，最后也不会接受你的产品。这说明他对你的产品没有一点儿兴趣。

因此可以说，作为一个推销员，你应该真诚地欢迎顾客提出反对意见，因为只有这样，你才有成功的可能。当然，前提是你能妥善地处理顾客提出的反对意见。

那么，该如何处理顾客提出的异议呢？为了说明这个问题，我们将反对意见分成了不同类型。针对不同的反对意见，处理方式当然也应该不同。

价格

价格过高是最常见的反对意见。在每次推销的过程中，价格——至少在表面上——是最核心的话题。它往往在推销一开始就被抛了出来："这要花多少钱？""我想这东西很贵，我恐怕买不起。"

但是，一个有关价格的调查结果可能会让推销员感到很惊讶。研究人员曾经对纽约的消费者进行了调查，当被问及决定不购买某件产品所考虑的因素的时候，有94%的消费者强调的是非价格因素；而那些告诉推销员自己买不起某件产品的消费者中，有68%的人承认其实另有原因，而他们之所以用价格原因来表示拒绝，只是因为这有助于他们摆脱销售人员。

这个调查表明，有相当一部分消费者真正关心的其实不是商品的价格，而是价值。也就是说，价格在实质上并不是推销中最核心的问题。因此，如果下次在推销中对方对你表示价格过高，你大可不必因此而退却。你只要告诉他们物有所值，并且针对他的兴趣进行说服，你仍然会成功的。

付不起钱和不愿意付钱当然是两码事。当然，消费者不愿意付钱的原因可能并不是他没有看到产品的价值，也许当你跟他说明物有所值之后，他仍然认为价格过高。这个时候，你就应该适当地降低产品的利润和自己的佣金了，否则你会失去这位顾客的。

要求得到资讯的反对意见

有些顾客提出反对意见并不是因为他们的确反对，而是由于他们想要了解更多的信息。他们之所以通过这种方式提出来，是因为他们认为这样你会更加完整而详细地给予答复。这种反对意见可能也是推销员最欢迎的。

不过，反对意见的性质是会发生转变的。要求得到更多资讯的反对意见，如果处理不善的话，最后也会变成真正的反对意见。所以，你要在一开始的时候对他的问题表示欢迎，最后的时候重复一遍你提供的信息。只有这样，你才能十分详尽地回答他的问题，让他感到满意。

基于产品本身的反对意见

这种反对意见是顾客对产品的某一项优点和作用所提出的异议。他们不相信你说的话，或者对你所说的话的来源表示怀疑。总之，他们想让这项优点和作用得到更进一步的证明。

你可以用事实展示给他们看。比如，你宣称你的玻璃具有高强度，不妨递一把锤子给对方，让他去锤这块玻璃；你说你的化妆品曾经使许多顾客得到好处，不妨举出一两个名人来，并且拿出他们说过话的录像带；你说你的产品受到了大多数人的欢迎，不妨告诉对方这个调查是某个权威机构进行的，如此等等。

总之，如果你所说的话无法给顾客提供更进一步的证明，你就最好援引别人的话或者别的什么。

基于你个人的反对意见

有的顾客根本就对所有的推销员反感，当然也包括你在内。这好像已经成为了一个大家都心照不宣的事实。他们并不相信推销员嘴里所说出来的话，认为它们过于虚假。一句话，他们反对你所说的每一句话。

这时候你应该尽量少地发表自己的意见，而应该把焦点转移到顾客身上。他们关心的只是自己，对别人精彩的演说没有兴趣。如果你继续谈论产品的好处，或者表示自己的话有多么可信，他们就会认为，你一定从推销中得到了许多的好处——而你所得的好处恰好源于向他推销的产品的利润。告诉他们，购买你的商品，受益最大的是他们。

自我夸耀的反对意见

有的顾客认为自己比推销员的知识更丰富，甚至比推销员更加了解产品。他们在听完你的产品介绍后说："我对这种产品十分了解，你说的有些不对，我认为……"当然，他们可能的确有自己的看法，或者他们的资格可能更老，但是，他们发表意见的原因是急于表现自己，而不是想跟你讨论某个问题。

你要明白你的任务是把你的产品推销给他们，而不是跟他们争论谁更加擅长于某一方面的知识。因此，不要和对方争辩。如果他们发表的意见无损于你的产品的推销，你不妨让他们去做胜利者。而如果正好相反，你也不要急于发表你的意见，而应该对他们赞美一番，然后虚心地——即使是表面上如此——发表你的意见，并且仅仅当作你个人的意见，让对方相信你在向他们请教。